무엇이 우리를 인간답게 하는가

WHAT I BELIEVE

Copyright © British Humanist Association, 2024. All rights reserved.
First published in Great Britain in 2024 by Piatkus,
An imprint of Little, Brown Book Group, An Hachette UK Company.
Korean translation rights arranged with Little, Brown Book Group Limited,
London through Danny Hong Agency, Seoul.
Korean translation copyright © 2025 by HYEONAMSA PUBLISHING Co., Ltd.

이 책의 한국어판 저작권은 대니홍에이전시를 통한 저작권사와의 독점 계약으로
현암사에 있습니다. 신저작권법에 의해 한국 내에서 보호를 받는 저작물이므로
무단전재와 복제를 금합니다.

무엇이 우리를 인간답게 하는가

시야를 열어주는
휴머니즘의 대답들

앤드루 콥슨 엮음
허성심 옮김

현암사

차례

들어가는 글　6
감사의 글　11

1부　이성, 과학 그리고 진리에 관하여

짐 알칼릴리	현실과 스토리텔링	15
수전 블랙모어	잘못된 믿음과 약물 경험	27
리처드 와이즈먼	우리 자신을 이해하는 법	41
리베카 골드스타인	지식 그리고 중요한 것들	55
스티븐 핑커	과학과 인간 본성	69
헬렌 체르스키	우리 모두 한배를 탔을 때의 이야기	85
팀 민친	회의적 태도 그리고 논쟁을 피하는 법	97
폴 시나	가족 그리고 아는 것의 즐거움	111
해나 필	음악과 의미	123
조앤 베이크웰	호기심, 그리고 세상에 관심을 갖는다는 것	137
스티븐 프라이	불확실성	153

2부 | 사랑, 존중 그리고 공감에 관하여

에디 마산	캐릭터와 이민자 정신	173
재닛 엘리스	창의성과 회복탄력성	185
이언 매큐언	소설가가 된다는 것	197
다이앤 먼데이	변화를 위한 노력	209
앤서니 그레일링	좋은 삶과 좋은 사회	223
나이절 워버턴	명확성과 생각의 자유	237
니컬라 라이하니	협력	251
프랭크 터너	창의성과 연결감	263
크리스티나 패터슨	상실과 고통	273
세라 베이크웰	인간의 전기	285

3부 | 자유, 평등 그리고 정의에 관하여

앨리스 로버츠	문화와 평등	301
S. I. 마틴	역사와 다양성	313
내털리 헤인스	모두를 위한 고전 그리고 여성의 시각	327
댄 스노	역사와 진보 그리고 우연의 힘	343
산디 토츠비그	사려 깊음과 평등	365
케이트 피킷	사회와 평등	381
레오 이그웨	낙관주의 그리고 미신과의 싸움	395
시안 베리	녹색당의 인간을 바라보는 시선	407
마이크 리틀	오픈소스의 세계	419
앨프 더브스	인권	431

들어가는 글

　이 책의 원제 '나는 이렇게 믿는다What I Believe'는 두 편의 수필에서 따왔다. 하나는 철학자 버트런드 러셀이 1925년에 쓴 글이고, 다른 하나는 소설가 E. M. 포스터가 1938년에 발표한 글이다. 인본주의자이자 사회운동가인 두 사람은 삶에 대한 접근 방식, 즉 세상을 바라보는 근본적 관점을 누구나 이해하기 쉽게 수필 형식으로 풀어냈다. 이 방식은 대중의 공감을 얻었고, 이에 영감을 받은 조지앨런앤드언윈 출판사는 1940년 『나는 믿는다I Believe』라는 제목의 수필집을 출간했다. 책은 25년 넘게 꾸준히 인쇄되었고, 글을 기고한 열아홉 명의 필자 중 대다수가 인본주의자였다. 작가 H. G. 웰스Wells, 과학자 J. B. S. 홀데인Haldane, 정치인 해럴드 래스키Harold Laski, 성과학자 해블록 엘리스Havelock Ellis, 진화생물학자 줄리언 헉슬리Julian Huxley, 러셀과 포스터도 포함되어 있다.

　1966년 『나는 믿는다』가 절판된 후에 같은 출판사에서 『나는 이렇게 믿는다』라는 제목의 개정판을 출간했다. 구판과 달리 개정판에 참여한 열여덟 명의 필자 중 최소 여섯은 기독교 신자였고, 인본주의적 세계관과 종교적 세계관의 경계가 모호한 견해를 보이는 이들도 있었다. 1966년 개정판 서문에서 조지 언윈George Unwin은 이런 변화가 단지 시대의 흐름을 반영하는 것이라고 분석했다. 1940년판에 참여한 '거장'들의 '솔직담백한' 인본주의와 비교했을 때 1966년의 인본주의자들은 더 내향적으로 변했고, 기독교인들은 더 외향적으로 변했다는 설명이었다. 어쩌면 그의 말이 맞을지도 모른다. 그러나 사실 그의 편집 방향은 인본주의적 관점에 대한 기득권층의 전반적인 반발과 보수적이고 기독교적인 가치관이 강화되는 흐름 속에서 이루어진 결정이었다.

이러한 흐름을 선도한 기관이 BBC였다. BBC는 1940년대 중반에 라디오 시리즈를 기획했고 1948년에 〈나는 이렇게 믿는다〉라는 제목으로 방송했다. 하지만 여기에 참여한 열두 명 중 인본주의자는 단 세 명이었다. 그로부터 80년 가까이 BBC 방송은 인본주의자들에게 자신의 신념을 대중에게 직접 설명할 기회를 고작 열두 번 남짓 제공했다. 반면에 종교 사상가들에게는 거의 매일같이 기회를 줬다. 비율로 보면 무려 3,000 대 1에 달하는 불균형이었다.

내가 팟캐스트 〈나는 이렇게 믿는다〉를 시작한 이유는 두 가지다. 하나는 20세기 초 인본주의자들의 세계관을 담은 동명의 책에서 영감을 받아서이고, 다른 하나는 BBC의 〈오늘의 생각Thought for the Day〉 같은 인기 프로그램에서 수십 년 동안 인본주의자들이 배제되어온 현실이 안타까워서다. 2020년부터 2024년까지 나는 60명이 넘는 인본주의자들과 대화를 나누면서 오늘날 그들이 삶의 기준으로 삼고 있는 가치와 신념, 세계관을 더 깊이 이해하려고 했다.

유명한 사람들이 삶의 철학을 이야기하는 프로그램은 분명히 매력적이다. 우리가 전부터 존경하거나 관심을 두고 있던 인물들의 내면을 엿보고 그들을 더 깊이 이해할 기회이지 않은가. 그들의 생각은 그들이 해온 일이나 경험 덕분에 우리보다 더 체계적일 수 있다. 그렇지 않더라도 우리는 분명 그들에게서 무언가를 배울 수 있다. 자기 성찰을 잘하는 사람일수록 새로운 관점에서 세상을 바라보게 되고, 어쩌면 스스로 사고방식을 바꿀 수도 있다.

그들의 의견에 동의하지 않더라도 그들의 신념에 매혹될 수 있다. 내가 인본주의자들과 나누는 대화에서 매력을 느낀 이유는 두 가지였다. 첫째, 오늘날 영국 사람들은 20세기 초보다 훨씬 더 인본주의적 접근 방식에 공감하고 있다. 여론 조사와 각종 설문 조사 결과를 보면 인본주의적 믿음이 매우 널리 퍼져 있음을 알 수 있다. 예를 들면 이번 삶이 유일한 삶이라는 생각, 과학과 이성이 우주를 설명할 수 있다는 믿음, 도덕과 의미는 신의 선물이 아니라 인간의 창조물이라고 보는 관점 등이다. 물론 여전히 많은 사람이 모호한 세계관을 가지고 있고 다양한 신념과 가치관이 혼재하지만, 인본주의적 접근 방식의 많은 요소가 이미 상식으로 자리 잡았다. 그런데도 여전히 명확한 인본주의적 사상이나 그렇게 정의된 관점을 접할 기회는 많지 않다. 팟캐스트 청취자들이 보내 온 메시지를 보면 자신이 공감하는 견해가 자세히 설명되는 게 매우 신선하다고 한다. 그런 경험이 평생 처음이라는 사람도 있다.

둘째, 나는 오늘날 인본주의 사상의 다양성을 탐색하고 싶은 바람이 있었다. 러셀과 포스터가 100년 전 발표한 두 수필은 강조점은 달랐지만 근본적으로 서로 비슷한 세계관을 공유하고 있었다. 그런데 지난 20년 동안 인본주의 운동에 참여하면서 내가 목격한 것은 인본주의자들의 놀라울 정도로 다양한 생각과 관점들이었다. 그들의 동기와 관심사는 매우 다채로웠고, 나는 그중 일부라도 이 책에 담고 싶었다.

이 책에 실린 대담자들은 모두 인본주의자이고, 대다수는 영국 인본주의자 단체인 '휴머니스트 UK'의 회원이다. 이들은 여러 면에서 공통된 시각을 가지고 있다. 예를 들어 세상을 이해하고 진실을 추구하려는 열망, 인간의 창의성과 이성을 존중하는 태도, 모든 경계와 국경을 넘어선 인도주의적 자세, 인간의 다양성을 인간의 자유라는 또 다른 공통 가치에서 비롯된 필연적 결과로 인식할 뿐만 아니라 그 자체를 아름답고 매력적인 특성으로 여기는 태도를 지니고 있다. 하지만 인본주의적 신념에 이르게 된 경로는 저마다 다르고, 각자 속한 직업 세계가 그들의 가치관 형성에 큰 영향을 미쳤다. 그래서 저마다 중시하는 가치가 다르다. 자유와 평등의 균형, 이성과 감성의 조화, 보편 윤리와 도덕 상대주의의 균형, 운명을 형성하는 데 있어 개인의 책임과 우연의 역할 등을 바라보는 시각도 다양하다.

대담 내용을 다시 읽으면서 나는 주요 주제 세 가지를 발견했다. 어떤 대담자들은 호기심, 즉 진실과 지식에 대한 사랑에 초점을 맞췄고, 어떤 이들은 인간을 향한 관심과 사랑을 중점적으로 이야기했다. 정의와 공정성 같은 사회적 가치에 주목한 이들도 있었다. 당연히 이 모든 관심사가 서로 겹치고 긴밀하게 연결되어 있었지만, 책을 좀 더 체계적으로 구성하기 위해 이 세 가지 주제를 중심으로 나누어 묶었다.

어떤 대담자들은 자기 생각을 명확한 의견으로 제시하며 직설적으로 표현했고, 어떤 이들은 자신의 가치관을 보여주는 일화나 가치관 형성에 영향을 미친 경험을 이야기 형식으로 들려줬다. 자신이 믿는 것을 명확히 이해하는 대담자도 있었지만, 자기 생각을 직접 말하기보다는 에둘러서 표현하는 사람도 있었다. 그런 경우에는 주제를 벗어난 이야기 속에서 그들의 세계관이 더 뚜렷하게 드러나기도 했다. 이 책에 편집해 실은 발췌문들은 모두 대화록 형식을 그대로 유지하고 있다. 자기 생각을 말로 풀어가는 과정을 글로 읽는 것이 나름의 가치가 있다고 생각해서 그렇게 했다. 다만 말이 글로 옮겨졌을 때 의미가 잘 통하도록 필요한 부분만 최소한으로 편집했다. 원래 대화는 팟캐스트 방송본보다 더 길었고, 이 책에 실린 발췌본은 방송본보다 더욱 짧다. 50시간이 넘는 대화를 대략 8만 단어로 압축해야 했는데, 이는 방송된 전체 분량의 절반도 되지 않는다. 그래서 가장 인상 깊고 특징적인 부분을 선별하려고 노력했다. 아쉬운 점은 전체 에피소드의 절반도 담지 못했다는 사실이다. (다르게 보면 여전히 흥미로운 이야기들이 우리 팟캐스트에서 여러분을 기다리고 있다는 뜻이다. 꼭 들어보시길 바란다!)

팟캐스트 〈나는 이렇게 믿는다〉에 기꺼이 시간을 내어 출연해준 많은 인본주의자에게, 그리고 그들과 대화를 나눌 수 있었던 기회에 진심으로 감사한다. 그들 중 일부는 내가 오랜 시간 알고 지낸 이들이었고 일부는 처음 만나는 사람들이었지만, 모두에게서 값진 통찰과 깊은 성찰을 얻을 수 있었다. 그들과의 대화에서 얻은 생각들은 지금도 내 안에 살아 있다. 인본주의적 세계관은 본질적으로 진보적이며 역동적이다. 모든 사상과 가치, 신념은 언제나 질문받을 수 있고 끊임없이 수정될 수 있다. 태곳적부터 이어져온 불변의 전통이나 절대적인 권위 같은 것은 존재하지 않는다. 대신 누구나 참여할 수 있고 누구나 배울 수 있는, 수천 년 동안 이어져온 하나의 대화가 있을 뿐이다. 이 책이 그 의미 있는 대화의 여정에 여러분이 함께하도록 돕는 안내서가 되었으면 좋겠다.

2024년 2월
레스터셔에서
앤드루 콥슨

감사의 글

팟캐스트 제작에 헌신해주고 특히 녹취록 작업에 정성을 다해준 소피 캐슬에게 깊이 감사드립니다. 혹시 이 책에 남아 있는 오류가 있다면 전적으로 제 책임입니다. 감각적인 팟캐스트 시그널 음악을 기꺼이 기부해준 팀 모너핸에게도 감사의 마음을 전합니다. 끝으로 이 책이 세상에 나올 수 있도록 출판 프로젝트에 아낌없이 재정을 지원해준 앨런 파머에게 진심으로 감사드립니다.

1부
이성, 과학 그리고 진리에 관하여

짐 알칼릴리
Jim Al-Khalili

현실과 스토리텔링

2021년 3월

짐 알칼릴리는 서리대학교의 양자물리학 교수이자 명예 석좌교수다. 대중 과학서와 BBC TV 다큐멘터리 및 라디오 프로그램을 통해 널리 알려진 과학 커뮤니케이터이기도 하다. 과학 교양서 『어떻게 물리학을 사랑하지 않을 수 있을까?』, 『물리학 패러독스』, 『과학의 기쁨』 등을 썼다.

"블랙홀에 빠지면 어떻게 되는지는 모르더라도 과학에 대한 어느 정도의 이해는 누구에게나 필요해요. 하지만 더 중요한 것은 과학이 어떻게 작동하는지, 세상을 이해하는 데 과학이 왜 신뢰할 만한 방법인지를 아는 것이죠."

> 대부분의 사람들은 교수님이 연구하시는 과학 분야를 낯설고 이상하다고 느낄 것 같습니다. 우리가 일상에서 경험하는 세계와는 너무나 동떨어져 있으니까요. 교수님은 어떻게 평범하고 일상적인 사고방식에서 벗어나 양자의 세계로 들어가게 되셨나요?

저뿐만 아니라 다소 난해한 이론물리학을 연구하는 사람들은 두 세계를 넘나드는 데 큰 어려움을 느끼지 않을 겁니다. 수식과 그리스 문자, 그리고 원자의 모호한 불확실성 속에 몰입해 있다가도 금세 현실로 돌아올 수 있어요. 우리에게는 이것이 또 다른 일상이자 즐기는 일입니다. 양자역학을 연구하는 일의 가장 큰 매력은 현실 그 자체의 의미에 대해 깊이 사유하게 만든다는 점입니다. '현실에는 무엇이 존재할까?', '과학자로서 우리가 추구하는 객관적 진리나 현실이 실제로 존재할까?' 같은 질문들이 자연스레 떠오르게 되죠. 양자역학에서는 '단순히 원자의 전자를 관찰하는 행위만으로 전자의 행동이 달라진다면 존재 가능한 모든 우주가 실제로 존재하는 것일까? 그렇다면 무한히 많은 내가 존재하는 것일까?'라는 흥미로운 질문도 제기됩니다. 이는 양자역학이 제시하는 여러 해석 중 하나에 해당해요. 이처럼 양자역학은 철학적 사유와도 깊이 맞닿아 있으며 다른 어떤 과학 분야보다도 철학과 밀접한 관계를 맺고 있습니다.

> 양자역학 연구가 일상생활에서 사물을
> 바라보는 관점에 어떤 영향을 미쳤나요?

　기초물리학을 연구하는 사람이라면 누구나 신중하려고 합니다. '나는 이렇게 믿는다'라거나 '세상은 이렇다'라는 식으로 단언하지 않으려고 노력하죠. 하지만 제가 다루는 수학 방정식들은 반드시 그에 걸맞은 서사를 필요로 합니다. '이 방정식들이 현실 세계와 어떻게 연결되는가?', '이 수식들이 정말로 현실을 정확히 묘사하는가?', '현실은 실제로 존재하는가?' 하는 질문들 말입니다. 여기에 형이상학이 끼어들 틈은 거의 없습니다. 그런데도 저는 제가 하는 일이 가장 넓은 의미에서 보면 영적인 일이라고 생각합니다. 정신을 고양하고 영감을 준다는 의미에서 영적이라 할 수 있죠. 때로는 제가 하는 연구가 마법처럼 느껴지기도 하지만, 어디엔가 존재하는 구체적이고 절대적인 진실을 설명하려는 일이라고 생각합니다. 물론 제가 잘못된 길을 가고 있을지도 모릅니다. 어쩌면 양자역학 자체가 틀렸고, 더 나은 이론이 필요할 수도 있죠. 하지만 우리가 하려는 일은 물리적 현실에 최대한 가까이 다가가는 것입니다. 그래서 저는 일상생활 속에서도 물리적 현실이 존재한다고 믿습니다. 저는 '내 진리가 당신의 진리만큼 타당하다'라는 식의 상대적 진리에 대한 포스트모던 사고에는 관심이 없습니다. 진리가 상대적이라는 생각에 동의하지 않아요. 저는 절대적 진리가 존재한다고 믿으며, 그 진리에 다가가는 여러 길 중에서 과학과 과학적 방법을 가장 신뢰합니다.

> 교수님이 거부하는 이른바 '상대주의자relativist'들
> 가운데도 '양자'라는 말을 유난히 좋아하는
> 사람들이 있죠. 그들은 앞으로도 그 단어를 아주
> 자주 사용할 겁니다.

제 생각의 일부는 바로 그런 현상에 대한 반발에서 비롯된 겁니다. '양자'라는 개념은 오늘날 정말 자주 오용되거나 남용되고 있어요. 1960~1970년대의 일부 물리학자들에게도 책임이 있습니다. 그들은 LSD 같은 환각제에 취한 채 '양자역학은 정말 획기적이다. 텔레파시와 초자연 현상도 설명할 수 있다. 양자도 이상하고 그런 현상들도 이상하니까 분명히 서로 연결되어 있을 거다'라고 생각했죠. 물론 지금은 그런 흐름에서 벗어나 훨씬 냉정하게 접근하고 있다고 생각합니다만, 생각해보세요! 그건 양자역학의 본질이 아닙니다. 제 관점은 그런 모호한 해석에 대한 반발로 형성된 부분이 있습니다.

며칠 전 저는 객관성에 관해서 한마디 했습니다. 리처드 도킨스가 과학적 진리는 예전에도 그랬고 앞으로도 변하지 않을 진리라고 말한 것을 두고 트위터에 관련 글을 올렸죠. 저와 리처드가 항상 의견이 일치하는 건 아니지만 이 부분에는 동의한다고 썼습니다. 물론 과학이 일종의 사회적 구조물이라고 주장하는 사람도 많이 있었습니다. 트위터에서는 흔히 사람들이 어느 한쪽 편을 들며 끝까지 그 입장을 밀어붙이지만, 저는 그렇게 행동하지 않습니다. 제가 어떤 사람인지 아시잖아요. 저는 화해와 조화를 추구하는 사람입니다. 제가 보기에 리처드가 말하는 과학적 진리는 과학을 통해 도달할 수 있는 지식이나 현실에 대한 절대적 진리를 뜻하는 것 같습니다. 그 진리 자체는 사회적 구조물이 아니지만, 진리에 도달하기 위한 과학적 방법은 인간이 만든

것이니 당연히 사회적 구조물이라고 볼 수 있죠. 뭐, 어쩌면 외계 문명이 그 방법을 먼저 개발했을 수도 있고, 미래에 AI가 새로운 방법을 만들어낼 수도 있겠죠. 하지만 현재 우리가 사용하는 방법은 인간이 만든 것입니다. 그래서 저는 "다들 맞는 말씀입니다" 하고 답글을 달았어요. 어떤 건지 아시겠죠. 이후에는 별 반응들이 없더군요. 논쟁을 기대했던 사람들도 있었겠지만, 제 반응이 그들의 예상을 벗어나서 조금 김이 샜을 겁니다.

> 교수님은 과학을 인간적인 활동이자 감탄할 만한 일이라고 말씀하셨는데요. 그렇다면 과학을 인간의 탐구로 보는 관점이 교수님께 중요한가요?

네, 맞습니다. 만약 먼 은하나 행성에 외계 생명체가 있다면 그들 역시 우주와 자연법칙의 진리를 알고 싶어 할 것입니다. 그 진리는 우리에게나 그들에게나 같은 것이겠죠. 어쩌면 그들도 우리가 과학적 방법이라고 부르는 접근 방식을 독립적으로 발견했을지도 모릅니다. 하지만 현재 기준으로 보면, 과학적 방법은 인간이 개발한 매우 유용한 도구예요. 그래서 과학뿐만 아니라 다양한 영역에 널리 적용해야 한다고 생각합니다. 의견보다 증거와 데이터를 중시하고, 인간의 본성인 자기 편향을 인식하며, 자신의 오류를 기꺼이 인정하고, 새로운 증거가 나오면 생각을 바꿀 수 있는 태도는 일상에서 실천하기 어렵더라도 분명 매우 중요합니다. 과학자들은 이런 태도를 갖추도록 훈련받은 사람들이에요. 저는 꼭 과학자가 아니더라도 오늘날 매일 쏟아지는 방대한 정보를 제대로 처리하기 위해 많은 사람이 과학적 방법을 활용할 수 있어야 한다고 믿습니다.

> **과학적 방법이 개인의 삶에서 더 나은 사람이 되고
> 세상에 잘 대처하기 위한 도구라고 보시나요,
> 아니면 공적인 삶을 위해 필요한 것이라고 보시나요?**

두 가지 측면 모두에서 중요합니다. 개인으로서 우리는 자신의 편향을 돌아보고 가능한 한 객관적인 시선으로 세상을 바라보려고 노력해야 합니다. 이 태도는 공적인 삶에도 똑같이 적용됩니다. 코로나19 팬데믹 이후 많은 정치인이 "확실하지는 않지만, 확보한 증거에 근거해 이 방향이 옳다고 생각한다"라고 말하기 시작했죠. 매우 바람직한 변화입니다. 예전부터 그렇게 했더라면 얼마나 좋았을까요. 과거에는 정치인이나 공직자가 불확실성을 인정하면 약점으로 여겨졌지만, 과학에서는 그 반대입니다. 불확실성을 인정한다는 것은 새로운 증거를 편견 없이 받아들이고 필요할 때 관점을 바꿀 수 있다는 뜻이어서 장점으로 평가됩니다. 이런 개방적 태도가 늘어난 이유는 팬데믹을 겪는 동안 우리 사회와 정치인들이 증거에 의존할 수밖에 없었기 때문이죠. 덕분에 우리는 과학이 어떻게 작동하는지, 그 원리가 공공 정책에 어떻게 반영되어야 하는지를 점차 이해하게 되었습니다.

> **교수님은 과학을 보편적 탐구이자 지역과 문화를
> 초월하는 것으로 보고 계시죠. 아랍 황금기에 관한
> 책을 쓰신 것으로도 유명하신데요, 꼭 집어서 그 지역,
> 그 시대에 관심을 두게 된 계기는 무엇인가요?**

저의 개인적인 뿌리와도 어느 정도 관련이 있습니다. 저는 이라크 바그다드에서 태어났습니다. 물론 어머니가 영국분이라 비교적 서구

적이고 영국적인 환경에서 자랐지만, 열여섯 살까지는 이라크에서 학교를 다녔지요. 중세 이슬람 제국이 형성되었을 때, 특히 강력하고 안정적인 왕조들이 세워진 시기에는 학문과 지식이 눈부시게 발전하며 많은 과학적 업적이 이뤄졌습니다. 이는 제가 학교에서 배운 내용이에요. 그런데 이슬람 세계, 특히 아랍 지역에서도 이런 역사적 사실이 제대로 알려지지 않은 것 같습니다. 우리가 흔히 듣는 과학 발전사라고 해봐야 고대 그리스인들이 매우 똑똑했다는 것, 중세 유럽이 천 년이나 암흑기를 겪었다는 것, 그러다가 베살리우스와 코페르니쿠스, 갈릴레오가 등장했고 르네상스와 과학혁명이 일어났다는 것 정도죠. 제가 그 책을 쓴 동기 중 하나는 과학이 세상의 작동 원리에 대한 우리의 지식을 끊임없이 발전시키는 연속적인 과정임을 알리고 싶었기 때문입니다. 그 과정에서 때로는 같은 것을 반복하고, 골목길을 내려가다가 다시 돌아가기도 하고, 우리가 틀렸음을 깨닫기도 하겠지만 결국에는 앞으로 나아갑니다. 우리는 과거의 제국들과 학자들의 경험에서 배울 수 있으니까요.

모든 문서가 아랍어로 쓰였기 때문에 '아랍 과학의 황금기'라고 불리는 그 시대에는 거의 모든 과학 분야에서 놀라운 발견과 뛰어난 성과들이 쏟아졌습니다. 그런데 저는 이토록 중요한 이야기가 널리 알려지지 않았다고 느꼈습니다. 그래서 이 흥미로운 이야기 자체가 책을 쓴 이유이기도 했고, 동시에 이 이야기를 이슬람 세계에 다시 전하고 싶다는 마음도 컸습니다. 저는 이렇게 말하고 싶었습니다. "이들이 바로 여러분의 조상입니다. 이성적이고 논리적인 사상가들이었죠. 그들은 세상이 어떻게 작동하는지 알고 싶다면 경전에서 답을 찾기보다 직접 실험하고, 대화를 통해 다른 사람들의 다양한 관점을 이해해야 한다는 사실을 잘 알고 있었습니다. 이미 그 시대에도 여러분의 조상은 진정한 과학을 하고 있었던 겁니다." 하지만 이 사실은 세계 여러 지역에서 잊혔고, 안타깝게도 지금도 여전히 그렇습니다. 저는 단지 천 년 전 조상들이 이룬 자랑스러운 업적이 있는데 어째서 거꾸로 퇴보하려 하고, 왜 그 업적을 기반으로 해서 더 나아가려 하지 않느냐고 상기시켜주고 싶었습니다.

저는 스토리텔링을 좋아합니다. 다른 과학자들과는 달리 과학의 역사에 늘 관심이 많았어요. 과학적 아이디어가 어떻게 발전해왔는지, 어떤 계기로 새로운 개념이나 이론을 떠올렸는지, 어떻게 새로운 실험이 고안되고 관찰을 통해 새로운 사실이 발견되었는지 같은 이야기들요. '어떻게 그런 발상을 했을까?' '그 시대에 어떻게 그런 생각을 할 수 있었을까?' '그게 과연 어떻게 가능했을까?' 저는 항상 이런 궁금증을 품고 있었습니다. 이런 이야기들이야말로 과학적 개념에 생명력을 불어넣는다고 생각해요. 양자역학에 관심이 있는 과학자는 많지만, 에르빈 슈뢰딩거Erwin Schrödinger라는 인물 자체에 관심이 있는 경우는 드뭅니다. 어떤 사람들은 이렇게 말하겠죠. "왜? 그걸 발명한 사람이 어떤 사람이든 무슨 상관이야?" 하지만 저는 슈뢰딩거가 어떤 사람이었고 성격이 어땠는지 알고 싶습니다. 과학 지식을 발전시킨 사람들이 그 지식을 살아 숨 쉬게 한다고 믿으니까요.

그들은 우리에게 깊은 영감을 줍니다. 학부 시절 물리학을 전공하면서 1년 가까이 20세기 초 위대한 물리학자들의 전기를 닥치는 대로 읽은 기억이 납니다. 닐스 보어Niels Bohr, 베르너 하이젠베르크Werner Heisenberg, 폴 디랙Paul Dirac처럼 이름만 들어도 알 수 있는 인물들이었죠. 저 역시 그들을 잘 알고 있었지만, 주로 그들이 남긴 과학적 업적만 알고 있었습니다. 솔직히 말해서 어떤 유명한 과학자의 이름이 붙은 방정식을 봐도 큰 감흥은 없었어요. 수학 문제를 푸는 건 분명 재미있습니다. 하지만 '그 과학자는 어떤 사람이었고, 무슨 생각을 했을까?'를 알아내는 게 훨씬 더 흥미로웠습니다. 그들이 했던 일을 그대로 따라 하고 싶다는 생각은 안 들었지만, 그런 영웅들에게는 우리에게 영감을 주는 무언가가 있다고 생각합니다. 스포츠 스타나 영화배우, 팝 스타에게서 느끼는 것과 다르지 않죠. 그들은 우리가 닮고 싶은 사람, 존경하는 사람들이니까요.

> 교수님은 대학에서 대중의 과학 참여를 담당하고 계신데요. 과학자로서 지닌 가치관 외에 대중의 참여와 커뮤니케이션을 위한 중요한 다른 가치는 무엇인가요?

과학적 방법을 설명하는 것이 과학 자체를 설명하는 것만큼이나, 아니 어쩌면 그보다 더 중요하다는 생각이 점점 강하게 듭니다. 당연히 어느 정도 과학 지식을 갖춘 사회가 되는 게 중요합니다. 그래야 백신과 항생제의 차이를 알고, 백신에 칩이 들어 있을 수 없다는 것도 이해하고, 5G 네트워크가 코로나바이러스를 퍼뜨릴 수 없다는 사실을 이해할 테니까요. 블랙홀에 빠지면 어떻게 되는지는 모르더라도 과학에 대한 어느 정도의 이해는 누구에게나 필요해요. 하지만 더 중요한 것은 과학이 어떻게 작동하는지, 세상을 이해하는 데 과학이 왜 신뢰할 만한 방법인지를 아는 것이죠. 단순히 '백신을 오랫동안 연구해온 전문가가 백신을 맞아야 한다고 권하니까 백신을 맞는 게 좋겠지'라고 생각해서는 안 됩니다. 오히려 '임상시험이란 무엇인가? 왜 임상시험 결과를 믿을 수 있는가?'라고 질문해야 합니다. 제 아버지는 코로나 백신을 맞는 날 이렇게 말씀하셨어요. "내 나이 89세인데, 제일 먼저 주사를 맞는 거보니 내가 실험 대상인 게지." 그래서 제가 설명해드렸어요. "아니에요, 이미 4만 명의 사람들이 이 백신을 먼저 맞았어요. 그게 임상시험이에요. 그래서 이제 이 백신이 효과가 있다는 걸 아는 거라고요!"

 어떤 면에서 보면 과학 커뮤니케이션은 사람들에게 영감을 주고 과학을 대중문화의 한 부분으로 자연스럽게 스며들게 하는 일입니다. 과학적 아이디어를 이야기하는 것은 음악이나 정치, 예술, 스포츠에 관해 이야기하는 것처럼 재미있고 영감을 주니까요. 다른 한편으로 과학 커뮤니케이션은 우리가 과학을 수행하는 방법이자 세상을 이해하는 방식입니다. 학문적 연구의 재현 가능성, 믿을 수 있는 증거의 수집, 자신이 아는 것에 대한 불확실성을 인정하는 태도, 생각을 바꿀 준비가 되어 있는 자세, 그리고 칼 포퍼$^{Karl\ Popper}$가 말한 반증 가능성 같은 모든 과학적 사고방식에 귀중한 교훈이 담겨 있죠. 우리가 과학을 할 때 사용하는 이런 개념은 일상생활에도 널리 적용할 수 있고, 그러면 세상을 훨씬 더 합리적으로 바라볼 수 있을 겁니다.

* * *

 저는 대립하는 것을 별로 좋아하지 않습니다. 그렇다고 논쟁에서 질까 봐 두려워서 피하는 건 아니에요. 단지 그런 방식에 끌리지 않을 뿐입니다. 어릴 때부터 의견이 극단으로 갈리는 상황에 거부감을 느껴왔고, 다른 사람의 생각을 편견 없이 듣는 편이었습니다. 저에게 중요한 것은 점수를 따거나 논쟁에서 이기는 게 아니라, 무엇이 옳고 진실이 어디에 있는지를 찾아가는 과정입니다. 상대방의 말이 옳다면 그냥 그걸 인정하면 되는 거죠. 어쩌면 저는 다른 사람들보다 인지 부조화를 덜 느끼는 성향일지도 모르겠습니다. 확실하진 않지만, 과학적 훈련을 받아서 그런 면이 생긴 것일 수도 있겠죠. "당신 말이 옳습니다. 제 생각이 바뀌었습니다. 제가 물러서겠습니다." 이런 말을 하는 게 전혀 불편하지 않습니다. 많은 사람이 궁지에 몰리면 공격적으로 나오고 절대 물러서려 하지 않죠. 하지만 저는 그런 태도가 아무 의미 없다고 생각합니다.

수전 블랙모어
Susan Blackmore
잘못된 믿음과 약물 경험

2022년 8월

수전 블랙모어는 의식, 밈, 기이한 경험을 연구하는 심리학자로, 활발한 강연 활동을 하고 있고 책도 여러 권 집필했다. 플리머스대학교의 객원교수이며, 과학 교양서 『밈』과 전문서 『의식심리학 개론 Consciousness: An Introduction』으로 널리 알려져 있다.

"논쟁을 통해 우리는 자신의 믿음이나 생각을 더 명확하게 다듬는 법을 배우고, 다른 사람들의 관점에도 귀 기울이게 돼요."

제가 믿는 것을 말하기보다는 믿지 않는 것들을 훨씬 많이 말할 수 있을 것 같습니다. 지금까지 현실에 맞지 않는 많은 것을 발견했고, 거기서 멈추지 않고 하나가 맞지 않더라도 다른 가능성 있는 것들이 더 많은 넓은 세상으로 계속 나아가고 있었으니까요.

> 그럼 그 이야기부터 시작해보죠. 그게 박사님의 접근 방식이라면, 어디에서 비롯되었다고 생각하시나요? 학자로서 받은 체계적인 훈련의 결과인가요?

음, 체계적 훈련도 한몫했지만, 사실 그보다는 아주 어릴 때 시작되었다고 보는 게 맞을 겁니다. 제가 유체 이탈 경험을 한 적이 있거든요. 그때 저는 그게 사후 세계, 영혼, 정신, 텔레파시, 투시 같은 초심리 현상이 존재한다는 명백한 증거라고 확신했어요. 돌이켜보면 그런 믿음이 사실이 아니라는 걸 깨닫기까지는 수년간의 연구와 초심리학 박사과정을 거치는 긴 여정이 필요했습니다. 저는 어떤 현상이 사실이 아니라는 것을 알게 되면 곧바로 다른 가능성으로 옮겨 갔어요. '아, 어쩌면 다음 것은 진짜로 되는 것일지도 몰라. 투시는 안 되지만 텔레파시는 될 수 있겠지. 텔레파시는 안 되더라도 타로 카드는 실제로 효과가 있을 거야.' 이런 식이었죠. 그렇게 계속 찾아다니다 보니 결국 '이 중 어떤 것도 실제로 가능하지 않겠구나' 하는 생각에 이르렀어요. 그 과정은 과학적 방법이 어떤 것인지 몸으로 깨닫게 해준 매우 강력한 배움의 시간이었습니다. 물론 그 당시에는 교훈을 얻었다고 생각하진 않았어요. 하지만 깊은 애정을 가지고 어떤 이론에 마음을 쏟는다는 게 어떤 것인지 보여주는 교훈이었죠. 그때 저는 이렇게 생각했어요. '나는 초심리 현상을 믿는 사람이야. 그것을 믿지 않는 편협한 과학자들과 세상에 그들이 틀렸다는 것을 증명해 보이겠어.' 그러나 틀린 건 저였습니다. 그 사실을 받아들이는 건 결코 쉽지 않았어요. 지금은 괜찮습니다. 되돌아보면 정말 훌륭한 훈련이었다고 생각해요. 그것만으로도 충분하죠. 자신의 이론이 맞는지 최선을 다해 검증하고, 그게 틀렸을 때 '아, 실제 세상에는 이보다 훨씬 더 많은 가능성이 있구나' 하고 깨닫게 되는 겁니다. 그렇게 한 걸음씩 다음 단계로 나아가는 거죠. 제 경우에는 자신이 틀렸다는 것을 여러 차례 깨닫게 되었지만, 그러면서 어느 정도 익숙해지더군요.

> **아주 긍정적인 관점이네요. 자신이 틀렸다는 것을 알게 되었을 때 그 사실을 기꺼이 받아들이고, 다음 단계로 나아가는 거니까요.**

음, 그래도 저는 제가 옳을 때가 훨씬 좋습니다!

> **바로 그 점이 궁금했습니다. 사실은 박사님도 처음부터 옳았으면 했던 게 아닐까요? 아마 그러셨겠죠?**

맞아요. 정말 간절히 제 이론이 맞기를 바랐어요.

> 왜 그랬을까요? 왜 그렇게까지 마음을
> 쏟아부으면서 자신의 이론이 맞기를 바라셨나요?

지금까지 수백만 번 질문을 받아왔지만, 이런 질문은 처음입니다. 참 흥미롭네요. 제 생각이 옳기를 그토록 바랐던 데에는 두 가지 이유를 들 수 있어요. 첫 번째 이유는 제가 직접 겪은 유체 이탈 경험과 '하나 됨oneness' 혹은 우주로 확장되는 듯한 느낌을 받은 경험 때문이에요. 그런 경험들은 현실보다 더 현실처럼 느껴졌어요. 지금은 그 경험들이 왜 그렇게 생생했는지 어느 정도 과학적으로 설명할 수 있습니다. 그건 뇌가 현실을 인식하는 방식과 관련 있죠. 그런 경험을 하는 순간에는 다른 모든 것이 사라지고 오직 그 경험 자체에만 몰입하게 되죠. 모든 면에서 정말로 실제처럼 느껴지고, 일상생활보다 더 현실처럼 보입니다. 바로 그 점이 제 이론이 옳기를 바란 이유예요. 아주 감정적인 이유죠. 두 번째 이유는 조금 전에 잠깐 언급했듯이 '과학자들에게 그들이 틀렸다는 걸 증명해 보이겠어. 아카샤 기록Akashic record(오컬티즘에서 말하는, 태초부터 일어난 모든 사건과 행동, 생각, 감정이 기록되어 있는 초월적인 정보 집합체―옮긴이)에 기억과 초감각적 지각이 존재한다는 이 놀라운 이론을 증명해 보이겠어' 하는 마음이 있었기 때문입니다. 다소 터무니없는 이론이었지만, 그때는 정말 증명하고 싶었어요.

> 그렇게 초심리 이론을 연구하던 당시에 그 이론이
> 박사님 정체성의 중요한 부분을 차지했나요?

네, 그랬어요. 그뿐만이 아니에요. 저는 히피 스타일 옷을 즐겨 입었고, 옥스퍼드대학교 심령연구회를 이끌었어요. 우리 모임에서는 영매, 심령술사, 초심리 연구자, 유령 사냥꾼 같은 사람들을 초청해 강연을 듣고 시연도 지켜보곤 했습니다. 위저 보드$^{Ouija\ board}$(영혼과 대화를 시도하는 점술판—옮긴이)를 써보기도 했고, 유령이 나온다는 대학 주변 집들을 찾아다니기도 했어요. 그게 바로 그 시절의 제 모습이었죠.

> **초심리 현상을 연구하면서, 그런 현상을 실제로 믿는 사람들에 대해서는 어떻게 생각하게 되셨나요?**

그 질문은 간단하게 하나로 답할 수 있는 성질의 것이 아니에요. 우선, 정말 끔찍한 사기꾼들이 있습니다. 제가 실제로 만난 사람은 극히 소수였지만, 그들은 자기 이익을 위해 사람들을 속이고 이용하는 끔찍한 사람들이었죠. 반면에 조금 감상적이고 순한 사람들도 있어요. 이들은 신이나 사후 세계의 존재, 혹은 하늘나라에 있는 사랑하는 사람과 언젠가 다시 만날 수 있다는 믿음을 인생에서 아주 소중하게 여깁니다. 그런 믿음이 그들 삶에 깊은 의미가 있기에 저는 굳이 그들과 논쟁하려고 하지 않아요. 또 다른 부류로, 자신이 옳다고 '확신'하는 사람들이 있습니다. 심령연구회나 초심리학 분야에서도 이런 사람들을 자주 볼 수 있어요. 이들은 자신의 신념에 너무 깊이 몰입한 나머지, 다른 의견에는 전혀 귀를 기울이지 않아요. 그런 태도는 정말 견디기 힘듭니다. 하지만 사실 저를 가장 화나게 만든 건 따로 있어요. 영매나 심령술사들이 "당신이 열린 마음을 가졌다면 X를 믿게 될 겁니다"라고 말할 때가 있거든요. 이런 말은 정말 불쾌하게 들립니다. 열린 마음이라는 건 자기 생각을 바꿀 준비가 되어 있다는 뜻이지, 단지 좋아한다는 이유만으로 터무니없는 것을 무작정 믿는 태도를 뜻하는 게 아니잖아요. 물론 경우에 따라선 두 가지가 겹칠 수도 있겠지만 대부분은 전혀 다른 의미예요. 끝으로, 비록 소수이지만 제가 정말 소중하게 생각하는 사람들이 있습니다. 이들은 초심리 현상을 믿거나 임사 체험을 연구하면서 그것이 사후 세계의 증거라고 확신하게 되었지만, 여전히 열린 자세로 과학적 탐구를 계속 이어가는 분들이죠. 제 친구 중에도 이런 사람들이 있어요. 우리는 서로의 생각과 차이를 존중하며 즐겁게 대화를 나눕니다. 때로는 열띤 논쟁을 벌이기도 하지만, 그런 대화를 즐길 수 있어서 참 좋습니다.

> **그런 논쟁을 즐기는 삶이 바로 박사님이 소중하게 여기고 가치 있다고 믿는 삶인가요?**

네, 어쩌면 제가 정말로 믿는 무언가를 이제 찾은 것 같네요. 물론 '믿는다'라는 단어가 딱 맞는 표현인지는 모르겠지만, 그걸로 해두죠. 네, 맞아요.

> **그런 논쟁적인 삶의 방식을 계속 지키고 계신가요?**

네. 저도 모르게 논쟁을 벌이면서 동시에 웃고 있더라고요. "뭐라고요! 그걸 믿는다고요?! 아, 말도 안 돼. 자, 그럼 이 증거는 어때요?" 이렇게 말하면서 즐기는 거죠.

> **말하자면, 논쟁의 즐거움이군요.**

물론 즐거운 일이긴 하죠. 그런데 그게 어떤 의미에서 '믿음'이라고 할 수 있을까요? 믿음이긴 해요. 아, 이럴 줄 알았어요. 사회자님이 결국 저한테 제가 믿는 게 뭔지 스스로 알아내게 하시네요! 생각해보니 저는 '그런 논쟁이 어떤 결과로 이어지고, 그 과정에서 무언가를 배울 수 있다'는 믿음을 가지고 있는 것 같아요. 논쟁을 통해 우리는 자신의 믿음이나 생각을 더 명확하게 다듬는 법을 배우고, 다른 사람들의 관점에도 귀 기울이게 돼요. 그러면서 '음, 저 말은 좀 더 생각해봐야겠어. 어쩌면 맞는 말일지도 모르니까'라고 하거나, 반대로 '완전 말도 안 되는 소리야. 그런데 그걸 어떻게 증명하지? 진짜 말이 안 되는 걸까?' 하고 고민하죠.

그런 식으로 우리는 배워갑니다. 저는 종종 이런 생각에 빠지곤 해요. '삶의 의미가 무엇일까? 어차피 의미 같은 건 없잖아. 그렇다면 배움은 왜 중요하지?' 그러다가 결국에는 '궁극적으로 중요한 건 없으니까, 스스로 무언가 중요한 것을 만들어야 한다'라는 결론에 이르죠. 그렇게 질문을 던지고 답을 찾아가는 과정에서 자신도 모르게 웃게 돼요.

> 무엇이 삶을 행복하게 만드는지 아는 방법을 정말 멋지게 설명해주셨어요. 진짜 행복을 주는 일이라면 그 일을 하는 동안 저절로 미소 짓게 된다는 말씀이죠?

네, 맞아요. 저는 자유의지를 믿지 않습니다. 그런데 저의 그런 주장 때문에 정말 괴롭다는 내용의 이메일을 꽤 자주 받습니다. 최근에 저와 이메일을 주고받은 어떤 분은 자유의지가 없다고 주장하는 제 영상과 글을 보고 나서 심하게 우울해졌다고 하더군요. 그분이 제게 이런 말을 했어요. "자유의지가 없다는 이야기를 하면서도 박사님은 늘 행복해 보이네요." 그래서 저는 자유의지가 없다는 생각이 오히려 저를 행복하게 만드는 이유를 설명하려 노력했어요. 자유의지를 믿지 않더라도 충분히 행복하고 도덕적이며 친절한 삶을 살 수 있고, 최소한 그렇게 되려고 애쓰는 삶을 살 수 있습니다. 지금 제 설명이 그분께 조금이나마 도움이 되기를 바랍니다.

> 약물과 약물 합법화에 대해 조금 이야기를 나눠보고 싶은데요. 이 주제는 박사님과 직접 연관된 여러 사회적 의제 중 하나죠. 박사님의 진짜 생각이 무엇인지 알아보는 일은 두 가지 측면에서 유익할 것 같습니다. 첫째는 약물 사용 전반에 관한 부분인데요. 약물이 다양한 방식으로 삶을 더 풍요롭게 할 수 있다고 생각하시는 것 같아서요. 둘째는 마약 합법화라는 정책적인 문제입니다. 지금 전 세계적으로, 그리고 여기 영국에서도 마약과의 전쟁이 점점 실패하고 있는데요. 그래서 묻고 싶습니다. 박사님은 약물이 많은 사람에게 좋은 삶의 요소가 될 수 있다고 생각하시나요?

네, 물론입니다. 하지만 먼저 짚고 넘어가고 싶은 점은 '약물'이라고 해서 모두 같은 약물이 아니라는 겁니다. 예를 들어 니코틴은 어떤 효능도 없는데 중독성이 매우 강해서 많은 사람의 삶을 망치죠. 알코올은 긍정적인 면과 부정적인 면이 공존하고요. 헤로인은 때로는 말로다 할 수 없을 만큼 효과적이지만 극도로 중독성이 강해요. 모르핀은 진통제로서 매우 훌륭하고 꼭 필요한 상황에서는 아주 유용하지만, 단순히 인생의 고통이나 어려움을 피하기 위한 수단으로 사용된다면 이야기가 달라집니다.

제가 정말 관심을 두고 있는 약물은 대마초와 환각제입니다. 이 약물들은 특히 창의적이고 독창적인 사고에 큰 영감을 준다고 생각해요. 그래서 정부와 연구재단이 LSD, 실로시빈(버섯에 포함된 환각 물질—옮긴이), DMT(세로토닌성 환각제—옮긴이) 같은 환각제 연구를 마침내 허용하기 시작했다는 사실이 무척 반갑습니다. 사실 이런 연구는 이 약물들이 서구 사회에 처음 소개된 100년 전부터, 아니 최소한 1943년 LSD가 발견되었을 때부터라도 꾸준히 이어졌어야 해요. 실제로 1950년대에는 환각제에 관한 연구가 활발히 이루어졌지만, 1960년대 후반 약물 관련 법안이 통과되면서 거의 모든 연구가 중단되었어요. 그런데 당시의 연구 결과만 보더라도 이미 환각제가 지닌 놀라운 가능성을 확인할 수 있습니다. 대표적인 예가 LSD나 실로시빈 또는 다른 주요 환각제를 임종 돌봄에 활용하는 경우죠. 어떤 질병으로 인해 죽음을 앞둔 사람들은 대부분 극심한 공포를 느끼거나, 지금까지 살아온 삶이 어떤 의미가 있었나 하고 의문을 품고 혼란스러워하거나, 고통을 두려워합니다. 미처 해결하지 못한 일에 대해 죄책감을 느끼거나 과거의 기억 때문에 분노에 휩싸이기도 하죠. 인간이라면 누구나 겪을 수 있는 이런 감정들이 죽음을 앞두고 있을 때는 훨씬 더 강렬하게 밀려오곤 합니다. 그런데 환각제와 같은 약물은 우리의 의식을 열어줍니다. 물론 그런 경험이 끔찍하게 느껴질 수도 있지만, 그 순간 곁에서 도와줄 수 있는 사람들이 있다면 그런 두려움이나 충격적인 깨달음, 환상은 매우 유익할 수 있으며 오래가지도 않아요. 이런 경험은 '나는 누구인가? 나는 무엇을 해왔는가? 나에게 진정으로 중요한 것은 무엇인가?'와 같은 근본적인 질문을 깊이 생각해보게 하고 자아에 대한 인식을 극적으로, 때로는 완전히 바꿔놓을 수도 있어요. 임종 돌봄에 약물을 사용하는 연구는 수십 년 동안 사실상 금지돼 있었지만, 이제는 말기 환자들이 안전한 환경에서 환각제를 경험하도록 돕는 훈련된 전문가들이 있어요. 환자들은 일반적으로 약물을 두 번, 가끔 세 번 정도 투여받는데, 그 후 삶과 죽음을 대하는 태도에 매우 깊고 근본적인 변화가 나타납니다.

　우울증 치료나 중독 치료에 특정 환각제를 사용하는 사례를 떠올려보세요. 다시 한번 강조하지만, 핵심은 약물을 복용하는 중에 일어나는 통찰입니다. 통찰은 복용 후 24시간에서 48시간 동안 계속 이어지는 경우가 많아요. 우울증 치료를 위해 복용한 경우 자아에 대한 인식, 사물에 대한 감정, 과거를 바라보는 태도 등이 극적으로 바뀔 수 있습니다. 중독도 마찬가지로 한두 번, 많아야 세 번 정도의 약물 체험만으로도 크게 개선될 수 있어요. 물론 체험 후에 그 효과를 자신의 삶에 통합하는 데는 시간이 오래 걸리지만, 계속 약물을 복용할 필요는 없어요. 이 점은 매우 중요합니다. 자주 복용하지 않아도 되는 약물은 제약 회사에 이익이 되지 않고, 제약 회사는 수익이 나지 않는 물질에는 관심을 두지 않으니까요. 예를 들어 정원에서 자랄 수 있는 버섯에 들어 있는 성분처럼 말이에요. 물론 보통 사람의 정원에서는 아니지만 자연 어딘가에서는 얻을 수 있죠. 합법화되면 누구나 쉽게 살 수 있는 약물로도 제약 회사는 돈을 벌지 못합니다. 자주 복용하지 않아도 되는 약물도 제약 회사에 돈을 벌어다 주지 않죠. 예전에 정말 인상 깊은 학회에 참석한 적이 있어요. 거기에 에로위드Erowid라는 웹사이트를 운영하는 사람들도 있었는데, 그 이름은 괴짜라는 영어 단어 'weirdo'에서 철자 순서를 바꿔 만든 거예요. 실제로 에로위드 운영자들은 스스로를 괴짜라고 부르더군요. 그들은 당시 대규모 온라인 설문 조사를 진행하고 있었어요. LSD 사용자들에게 만약 LSD가 싸고 쉽게 구할 수 있다면, 그리고 아무 때나 살 수 있다면, 얼마나 자주 복용하겠냐고 물었어요. 당연히 사람마다 대답은 달랐지만, 평균적인 대답은 몇 번이었을까요? 과연 사람들은 대체로 몇 번이라고 대답했을까요?

> 한 달에 한 번 정도 아닐까요?

괜찮은 추측이네요. 실제로는 1년에 한두 번이라는 응답이 가장 많았어요. 아마 한 달에 한 번씩 복용하기 시작하면 스스로 조금 지나치다고 느낄 겁니다. 물론 저도 단정할 수는 없어요. 저 같은 경우에는 보통 2~3년에 한 번 정도 복용합니다. 오랫동안 전혀 하지 않다가 한 해에 두세 번 복용한 적도 있고, 그 후로 다시 몇 년을 쉬기도 했죠. 대부분의 사람들은 환각제를 자주 복용하고 싶어 하지 않습니다. 그 체험을 삶에 통합하려면 시간이 오래 걸리고, 약물을 복용하는 일 자체가 꽤 큰 결심이 필요한 일이니까요.

> 그러니까 박사님의 생각은 새로운 것을 배우거나 새로운 생각을 받아들이는 것처럼 약물 경험을 자기 삶에 통합하기까지 시간이 필요하다는 거죠?

네, 그렇게 자기 성찰의 태도로 환각제를 복용할 때는 확실히 그렇습니다. 반대로 그냥 사람들과 파티를 즐기기 위해 약을 사용할 수도 있어요. 저는 술을 마시고, 대마초를 피우고, LSD를 동시에 하는 그런 파티엔 가본 적이 없습니다. 그럴 생각도 없고요. 세 가지 다 낭비라고 생각하거든요. 그래서 그런 파티가 어떤 건지 사실 잘 몰라요. 하지만 확실한 것은 그것들을 삶 속에서 잘 활용할 수도 있다는 겁니다. 남용이 아니라 '활용'이 가능해요. 우리는 이런 약물과 관련해 더 많은 것을 알아야 합니다. 그래서 저는 지금의 상황이 정말 기뻐요. 마침내 연구가 진행되고 있으니까요.

 이제 합법화 문제를 이야기해보죠. 마약과의 전쟁은 처음부터 지금까지 완전히 실패한 정책입니다. 처음에는 마약 불법화가 어떤 결과를 낳을지 몰랐다고 쳐요. 그런데 5년, 10년, 20년이 지나도록 여전히 깨닫지 못하는 건 비난받아 마땅해요. 우리는 마약을 불법화함으로써 강력한 약물의 통제권을 범죄자들에게 넘겨주고 있어요. 그것도 약을 사용하는 사람들이 어떤 해를 입든 전혀 관심 없는 사람들에게 말이죠. 그들은 약에 어떤 독성 물질이 섞여 있든, 용량이나 강도가 계속 바뀌어 사람들이 과다 복용으로 목숨을 잃든 전혀 신경 쓰지 않습니다. 약물을 합법화하면 오히려 우리 사회가 더 많은 통제권을 가질 수 있어요. 결국 우리는 그 방향으로 나아가게 될 겁니다. 정부 차원에서 전 세계의 다양한 약물 사용 사례를 분석하고, 의회에서 이 문제에 대해 진지한 논의가 이루어져야 합니다! 우리 사회가 어떤 방향으로 나아갈 것인지 말이에요.

> 제가 보기에는, 의회에서 마약 관련 법 개정을 적극적으로 주장하는 주요 국회의원 중 상당수가 인본주의 단체 소속이던데요. 어쩌면 이게 어떤 경향을 보여주는 것일 수도 있겠네요.

 저는 인본주의자들에게 그런 경향이 있어야 한다고 생각해요. 그렇지 않나요? 제가 생각하는 인본주의자란 타인에게 연민을 가지고, 그들이 무슨 일을 겪고 어떻게 살아가는지에 진심으로 관심을 기울이는 사람이에요. 그런 태도로 마약과의 전쟁을 바라본다면, 마약을 상식적으로 사용하는 평범한 사람들이 감옥에 가서는 안 된다는 사실을 알게 됩니다. 또 마약 운반 조직에 휘말려 10대 시절을 완전히 망쳐버리는 아이들, 타인의 고통으로 돈을 버는 강력범죄자들도 보일 겁니다. 이게 현재 마약 정책의 결과예요. 진정으로 사람들의 삶을 걱정한다면 마약을 합법화하고 통제하고 과세해야 합니다. 남용을 막는 제도적 장치를 마련하고, 올바른 사용법을 공유하고, 마약 문제로 어려움을 겪는 사람들을 도와야 합니다. 그렇게 하면 범죄자들이 사람들을 착취해 막대한 이익을 얻는 일도 줄어들 거예요. 그래서 저는 인본주의적 관점이 '마약이 사회에 긍정적으로 작용할 수 있는 길을 찾아보자'라는 태도와 매우 잘 맞는다고 생각합니다.

리처드 와이즈먼
Richard Wiseman
우리 자신을 이해하는 법

2020년 4월

리처드 와이즈먼은 작가이자 마술사, 심리학자다. 그는 행운, 자각, 착각의 심리학을 연구하며, 현재 영국 하트퍼드셔대학교에서 영국 유일의 심리학 대중화 교수직을 맡고 있다. 『59초』, 『잭팟 심리학』, 『괴짜 심리학』, 『지금 바로 써먹는 심리학』, 『우리는 달에 가기로 했다』 등의 심리학 대중서를 썼다.

"우리는 누구나 변화할 수 있고, 배울 수 있습니다. 그게 바로 인간의 뇌가 가진 놀라운 점이죠."

한번은 영업 콘퍼런스에 연사로 초청받아 참석한 적이 있습니다. 그 자리에서 '올해의 최고 영업사원' 상을 받은 몇 사람을 만나 영업 비법이 무엇인지를 물었어요. 그들의 대답은 "사람들이 사고 싶어 하는 것을 찾아내는 것"이었습니다. 그때 문득 깨달았죠. 아무도 '회의론'을 사고 싶어 하지는 않겠구나 하고요. 유령을 믿는 건 재미있고, 점쟁이가 미래를 알려준다고 생각하면 기분이 좋아지고, 사후 세계의 증거를 보여주는 영매를 찾아가는 건 위안이 되죠. 그런데 저는 사람들에게 그런 것들이 사실이 아니라고 말하고 있었던 거예요. 그 일을 계기로 저는 '운'의 심리학과 어떻게 하면 더 운이 좋은 삶을 살 수 있을지를 탐구하기 시작했습니다. 기본적으로는 심리학과 과학에 바탕을 두면서 훨씬 더 긍정적인 방식으로 메시지를 전달하려고 노력했죠. 그래서 몇 년간 운, 변화, 행복에 관한 실험을 진행했고, 그 결과를 바탕으로 책도 썼습니다.

> **그 이야기는 나중에 다시 다뤄도 좋을 것 같습니다. 교수님이 책과 강연에서 자주 다루시는 주제이기도 하고, 교수님의 세계관을 좀 더 폭넓게 이해하는 기회가 될 테니까요. 지금은 먼저, 교수님이 회의주의자였던 시절 이야기를 들어보고 싶습니다. 당시에는 왜 사람들이 초자연적 현상을 믿는다고 생각하셨나요?**

리처드 와이즈먼

> 말씀을 들어보니, 결국 그런 믿음이 사람들을
> 기분 좋게 하기 때문이라고 보시는 것 같은데요.

사람들이 왜 초자연적 현상을 믿는지를 두고 여러 이론이 나왔습니다. 일부 연구에서는 인지적 관점에서 접근하는데, 기본적으로 사람들의 사고방식에 결함이 있다고 봅니다. 예를 들어 초자연적 현상을 믿는 사람들은 비합리적으로 생각하고 지능이 낮을 것이라고 가정하죠. 하지만 시간이 지나면서 저는 이런 접근에서 점점 멀어졌습니다. 그 이유는 제 주변에 초자연적 현상을 믿으면서도 다른 삶의 영역에서는 매우 성공적이고 인간적으로도 훌륭한 사람이 많았기 때문입니다. 그래서 저는 심리학에서 말하는 '동기주의' 쪽으로 시선을 돌리기 시작했습니다. 동기주의는 사람들이 '원해서' 믿는다고 봅니다. 즉, 사람들은 유령이든 초감각 치유든 무엇이든 믿고 싶은 욕구가 있고, 그 욕구가 판단과 사고를 흐리게 만든다는 거죠. 사실 이런 현상은 거의 모든 사람에게 해당합니다. 우리는 무언가를 믿고 싶으면 그 믿음에 반하는 증거를 보려 하지 않고, 특히 소중하게 여기는 믿음에 반하는 증거가 나타나면 반박하거나 공격하려 듭니다. 따라서 초자연적 현상을 믿는다고 해서 이성적 사고 능력이 없는 것은 아닙니다. 단지 그렇게 사고하려는 동기가 부족한 것일 뿐입니다.

> 그때 혹은 지금도 그런 현상이 안타깝다고 느끼시나요?
> 아니면 원래 세상이 그런 거라고 받아들이신 건가요?

그냥 세상이 그런 거예요. 우리 모두 마찬가지입니다. 세상 누구도 모든 일에 대해 항상 이성적으로 판단할 수는 없죠. 코로나19 봉쇄 기간에 저는 팝업북을 만들며 시간을 보냈어요. 관련 온라인 강의도 듣고, 작은 팝업 카드도 많이 만들었죠. 그리고 그걸 사람들에게 보여줬더니 다들 멋지다고 말해주었습니다. 그런데 거기다 대고 "아니, '진심으로' 어떻게 생각하세요?"라고 묻지는 않잖아요. 왜냐하면 저도 제 작품이 멋지다고 믿고 싶고, 다른 사람들의 칭찬도 그냥 있는 그대로 받아들이고 싶거든요. 우리는 이처럼 무언가를 믿고 싶어 하는 존재입니다. 그리고 그런 믿음이 우리를 기분 좋게 만들어주기 때문에 그 기분을 유지하려고 여러 심리적 메커니즘이 작동하는 겁니다.

> 이제 운에 관한 연구 이야기로 넘어가 보죠.
> 그 연구의 가장 대표적인 결과물이 바로
> 『잭팟 심리학』이라는 책인데요, 연구를 마친 후에
> 교수님은 '운'에 대해 어떤 믿음을 갖게 되셨나요?

제 주장은 대개의 경우 사람들 스스로가 자신의 운을 만든다는 겁니다. 이건 운이 좋은 사람들과 운이 나쁜 사람들을 10년 넘게 연구한 끝에 내린 결론입니다. 그들을 대상으로 한 실험들은 정말 흥미로웠어요. 예상하셨겠지만 운이 좋은 사람들은 세상을 낙관하고 굉장히 긍정적인 데 반해, 운이 나쁜 사람들은 그렇지 않았습니다. 운이 좋은 사람들은 놀라우리만치 많은 기회를 만나고, 운이 나쁜 사람들은 기회 자체가 잘 생기지 않는 경향이 있었어요. 실험 결과를 살펴보면 이런 차이는 대부분 그들의 사고방식과 행동 방식에서 비롯된다는 것을 알 수 있었습니다. 그래서 우리가 내린 결론은 이렇습니다. '운이 좋은 사람들은 종종 스스로 행운을 만들어내며, 더 중요한 것은 누구나 자신에게 행운이 따를 가능성을 높일 수 있다는 것이다.' 이 연구가 저의 첫 대중서인 『잭팟 심리학』의 기반이 되었죠.

> **사람들은 운이 좋아지거나 운이 좋다고
> 느낄 가능성을 높일 수 있나요?**

가장 중요한 것은 사람들이 스스로 운이 좋다고 '느끼게' 만드는 겁니다. 그 느낌은 일종의 자기충족적 예언처럼 작용합니다. 자신을 낙관적인 사람이라고 여기고 '나는 운이 좋아'라고 생각해보세요. 그럼 어떤 일이 벌어질까요? 감정은 전염되기 때문에 주변 사람들도 기분이 좋아질 겁니다. 좋은 사회적 관계는 여러 긍정적 효과를 가져오는데, 예를 들면 회복탄력성이 높아집니다. 어려운 일이 생겼을 때 친구나 가족이 도와줄 수 있기 때문이죠. 또 사람들과 대화할 기회가 많아지면서 자연스럽게 더 많은 기회를 만나게 됩니다. 그러니까, 운이 좋다고 느끼는 그 자체가 실제로 행운을 불러오는 셈입니다.

> **교수님의 예전 연구와도 연결되는 이야기인 것 같네요.
> 강연이나 글에서 단순히 긍정적으로 생각하는
> 것만으로는 좋은 일이 생기지 않는다고 하셨던 게
> 기억납니다. 진짜 중요한 건 결국 행동이라고
> 강조하셨죠.**

맞습니다. 저는 긍정적 사고만으로는 충분하지 않다고 생각합니다. 미국에서는 '그냥 긍정적으로 생각하기' 운동이 한때 유행했었는데, 그런 접근법은 사람들에게 큰 변화를 가져다주지 못했죠. 중요한 것은 긍정적인 생각을 실제 행동으로 어떻게 옮기느냐죠. 단순히 "기운 내!"라고 말하는 것만으로는 부족합니다. 방금 말씀하셨듯이, 저는 행동을 매우 중요하게 여기는 사람입니다. 제가 연구한 운 좋은 사람들은 행동력이 뛰어났어요. 기분이 좋아지는 일이거나 흥미로운 일이다 싶으면 곧바로 움직이더군요. 반면에 운이 나쁜 사람들은 지나치게 분석만 하고 좀처럼 행동에 나서지 않았어요. 분석을 다 마치고 뭔가 하기로 마음먹었을 때는 이미 기회가 지나간 뒤였죠. 저는 "무언가 다른 일을 하고 있을 때 일이 일어난다"라는 말을 정말 좋아합니다. 뭔가를 하고, 밖에 나가고, 사람들과 연결되고, 새로운 프로젝트를 시작하는 것. 이런 행동들이 저에게는 언제나 흥미로운 모험의 시작이었어요. 네, 그래서 저는 '행동'을 가장 중요하게 생각합니다.

> 회의적 사고, 행동, 긍정적 마음가짐, 스스로 운을 만들어가는 과정. 이런 것들이 서로 잘 맞물리는 가치 체계처럼 느껴집니다. 교수님께서는 다른 사람들과 관계를 맺을 때 특히 중요하게 여기는 가치나 신념이 있으신가요? 있다면 어떤 건지 궁금합니다. 또 인간관계라는 삶의 영역에서 따르는 원칙 같은 게 있다면 무엇인지 알려주시면 좋겠습니다.

옛말에 "다른 사람을 대할 때는 내가 대접받고 싶은 방식대로 대하라"라는 말이 있죠. 저는 이 말이 꽤 유용한 지침이라고 생각합니다. 코미디언 사이먼 머너리Simon Munnery가 한 말도 인상 깊었는데, 제 방식으로 풀어보면 이렇습니다. "종교적으로는 자신을 뭐라 부르든 자유지만, 누군가가 당신에게 아기를 던졌는데 받지 않았다면 당신은 좋은 사람이 아니다." 말이 아니라 행동을 보고 판단하는 것이 중요합니다.

우리 모두 자신이 괜찮은 사람이라고 말하기를 좋아하지만, 진짜 중요한 건 어떻게 행동하느냐입니다. 저도 항상 그 부분에 신경 쓰며 자신을 점검하려고 노력합니다. 스스로 특별히 착하거나 좋은 사람이라고 생각하진 않지만, 아끼는 사람들에게는 도움이 되고 싶습니다. 늘 착할 필요는 없다고 생각해요. 저는 사회심리학자라서 '개인성'이라는 고정된 정체성이 있다고 보지 않습니다. 우리는 상황에 따라 달라지는 존재입니다. 예를 들어 파티에 가면 좀 더 외향적으로 변하고, 도서관에선 내성적으로 변하죠. 친절함도 마찬가지입니다. 사람들은 상황에 따라 매우 친절할 수도 있고 아닐 수도 있어요. 그래서 저는 친절이나 착함 같은 개념을 하나의 고정된 성격으로 보지 않고, 사람은 각기 다른 상황에서 다른 모습이 된다고 보는 편입니다.

우리는 다 그런 존재인가요?

우리는 모두 자신이 친절하고 좋은 사람이라고 믿고 싶어 합니다. "아니, 나는 형편없는 사람이야"라고 스스로 말하는 사람은 거의 없죠. 감옥에 가서 정말 끔찍한 일을 저지른 사람들과 이야기를 나눠보면, 그들 역시 자신이 본래 매우 착하고 좋은 사람이라고 주장할 겁니다. 인간은 복잡한 존재입니다. 저도, 당신도 마찬가지죠. 우리는 친절할 수 있고 불친절할 수도 있습니다. 중요한 것은 책임감이에요. 끔찍한 일을 저질렀다면 그 결정과 행동에 반드시 책임을 져야 한다고 봅니다. 때로는 그런 책임감이 우리의 생각과 마음에 매우 부정적인 영향을 끼치기도 하죠. 그 부분도 받아들여야 한다고 생각합니다. 솔직히 말해서, 저는 용서라는 개념이 무엇인지 잘 모르겠어요. 받아들이기가 어렵습니다.

> 아, 정말이세요? 그렇다면 자신을
> 용서하지 않았을 때 생기는
> 긍정적인 결과는 무엇이라고 보시나요?

글쎄요, 특별히 좋은 점이 있다고는 생각하지 않습니다. 하지만 '내가 끔찍한 일을 저질렀지만, 그래도 나 자신을 용서할 수 있으니 나는 여전히 좋은 사람이야'라는 식의 사고방식은 정말 싫어합니다. 그보다는 '그래, 나는 끔찍한 일을 저질렀어. 앞으로 변하고 더 나아질 수도 있겠지만, 어쨌든 내가 그 일을 저지른 거야. 그건 내가 특정한 상황에서 그런 행동을 하는 사람이라는 뜻이고, 그게 바로 현실이야'라고 생각해야죠. 항상 자기 자신을 긍정적으로 느끼는 게 꼭 좋은 것만은 아닙니다. 나쁜 일을 했다면 그에 대한 책임을 지는 게 먼저죠. 자신의 부정적인 모습을 인정하고, 그게 자신의 본성이며 또 모든 인간의 본성이라는 점을 받아들이는 것이 더 현실적이고 건설적인 접근이라고 생각합니다.

> 사람들이 자기 자신을 용서한다고 말할 때,
> 저는 그게 실제로는 자신과 화해하려는
> 시도라고 생각합니다. 자기 자신을 미워하지
> 않으려는 노력 말이에요.

아, 자신을 미워할 이유는 없어요.

> 맞습니다. 교수님은 일종의 중도를 택하고
> 계신 거네요. 도덕적 존재로서 자신을

리처드 와이즈먼

> 현실적으로 바라보는 접근법이라 할 수 있겠죠.
> '이 상황에서는 이렇게 행동했고,
> 저 상황에서는 저렇게 행동했다'라고 하면
> 자신을 비난하거나 칭찬하는 게
> 별 의미가 없지 않나요?

우리는 자신의 행동에서 무엇을 배웠는지, 앞으로 같은 일이 반복되지 않도록 무엇을 할 수 있는지를 물어볼 수는 있습니다. 하지만 제가 자기 용서를 우려하는 이유는 그렇게 계속해서 너무 쉽게 용서하다 보면 결국 똑같은 행동을 반복할 수 있기 때문입니다. 나쁜 행동을 한 사람들을 모아놓고 개입 프로그램을 적용해 자기 자신을 좋게 생각하도록 만들었다고 해보세요. 그러면 그들은 나쁜 행동을 저지르고도 아무 죄책감도 느끼지 않게 될 겁니다. 그들에게는 꿩 먹고 알 먹는 셈이죠.

> 『59초』라는 책을 쓰셨죠?

네, 맞습니다.

> 지금 말씀하신 내용이
> 그 책에 잘 담겨 있는 것 같습니다.

여러 권의 책을 썼지만, 사실 그 책이 제일 쉽게 쓴 책입니다. 처음부터 방향이 아주 명확했거든요. 출판사에 찾아가서 1분도 채 안 돼서 배울 수 있는 기법을 소개하는 책을 쓰고 싶다고 말했고, 집에 돌아와서 바로 글을 쓰기 시작했습니다. 두 달 반 만에 책이 완성되었는데, 아마 지금까지도 가장 많이 팔리는 책일 거예요. 원래 제목은 '60초'였는데, 누군가가 "1분도 채 안 돼서 배울 수 있는 것이라면 59초라고 해야 하는 게 아닌가?"라고 말해서 '59초'로 바꿨습니다. 부제를 정해야 했는데, 그건 쉽지 않았어요. 그런데 가끔 일이 자연스럽게 잘 풀릴 때가 있잖아요. 마치 뮤즈가 속삭이듯 부제(원서의 부제는 '조금만 생각하면 많은 것이 바뀐다Think a Little, Change a Lot'이다—옮긴이)가 문득 떠올랐어요. 어쨌든 『59초』는 작은 행동으로 큰 변화를 만들어내는 방법을 다룬 책이에요.

> 그 책은 그 자체로도 영향력이 크던데요.
> 손때 묻은 그 책을 들고 있는 사람들을 많이 봤습니다.
> 사람들이 자기계발에 관심이 많다는 증거겠죠.
> 더 나은 사람이 되고 싶고, 개인적으로 성장하고 싶은
> 마음이 반영되었을 겁니다. 그래서 도움이 될 만한
> 심리학자의 글을 찾게 되는 것 같습니다.

맞습니다. 하지만 어떤 글이든 반드시 증거에 기반해야 한다는 점이 매우 중요하죠. 제가 책을 쓸 때 항상 중점적으로 고려하는 부분이 혁신성입니다. 『잭팟 심리학』을 쓸 당시만 해도 자기계발 분야에 과학적으로 접근하는 경우가 거의 없었어요. 대부분 '내 경험상 효과 있는 것 같으니 한번 해보라'는 식이었죠. 저희 연구는 그 분야에서 최초로 실험적 접근을 시도한 사례라고 할 수 있습니다. 이후 『59초』는 증거 기반의 빠른 개입 전략에 초점을 맞췄고, 지금은 이 방식을 따르는 작가들이 많아져서 흔한 방식이 되었죠. 혁신적인 작업이라는 건 이런 의미가 있습니다. 게다가 많은 분이 이메일로 정말 도움이 되었다고 전해주시는데요, 그럴 때마다 정말 뿌듯합니다.

> 정말 멋진 일이네요. 충분히 상상이 갑니다.
> 제가 사무실 사람들에게 교수님이 어떤 행사에
> 강연하러 오실 거라고 말하게 된다면 분명
> 『59초』 이야기를 꺼낼 거예요. 그러면 사람들은
> "아, 맞아! 그 책 쓴 분이구나!"라고 반응할 겁니다.

그러고 나서 "그 사람을 우리 콘퍼런스에는 절대 부르지 말자"라고 할 수도 있겠죠.

> (웃음) 『59초』를 쓰시게 된 계기는 무엇이었나요?

음, 『잭팟 심리학』을 쓴 뒤에는 『괴짜 심리학』이란 책을 썼어요. 일상 속 독특한 심리 현상을 다룬 책이었죠. 저는 주로 아침에 좋은 아이디어가 떠오르는 편인데, 어느 날 아침에 눈을 뜨자마자 『59초』에 대한 아이디어가 머릿속에 딱 떠올랐어요. 심리학에는 간단하지만 중요한 교훈을 주는 실험이 많다는 걸 이미 알고 있었거든요. 그 아이디어를 출판사에 제안했더니 바로 출간이 확정되었죠. 그때도 사람들이 정말 원하는 게 무엇일까를 고민했어요. 저는 심리 실험에 대해 끝도 없이 이야기할 수 있지만, 사람들은 그런 내용에 큰 관심을 기울이지 않을 겁니다. 하지만 이 연구 가운데 일부는 우리를 더 행복하고 생산적인 사람이 되게 해주고 더 좋은 관계를 맺는 기법을 알려준다고 말하는 순간, 사람들은 귀를 기울이기 시작하죠.

> 그러니까 사람들이
> 더욱 행복하고 성공적인 삶을 살도록
> 돕고 싶으신 거군요?

가장 중요한 것은 사람들이 '나는 언제든 변화할 수 있는 유연한 존재'라는 사실을 깨닫는 겁니다. 제가 심리학에서 아쉽다고 생각하는 점은 사람을 단지 '변하지 않는 뇌'로만 본다는 거예요. 사람을 특정한 성격 유형에 고정하고, 절대 변하지 않는 존재라고 말하죠. 저는 이 의견에 동의하지 않습니다. 우리는 누구나 변화할 수 있고, 배울 수 있습니다. 그게 바로 인간의 뇌가 가진 놀라운 점이죠. 우리는 놀라울 정도로 민첩하고 적응력이 뛰어납니다. 이제 그다음으로 떠오르는 질문은 '그렇다면 어떻게 변할 수 있지?'겠죠. 이 질문을 던지는 순간부터 변화와 성장의 심리학이 시작됩니다. 『잭팟 심리학』과 『59초』는 바로 그런 이야기를 담고 있는 책입니다.

리베카 골드스타인
Rebecca Goldstein
지식 그리고 중요한 것들

2020년 6월

리베카 골드스타인은 철학자이자 소설가다. 철학과 삶의 접점을 깊이 탐구한 소설과 논픽션 작품으로 비평가들의 찬사를 받아왔다. 2014년에는 오바마 대통령에게 '미국 인문학 메달 National Humanities Medal'을 받았다. 『불완전성』, 『플라톤, 구글에 가다』 등을 썼다.

"인간은 누구나 매우 명백하게 중요한 가치를 지닙니다. 인간의 삶이 있는 모든 곳에는 세심한 관심을 받아 마땅한 존재가 있습니다."

> 지금 선생님은 인본주의 철학자로서 사유의 세계
> 속에서 살아가고 계시죠. 그런데 그런 삶은
> 선생님이 성장한 환경과는 사뭇 다릅니다. 그래서
> 그 이야기를 먼저 나눠보면 좋을 것 같습니다.

네, 가끔 제 삶을 돌아보면 '뭐지? 이게 정말 내 인생이 맞나?' 하고 생각하게 돼요. 저는 아주 신앙심 깊은 정통 유대교 가정에서 자랐기 때문에 제 인생이 지금처럼 펼쳐질 거라고는 상상조차 못 했습니다. 어릴 때부터 제게는 이미 정해진 삶의 경로가 있었어요. 어린 나이인데도 그 예측 가능한 인생을 생각하면 깊은 절망감을 느끼곤 했죠. 제가 다닌 고등학교도 굉장히 엄격한 곳이었어요. 여학생들이 종종 고등학생 시절에 약혼하기도 했는데, 저 역시 약혼을 했고, 그래서 대학 진학은 포기해야 했습니다. 그런데 저는 이미 그때 '지식의 바이러스'에 감염된 상태였고, 더 이상 신앙심도 없었어요. 열두 살인가 열세 살 무렵부터 신을 믿지 않게 되었지요.

> 지식에 대한 갈망이 선생님을
> 움직이게 하는 원동력이었나요?

맞아요. 그건 욕망이고, 갈망이고, 마치 배고픔과도 같아요. 그리고 절대로, 절대로 채워지지 않죠. 저는 지금도 제가 모르는 것이 있다는 사실만으로도 미칠 것 같은 기분이 들어요. 새로운 것을 배우고 그것들을 서로 연결한 뒤, 가능한 한 일관된 세계관으로 통합해가는 과정이 저에게는 무엇보다 큰 기쁨입니다. 새로운 관점을 깊이 파고들고 나면 항상 스스로 이렇게 물어봅니다. "이걸 받아들이려면 내가 가지고 있는 기존 신념 중 어떤 것을 포기해야 할까?" 그렇게 조금씩, 더 크고 일관된 체계를 만들어가는 겁니다. 이런 태도가 늘 저를 움직이게 하는 원동력이었습니다.

> 그러니까 단순한 호기심 그 이상이군요?
> 지식을 통합하고, 하나의 관점을 만들어가는
> 과정이라는 말씀이죠?

그렇죠. 하지만 저는 그게 특별하다고 생각하지 않아요. 그저 인간이라면 누구나 가지고 있는 모습 중 하나라고 봅니다. 우리는 모두 세상 속에서 자신만의 방향을 찾으려 하는 존재니까요. 물론 완벽하게 일관된 세계관을 갖지 않더라도 충분히 잘 살아갈 수 있죠. 그 점에서 저는 좀 달랐던 것 같아요. 저는 유난히 일관성에 예민한 사람이었습니다. 일관성이 없으면 괴로웠고, 그 상태로 살아가는 게 너무 힘들었어요. 이야기를 하나 들려드릴게요. 저에겐 정말 소중했던 언니가 있었어요. 저희는 4남매였는데, 언니는 비교적 이른 나이에 세상을 떠났습니다. 언니는 굉장히 똑똑하고, 다양한 믿음을 가진 사람이었죠. 믿음에 관해서 참 관대하다고나 할까요. 세상에 받아들이지 못할 믿음은 없다는 식이었죠. 가끔 저는 언니에게 이 믿음이랑 저 믿음은 서로 모순된다고 지적하곤 했어요. 그러면 언니는 "아, 그러네. 맞아"라고 인정했어요. 그래서 제가 "그럼 이 중 어떤 믿음을 포기할래?"라고 물으면, 언니는 늘 웃으며 "아휴, 얘 또 철학 하네!"라고 넘어가곤 했죠. 저는 그게 늘 당황스러웠어요. 하지만 언니는 논리적인 모순을 보지 못한 게 아니라, 알면서도 그런 모순된 상태에 개의치 않고 살아갈 수 있었던 거예요.

> **모순된 상태가 그토록
> 거슬리는 이유가 무엇입니까?**

서로 모순되는 두 가지가 동시에 참일 수는 없잖아요! 우리가 어떤 것을 믿는다는 건 그 명제를 참이라고 여긴다는 뜻입니다. 그러니까 '믿음'이라는 태도에는 본질적으로 '진실'이라는 개념이 포함된 거죠. 그런데 내가 믿는 게 사실은 진실이 아닐 수도 있다는데, 어떻게 신경 쓰이지 않을 수 있겠어요? 어떻게 그걸 그냥 무시하고 받아들일 수 있죠? 저에게는 올해 세 살 된 어린 손자가 있습니다. 그 나이는 참 흥미로운 시기예요. 개념적인 틀이 형성되기 시작했지만 아직 유동적인 상태죠. 요즘 아이가 소꿉놀이하는 걸 보면, 그게 상상 놀이라는 걸 알면서도 어딘가 진짜라고 느끼는 부분도 있는 듯해요. 아이에게는 '진짜냐 가짜냐', '참이냐 거짓이냐' 하는 구분이 아직 명확하게 나뉘지 않은 상태인 겁니다. 어떤 명제가 동시에 참이면서 거짓일 수 없다는 논리학의 기본 원리, 즉 모순율이 아직 완전히 적용되지 않는 중간지대에 있는 셈이죠. 저는 요즘 이런 생각도 합니다. '어쩌면 많은 사람이 이 단계를 완전히 벗어나지 못한 채 살아가는 건 아닐까?' 그래서 어떤 것이 신화라는 사실을 어렴풋이 알면서도, 여전히 그것을 진실처럼 받아들이며 살아가는 건 아닐까 싶어요.

리베카 골드스타인

> 선생님은 그런 경험이 없으셨어요?
> 아이들이 어느 정도의 나이가 되었을 때
> 산타클로스에 대해 느끼는 게 그런 거잖아요.
> 산타가 실제 인물이 아니라는 걸 알고,
> 그저 이야기일 뿐이라는 것도 알죠. 그런데 또
> 한편으로는 산타가 진짜인 것처럼 느끼며
> 경험의 한 부분으로 받아들이기도 합니다.
> 아이들도 산타가 진짜가 아니라는 건 알아요.
> '문을 나서면 바깥에 있게 되고
> 정원이 보일 거야'라는 식의 현실적 사실과는
> 다르다는 것을 알고 있죠. 선생님은 살면서
> 그런 식의 이중적인 경험을 해본 적이 없으세요?

그런 경험은 없었던 것 같습니다. 제 부업이 소설가라서 상상력이 꽤 풍부한 편인데요, 소설을 쓸 때는 등장인물들의 삶을 마치 제가 직접 사는 것처럼 느낄 때도 있어요. 그 인물들은 저와 전혀 다른 존재인데도 말이죠. 소설은 진짜처럼 느껴질 수 있지만, 저는 언제나 그게 허구라는 것을 분명히 인식하고 있습니다. 그런데 손자를 보고 있자니 문득 '아, 어쩌면 내가 이런 감각을 평생 놓치고 살아온 것일 수도 있겠다'라는 생각이 들더군요. 아니면, 그냥, 글쎄요… 잘 모르겠네요.

> 어릴 적부터 가져온 믿음 중에
> 지금도 간직하고 계신 게 있습니까?
> 지금도 여전히 믿고 있다고
> 스스로 인식하는 그런 믿음이 있나요?

네, 저는 '인식적 책임감epistemic responsibility'에 대한 믿음을 가지고 있습니다. 자신의 믿음을 책임져야 한다는 뜻이에요. 앞서 말했듯이, 무언가를 믿는다는 건 곧 그것이 진실이라고 여긴다는 말입니다. 그렇다면 당연히 그 믿음을 신중히 다뤄야 해요. 게다가 우리는 믿음을 바탕으로 행동하잖아요. 그래서 믿음은 도덕적 함의도 지닐 수밖에 없어요. 모든 행동에는 믿음과 욕망이라는 두 가지가 동기로 작용합니다. 그래서 저는 믿음을 끊임없이 검토해야 할 책임과 신성한 의무가 있다고 생각해요. 이런 생각은 어릴 적부터 제게 중요한 동기였고, 지금은 그 확신이 더 깊어졌습니다.

그런 사고방식이 가족의 신조였나요?

우리 가족은 매우 지적인 사람들이었어요. 그래서 자유사상가 동료들이 종교인을 지능이 떨어지는 사람처럼 이야기할 때면 불쾌하게 느껴지곤 해요. "그 사람들이 뭘 이해하지 못하는지만 잘 설명해주면 된다"라는 식으로 말하곤 하는데, 그건 잘못된 생각이에요. 그게 잘못된 생각이라는 걸 저는 잘 압니다. 왜냐하면 제 가족 중에는 탈무드 학자가 많았고, 정말 많은 방면에서 저보다 훨씬 뛰어난 사고력을 지닌 분들이었거든요. 문제는 지능이 아니라, 다른 무언가입니다.

그러니까 어떤 지적인 철저함을 그대로 이어받으신 거네요. 단지 그것을 다른 방향으로 활용하고 계신 거 아닌가요?

그렇다고 생각해요. 제가 가족에게서 진짜로 이어받은 게 또 있습니다. 유대교 전통에서는 지적 탐구가 도덕적인 행위로 여겨집니다. 그러니까 유대교 전통에서 남성이 해야 할 일은 앉아서 공부하고 배우는 거예요. '예시바yeshiva'라는 단어는 탈무드를 공부하는 종교 학교를 뜻하는데, '앉다'라는 뜻의 히브리어에서 유래한 말입니다. 예시바에서 하는 일이 바로 앉아 있는 겁니다. 우리는 신체적으로 활동적인 민족은 아니죠. 그저 앉아서 깊은 탐색을 실천하고 온갖 논리적인 구분을 하고 그 안에 담긴 함축적 의미를 분석하는 등 분석철학자로서 제가 하는 일과 같은 종류의 사고 활동을 합니다. 이 모든 것이 도덕적 행위로 여겨지죠. 네, 도덕적 활동이 맞아요. 저도 그렇게 생각합니다. 상황을 명확히 인식하고 어떤 사실을 알게 되면 행동에 변화가 생기게 되어 있습니다. 그렇지 않다면 인식이 매우 얕았다는 뜻이죠. 철학도 마찬가지라고 생각합니다. 철학은 사고의 폭을 넓히고, 우리의 존재 전체를 확장하고, 궁극적으로는 더 나은 사람이 되게 만들어야 한다고 믿어요. 이것이 제가 믿는 가치이고, 제 가족의 전통으로부터 물려받은 신념입니다.

    제가 다닌 학교는 여학생들만 다니는 정통파 유대교 학교였어요. 이런 이야기를 예전에 한 적이 있나 모르겠는데요, 우리는 유대교 역사를 배웠고, 저는 틈만 나면 수업을 빼먹곤 했어요. 학교가 정말 싫었거든요. 그런데 어느 날 학교에 갔는데, 하필 그날도 유대교 역사 수업이 있었어요. 내용은 근대성에 관한 것이었고, 당시 우리는 근대성을 반대하고 있었어요. 사실 바빌론 시대 이후로 모든 게 내리막길이었죠. 선생님이 이렇게 말했어요. "얘들아, 지금부터 이야기할 이 사람은 몹시 나쁜 사람이야. 다들 주의 깊게 들어야 한다. 이름은 스피노자. 유대인이었지. 그는 정말 이상한 것을 믿었어. 들어봐! 이 사람은 자연이 곧 신이라고 믿었고, 심지어 모세 오경도 신이 쓴 게 아니라고 주장했어." 그 말을 듣는 순간 제 귀는 쫑긋해졌어요. '도대체 이 사람은 누구지?' 너무 궁금했죠. 저는 수업을 빼먹을 때는 도서관에 가서 지식을 채우려는 간절한 마음으로 이런저런 책을 읽었어요. 그게 제가 학교 수업을 빼먹었던 이유였죠.

> 선생님께선 인생에는 두 가지 질문이 있다고 하셨죠. '무엇이 실재하는가'와 '무엇이 중요한가'라는 질문인데요. 앞서 '무엇이 실재하는가'에 대해서는 선생님의 입장을 잘 설명해주셨어요. 과학적 방법과 과학적 세계관을 전적으로 따른다고 하셨는데, 그런 의미에서 물질주의자라고도 볼 수 있을 것 같습니다. 그렇다면 '무엇이 중요한가'에 대한 선생님의 답은 무엇입니까?

제가 무조건 중요하다고 믿는 것이 있습니다. 다름 아닌 모든 인간 개개인입니다. 어떤 조건도 붙지 않아요. 인간은 누구나 매우 명백하게 중요한 가치를 지닙니다. 인간의 삶이 있는 모든 곳에는 세심한 관심을 받아 마땅한 존재가 있습니다. 지금 진행자님과 제가 서로에게 받고 있다고 느끼는 그런 종류의 관심 말이에요. 저에게는 이게 도덕의 근본적인 사실이에요. 사람들은 말로는 쉽게 모든 인간이 소중하다고 하지만, 실제로 그 믿음에 따라 살아가는 건 전혀 다른 문제죠. 칸트가 '정언 명령'에서 말했듯이, 우리가 반드시 지켜야 하는 도덕적 명령 중 하나는 인간을 수단이 아니라 목적 그 자체로 존중하는 것입니다. 칸트는 인간을 '목적의 왕국'으로 여겨야 한다고 표현했죠. 종교적인 언어에 가까운 표현인데요, 저는 이 표현을 참 좋아합니다. 그 안에는 성스러움이 담겨 있어요. 저 하늘 위 초월적인 성스러움이 아니라

서로의 존재 안에 깃든 성스러움이죠.

저는 지식도 굉장히 중요하다고 생각해요. 지식과 윤리는 우리에게 각자의 책임을 분명하게 정해주는 중요한 기준이라고 믿습니다. 저에게 중요한 것은 어떤 식으로든 지식에 무언가를 보태고, 사람들의 삶에 지식과 가치를 더하는 거예요. 인간으로 산다는 건 정말 힘들잖아요. 그래서 저는 누군가의 삶에 가치를 더하는 일을 하고 싶어요.

> 저를 포함해서 모든 인본주의자가 자주 듣는 질문인데요, 모든 인간은 동등하게 중요하다는 주장을 옹호할 때 어떻게 하십니까? 조금 전에 자신이 관심받고 싶듯이 타인에게도 관심을 줘야 한다고 하셨는데, 그게 이 주장을 뒷받침하는 논리인가요? 그런 논리만으로 충분하다고 보시는지요? 아니면 꽤 급진적인 이 주장을 옹호하기 위해 추가로 내세울 다른 이유나 의견이 더 있으신가요?

그게 바로 인본주의의 핵심 아니겠습니까?

> 맞습니다. 하지만 사람들은 그 주장을 어떻게 옹호할 수 있느냐고 자주 묻습니다.

어떤 주장을 옹호하는 한 가지 방법은 그것이 삶을 일관되게 살기 위해 반드시 전제되어야 하는 신념이라고 말하는 것입니다. 그러면 그 신념은 단순한 의견을 넘어서 다른 함의를 지니게 되죠. 일종의 방어 논리예요. 예를 들어 우리는 자연법칙이 내일도 계속 그대로 작용하리라는 것을 논리적으로 입증할 수는 없어요. 그런데도 그냥 믿어야만

하죠. 그렇지 않으면 삶을 일관되게 살아갈 수가 없어요. 중력이 지금까지 항상 작용해왔다고 해서 앞으로도 계속 작용하리라는 보장은 없다고 하면서 "그럼 이 절벽에서 뛰어내려도 괜찮겠네"라고 말할 수 있을까요? 미래가 과거와 같으리라는 건 증명할 수 없지만, 일관되게 살기 위해서는 당연히 그 믿음을 따라야 합니다. 논리도 마찬가지죠. 그렇지 않나요?

> **도덕적 관심을 받을 자격이라는 것도
> 그와 같은 방식으로 정당화되는 건가요?**

저는 제 삶이 중요하다고 믿습니다. 반드시 그렇게 믿어야 합니다. 설령 스스로 중요하지 않다고 생각해서 절망에 빠진다고 해도, 그 절망조차도 '내가 중요하다'는 믿음이 중요하다고 생각하기 때문에 생기는 것이죠.

> **그래서 절망 속에서도 삶을 계속
> 살아가기로 선택하는 거군요.**

맞아요. 저는 계속 살아가기로 선택해서 제 삶을 추구하고 있습니다. 이런 선택 자체가 곧 '내가 중요하다'는 믿음에 진심이라는 것이고, 감정 체계와도 연결되어 있죠. 이 모든 게 삶에 마음을 다하고 있는 느낌, 그런 삶을 추구하는 느낌, 그래서 '내가 중요하다'고 믿는 느낌과 밀접하게 연결되어 있어요. '내가 중요하다'는 믿음은 자연법칙을 믿는 것과 마찬가지로 일관된 삶을 추구하기 위해 우리 삶 속 깊이 뿌리내린 기본 전제예요. 하나의 도덕적 약속인 셈이죠. 만약 누군가 제 존재가 중요하다는 것을 인정하지 않는다면 저는 당연히 분노할 겁니다.

좋아요, 그렇다면 '내가 중요하다'는 믿음을 어떻게 옹호할 수 있을까요? 뭐라고 말해야 할까요? 내가 뭔가 특별하니까 중요하다고 말해야 할까요? 때로는 그렇게 말하는 사람들이 있어요. "나는 올바른 인종으로 태어났고, 적절한 성별이고, 사회적으로 인정받는 조건을 가지고 태어났어. 나는 똑똑하고, 아름답고, 키가 크고 아니면 작고……." 이런 식으로 말하면서 "그래, 나는 특별해"라고 주장하기도 해요. 하지만 솔직히 곰곰이 생각해보면 그런 이유로 '내가 중요하다'고 믿는 게 아니라는 점을 알 수 있죠. 사실 우리가 자신을 중요하게 여기는 이유는 그게 인간 존재의 본질이기 때문입니다. 사람들은 저마다 자신이 중요하다고 믿고, 누구나 자기에게 헌신적입니다. 그러니 정말 일관된 삶을 살고자 한다면, '내가 중요하다'는 믿음을 가질 이유가 남들보다 더 많은 게 아니라는 사실을 깨달아야 합니다. 그 믿음을 모든 사람에게 확장해야 해요. 그게 바로 그 믿음이 내포하고 있는 의미입니다. 편견의 역사 속에서 우리는 아주 오랫동안 이렇게 말하려고 해왔어요. "아니야, 나는 달라. 나는 중요한 집단에 속하고, 그들은 그렇지 않아." 하지만 이제는 그런 주장이 정당화될 수 없습니다.

> **그래서 타인에 대한 도덕적 관심도 결국 '무엇이 사실인가'에 대한 깊은 통찰에서 나온다고 보시는 건가요?**

네, 그렇게 생각합니다. 여기서 말하는 '사실'이란 어떤 의미에서는 우리가 자신을 들여다보는 와중에 내면에서 발견하게 되는 것들이에요. 삶을 살아가기 위해 필연적으로 받아들여야 하는 믿음들이죠.

그 과정을 통해 '내가 중요하다'는 믿음이 어떻게 정당화될 수 있는지 고민하게 됩니다. 그렇게 고민하다 보면, 결국 그 믿음은 나에게만 해당하는 게 아니라 모든 인간에게 똑같이 적용해야 한다는 사실을 깨닫게 돼요. 다시 말해, 다른 사람들도 나만큼 중요하다는 겁니다. 인간만 중요하다는 뜻은 아니에요. 그렇게 생각하는 건 상상하기도 싫은 심각한 오류입니다.

> 네. 우리가 지금까지 인간이라고 말해왔지만, 선생님이나 저나 둘 다 고통받는 동물들도 포함해서 이야기하고 있죠.

맞습니다. 정확히 그래요.

> 사실 이 주제에 대해 이렇게 깊이 이야기해본 건 처음인데요, 선생님의 생각이 정말 궁금합니다. 저는 늘 이렇게 생각해왔어요. '인본주의'라는 단어가 사람들에게는 종종 인간 중심적인 개념처럼 들릴 수 있지만, 오히려 인본주의적 신념은 도덕적 관심의 범위를 인간을 넘어 다른 동물들에게까지 확장하는 데 기여할 수 있다고요. 우리가 '도덕이란 무엇인가, 도덕은 무엇을 위한 것인가'를 고민해보면, 그 개념 안에는 매우 독특하면서도 복잡한 특성이 담겨 있다는 것을 알 수 있습니다.

정말 공감되는 말씀이네요.

> 제러미 벤담Jeremy Bentham, 피터 싱어Peter Singer를 비롯해 동물의 고통에 주목해온 철학자들이 모두 인본주의자였다는 사실은 우연이 아니지요!

네, 저도 그렇게 생각합니다. 성경, 특히 창세기를 보면 우리가 신의 형상대로 창조되었고, 그래서 특별한 가치를 지닌 존재라고 말하죠. 실제로 누군가 어떻게 모든 인간이 중요하다고 말할 수 있냐고 묻는다면, 저는 종종 그 근거로 창세기를 인용하기도 합니다. 그러나 이런 관점은 인간과 지각 있는 다른 생명체 사이에 경계를 만들게 됩니다. 그런 식의 논리로는 도덕적 관심을 종을 넘어 확장하는 데 한계가 있어요. 만약 '모든 인간은 중요하다'는 주장을 창세기에만 의존해 정당화하려 한다면, 결국엔 종차별주의에 빠지게 될 겁니다.

스티븐 핑커
Steven Pinker

과학과 인간 본성

2021년 6월

스티븐 핑커는 캐나다 태생의 미국인 인지심리학자이자 언어학자로, 언어와 인간 정신에 관한 저서로 널리 알려진 작가다. 지금까지 12권의 책을 썼으며, 그중 다수가 이성과 과학을 옹호하는 내용을 담고 있다. 현재 하버드대학교 교수로 재직 중이다. 『우리 본성의 선한 천사』, 『언어 본능』, 『마음은 어떻게 작동하는가』, 『단어와 규칙』 등을 집필했다.

"저는 우리가 계속 퇴보하려는 경향이 있는 존재라고 생각합니다. (…) 자유민주주의를 유지하는 데는 노력이 필요하고, 과학적 사고방식을 유지하는 데도 노력이 필요하죠. 그리고 그 모든 노력은 충분히 가치 있는 일입니다."

저는 1960년대 사회 운동에 참여하기에는 너무 어렸지만, 친구의 형이나 누나들을 통해 그 영향을 서서히 받았습니다. 당시에는 인간 본성의 유형이 큰 화두였지요. 우리는 무정부주의자여야 하는가? 마르크스주의자여야 하는가? 아니면 아인 랜드^Ayn Rand(자유로운 개인을 최고의 가치로 보는 러시아계 미국 철학자이자 작가—옮긴이) 추종자가 되어야 하는가? 돈이 꼭 필요한가? 아니면 자유롭게 내버려둔다면 우리 인간은 필요한 만큼만 가져갈까? 경찰이 필요한가? 군대가 필요한가? 결국 모든 질문은 '우리는 어떤 종인가' 하는 문제로 귀결되었습니다. 대학 시절에 저는 인류학, 사회학, 철학, 영문학 등 다양한 각도에서 인간 본성에 접근하는 여러 학문을 탐구했는데, 결국엔 심리학을 선택했습니다. 심리학적 접근은 질문이 지적 흥미를 일으킬 뿐만 아니라 그 질문을 다루고 해결할 가능성도 있기 때문이었죠. 실험과학으로서 심리학은 다는 아니더라도 일부 질문에 대해 무엇이 참이고 무엇이 거짓인지를 가려줄 자료를 수집할 수 있는 학문입니다.

> **우리 인간은 자신의 많은 능력을
> 너무 당연시한다고 생각하지 않으세요?**

네, 맞습니다. 그 이유는 우리의 능력이 너무 잘 작동하기 때문입니다. 눈을 뜨면 바로 앞에 해석 가능한 세상이 펼쳐져 있어요. 다른 사람이 말하는 소리를 들을 수 있고, 애쓰지 않아도 저절로 단어가 의미로 연결됩니다. 그러나 우리가 보일러실 기계에 접근하지 못하듯이 우리 능력의 작동 원리는 알지 못합니다. 우리는 우유 팩을 찌그러뜨리거나 떨어뜨리지 않고도 손에 쥘 수 있고, 얼굴과 사물을 인식할 수 있어요. 운전과 하이킹을 할 수 있을 뿐만 아니라, 생각을 말로 표현할 수 있고 다른 사람이 하는 말을 이해할 수도 있어요. 그런데 이 모든 능력을 실제로 가능하게 하는 것은 우리가 의식하지 못하는 저 아래에서 이뤄집니다. 모든 게 쉬워 보이는 이유는 정신을 가진 인간이라면 누구나 실제로 쉽게 할 수 있는 일들이기 때문이죠. 그러나 우리가 보일러실로 내려갈 때, 또는 블랙박스를 열어볼 때 저는 그것이 곧 본질에 대한 통찰이라고 생각합니다. 하나의 위대한 과학적 깨달음이라고도 할 수 있죠. 이는 현미경으로 연못 물을 관찰한 최초의 과학자 레이우엔훅Leeuwenhoek이 물속에 미생물이 가득하다는 사실을 발견한 것이나, 망원경으로 먼 은하와 성운을 처음 본 것과 같습니다. 일상적인 성과를 달성할 때 실제로 인간의 정신 속에서 어떤 일이 벌어지는지 알아내려는 시도와도 동일한 겁니다. 인간의 정신 속에서 어떤 일이 벌어지는가 하는 것은 인공지능을 연구할 때(즉 인간의 정신 능력을 모방하려고 할 때)나 인지심리학을 연구할 때(즉 인간의 정신을 역설계할 때) 반드시 던지게 되는 질문이죠. 인간의 평범한 정신 과정에 얼마나 많은 복잡성이 숨어 있는지 알면 새삼 감명받을 겁니다.

인간의 평범한 정신 과정이 매우 복잡하다는 사실을 많은 사람이 인식하고 있다고 보십니까?

그다지 널리 인식되지는 않는 것 같습니다. 우리가 처음에 대화를 시작할 때, 제게 인지심리학에 끌리게 된 계기를 물으셨죠. 물론 저는 실험실에서 사람들이 3차원 형태를 시각화하는 메커니즘을 연구하거나 유아 언어를 받아 적고 문법적 오류를 찾는 것 이상의 더 깊은 연구를 하게 되었습니다. 그래서 인간의 정신이 어떻게 작용하는가라는 더 근본적인 질문에 이르렀고, 이는 폭력의 역사적 추세나 인류의 진보 같은 주제를 다룬 질문으로 확장되었습니다. 그 결과 인본주의 운동에 깊이 빠지게 되었죠. 직접 행동할 때는 모든 것이 쉽고 저절로 되는 것처럼 보여서, 우리를 움직이게 하는 원리는 대부분 드러나지 않습니다. 그러므로 단지 인간으로서 어떤 감정을 느끼는지를 넘어 우리가 왜 그렇게 행동하는지를 묻는 것이 의식을 높이고, 인류 전체의 자기인식을 불러일으킨다고 생각합니다. 인간의 본성은 무엇일까요? 그토록 대단한 시스템에 어떤 결함이 숨어 있을까요? 우리가 본능적으로 빠지기 쉬운 습관은 무엇일까요? 어쩌면 우리가 편안히 앉아서 자신을 뒤돌아보며 성찰한다면 더 나은 존재가 될 수도 있을 겁니다. 성찰은 깨달음과 힘의 원천이죠. 저는 체호프의 말을 인용하길 좋아하는데요, 체호프가 이런 말을 했습니다. "인간은 자신이 어떤 존재인지 알게 되면 더 나아질 수 있다."

심리학이 인간 본성에 관한 어려운 질문에 답을 찾아줄 방법이라는 생각은 지금도 변함이 없으세요?

꼭 심리학만이 아닙니다. 학문 분야라는 것은 실제로 학장이나 부총장 같은 사람이 모든 학자를 한 건물에 모아놓을 수 없어서 편의상 나눈 것에 불과합니다. 여러 분야로 구분해놓기는 했지만 지식의 영역은 서로 연결되어 있지요.

　저는 항상 실험인지심리학을 기반으로 다양한 분야에서 지식을 얻습니다. 연구 주제에 따라서 관련된 어떤 정보라도 받아들입니다. 언어의 경우, 명백히 언어학이 주된 관련 학문이죠. 하지만 인공지능과 자연어 처리, 언어철학, 그 외에도 언어신경생물학, 언어유전학 모두 관련이 있습니다. 시각의 경우는 3차원 공간을 묘사하는 미술의 역사와도 관련이 있습니다. 우리는 세상을 볼 때 원근감을 느낍니다. 그런데도 미술에서 원근법이 발명되기까지 왜 그렇게 오랜 시간이 걸렸을까요? 머릿속으로 사물을 시각화하는 인간의 능력을 소설과 문학은 어떻게 활용할까요? 제가 뒤늦게 발을 들인 심리학 분야 중 하나가 폭력 행동에 관한 연구인데요. 이 분야에서는 신경생물학이 중요한 역할을 합니다. 인간의 신경회로 중 일부는 아주 오래전 진화 과정에서 형성되었고, 오늘날 다른 포유류들과도 공유하고 있습니다. 그러므로 우리는 여기에 더해 인간 특유의 '폭력의 심리학'이라는 일종의 소프트웨어도 가지고 있다고 볼 수 있죠. 다른 사람을 해치는 게 좋은 생각이라고 믿는 사람은 도대체 어떤 사고 과정을 거치는 것일까요? 그 사람의 내면에서는 무슨 일이 일어나고 있을까요? 폭력적 충동은 어떻게 억제할 수 있을까요? 자기 통제의 메커니즘은 무엇일까요? 공감은 어떻게 작동할까요? 이 모든 질문은 사회심리학과 정서심리학의 핵심 주제들입니다.

　역사 또한 인간 본성과 깊이 연결되어 있습니다. 저는 『우리 본성의 선한 천사』의 서문에서 폭력을 정량적으로 측정했을 때 사람들 대부분이 알고 있는 것과 달리 기나긴 역사 속에서 폭력이 점차 감소해왔다는 사실을 언급했습니다. 이 같은 분석은 비록 정치학, 역사학, 정량적 사회과학의 산물일지라도 일종의 심리학적 데이터로 볼 수 있습니다. 이는 곧 우리가 고정된 수준의 폭력에 묶여 있는 존재가 아니라는 뜻이죠. 인간의 본성은 그게 무엇이든 모든 사람에게 항상 같은 양의 폭력성을 강제하지는 않습니다. 폭력이 변화해왔다는 역사적 사실은 중요한 심리학적 질문을 던지게 합니다. 첫째, 우리는 왜 그렇게 쉽게 서로를 해치려는 경향을 보이는가? 둘째, 그런 경향이 있다고 하더라도 우리는 그것을 어떻게 억제할 수 있는가? 이 두 질문을 다루기 위해 저는 책에 심리학과 신경과학을 다룬 두 개의 장을 넣었어요. 하나는 '내면의 악마들'이라는 제목으로 폭력의 다양한 동기를 분석했고, 다른 하나는 '선한 천사들'이라는 제목으로 인간이 폭력 충동을 어떻게 억제해왔는지 탐구했습니다.

> 교수님이 책에서 언급하신 것처럼, 삶에 대한 인본주의적 접근 방식에서 매우 중요한 관점 중 하나가 '진보는 단지 가능성에 그치지 않고 실제로 이루어져왔으며 지금도 계속되고 있다'는 것입니다. 그런 믿음이 교수님에게 아주 중요한 확신으로 굳은 계기는 무엇이었나요?

인간 본성이 무엇이고, 역사 속 다양한 시대에 그것이 어떻게 드러났는지를 탐구하다 보니 인본주의적 물음에 깊이 끌리게 되었습니다. 그중 하나가 '우리에게 진보의 가능성이 있는가? 아니면 우리는 영원히 똑같은 수준의 폭력과 추한 경쟁에서 벗어나지 못할 운명인가?'라는 겁니다. 또 하나는 '우리는 얼마나 더 나아질 수 있는가?'라는 늘 따라붙는 질문이에요. 물론 세상이 바뀌지 않는다면 인본주의 운동이 필요 없을지도 모릅니다. 우리는 그저 인류의 상황을 한 발짝 물러서서 지켜보기만 하는 관찰자에 불과하겠죠. 세상을 한탄하거나 그 상황에 관한 비극적인 희곡을 쓰거나 냉소적인 격언을 늘어놓는 것 외에 할 수 있는 일이 없을 겁니다.

그렇다면 어떻게 더 좋은 세상을 만들 수 있다고 확신할 수 있을까요? 뭐, 낙관적인 성격을 타고나서 그럴 수도 있습니다. 그러면 같은 물컵을 봐도 물이 반이나 차 있다고 보잖아요. 하지만 그런 성향만으로는 충분하지 않습니다. 훨씬 더 설득력 있는 근거는 바로 역사에서 찾을 수 있습니다. 우리 인본주의자들은 이미 과거에 변화를 이뤄낸 경험이 있어요. 그렇다면 앞으로 또 하지 못할 이유가 없지 않겠어요? 이런 역사는 인본주의에 동기와 활력을 불어넣어 그것을 진보적이고 동경할 만한 운동으로, 우리 모두에게 의미 있는 대의로 만들어 줍니다. 그리고 저는 그것을 인본주의라고 부르든 그렇지 않든 우리가 이미 인본주의적 가치를 받아들이며 살아가고 있다는 사실을 깨달았습니다.

> 인본주의 사상을 처음 접한 사람들이 흔히 겪는 경험이 바로 그거죠, 그렇지 않습니까?

평생 평범하게 해왔던 말들이 하나의 문학 작품을 이룬다는 것을 알면 얼마나 기쁘겠어요!

비록 의식하지 못한 채 살아왔더라도 저는 이름을 붙이는 게 중요하다고 생각합니다. 계몽주의 이후 등장한 하나의 역사적 흐름과 사상을 가리키는 이름이 되겠죠. 구체적으로 말하자면 도덕적 목적이 궁극적으로 인간의 행복과 번영, 삶과 건강, 교육과 자유, 그리고 안전을 증진하는 데 있다고 보는 사상이에요. 진보 역시 마찬가지입니다. '진보란 무엇인가'라는 질문에 저는 매우 인본주의적인 답을 내놓을 겁니다. 진보란 천국을 지상에 실현하는 것도, 프롤레타리아 독재를 이루는 것도 아닙니다. 진정한 진보는 사람들이 건강하고 행복하고 안전하고 양질의 교육을 받아 원하는 삶을 누릴 수 있게 하는 겁니다. 인본주의라는 이름을 붙였든 아니든, 우리가 실제로 목격한 많은 사회적 진보는 인본주의적 발전이라 할 수 있습니다.

교육 기관, 병원, 연구 기관, 그리고 이상적인 자유민주주의 국가에서 인간적인 방식으로 운영되는 정부를 생각해보세요. 그들이 스스로 인본주의를 옹호한다고 말하지 않더라도 우리가 그들을 소중히 여기고 그들이 제대로 기능할 때, 그들이 하는 일이 바로 인본주의입니다. 병원은 사람들을 낫게 하고, 학교는 아이들을 가르치기 위해 존재하니까요. 이것 역시 하나의 역사적 전환이라고 볼 수 있습니다. 많은 학교와 병원이 원래는 종교적 기반에서 종교적 목적을 위해 시작되었지만, 흥미롭게도 그러한 목적은 시간이 흐르면서 자연스럽게 퇴색되는 경향이 있습니다. 긍정적 발전이죠. 정부도 마찬가지입니다. 과거에는 단지 지배 왕조의 권위를 유지하기 위한 통치 체제였지만, 이제는 사람들의 복지를 극대화하기 위해 국민이 위임한 권한을 행사하는 기관으로 발전했습니다. 그러므로 진보는 분명 우리가 지향해야 할 목표입니다. 그리고 어떤 진보가 실제로 이루어졌을 때 우리가 그것을 알아차리고 "아, 이건 좋은 일이야"라고 말하는 순간, 사실 우리는 인본주의적 도덕에 호소하는 겁니다.

> **오늘날 종교인들은, 특히 유럽에서는 대체로 인본주의의 언어로 말합니다. 물론 북미에서는 상황이 조금 다르지만요. 때로는 몇 세기 전의 기독교인이라면 알아듣지 못할 방식으로 말하기도 합니다.**

> 조지 오웰은 종교인과 인본주의자의 차이를 이렇게
> 설명했어요. 종교인은 늘 이 세상이 아니라
> 다음 세상을 염두에 두지만, 인본주의자는 이 세상을
> 생각하며 어떻게 더 나은 세상으로 바꿀 수 있을지를
> 고민한다는 것이죠. 그런데 불과 백 년도 지나지 않아
> 그 구분은 거의 사라졌습니다. 이제 사실상 모든 사람이
> 인본주의적 관점을 어느 정도 받아들이고 있다고
> 봐야 합니다.

맞습니다. 그리고 인본주의라는 이름이 붙지 않은 역사적 사건 중에도 실제로는 인본주의적 변화를 나타내는 경우가 많습니다. 예를 들어 1960년대 초 제2차 바티칸 공의회나, 아프리카계 미국인이 카인의 후손이라는 주장을 철회한 모르몬교 내부의 변화 같은 사례가 그렇습니다. 이런 변화는 종교 내부에서 일어났지만, 분명 인본주의적 변화입니다.

> 인류의 진보에 큰 도움이 된 역사적 사건이나
> 흐름이 있다고 보시는군요. 저는 교수님이 책에서도
> 다룬 인권 혁명 같은 사례가 떠오르는데요.
> 그 외에 교수님이 보시기에 인류를 더 나은 방향으로
> 이끈 중대한 사건이나 역사적 흐름이 있다면
> 어떤 것들이 있을까요?

음, 과학이 인본주의적 목적을 위해 사용된 사례를 빼놓을 수 없겠죠. 대표적으로 공중 보건의 발전이 있습니다. 인간의 배설물이 식수로 유입되지 않도록 하수도를 건설했고, 백신과 인공 비료, 항생제, 마

취제의 개발과 혈액형의 발견도 중요한 진전이었죠. 미국 농학자 노먼 볼로그Norman Borlaug의 녹색혁명이나 18세기 농업혁명도 빼놓을 수 없습니다. 이 모든 것이 자연을 통해 인간의 복지를 증진한 사례들입니다. 물론 과학이 점점 더 파괴적인 무기를 개발하는 데 쓰이기도 합니다. 그래서 단순히 세상을 이해하려는 행위만으로 인간의 삶을 더 좋아지게 할 수는 없습니다. 명시적으로든 암묵적으로든 인본주의적 목표와 연결될 때 비로소 과학은 인간의 삶을 개선할 수 있는 강력한 수단이 됩니다.

아까 언급하신 인권에 관해 이야기해보겠습니다. 인권이란 인간이 지각 능력이 있고 고통을 느끼고 번영할 수 있는 존재이므로 모두가 도덕적으로 동등하다는 개념이죠. 사실 인간 본성에는 자기 자신과 자신이 속한 씨족이나 부족을 편애하려는 경향이 있습니다. 하지만 여러 집단이 서로 어깨를 맞대고 살아가려면 그런 편애는 정당화될 수 없어요. 누군가와 실질적인 합의를 이뤄야 하는 상황이라면 '나에게 좋은 것이 좋은 것'이라는 주장은 통하지 않거든요. 그래서 자연스럽게 권리와 공감의 범위를 점점 더 넓혀갈 수밖에 없는 겁니다.

민주주의 정부는 인간 본성의 어두운 면에 대한 일종의 양보라고 할 수 있습니다. 저는 무정부주의자가 아닙니다. 홉스Hobbes가 설명한 무정부 상태를 잘못 이해하는 경우가 많은 것 같은데요. 무정부 상태라고 해서 우리 모두가 항상 피를 갈망하는 비도덕적이고 이기적인 포식자라는 뜻은 아니에요. 하지만 중요한 건 이웃 중에 그런 사람이 있을지도 모른다는 의심만 생겨도 자신을 지키기 위해 무장하기 시작한다는 겁니다. 그러면 이웃들도 우리가 어떤 의도를 가졌을지 걱정하며 자신을 방어하기 위해 무장하게 됩니다. 결국 서로 무기를 늘리고 더욱 적대적인 태도를 보이고, 경고의 신뢰성을 증명하기 위해 사소한 공격이나 상대의 약점처럼 보이는 부분에 즉각적으로 공격적인 반응을 하는 경향이 생길 수 있습니다. 그런데 이해관계가 없는 제3자인 정부가 있다면 어떻게 될까요? 국민에게 권한을 위임받고 국민의 이익만을 위해 일하는 정부라면 사람들 간의 충돌이나 다툼을 막을 수 있습니다. 중립적인 심판이 있다면 양측 모두 상대방을 경계할 필요가 없어지니까요. 정부만 그런 역할을 할 수 있는 것은 아닙니다. 이 점에 대해서는 홉스의 이해가 다소 부족했다고 생각하는데요. 일단 사람들이 서로를 약탈하는 문제를 해결하고 나면, 다음으로는 정부가 국민을 약탈하는 문제에 직면하게 됩니다. 그래서 정부에 대한 제약이 반드시 있어야 하는 겁니다. 저는 자유민주주의를 무정부 상태의 폭력성과 독재의 폭력성 사이를 절묘하게 통과하는 실에 비유하고 싶습니다. 다시 말해 정부의 권력은 국민이 서로를 해치지 못하도록 막는 데 쓰여야지, 정부가 국민을 억압하는 데 사용되어서는 안 됩니다. 이런 자유민주주의가 진보의 또 다른 원동력이라고 생각합니다.

저는 세계시민주의나 종교 간 포용을 주장하는 에큐메니컬리즘^{ecumenicalism}, 그리고 상대방의 관점에서 세상을 바라보고 서로 어깨를 나란히 하며 교류하는 삶의 방식 같은 것이 다른 사람을 인간 이하로 여기거나 악마화하는 일을 조금이라도 막을 수 있다고 생각합니다. 그래서 모든 조건이 같다면 세상이 더 많이 연결될수록 진보는 더욱 촉진될 겁니다. 그리고 세상에는 인간의 복지를 목표로 하는 여러 기관이 있습니다. 보건 기구, 과학 학회, 자유 언론, 두뇌 집단(싱크 탱크), 정부 간 조직, 국제 협력 기관 등이 그 예죠. 이런 기관들은 매우 중요합니다. 이것 역시 '인간 본성에도 불구하고 이루어진 인류의 진보'라는 주제와 연결되며, 제가 쓴 『합리성^{Rationality}』의 핵심 주제이기도 합니다.

인간은 여러 면에서 매우 이성적인 존재입니다. 우리는 태어난 순간부터 가혹한 환경 속에서 살아남아 아이들을 키우고, 지구 곳곳으로 퍼져나갔으며, 수 세기에 걸쳐 눈부신 발전을 이루고 고도의 과학 체계까지 구축해왔습니다. 하지만 동시에 인간은 어리석은 행동을 하기도 하고, 음모론이나 가짜 뉴스에 쉽게 속기도 합니다. 제 생각에 이 문제를 해결할 핵심적인 방법은 개인이 아닌 집단으로서 더 이성적인 사고를 할 수 있는 제도를 마련하는 것입니다. 인간은 누구나 편향, 선입견, 오류를 가지고 살아갑니다. 하지만 우리가 서로의 오류를 발견하고 지적하고 비판할 수 있다는 게임의 규칙에 동의한다면, 즉 다양한 의견이 존재하고 표현의 자유와 책임 의식이 보장된다면, 아무리 자기중심적인 사람이라도 타인의 자기중심적 사고 속에서 결함을 포착할 수 있습니다. 그렇게 집단으로서 우리는 점점 더 객관적으로 현실을 이해할 수 있을 겁니다.

> 교수님은 우리가 본능적이고 비이성적인 존재인데 우연히 기술과 그 외 다른 것들을 발전시킬 수 있었던 것이라는 생각도 거부하고, 또 우리가 본래부터 이성적인 존재라는 생각도 거부하시는 듯합니다. 그러니까 인간은 이성적으로 사고할 능력은 있지만, 그 능력을 제대로 발휘하려면 상당한 노력이 필요하다는 말씀인 거죠?

네, 맞습니다. 저는 인간 본성에 대해 다소 어두운 관점을 가지고 있습니다. 인간을 천사처럼 보지는 않아요. 인간이 본질적으로 선하다고도 생각하지 않습니다. ("나는 냉소적이려고 애쓰지만, 세상이 더 냉소적이라 그 걸 따라잡기 쉽지 않다"라는 릴리 톰린Lily Tomlin의 말이 와닿았어요. 특히 지난 몇 년은 더 그랬습니다.) 하지만 동시에 인간은 옳은 일도 해왔습니다. 우리는 오랜 시간 서로 공존해왔고, 폭력 범죄와 전쟁을 줄여왔습니다. 인종적 편견과 성차별도 줄어들었습니다. 이렇게 보면 인간이 그렇게 나쁜 존재는 아니죠. 문제는 에이브러햄 링컨이 연설에서 언급했고 제가 책 제목으로도 사용한 '우리 안의 선한 천사'가 어떻게 우리 안의 어두운 면을 극복하느냐 하는 것이죠. 그 해답은 자기 통제력과 공감 능력을 키우고, 폭력과 편견을 줄이기 위한 문제에 이성을 효과적으로 적용할 수 있게 도와주는 규범과 제도에 있습니다. 다시 말하면, 이것을 해결해야 할 과제로 볼 수 있습니다. 어떤 사람들은 때때로 강도, 강간, 살인 같은 범죄를 저지르려 하거나 상대를 악마로 몰아가기도 합니다. 그런 짓을 하지 못하게 막거나, 한다고 해도 최소한 과거보다 훨씬 덜 하게 하려면 우리는 어떻게 세상을 설계해야 할까요? 해답은 분명합니다. 협력, 평화, 건강, 행복 같은 인본주의적 목표를 달성하기 위해 이성을 활용하는 것입니다. 바로 그것이 우리가 더 나은 존재로 진보하는 길이며, 동시에 '이처럼 결함 많은 종이 어떻게 원리적으로나 실제로나 자신의 상태를 개선할 수 있을까?'라는 질문에 대한 답입니다.

> 결함 많은 인간의 진보가 역사적으로 어떻게 일어났는지를 묻는 동시에, 인류의 집단적 이성을 우리의 더 나은 삶을 위해 어떻게 더 활용할 수 있을지도 묻고 계신 거죠?

정확합니다. 그리고 앞서 언급하신 것처럼, 그건 정말 어려운 일입니다. 저는 우리가 계속 퇴보하려는 경향이 있는 존재라고 생각합니다. 민주주의에 대한 위협, 인권에 대한 위협, 과학적 이해에 대한 위협을 보면 그 점이 분명히 드러나죠. 민주주의, 인권, 과학적 이해, 이런 것들은 저절로 유지되는 게 아닙니다. 우리는 과학적으로 사고하지 않고, 믿고 싶은 대로 믿는 '마법적 사고'에 빠지기 쉽습니다. 보편적이고 인간 중심적인 사고 대신, 부족 중심적인 사고를 합니다. 그래서 부족 중심주의나 마법적 사고, 권위주의로 되돌아가려는 유혹에 저항해야 한다는 사실을 계속 되새겨야 합니다. 자유민주주의를 유지하는 데는 노력이 필요하고, 과학적 사고방식을 유지하는 데도 노력이 필요하죠. 그리고 그 모든 노력은 충분히 가치 있는 일입니다.

헬렌 체르스키
Helen Czerski

우리 모두 한배를 탔을 때의 이야기

2021년 1월

헬렌 체르스키는 유니버시티 칼리지 런던의 물리학자이자 해양학자로, 일상 속 물리학과 해양물리학에 깊은 관심을 가지고 있다. BBC를 중심으로 방송 활동을 하며 세 권의 책을 썼고, 정기적으로 과학 칼럼도 연재하고 있다. 『블루 머신』, 『찻잔 속 물리학』을 집필했다.

"

"우리는 지구에서 어떻게 살아야 하는지에 관한 규칙을 새로 만들 필요가 없어요. 지구의 다른 생명체들과 자연은 굳이 의인화하지 않더라도 그 규칙들을 이미 정확히 알고 있습니다."

저는 늘 현실 세계에 관심이 많았어요. 다른 물리학자들과 제가 달랐던 점은 실제로 세상 밖으로 자주 나가서 연구했다는 거예요. 연구실에 앉아 수식만 들여다보는 게 좋아서 물리학을 선택하는 사람들도 분명 있죠. 그런데 저는 그런 타입은 아니었어요. 밖에 나가 움직이고 관찰하는 것을 좋아했으니까요. 지구를 이해하고 싶어서 한때는 지질학을 전공할까도 생각했지만, 지질학에는 물리학적 접근이 부족하다고 느꼈어요. 저는 더 근본적인 수준에서 이해하고 싶었습니다. 그래서 다시 물리학으로 돌아왔죠. 다양한 분야의 물리학을 공부하다가 결국 '거품'을 연구하게 되었고, 지금은 바다에서 연구하거나 자연 속의 물리 현상을 탐구하고 있습니다. 제게 이보다 더 완벽한 일은 없어요. 정말 만족하고 있습니다.

저의 철학적 관점은 비교적 최근 몇 년 사이에 생긴 겁니다. 스스로도 흥미롭다고 생각하는데요. 측면에 보조 부력체가 달린 아웃리거 카누를 배우기 시작한 것이 계기였어요. 저는 바다에서 부서지는 파도와 거품을 연구하는 과학자이고, 다양한 운동을 좋아합니다. 어느 날 런던의 템스강에서 하와이식 카누를 타는 사람들을 봤어요. 그 순간 들었던 생각은 '와, 저 사람들 진짜 별나다. 제정신이 아닌 것 같네. 분명 흥미로운 사람들일 거야. 친구가 되어야겠어'였습니다. 런던 한복판에서 하와이 전통 카누를 타는 사람이라면 분명 흥미로운 사람이겠다 싶었죠. 제 예상은 틀리지 않았어요. 저도 그들과 함께 하와이 전통 카누를 배우기 시작했어요. 운동으로도 좋았고, 재미도 있었어요. 게다가 그 안에는 어떤 철학도 담겨 있었죠. 그때는 깊게 생각하지 않았지만요. 사람들은 우정에 관한 이야기를 많이 했고, 부드럽게 나가는 카누가 행복을 주는 카누라는 말을 자주 했어요. 그런데 세월이 흐르면서 그 말의 의미가 점점 와닿기 시작했고, 저는 카누에 담긴 이야기들을 하나씩 발견해나갔습니다. 그 이야기들은 제 인생의 두 축을 이루는 연구와 운동을 예상치 못한 방식으로 하나로 이어줬어요.

하와이 원주민을 포함한 폴리네시아인들은 뛰어난 항해술을 가진 사람들이었어요. 그들은 지금으로부터 500년에서 1,000년 전, 작은 카누를 타고 현대적인 항해 장비 하나 없이 넓은 바다를 건넜습니다. 현대 기술 없이 이뤄낸 놀라운 기술적 업적이죠. 그들은 광활한 바다 한가운데 떠 있는 작은 섬에 살고 있는데요, 여기서 흥미로운 점이 뭔지 아세요? 우리가 작은 카누를 타고 어딘가로 가야 할 때, 단순히 기술만 뛰어나서는 충분하지 않다는 겁니다. 물론 노를 제대로 젓고 파도를 읽을 줄 알아야 합니다. 이런 기술적인 능력은 필수입니다. 하지만 폴리네시아인들은 팀워크 같은 인간적인 요소도 기술만큼이나 중요하다는 걸 알고 있었습니다. 그러니까 저는 여러 접근 방식의 결합에 대해 알아가고 있었어요. 폴리네시아인들은 파도를 읽었고 그건 해양학자로서 제가 하는 일과 비슷하지만, 그것을 바라보는 방식은 전혀 달랐어요. 그들은 파도를 다르게 봅니다. 관찰을 기반으로 하기 때문이죠. 수식을 써서 분석하지 않더라도, 과학자들이 알아채지 못하는 패턴을 분명하게 포착해냅니다. 아무리 기술적으로 뛰어난 사람이라도 만약 거만하거나 독선적으로 행동한다면, 그 사람이 탄 카누는 앞으로 나아갈 수 없어요. 함께 탄 다른 사람들이 불편하고 불쾌해질 테니까요. 별의별 말도 안 되는 갈등이 생길 것이고, 결국 우리는 어느 방향으로도 나아가지 못할 겁니다.

 카누가 흥미로운 점은 이게 정말 훌륭한 비유가 되고, 실제로 폴리네시아인들이 그렇게 사용한다는 거예요. 이건 제가 멋대로 끼워 맞춘 해석이 아니라 그들도 분명하게 인정하는 점입니다. 비유는 두 가지 생각에서 나오는데요. 그들은 "카누는 섬이다. 섬은 카누다"라는 표현을 자주 씁니다. 태평양 한가운데 있는 아주 작은 섬에 살고 있다고 상상해볼까요. 섬 주변으로 위험할 수도 있지만 원한다면 어디든 데려다줄 수 있는 바다가 있고, 함께 있는 사람은 소수이며, 섬에서 얻을 수 있는 자원만 가지고 살아야 합니다. 이런 상황은 규모만 다를 뿐이지 카누를 타고 있는 상황과 매우 비슷하죠. 카누든 섬이든 두 경우 모두 소수의 사람과 함께 광활한 바다 한가운데에 고립되어 있습니다. 기술적인 능력과 인간의 문화를 모두 이용해야 헤쳐나갈 수 있어요. 과학자인 제 관점에서 보면, 지구도 하나의 카누입니다. 정말 탁월한 비유가 아닐까요.

 폴리네시아 문화에서 카누는 삶의 방식을 이야기하는 수단입니다. 이 개념을 이해하게 되면 카누의 철학이 문화 전반에 스며 있다는 걸 알 수 있어요. 폴리네시아인들이 공동체에 새로운 사람을 어떻게 받아들이고, 사람들과 어떻게 관계를 맺고, 바람직한 행동을 어떻게 유도하고, 또 그 기대에 어긋났을 때 어떻게 대응하는지는 카누에 관한 실질적인 경험과 지식에서 비롯됩니다. 카누 안에서 발생하는 문제와 공동체에서 일어나는 문제가 본질적으로 같기 때문이죠. 카누 안에서 우리는 취약합니다. 함께 있는 사람도 많지 않습니다. 하와이 원주민과 폴리네시아인들도 과거에 큰 전쟁을 겪은 적은 있지만, 전반적으로 전쟁을 피하려는 경향이 강해요. 이유는 분명해요. 영토가 좁고 자원이 한정된 환경에서는 착하게 사는 것이 어떤 생존 기술 못지않게 중요하다는 사실을 아주 잘 알고 있기 때문입니다.

저는 연구선을 타고 바다로 나가곤 하는데요, 해양학 조사선에서도 비슷한 현상을 자주 목격합니다. 해양학자들은 대체로 다들 친절해요. 좋은 사람이 아니면 다음에 또 초대받지 못하거든요. 그래서 저는 해양학 공부가 더 재미있는 것 같기도 해요. 사람들이 정말 뛰어날 뿐만 아니라 과제를 완수하고 싶어 하기에 협업도 잘합니다. 기술적으로도 아주 유능하고요. 요즘 저는 카누에 대해 자주 이야기해요. 종교적인 이야기가 아니라, 단지 세상을 바라보는 너무나도 명확하고 훌륭한 방식이에요.

> 교수님은 바다가 인간 문명과 철학에 미친 영향에도 관심이 많으신 것 같네요.

맞습니다. 우리는 바다가 있는 행성에 살고 있죠. 그래서 지구를 푸른 행성이라고 부릅니다. 하지만 정작 사람들은 그 푸른 바다를 제대로 들여다보려고 하지 않아요. 바다는 단지 물고기가 사는 공간이 아닙니다. 우리가 잘 이야기하지 않는 사실 중 하나는 바다가 우리 삶의 거의 모든 것을 가능하게 만드는 거대한 엔진이라는 겁니다. 바다는 지구를 생명이 살 수 있는 곳으로 만들어주고, 마치 배터리처럼 에너지도 저장합니다. 태양에서 온 에너지는 바다에 저장되었다가, 시간이 지난 뒤 다른 곳으로 방출됩니다. 이 과정을 통해 바다는 태양 에너지를 전 지구에 고르게 분배하죠. 바다에 저장된 열은 날씨를 만들어내어 우리가 육지에서 관찰하는 기후 패턴을 형성합니다. 또 농사를 지을 수 있는 곳과 사람이 정착할 수 있는 곳을 결정하죠. 이 거대한 푸른 구형의 엔진은 바로 우리 곁에 있습니다. 우리는 누구나 바다의 표면을 수없이 봐왔지만, 그 아래에 대해 진지하게 생각해본 적은 별로 없습니다. 하지만 바로 그 깊은 바닷속에 지구를 움직이는 엔진이 숨겨져 있어요.

저는 인간이 지구 표면을 이리저리 떠다니는 작은 곤충 같은 존재라고 생각합니다. 지구에는 '흐름'이라는 게 있어요. 가끔 강에서 떠내려가는 오리를 보면 그 흐름이 어떤 건지 느낄 수 있죠. 오리가 잠깐 헤엄을 멈추면 정말 웃긴 장면이 연출되기도 합니다. 순식간에 휙 하고 떠내려가 버리거든요. 인간도 비슷합니다. 다만 인간은 모든 일을 자기 힘으로 하고 있다고 착각하죠. 우리는 해류를 따라 움직이면서도 그 해류가 왜 거기에 있고, 왜 그 방향으로 흐르는지는 깊이 생각하지 않았습니다. 그 아래에는 해류를 만들어내는 엔진이 있어서 그런 흐름이 존재하는 건데 말이죠. 우리는 물고기가 많이 모인 해류나 바다가 수면 위로 밀어 올려주는 것들의 혜택을 누리지만, '왜 여기에는 있고 저기에는 없을까?' 하고 궁금해할 때가 많지 않습니다. 사실 물고기는 바다 전체에 고르게 분포하지 않아요. 육지에 사막과 열대우림이 있듯이 바다에도 사막과 열대우림 같은 지역들이 있어요. 차이가 있다면 바다의 지역들이 더 유동적이라는 것이죠. 하지만 바다의 거대한 구조 안에는 3차원적인 패턴이 새겨져 있어요. 우리는 그것이 얼마나 복잡한지 제대로 알지 못한 채, 그저 그 표면을 떠다니고 있을 뿐입니다.

제가 느끼기에, '바다의 행성에 사는 주민'이라는 일반적인 개념에서 빠져 있는 게 있는데요. 그것은 우리가 단지 바다 위를 떠다니는 존재일 뿐이라는 사실입니다. 우리는 바다의 흐름에 휩쓸려 움직이고 있지만, 그 흐름을 만들어내는 수면 아래의 엔진은 보지 못하죠. 우리의 철학에 중요한 무언가가 빠져 있다는 뜻이에요.

> 무엇이 빠져 있나요? 교수님 말씀대로 이것이
> 지구에 사는 우리에 관한 하나의 사실이고
> 진실이라면, 그게 의미하는 바는 무엇인가요?

가장 먼저 생각해야 할 것은 우리가 자기 행위의 주체성을 어떻게 인식하느냐입니다. 우리는 정말 모든 걸 스스로 결정하는 전능한 존재일까요? 아니면 감사하게도 수십억 년 동안 알아서 잘 작동해온 지구라는 엔진의 한 부분에 불과한 존재일까요? 이 점을 확실히 이해한다면 우리가 지구라는 거대한 시스템의 한 부분이지, 그 위에 군림하거나 독립된 존재가 아니라는 사실을 받아들일 수 있을 겁니다. 흔히 과학은 인간 중심의 관점을 깨뜨린다고 하죠. 프톨레마이오스, 코페르니쿠스, 진화론, 다윈 등이 차례로 등장하면서 하나같이 "우리 인간은 그렇게 특별하지 않다"라고 말했죠. 어떤 의미에서는 바다 역시 우리에게 같은 메시지를 전하고 있어요. 저기, 거대하고 위대한 바다가 있습니다. 그 바다는 지구가 작동하는 방식을 결정짓고, 우리는 그저 그 거대한 그림자 속에서 살아가고 있는 것이죠.

그래서 무엇보다 중요한 점은 이 모든 것을 이해하게 되면 세상에서 우리가 어떤 역할을 하고 있는지를 전혀 다른 시각으로 바라보게 된다는 겁니다. 우리 행성을 움직이는 데는 두 가지 중요한 원리가 있습니다. 첫째, 에너지는 지구를 통해 흐른다는 것입니다. 그 에너지가 머무는 가장 큰 저장소가 바로 바다입니다. 바다는 에너지가 흘러가는 도중에 잠시 머무는 공간인 거죠. 둘째, 물질은 순환한다는 원리입니다. 바다 역시 육지처럼 하나의 거대한 재순환 시스템이라고 할 수 있어요. 그래서 우리가 사회를 설계하는 방식도 이 원리에 부합해야 합니다. 우리는 에너지가 흐르고, 물질이 순환하는 시스템이 필요합니다.

물론 아직 그런 시스템을 잘 구현하지 못하지만, 이 세계가 어떻게 작동하는지 말해주는 더 큰 개념이 있다면 그게 이 세계의 법칙이고 우리가 따라야 하는 규칙입니다. 그게 바로 '에너지는 흐른다', '물질은 순환한다'이죠. 그러므로 우리는 어떤 물질로 무언가를 할 때, 그 물질이 어디에서 왔고 또 어디로 갈지를 고려해야 합니다. 기본적으로 우리는 모두 똥으로 만들어진 존재입니다. 이게 제가 하고 싶은 말이에요.

> **'우리는 모두 똥으로 만들어졌다!'**
> **휴머니스트 UK에서 이 말을 티셔츠에 새겨서 팔아야겠는데요.**

맞아요. 똥은 놀랍잖아요. 그야말로 최고죠, 아닌가요? 저는 일반적 의미의 '똥'을 말하는 겁니다. 이전에 다른 무엇이었던 것, 어떤 과정에서 생긴 부산물을 말하는 거예요. 하지만 진짜 폐기물이 아니라 다음 과정에 쓰일 원재료가 되죠. 그런 식으로 생각하면 우리가 살아가는 방식을 바라보는 관점도 완전히 달라질 겁니다. 예를 들어 우리는 구리를 사용하지만, 그 구리를 산 게 아닙니다. 어떤 때는 마술 모자에서 툭 튀어나오는 토끼처럼 구리가 우리 손에 있지만, 그 구리는 빌린 것이고 결국에는 돌려줘야 해요. 우리는 구리를 지구라는 거대한 저장소에서 잠시 빌려 쓰는 거예요. 구리는 언젠가 있던 곳으로 돌아가야 하고, 그다음에는 다른 무언가로 바뀌어야 해요. 그러니까, 사실 우리는 순수한 구리를 사용하는 게 아닙니다. 그 구리는 이전에 엽록소에 있던 것일 수도 있고, 다른 어떤 물질에 들어 있던 것일 수도 있죠. 우리는 계속해서 구리를 재사용하고 있는 겁니다. 이런 시각에서 바다를 바라본다면 이해하기 더 쉬울 겁니다. 우리가 어떤 위치에 있고, 어떻게 더 나은 존재가 될 수 있는지 보여줄 뿐만 아니라 우리가 어떻게 자연을 지배하지 않고 그 안에 조화롭게 녹아들 수 있는지도 보여주잖아요. 지구의 시스템에는 이미 매우 훌륭한 규칙들이 마련되어 있습니다. 그래서 우리는 지구에서 어떻게 살아야 하는지에 관한 규칙을 새로 만들 필요가 없어요. 지구의 다른 생명체들과 자연은 굳이 의인화하지 않더라도 그 규칙들을 이미 정확히 알고 있습니다. 우리는 효과적인 삶의 규칙이 무엇인지 이미 보고 배웠고, 이제 그 규칙에 맞춰 살아가도록 노력하기만 하면 됩니다. 우리에게는 인간 고유의 문화와 역사, 과학, 그 외에도 온갖 흥미로운 것들이 있다는 이점이 있죠. 우리는 그것들을 유용하게 사용할 수 있어요. 그렇다고 해서 지구의 규칙을 우리 마음대로 바꿀 수 있다는 뜻은 아닙니다. 저는 바다와 관련된 이 비유가 이 모든 것 속에서 우리가 어떻게 조화를 이루며 살아갈 수 있는지를 잘 보여주는 좋은 방식이라고 생각합니다.

> 교수님은 인간이 지구라는 거대한 시스템의 한 부분이라고 말씀하셨습니다. 그 말은 우리가 지구를 집처럼 편안하게 느끼는 동시에, 더 큰 복잡한 시스템의 한 부분임을 자각해야 한다는 뜻이죠. 그리고 이어서 우리 인간을 특별하게 만드는 특성, 즉 그 시스템을 이해하고 과학자처럼 분석할 줄 아는 능력도 언급하셨어요. 그런데 이 두 관점은 서로 모순되지 않나요? 하나로 통합될 수 있는 관점일까요?

하와이 사람들 이야기를 다시 해볼까요. 그들은 과학을 반대하는 사람들이 아닙니다. 왜냐하면 그들은 세상을 이해하는 방식에 두 가지가 있다는 것을 이해하니까요. 하나는 세상을 바라보는 관점으로, 그것이 곧 우리의 행동을 결정합니다. 다른 하나는 우리가 세상에서 어떤 일을 해내도록 도와주는 도구인 과학입니다. 물론 과학 역시 우리가 세상을 이해하는 방식에 영향을 미치지만, 이 두 방식은 서로에게 위협이 되지는 않습니다.

저는 지금 그리니치 왕립박물관의 이사로 활동하는 큰 영광을 누리고 있어요. 그리니치 왕립박물관은 국립해양박물관, 왕립천문대, 커티사크$^{Cutty\ Sark}$(19세기 무역선으로 사용되던 범선으로 현재는 해양박물관이다—옮긴이), 그리고 여왕의 집으로 구성되어 있고 역사와 문화가 어우러진 멋진 공간이죠. 이 박물관들이 정말 놀라운 점은 우리의 지식을 바꿔놓은 것들, 예를 들어 경도에 대한 이해를 바꾼 과학적 개념들이 예술의 개념도 바꿔놓았고 사회사의 흐름에도 영향을 줬다는 사실을 한눈에 볼 수 있다는 겁니다. 이런 개념들은 결코 분리되어 있지 않아요. 인간 존재의 진정한 탁월함은 문화에 있고, 그 다양성에 있죠. 물론 정신 건강을 위해서라도 주제를 분리해서 따로따로 공부할 필요가 있습니다. 그러나 결국 그것들은 모두 같은 것을 바라보는 서로 다른 관점일 뿐입니다.

저는 이처럼 엄청난 인류의 집단적 성취에는 그에 따르는 책임이 있다고 생각합니다. 인류의 엄청난 성취를 등을 때리는 회초리처럼 부담으로 느끼기보다 기꺼이 감당해야 할 책임으로 바라볼 때 훨씬 더 큰 기쁨을 얻을 수 있습니다. 우리는 "쓸 수 있는 자원이 한정되어 있으니 주어진 틀 안에 얌전히 있어야 한다"라고 말하거나 "이건 대단한 거야. 그럼 이걸 가지고 무엇을 해볼까?"라고 생각할 겁니다. 인간이 가장 잘하는 것은 발명이에요. 그리고 역설적으로 창의성을 가장 자극하는 게 제약입니다. 넓은 들판 한가운데에 거대한 작업실을 마련해주고 엔지니어들에게 하고 싶은 건 뭐든지 해보라고 하면, 사실 많은 엔지니어가 아무것도 하지 못할 수 있습니다. 반면에 어떤 문제를 2주 안에 해결해야 하고 사용할 수 있는 자원이 절반뿐이라고 말하면, 바로 그때 진짜 창의성이 발휘됩니다. 그래서 저는 제한된 자원과 제한된 에너지 흐름이 인간의 잠재력을 끌어내는 자극제가 된다고 믿어요. 그런 자극이야말로 우리 안에 숨겨진 최고의 능력을 끌어낼 수 있는 요소지요. 저는 이런 관점이 매우 긍정적이라고 느낍니다.

팀 민친
Tim Minchin

회의적 태도 그리고 논쟁을 피하는 법

2020년 4월

> 팀 민친은 작곡가이자 작사가, 배우, 코미디언, 피아니스트, 싱어송라이터, 시나리오 작가, 대중 연설가, 시인, 아동 도서 작가이며, 비판적 사고를 즐기는 괴짜다. 그는 호주 훈장 AM을 받았으며 여러 명예박사 학위도 가지고 있다. 방송과 음악에 관련된 다양한 활동을 해오고 있으며, 뮤지컬 〈마틸다〉의 작곡·작사를 담당하기도 했다.

"요즘은 '양쪽'으로 나뉘는 경우가 예전보다 더 많아졌지만, 그건 이분법이 만들어낸 미신의 결과일 뿐이에요. 우리가 세상을 이분법적으로 바라보기 때문에 그렇게 되어가고 있는 겁니다."

제가 처음 접한 선생님의 작품은 「스톰Storm」이라는 시였습니다. 그 시에 꽤 회의적인 세계관이 잘 드러나 있던데요. 선생님의 개인적 관점을 반영한 것인가요?

네, 그렇다고 생각합니다. 「스톰」을 쓸 당시는 작품 속에 회의적인 세계관을 조금씩 녹여보려고 시도하던 시기였어요. 다소 도발적인 코미디를 하려면, 가장 쉽게 다룰 수 있는 소재가 종교입니다. 하지만 저는 종교적인 언어에만 국한하지 않고, 일반적인 영성의 언어와 그 언어로 표현되는 여러 세계관의 부정확성에 관해 이야기하고 싶었어요. 예를 들어 과학을 반대하거나 의학을 부정하는 태도들이 있잖아요. 저는 예술과 음악을 공부하며 자랐고, 여러 형태의 히피 문화를 접하며 살았는데요. 그런 문화 속에서 종종 마주친 게 그런 사고방식이었죠. 히피족은 지루하고 오래된 자료는 거부하고, 대신 자신보다 크고 웅장한 무언가를 받아들이는 걸 명예 훈장처럼 여기곤 했어요. 거기에 온갖 거창하고 모호한 단어를 갖다 붙였어요. 그들은 언어가 흐릿할수록 더 영적이라고 여겼어요. 저는 그 주제를 조금 더 깊이 파고들고 싶었습니다. 그래서 「스톰」은 동종요법 같은 것에 관한 사소해 보이는 주장들로 시작합니다. 이 시의 주인공은 괴팍하고 잘난 체하는 꼴불견인 남자예요. 제가 사람들과의 식사 자리에서 분위기를 별로 신경 쓰지 않고 좀 더 거리낌 없이 말하는 성격이라면 딱 그런 사람이었으리라 생각하고 만들어낸 인물입니다. 주인공 남자에게는 점점 짜증 나는 일이 벌어지죠. '스톰'이라는 여성은 처음엔 사소한 주장에서 시작해서 지식에 관한 더 큰 주장으로 확장해나가고, 남자도 점차 더 큰 주장으로 확장해가죠. 결국에 그는 "지금 이 세상은 그 자체로 충분히 정의롭지 않나요?"라고 호소하게 됩니다. 그 시는 당시 반향을 일으켰고, 수년이 지난 지금도 후회되는 부분은 하나도 없습니다. 다만 이제는 그때처럼 강한 어조로 말할 에너지가 없는 것 같네요.

저는 제 작품이 시대에 뒤처질까 봐 늘 두렵습니다. 하지만 사실 우리가 2009년에 맥주를 마시며 불평하던 일들이 11년이 지난 지금, 부메랑처럼 돌아와 그대로 현실이 되었어요. 당시 저 같은 사람들은 「스톰」 같은 작품으로 적잖은 비판을 받았죠. 저는 그런 비판에 꽤 민감했어요. 왜냐하면 그들이 하는 말이 옳을지도 모른다고 생각했거든요. 제가 기도 같은 온건한 종교적 믿음을 버린 것과 동종요법 같은 온건한 영적 개념을 풍자한 것에 대해서 사람들은 이런 식으로 비판했죠. "진정 좀 해. 사람들은 그냥 뭐든 믿을 자유가 있어. 굳이 코앞에다 데이터를 들이밀 필요까지는 없잖아." 그런 비판은 때때로 경청할 만한 부분도 있습니다. 극단적이지 않은 믿음에 너무 강하고 공격적으로 나갈 경우, 오히려 사람들이 자기 믿음에 더 집착하고 강경해지는 역효과가 생기기도 하죠. 이런 현상에 대해서는 아마 따로 더 얘기할 수 있을 겁니다. 하지만 그건 또 다른 대화 주제겠지요.

지금 돌아보면 우리가 그때 알아차렸던 것들, 그리고 사람들이 예전부터 인식해오던 문제들은 소셜 미디어와 알고리즘 편집, 필터 버블이 생긴 이후로 훨씬 더 심각한 문제로 발전했다는 생각이 듭니다. 지금 우리가 사는 세상은 비판적 사고의 기본 원칙조차 거부하는 입문 수준의 가벼운 믿음들 때문에 탈진실 post-truth 의 세상이 되어버렸습니다. 저는 정말 그렇게 생각해요. 사고력의 부족으로 도달한 비교적 무해한 생각들이 특별 변론이나 확증 편향, 역효과 같은 심리적 메커니즘을 통해 점차 위험하고 해로운 믿음으로 발전할 수 있습니다. 예를 들어 '표백제가 코로나 치료에 도움이 될 수도 있다', '도널드 트럼프는 지적인 대통령이다' 같은 주장들은 사후 세계가 있을지도 모른다는 생각과 동일한 방식으로 형성된 것처럼 보이지만, 훨씬 더 위험한 생각들입니다.

> 역효과에 대해 좀 더 이야기해보죠. 트럼프 대통령을 예로 드셨는데요. 그가 대통령으로 당선된 건 어쩌면 자신이 틀렸고 무식하고 어리석다고 평가받아온 사람들이 느낀 반발심 때문일 수도 있지 않을까요?

네, 저도 그렇게 생각합니다. 저는 지난 8개월 동안 'Back'이라는 제목의 순회공연을 했는데요. 공연에서 제가 몹시 흥분하며 큰 소리로 하는 이야기는 주로 교육받은 진보주의자, 진보적 자유주의 지식인 또는 어떤 이름으로 불리든 우리 진보 진영 사람들을 향한 비판입니다. 흔히 '좌파'라 부르기도 하지만, 그 표현은 너무 많은 의미가 뒤섞여 있어서 개인적으로 좋아하지 않습니다.

> 무슨 뜻인지 알겠습니다.

공연에서 제가 자주 강조하는 말이 있습니다. 당신이 알고 있는 것을 모르는 사람들에게 "증거가 어디 있어?"라고 소리치는 건 아무런 도움이 되지 않는다는 거예요. 핵심만 말하자면, 우리는 좋든 싫든 인터넷이 대화의 민주화를 가져왔고, 즉 사람들이 서로 자기 생각을 공유할 수 있게 되었고, 동시에 외교의 민주화도 이뤄냈다는 사실을 인정해야 합니다. 그렇다면 대화의 민주화가 이뤄지기 전에 외교관이 필요했던 이유는 무엇일까요? 왜 그들은 정장을 차려입고, 자신이 혐오하는 견해를 가진 사람들과도 이를 악물고 정중하게 예의를 지키며 대화하도록 훈련받았을까요? 이유는 분명합니다. 앞으로 나아가기 위해서는 서로 소리를 지르는 대신 예의를 갖춰 대화해야 하기 때문입니다. 그래서 저는 진보주의자 혹은 좌파에게 종종 분노를 느낍니다. 저 역시 때때로 너무 격하게 반대 의견을 표출하는 사람일 수 있다고 생각하지만, 우리는 통계적으로 더 많은 교육을 받은, 상대적으로 특권을 지닌 사람들이므로 더 성숙하게 행동해야 합니다. 더 잘해야 합니다. 트럼프 같은 인물이 등장하게 된 건 사람들이 저처럼 잘난 체하면서 '이렇게 생각해야 한다'라며 가르치려 드는 재수 없는 자들에게 질렸기 때문일 겁니다. 이건 정말 의심의 여지가 없다고 생각합니다.

> **자기만 잘난 줄 아는 재수 없는 놈처럼 들리지 않게 반응을 표현하는 것은 어려운 일일 거예요.**

저도 잘난 체한 적이 있어요! 저는 스스로 잘난 체하는 사람이라고 생각하지는 않습니다. 그런 태도가 일상에 특별히 드러나는 것도 아니고요. 하지만 제가 늘 해오던 작업 방식은 어떤 생각을 하나 골라서 그걸 완전히 해체해버리는 거죠. 심지어 그걸 옹호하려는 사람들이 아예 따라잡지도 못할 만큼 압도적인 언어로요. 그건 설득할 필요도 없는 사람들 앞에서 설교하는 것과 같은 일이죠. 그것도 괜찮다고 봅니다. 제가 실제로 받은 편지들을 통해 알게 된 사실인데요, 수백 명의 아이가 제 책을 읽고 인본주의와 무신론을 알게 되었다고 하더군요. 저 같은 사람이 자기 생각을 형성하려는 청소년들에게 휴머니스트 UK 같은 단체를 소개해주면 아이들은 그곳에서 자신의 의심을 더 확실히 굳히거나, 자기가 발견한 것을 말로 표현하고 논리적으로 설명할 수 있게 됩니다. 저처럼 열변을 토하는 괴짜도 중요하다고 봅니다. 하지만 이제 남은 삶 동안은 그런 식으로 하고 싶지 않아요. 지난 10년 동안 제가 쓴 글을 보면 알 수 있을 거예요. 저는 생각이 다른 사람들에게 더 잘 다가가는 사람이 되고 싶습니다.

> 그러니까, 앞으로 좀 더 외교관 같은 태도를
> 보이려고 노력하겠다는 말씀인가요?

네, 그렇습니다. 저는 날카로운 비판과 주장으로 이력을 쌓아왔고, 그 결과 거의 모든 사람과 논쟁을 벌이게 되었죠. 더는 그러고 싶지 않아요. 거기에서 벗어나고 싶습니다. 제가 논쟁을 벌이는 방식은 꽤 특이했어요. 과학과 회의론, 무신론을 옹호할 때, 재미있는 피아노 연주와 운율이 살아 있는 언어로 이른바 '신무신론자'들이 책에서 주장하는 내용을 무대 위 공연으로 보여줬거든요. 그렇게 해서 지금의 이력을 쌓을 수 있었죠. 그런데 이제는 모두가 소리를 지르는 세상이 되었고, 저는 소리 지르기를 거의 멈추게 되었습니다. 뭐, 아직도 노력 중이지만요.

> 그것이 시대정신인 걸까요? 이제 10년 전과는
> 확실히 달라졌다는 점이 흥미롭네요.
> 요즘 시대는 더 많은 협력과 협조, 그리고
> 더 외교적인 소통 방식을 요구하는 듯합니다.

> 하지만 모든 사람이 외교관처럼 자기 생각을
> 전달할 능력이 있는 건 아닌 것 같습니다.

사실 그렇게 할 수 있는 사람은 거의 없다고 봐야죠. 어려운 문제예요. 아, 당신이 있군요! 앤드루, 당신과 휴머니스트 UK는 잘할 수 있을 겁니다. 하지만 어떤 진전을 이루기까지 얼마나 어렵겠어요? 휴머니스트 UK의 이념조차 거부하는 사람들이라면, 저나 저보다 더 강경하게 말하는 사람들도 당연히 거부할 겁니다.

> 불성실한 태도를 보이는 경우도 정말 많죠.
> 충분히 시간을 들이며 대화할 수는 있지만, 글쎄요.

사람들은 대화할 때 항상 상대방에게 다른 의도가 있다고 가정하는 경향이 있습니다. 저는 이런 이분법 자체가 헛소리라고 생각해요. 요즘은 '양쪽'으로 나뉘는 경우가 예전보다 더 많아졌지만, 그건 이분법이 만들어낸 미신의 결과일 뿐이에요. 우리가 세상을 이분법적으로 바라보기 때문에 그렇게 되어가고 있는 겁니다. 저는 우리가 서로 똑같이 잘못하고 있다고 생각합니다. 아니, 정확히 똑같지는 않더라도 비슷할 겁니다. 왜냐하면 우리는 서로에게 악의적인 의도가 있다고 가정하니까요. 상대방이 의도적으로 나쁘게 행동한다고 가정하죠. 하지만 이 가정은 거의 항상 틀립니다. 사람들은 대체로 자신이 좋은 일을 한다고 믿고, 다른 사람들을 행복하게 해주기 위해 어떤 목표를 추진하려고 노력합니다. 여기서 가장 중요한 게 뭔지 아세요? 만약 당신이 자신의 세계관을 전파하려고 할 때, 상대방이 한 말의 전후 맥락을 무시하고 말 자체만을 가지고 은근히 선동하는 방식으로 접근한다면 당신 자신부터 문제라는 겁니다. 사실 이건 우리 모두가 매일 소셜 미디어에서 온종일 하는 짓이죠. 제가 '당신'이라고 말했지만, 사실은 저를 포함한 거의 모든 사람을 의미합니다. 우리는 은근한 선동에 휘둘리지 말아야 합니다. 이 점을 강조하는 이유는, 2주 전에 호주 국무총리의 평범한 능력에 대해 매우 부드럽고 태평스럽게 말했을 뿐인데도 호주 국민 수천 명에게 혐오 메시지를 받은 일이 있어서예요. 여러 언론 매체에서는 제가 그 일로 '분노를 터뜨렸다'고 보도했고, 사람들은 그저 그 기사를 보고 반응한 것이었죠. 저는 '피에 굶주린 우파 바보들은 누군가가 선동용 호루라기를 불기만 기다렸다는 듯이 짖는구나'라고 생각했어요. 그러고 나서 가만히 앉아서 다시 생각해보니 '우리라고 더 나은가?' 하는 의문이 들더군요. 그 후 1주일인가 2주일 동안 그 생각을 염두에 두고 인터넷을 살펴봤습니다.

> 그렇게만 생각하신 건 아니잖아요, 그렇죠?
> 저도 몇몇 반응들을 유심히 봤는데요, 적어도 한두 경우는 방금 말씀하신 통찰 덕분인지 일부러 시간을 들여 많은 사람에게 성의 있게 답변하신 것 같더군요. 그리고 실제로 꽤 괜찮은 반응도 얻으셨죠?

네. 비난이 쏟아질 때는 그냥 신경 끄고 한발 물러나 있는 것도 방법이 될 수 있습니다. 제가 '펠 추기경(호주 가톨릭교회의 고위 성직자로, 아동 성 학대 혐의로 2019년에 유죄 판결을 받았다가 2020년에 호주 대법원 최종심에서 무죄 확정 판결을 받았다—옮긴이)'을 풍자한 노래를 발표했을 때도 그랬죠. 워낙 민감한 주제라 굳이 더 건드리지 않기로 했어요. 그런데 그렇게 물러나 있는 게 생각만큼 쉽진 않더군요. 사람들이 제 의도가 선하다는 것을 알아주는 게 저에게는 정말 중요하거든요. 사람들이 저를 어떻게 생각하는지도 신경이 쓰입니다. 신경 쓰고 싶지 않지만, 그렇게 되네요. 그래서 수천 명의 사람이 "당신은 그냥 좌파다"라고 말하면서 저를 오해하고 제 의도를 왜곡할 때는 견딜 수가 없고, 무시하고 돌아서기가 어렵습니다. 결국 꽤 오랜 시간을 들여 하나하나 댓글을 달았습니다. 제가 죽었을 때 제 온라인 발자취에 욕설이 남아 있지 않았으면 좋겠어요. 그래서 요즘은 심지어 저를 죽이겠다고 위협하는 사람에게도 최대한 정중하게 반응하려고 매우 조심하고 있습니다. 실제로 꽤 좋은 결과가 나올 때도 있어요. 예를 들어 "글을 읽어봤는데요, 그건 제가 한 말도 아니고, 제 의도도 아닙니다"라고 말하는 겁니다. 물론 사람들은 자신이 틀렸다는 걸 인정하기 싫어서 다른 것으로 반박하거나 논점을 회피하는 등 우리가 흔히 하는 온갖 짓을 하기 때문에 피곤한 일이 될 수 있어요. 그래도 가끔은 해볼 만한 가치가 있습니다. 최소한 자신의 견해를 기록으로 남길 수 있으니까요.

> 그렇다면, 당신이 정말로 믿는 게 이거로군요? 당신이 추구하고 싶은 것은 온라인에서 흔히 벌어지는 제로섬 게임식의 공격적이고 양극화된 활동이 아니라, 정반대로 솔직한 소통이나 부드럽고 온화한 대화라는 거죠?

네, 부드럽고 온화한 방식이 맞습니다. 제가 가장 중요하게 여기는 가치는 정직함입니다. 우리는 쉽게 부정직함의 유혹에 빠지죠. 여기서 말하는 부정직함은 꼭 거짓말을 한다는 의미가 아니라, 자기 생각을 진심으로 보여주려고 하기보다 자신이 속한 집단을 위해 칼을 드는 식의 태도를 말하는 겁니다.

예술가로서 저는 사람들에게 감동을 주는 일을 제 사명이라고 생각합니다. 사람들에게 재미를 주고 무언가 느끼게 하는 흥미로운 예술 작품을 만드는 것도 중요하죠. 하지만 요즘 제가 특히 관심을 두고 있는 일은 제 TV 시리즈 〈업라이트Upright〉에서 잘 드러나는데요. 이 드라마는 자기 용서와 가족, 인내와 너그러움 같은 주제를 다룹니다. 누군가에게 어떻게 베풀어야 하는지를 배워가는 이야기예요.

> **그 작품에서 전달하는 가치는
> 무엇이라고 생각하십니까?**

좋든 싫든, 제가 하는 모든 일이 그렇듯이 이 작품도 굉장히 인본주의적인 텍스트입니다. 첫 번째 에피소드에서 맨 처음 등장하는 독백만 봐도 그렇습니다. 주인공 럭키가 우연에 대해 말하는 부분이죠. 한 아이가 "모든 일에는 이유가 있어요"라고 말하자, 럭키는 록밴드 일렉트릭 라이트 오케스트라의 첼리스트가 굴러가는 건초 더미에 깔려 죽은 이야기와 지루한 통계 이야기를 장황한 독백으로 늘어놓습니다. 그렇게 이야기가 전개되기 시작해요. 주인공의 문제가 무엇이고, 그가 왜 그렇게 극심한 분노를 품고 사는지는 이야기의 마지막에 가서야 드러납니다. 우리는 그의 인생이 어떤 사소하고 우연한 사건으로 송두리째 뒤바뀌었다는 사실을 알게 됩니다. 그리고 그가 인본주의적 세계관을 지니고 있었음에도 그 사건을 진정으로 이해하지 못한 채 살아왔다는 사실도요. 그게 바로 인본주의자가 겪는 싸움이고, 물질주의적 삶을 사는 이들이 마주하는 갈등입니다. 끔찍한 일이 벌어졌을 때, 우리는 그 사건을 중심으로 이야기를 구성해야 합니다. 제 친구 줄리아 베어드Julia Baird가 쓴 『인광Phosphorescence』도 바로 그런 주제를 다루고 있습니다. 어둠 속에서 빛을 찾는 이야기죠. 사실, 그게 제가 하려는 일입니다. 저는 '무의미해 보이는 우주에서 어떻게 의미 있는 삶을 살아갈 것인가?'라는 질문을 깊이 조명하는 작품을 만들고 싶습니다.

종교적인 환경에서 자란 사람 중에는 삶의 의미를 구축하려면 발판부터 다시 만들어야 한다고 생각하는 사람들이 있어요. 그런데 저는 그런 경험이 전혀 없습니다. 그래서 솔직히 말하면 어떤 질문은 질문 자체가 이해되지 않습니다. 예를 들어 종교를 가진 사람이 "당신은 왜 착하게 살아가나요?" 혹은 "당신 삶의 목적은 무엇인가요?"라고 물어오면 정말 그 질문이 무슨 뜻인지 이해되지 않습니다. 또 누군가 "선과 악의 기준은 어디에서 얻나요?"라고 물으면 질문의 뜻을 모르겠습니다. 그럴 때마다 그냥 이렇게 되묻고 싶어집니다. "무슨 말이죠? 2,000년이나 된 교훈적인 이야기 모음집이 없었으면 당신은 도덕이 무엇인지도 몰랐을 거라는 뜻인가요? 도대체 무슨 의미인가요?"

그냥 이해가 안 됩니다. 사람들이 '신'이라는 말을 무슨 의미로 사용하는 건지 도통 모르겠어요. 저는 항상 이렇게 말하고 싶어요. "먼저 신의 속성을 좀 정리해보죠. 그거라도 해야 대화를 시작할 수 있겠는데요." 제가 늘 던지고 싶은 질문은 "신도 똥을 싸나요?"입니다. 신도 똥을 싸는지부터 시작해서 이야기를 전개하고 싶어요. '신'이라는 단어가 누군가에게는 '아무것도 아닌 것'을 가리키는 단어처럼 쓰인다는 점을 저로선 도저히 받아들일 수가 없습니다. 사람들이 말하는 '신'이 무슨 의미인지 대충 알겠어요. 그런데 저에게 그건 그냥 무언가에 붙여진 물음표일 뿐이에요. 그냥 그게 다입니다. 정말 이 부분에서 언어학적으로나 수사학적으로 걸림돌이 있는 듯합니다.

제가 하고 싶은 말은, 저도 다른 사람들이 의미를 얻는 데서 삶의 의미를 얻는다는 겁니다. 다만 제가 들려주는 이야기에는 제 방식의 비유와 우화를 담습니다. 다른 사람들이 종교에서 얻는 것을 저는 예술에서 얻습니다. 그거 말고는 모두 같아요. 그렇지 않을까요?

저는 아이들과 강아지를 꼭 껴안고, 친구들과 함께 웃을 때 큰 기쁨을 느낍니다. 대자연에서도 엄청난 행복을 얻습니다. 반면에 자연이 무분별하게 이용되거나 파괴되고, 자연을 침해하는 끔찍한 사람들이 세상에 너무 많다는 사실에 깊은 절망감도 느낍니다. 저는 저 자신을 하나의 기계처럼 생각해요. 무엇이 들어가고 무엇이 나오는지를 자세히 살펴야 하는 존재죠. 잠을 충분히 자지 못하거나, 운동을 매일 하지 못하거나, 식사를 제대로 하지 못하면 상태가 나빠지는 걸 바로 알 수 있습니다. 27년간 함께한 아내와의 관계도 매우 소중합니다. 일부일처제가 얼마나 어려운지 잘 알기에, 그 관계를 유지하는 데서 보람을 느끼고 있죠. 저는 일에도 매우 몰두하는 사람입니다. 곡을 쓰고, 대본을 쓰고, 연기도 하고, 팟캐스트에서 주절주절 떠들면서 평생을 아이디어를 풀어내고 표현하는 데 쓸 수 있다는 사실이 제게는 정말 큰 행운이라고 생각해요. 저는 이걸 당연하게 여기지 않으려고 늘 노력합니다. 참, 와인도 정말 좋아해요. 성생활은 예전만큼 활발하진 않아요. 이제는 나이가 들었으니까요.

> 뭐, 다시 돌아올지도 모르죠.

맞아요! 어쨌든 요즘 제 행복은 완전히 아이들과 연결되어 있어요. 아이들이 힘들면 덩달아 힘들고, 아이들이 행복하면 저도 행복해요. 아주 가끔 예외는 있지만요.

폴 시나
Paul Sinha

가족 그리고
아는 것의
즐거움

2020년 5월

폴 시나는 코미디언이자 방송인이다. TV 퀴즈 프로그램 〈추격The Chase〉에 출연하는 전문 퀴즈 참가자로 '시너맨The Sinnerman'이라는 이름으로 알려져 있다. 의사 면허도 소지하고 있다.

"누구나 자신이 선택한 가치에 따라 삶을 살아갈 권리가 있습니다. 그러나 자신의 가치관을 다른 사람들에게 강요하려는 태도는 우리가 상상할 수 있는 가장 극단적인 형태의 자만과 오만이라고 생각합니다."

제 부모님은 서벵골 출신의 이민자입니다. 아버지는 의사, 어머니는 간호사셨죠. 두 분은 의대에 다닐 때 만나셨어요. 1950년대부터 1970년대까지 상당히 많은 사람이 영국에 이민을 왔어요. 대규모 이민이라고까지는 할 수 없겠지만, 어쨌든 부모님도 그 대열에 합류해 영국으로 왔습니다. 사람들이 영국에 온 가장 큰 이유는 자녀에게 최고의 교육을 받을 수 있는 환경을 만들어주고 싶어서였습니다. 말하자면 미래를 위한 투자였죠. 제 부모님도 의사와 간호사로서 안정된 삶을 이루고, 자녀들이 부족함 없이 자랄 수 있으리라 생각한 겁니다. 부족함이 없다는 것은 단지 경제적인 여유뿐만이 아니라 교육적이고 정서적으로도 풍요로운 환경을 의미합니다. 영국 하면 떠오르는 게 바로 좋은 학교와 훌륭한 교육이니까요. 그건 특히 우리 아버지 세대의 의사들에게 매우 큰 동기였던 것 같습니다. 저는 어릴 때 게임보다는 책을 좋아하는 아이였어요. 부모님은 책을 사주는 것이 제가 훌륭한 인생을 살아갈 수 있게 돕는 최고의 방법이라고 믿으셨어요. 덕분에 저는 어릴 때부터 아는 것이 많은 아이였죠. 이보다 저를 더 잘 설명할 수 있는 말도 없을 겁니다. 그런 어린 시절 경험이 제가 세상을 바라보는 방식에도 영향을 미쳤습니다.

교육이 삶에서 여전히 중요한 가치로 남아 있나요?

저는 스스로 매우 운이 좋은 사람이라고 자부합니다. 부모님이 항상 제 교육을 최우선으로 생각하셨거든요. 두 분 모두 교육을 인생에서 가장 중요하고 궁극적인 목표로 여기셨어요. 열심히 일해서 돈을 버는 것도 자식들이 가능한 한 최고의 교육을 받을 수 있게 돕기 위해서였습니다. 그래서 학문적 탁월함과 지식을 추구하는 태도가 자연스레 제 삶의 큰 부분이 되었다고 생각합니다.

그럼, 지식에 대한 사랑이 퀴즈로 이어진 건가요?

저는 대부분의 사람이 여덟 살에서 열세 살 사이에 형성된 세계관에 어떤 식으로든 갇힌 채 살아간다고 생각합니다. 저는 퀴즈를 정말 좋아했습니다. 텔레비전에서 하는 퀴즈 프로그램은 전부 다 챙겨본 것 같아요. 여덟 살인가 아홉 살쯤에 부모님이 일반 상식 퀴즈 책을 하나 사주신 이후로 퀴즈에 푹 빠졌죠. 아버지 친구분들은 크리스마스만 되면 늘 이렇게 말했어요. "저 애한테는 장난감을 사줄 필요가 없어. 재미있는 것도 굳이 필요 없지. 그냥 올해 기네스북을 사주면 돼." 모두 제가 어떤 아이인지 알고 있었던 거죠. 사실이 담긴 글을 읽는 걸 좋아하는 아이라는 것을요.

그런 '사실'이라는 게 개인적으로 어떤 의미가 있나요?

음, 지금은 퀴즈를 직업으로 삼고 있으니 제 삶이 상당히 달라졌어요. 전문 퀴즈 참가자라면 실용적인 접근이 필요합니다. 전혀 흥미롭지 않더라도 퀴즈에서 점수를 따기 위해 알아야 하는 사실들도 있어요. 그런 사실들은 그 이상도 그 이하도 아니죠. 하지만 또 그게 다른 방식으로 삶을 풍요롭게 해주기도 합니다.

제가 늘 하는 말인데요, 사실 저는 퀴즈 대회에 본격적으로 참가하기 전에는 미술에 아주 조금 관심이 있었을 뿐이에요. 하지만 지금은 정말 미술을 사랑하게 되었습니다. 지난 5~6년 동안 전 세계 주요 미술관을 찾아다니면서 단순히 작품을 감상하는 수준을 넘어 예술적, 문화적, 역사적 맥락까지 이해하게 되었어요. 그런 의미에서 지식은 우리가 흥미를 느낄 수 있는 분야를 다양하게 넓혀줌으로써 우리 삶을 더 풍요롭게 만듭니다.

생각해보면 처음에는 단지 점수를 따기 위해 사실을 외우는 사람이었지만, 지금은 세상의 흐름과 인류의 현재, 그리고 모든 것이 어떻게 연결되어 있는지를 알고 싶어 하는 사람이 되었습니다. 그래서 저는 매일 설렘으로 새로운 하루를 시작합니다. 영혼을 풍요롭게 해줄 무언가를 발견하게 되리라는 기대감 때문이죠.

한 예로, 저는 불과 30분 전에 베나지르 부토Benazir Bhutto(파키스탄 총리직을 두 차례 지낸 여성 정치인—옮긴이)가 열여섯 살에 하버드에서 학위 과정을 시작했다는 사실을 알게 되었어요. 전 파키스탄 대통령인 그녀의 아버지가 미국 경제학자 존 갤브레이스John Galbraith와의 인맥을 동원해서 만들어낸 결과더라고요. 이런 이야기가 우랄산맥에서 두 번째로 높은 산이 무엇인지를 아는 것보다 더 흥미롭게 느껴집니다. 이런 게 퀴즈에 더 재미있게 접근하는 방식이 될 수도 있어요. 연줄 문화가 우리가 생각한 것보다 훨씬 더 오래된 현상이라는 사실을 알 수 있잖아요. 사실에도 두 가지 종류가 있다고 생각합니다. 하나는 점수를 따기 위한 사실, 다른 하나는 알고 있는 것만으로도 기분이 좋아지는 사실이죠.

> 새로운 시야를 열어주기 때문에 알고 있는 것만으로도 기분이 좋아지는 사실들이 있죠. 부모님께서 교육에 집중했을 때, 교육에 관심을 두는 걸 일종의 미덕으로 여기셨나요?

그렇습니다. 힌두교에는 '사라스바티'라는 배움의 여신이 있는데요, 우리 집안에서는 힌두교의 다른 신들 못지않게 이 여신을 숭배했습니다. 제가 10대 청소년이었을 때로 기억하는데요. 부모님은 특별히 신앙심이 깊은 분들이 아닌데도 사라스바티 여신을 기리는 축제가 열리는 1월이 되면 매번 저를 제단 앞에 데려가 예배하게 하셨어요. 그분들께는 중요한 일이었던 거죠. 뭐라고 해야 할지 적당한 표현이 떠오르지는 않지만, 종교라기보다 그냥 믿음에 더 의지할 때 쓰는 말 있잖아요. 아, 미신이요! 부모님이 하는 건 진정한 힌두교 신앙이라기보다 미신에 가까웠죠. 어쨌든, 제게 '힌두교도'라는 말은 신념 체계라기보다 정체성을 의미합니다. 아버지에게도 힌두교는 하나의 정체성이지, 신념 체계는 아니에요. 아버지는 코끼리 머리를 한 가네샤 신이 존재한다고 믿지 않고, 팔이 열 개 달린 신이 우리의 운명과 감정을 조종한다고 생각하지도 않지만 힌두교도로서 삶을 살아가고 있고, 앞으로도 계속 그럴 거라 믿으시죠. 그게 아버지의 정체성인 겁니다.

> 힌두교도라는 정체성이 개인적으로 중요하다고 생각하시나요?

물론입니다. 저는 스스로 힌두교도가 아니라고 생각하지 않습니다. 제 자신이 힌두교도라고 여깁니다. 물론 신념 체계라기보다 정체성으로서 힌두교도를 의미하죠. 지금까지 힌두교도로 자랐고, 부모님이 물려준 문화적 가치 안에서 자라면서 제 삶이 풍요로워졌거든요. 지금 와서 "사실 그런 건 존재하지 않는다"라고 할 수는 없어요. 그것은 제가 물려받은 유산이자 성장의 중요한 부분이었기 때문입니다. 스스로 힌두교도가 아니라고 말한다면 그건 부모님께 참 몹쓸 짓일 겁니다. 그래서 저는 스스로를 비실천적 힌두교도라고 부릅니다. 매년 열리는 축제 한두 개를 제외하고는 힌두교가 제 삶에 큰 영향을 미치지 않습니다.

> 힌두교나 시크교, 이슬람교 같은 종교적 배경을 지닌 영국 인본주의자들 사이에서도 비슷한 현상을 볼 수 있습니다. 100년 전보다 요즘 특히 더 자주 나타나는 현상이죠. 이들은 힌두교도, 시크교도, 이슬람교도라는 정체성을 민족적 차원에서 중요하게 여기면서도 당신과 똑같이 말합니다. 인본주의적 세계관을 받아들이고 있으면서도 그런 이유에서 자신이 속한 문화나 민족적 정체성을 버리지는 않습니다. 이 팟캐스트 시리즈에 영감을 준 버트런드 러셀이나 E. M. 포스터 같은 인본주의자들과 사뭇 다른 모습입니다. 과거 세대의 인본주의자들은 부모나 조부모가 물려준 기독교적 유산이 '문화'가 아니라 '신앙'의 문제라면 거부해야 한다고 생각했고, 실제로 그렇게 행동했죠. 그런 점에서 당신의 태도는 꽤 다르지 않나요?

1999년에 가족과 함께 인도 여행을 간 적이 있습니다. 마침 서뱅골에서 가장 큰 힌두교 축제가 열리는 기간이었죠. 우리는 디왈리(곳곳에 등불을 밝혀 신에게 감사 인사를 전하는 인도의 3대 힌두교 명절이다—옮긴이)를 따로 기념하지는 않았습니다. 아무도 제게 서벵골에서 디왈리 기간을 크게 기념하지 않는 이유를 명확하게 설명해주지 않았어요. 하지만 두르가 여신을 기리는 두르가 푸자는 성대하게 치러집니다. 콜카타는 도시 전체가 두르가 여신을 24시간 경배하는 거대한 사원으로 바뀝니다. 미학적, 예술적 차원에서 전율이 느껴질 정도로 흥미진진한 광경을 볼 수 있죠. 사람들이 여러 사원을 돌며 축제를 즐기는 모습은 정말 인상적이고 보는 것만으로도 전율이 느껴집니다. 우리 가족도 어느 사원에 갔는데, 저와 친한 고모부가 제게 이렇게 말했습니다. "사실, 이게 모두 말도 안 되는 거지." 그 순간 저는 고모부를 쳐다보다가 처음으로 깨달았어요. 이 강렬한 종교적 행사에 참여하는 모든 사람이 축제의 종교적 의미를 진심으로 믿는 건 아니구나 하고요. 그냥 늘 해왔던 일이고 즐겁기 때문에 참여하는 거예요. 그런 축제는 사람들을 결속시키고 사회적 유대감을 강화합니다. 저는 품위 있게 진행되고 사람들이 공손하게 참여하는 종교적 축제는 사회적으로 풍요롭고 문화적으로 의미 있는 행사가 된다고 생각합니다.

> 종교도 인간의 다른 문화적 산물들처럼 신앙과 분리된 상태에서 사회적으로 유익할 수 있다고 보시는 건가요?

네. 얼마나 많은 인본주의자가 저와 같은 입장일지는 모르겠지만, 저는 종교 자체를 부정하지는 않습니다. 제가 반대하는 건 자신의 종교적 신념을 남에게 강요하고, 다른 사람들의 삶의 방식까지 좌우하려 드는 태도입니다. 누구나 자신만의 종교적 신념을 가질 자격이 있다고 생각해요. 누군가 저와 제 남편에게 "당신들이 행복하길 바라지만 당신들 결혼에는 동의하지 않는다. 왜냐하면 하느님이 정해놓은 질서라는 게 있기 때문이다"라고 말할 자격도 있다고 생각합니다(폴 시나는 동성 결혼을 했다 ― 옮긴이). 그런 생각을 가질 권리는 있지만 "정부가 동성 결혼을 금지해야 한다"라고 주장할 권리까지 있는 건 아니라고 봅니다. 그건 자신의 종교적 신념을 모든 사람에게 강요하는 오만함의 시작입니다. 제게 종교는 개인적인 선택입니다. 누구나 자신이 선택한 가치에 따라 삶을 살아갈 권리가 있습니다. 그러나 자신의 가치관을 다른 사람들에게 강요하려는 태도는 우리가 상상할 수 있는 가장 극단적인 형태의 자만과 오만이라고 생각합니다.

> 당신에게 중요한 많은 신념은 자신의 정체성을 해치지 않으면서도 그 정체성과 가치, 쓰임새를 인식하는 문제로 귀결된다고 할 수 있을까요?

인본주의 운동을 관통하는 믿음이 하나 있다면, 그건 '삶은 단 한 번뿐'이라는 믿음일 겁니다. 이 지구에서 살아가는 짧은 시간 동안 저는 시간을 낭비하고 싶지 않고, 제가 이 육신의 굴레를 벗어던져야 할 순간이 왔을 때 후회하고 싶지도 않습니다. 작년에 파킨슨병 진단을 받은 이후 이런 생각은 더욱 확고해졌습니다. 그 진단이 충격적이진 않았습니다. 제 몸이 이상하다는 걸 이미 알고 있었거든요. 하지만 그 일이 제 안의 어떤 버튼을 눌렀어요. 아주 분명한 메시지를 담은 버튼이었죠. "그래, 이제 하고 싶은 것을 하자. 지금이 바로 좋아하는 걸 해야 할 때야." 이 말은 자기표현을 더는 두려워하지 말라는 뜻이었어요. 제가 늘 되고 싶었던 사람이 되라는 말이었습니다. 왜냐하면 이제는 시간이 얼마나 남았는지 전혀 예측할 수 없으니까요.

> 죽음에 대한 인식이 자기표현에
> 더 솔직해지는 계기가 되었군요?

맞습니다. 이제는 예의나 체면 때문에 제 의견을 억누르지 않습니다. 그냥 '지금이 내가 하고 싶은 말을 할 수 있는 순간이다'라고 생각해요. 언제 신체 기능이 저하될지 모르니까요. 그래서 그 전에 제가 할 수 있는 한, 하고 싶은 말을 최대한 많이 하고 싶습니다. 지난 1년 동안은 정말 자유롭게 살았어요. 그렇다고 미친 사람처럼 행동한 건 아닙니다. 예를 들면 〈추격〉의 스핀오프 퀴즈 쇼 〈추격자를 이겨라Beat the Chasers〉에 출연했을 때, 제가 랩을 하는 장면이 있었거든요. 그때 제 머릿속에는 이런 생각뿐이었죠. '이게 텔레비전에서 랩을 해볼 유일한 기회일지도 몰라. 그냥 해! 망하면 편집하겠지.' 불과 2년 전만 해도 그런 건 생각조차 하지 않았을 거예요.

> 그렇다면 그런 경험들이
> 어떤 능력을 더해줬다고 느끼시나요?

네, 확실히 그런 것 같아요. 얼마 전 코로나에 걸렸었는데, 자가 격리 초기 2주 동안은 고열과 기침에 시달리며 에너지가 완전히 고갈돼 침대에만 누워 있었어요. 그래서 평소 복용하던 파킨슨병 약의 부작용도 전혀 느껴지지 않았죠. 원래 그 약에는 불안감, 수면 장애, 예민함, 지속적 각성 상태, 창의력 과잉 같은 부작용이 있다고 알려져 있는데, 그땐 그런 증상이 하나도 없었어요. 그런데 지금은 그 부작용들이 서서히 다시 나타나고 있어요. 웃기게 들릴 수도 있지만, 저는 그게 정말 기쁩니다. 약의 부작용이 다시 느껴져서 기쁘다고 하는 사람은 흔치 않겠지만, 저는 그 부작용이 나타나는 시간이 꽤 괜찮더라고요. 약 덕분에 저는 더 충동적이고 기민해지고 더 창의적인 사람이 되었습니다. 그런 제가 좋습니다. 실제로 그 상태를 즐겼어요. 그런데 코로나 때문에 그게 잠시 사라졌던 거죠. 물론 불면증이나 신경 불안이 반가운 건 아니지만, 지난 11개월간 그런 증상을 느끼며 살았고 있는 그대로 받아들였죠. 이제 다시 그 상태로 돌아간 듯해서 정말 기쁩니다. 물론 제 남편은 제가 더 자주 짜증을 내고 감정 기복이 심해져서 힘들어할 수도 있지만요. 뭐, 그건 남편의 문제이지 제 문제는 아니죠.

> 병의 진단과 그 현실이 오히려 당신에게 힘을 주는 계기가 되었다는 말씀이군요. 그런 상황을 긍정적으로 받아들이는 데 도움이 된 당신만의 성향이나 기반이 있었을까요? 같은 병을 겪은 다른 사람들은 절망에 빠졌을 수도 있고, 당신처럼 반응하긴 어려웠을 수도 있잖아요. 이런 상황을 받아들일 수 있게 해준 신념이 있었나요?

글쎄요, 신념이라기보다는 가족의 영향이 컸다고 생각해요. 우리 가족은 항상 문제를 품위 있고 관대하고 침착하게 대하는 태도를 보여줬어요. 저에게 가장 큰 영향을 준 건 아버지가 세 번의 심장마비를 겪고 두 번의 관상동맥 우회 수술을 받으셨고, 어머니는 유방암으로 양쪽 유방을 절제하셨다는 사실이에요. 그런 상황에서도 부모님은 담담하고 현실적인 태도로 묵묵히 살아가셨죠. 그건 제게 삶을 대하는 자세에 대한 강력한 본보기가 되었어요. 물론 그런 태도가 과거 제 삶의 방식과 꼭 일치하진 않았지만, 이제는 그렇게 살아야겠다고 결심하게 되었죠. 파킨슨병을 진단받았을 때, 제 머릿속에는 온통 두 번의 유방 절제술 후 깨어난 어머니와 관상동맥 우회 수술 후 깨어난 아버지만 떠올랐어요. 저 역시 어머니, 아버지처럼 용감해져야겠다고 생각했습니다. 두 분의 고생을 헛되이 만들 수는 없으니까요. 저도 이제 제게 닥친 현실을 최선을 다해 감당하며 살아가야죠.

해나 필
Hannah Peel
음악과 의미

2020년 12월

해나 필은 전자 음악, 클래식, 전통 음악을 넘나드는 탐구적 작업 방식으로 잘 알려진 예술가이자 작곡가, 음악가다. 솔로 앨범은 물론이고 〈왕좌의 게임: 라스트 워치〉의 사운드트랙, 폴 웰러 Paul Weller 같은 아티스트와의 협업 등 매우 폭넓은 작품 세계를 보여주고 있다.

"음악은 그냥 듣기만 해도 어떤 기억이나 감정, 느낌을 불러일으키고 희망이나 문제의 답을 주기도 해요. 정말 놀랍지 않나요?"

저는 북아일랜드에서 태어났고, 중간에 가족이 모두 요크셔로 이사했어요. 음악과 관련된 제 기억 속 첫 경험은 1990년대 초반, 초등학교 시절에 받았던 무료 악기 수업입니다. 당시에는 주로 금관악기 수업이 진행되었는데, 관악대 전통을 유지하고 아이들에게 놀이와 집단 활동에 참여하도록 장려하기 위한 정책이었죠. 그래서 제게는 다른 나라에서의 삶과 처음으로 연결된 경험이 바로 음악이었습니다. 어릴 때는 사촌들을 비롯해 집안사람 모두 다양한 악기를 연주하는 아일랜드식 환경에서 자랐고, 요크셔로 이사 온 뒤 여덟 살 무렵부터 금관악기의 세계에 본격적으로 발을 들이게 되었어요. 그런 식으로 특정 장소와 그 장소가 지닌 의미가 언제나 음악적 소통과 연결되었죠. 처음 요크셔에 왔을 때 아주 강한 아일랜드 억양을 가지고 있었지만, 금방 환경에 적응할 수 있었던 것도 음악 덕분입니다. 음악이라는 언어는 모든 언어적 장벽을 넘어서 누구와도 통할 수 있으니까요. 그래서 사람들 사이에 자연스러운 상호 존중이 생깁니다. 저는 이 점이 무척 흥미롭다고 생각해요. 아마 어릴 때는 그런 걸 깨닫지 못하다가, 나이가 들고 나서야 어느 순간 그 의미를 제대로 평가하기 시작하겠죠.

**그런 상황들 속에서 음악은 어떤 역할을 했습니까?
장소와 연결해주는 수단이었을까요,
아니면 사람들과 이어주는 통로였을까요?**

둘 다였습니다. 악기를 연주하는 경험을 통해 우리는 일종의 역사를 느낄 수 있습니다. 특히 요크셔와 반즐리 같은 광산 마을에서 관악대의 연주를 들으면 뇌의 온갖 호르몬이 분비되어 '지금 내가 이곳에 있구나' 하고 느끼게 됩니다. 다른 음악 장르에서는 그런 느낌을 잘 못 받아요. 요즘은 워낙 다양한 스타일이 뒤섞여 있어서 그럴지도 모르겠네요. 하지만 그 시절에는 분명히 느낄 수 있었어요. '이게 이 마을의 음악이구나' 하고요. 바로 그 음악이 제가 새롭게 들어선 세계였고, 그렇게 저는 지역 사람들과 공동체를 점차 깊이 이해하게 되었습니다. 여덟 살 때는 이런 걸 깊이 생각해본 적이 없지만, 나이가 들면서 점점 알게 되었죠. '장소마다 그곳만의 소리가 있구나!' 하고요.

> 마치 음악을 언어처럼 여기거나, 적어도 의미를 전달하는 수단으로 여기시는 것 같네요.

맞아요! 사람들은 다양한 가사와 언어에 자신을 연결 지어 생각할 수 있습니다. 기악에서는 그럴 가능성이 더 크죠. 우리는 음악을 들으며 자신의 감정을 음악에 투영해 무언가를 표현합니다. 때로는 말로 표현하기 어려운 무언가를 표현할 수도 있죠. 음악은 그냥 듣기만 해도 어떤 기억이나 감정, 느낌을 불러일으키고 희망이나 문제의 답을 주기도 해요. 정말 놀랍지 않나요? 또 제가 흥미롭게 여기는 것은 음악을 구성하는 요소들, 즉 소리 분자가 쪼개지는 방식, 소리의 길이, 높낮이, 음색, 리듬, 볼륨 같은 것들이 우리 뇌에 무의식적인 방식으로 작용한다는 점이에요. 때로는 정말 마법처럼 느껴집니다. 앤드루, 미안해요. 이런 말을 하면 좀 히피처럼 들리겠는데요.

> '히피'라는 표현을 사용하신 게 흥미롭네요.
> 방금 하신 말씀을 보면, 음악은 신비주의적인 무언가가
> 아니라 매우 유기적인 속성이 있다고 느껴지거든요.
> 그리고 그건 작곡가님이 음악을 만들고 경험하는
> 방식에서도 분명히 드러나는 것 같고요. 그런데 동시에
> 음악을 일종의 공학적 과정처럼 말씀하시는 듯하네요.
> 그러니까 음악이란 우리에게 자연스럽게 다가오는
> 유기체이면서, 동시에 의도적으로 구성하고 설계할 수
> 있는 어떤 것이기도 한 거죠.

우리는 아마 방법을 배워나가면서, 누군가와 연결되기 위해 전하고 싶은 메시지를 설계하듯이 음악에 담을 수 있을 겁니다. 전달하고 싶은 메시지를 구성해내는 그런 경험인 거죠. 제가 정말 흥미롭다고 느꼈던 게 있습니다. 아마 오늘 대화 중에 언젠가 하게 될 이야기와도 관련 있을 텐데요. 몇 년 전 저는 과학과 뇌, 그리고 우리가 실제로 소리와 음악을 처리하는 방식에 대해 정말 깊이 생각하기 시작했습니다. 인간이 언어를 사용하기 전부터 존재한 뇌 영역들이 있다는 사실이 저는 정말 경이롭게 느껴집니다. 우리는 잉태되는 순간부터 소리를 흡수합니다. 그러니 그 경험이 우리가 소통하고 말하고 듣는 방식에 영향을 미칠 수밖에 없죠. 아까 말한 설계라는 것은 전달하려는 메시지를 상대방이 이해할 수 있도록 예술적 형태로 표현하려는 시도이며, 동시에 저 스스로 그것을 이해하려는 과정이기도 해요. 음악을 듣는 사람들 못지않게 저 자신에게도 중요한 과정입니다.

> 그럼, 이제 그 이야기를 해보겠습니다.
> 음악은 원초적 성질을 지니고 있어서,

> 다른 것들이 닿지 못하는 우리 마음속
> 깊은 곳까지 닿을 수 있다는 말씀이죠?

네, 근본적인 이야기로 돌아가 볼게요. 인간의 뇌에서 가장 먼저 발달하는 부분이 청각 피질인데, 이 영역은 뇌에서 가장 중요한 부분입니다. 그래서 태어날 때부터 존재하는 영역이기도 하죠. 이곳에 소리 정보가 저장되고 나면 냄새, 맛, 장소, 기억과도 연결됩니다. 이것이 음악의 가장 원초적인 측면이며, 수천 년 전부터 우리가 소리를 통해 소통할 수 있었던 방식이에요. 하지만 지금 우리 귀는 너무 많은 정보와 소음에 둘러싸여 거의 포화 상태에 이른 것 같습니다. 진정한 음악 감상은 줄어들고 있죠. 특히 우리가 살아가는 오늘날의 디지털 시대에는 언제 어디서든 손쉽게 음악을 들을 수 있으니까요. 음악을 접했을 때 그것이 정말로 감동적이거나 눈물을 자아내거나 누군가를 떠올리게 하거나 어떤 특별한 관계를 생각나게 한다면, 그 음악에는 특별한 무언가가 있는 거라고 생각합니다. 모든 감각을 건드릴 수 있는 예술 형태는 음악 외에 쉽게 떠오르지 않네요.

저는 음악이 다양한 해석이 가능한 열린 예술이라고 생각해요. 예술가로서 음악을 세상에 내놓을 때는 사람들이 그 음악을 좋아할 수도, 안 좋아할 수도 있다는 점과 그 음악이 누군가에게 어떤 기억을 불러일으킬 수 있는지까지 염두에 두어야 합니다. 우리 할아버지는 소년합창단의 단원이셨어요. 초기 아날로그 방식의 음반으로 녹음도 하셨죠. 1921년인가 1923년인가에 맨체스터 대성당에서 녹음했는데, 그때 할아버지는 겨우 열한 살이었어요. 최근에 그 녹음본을 유튜브에서 발견했습니다. 우리 집안에 그런 음원이 있다는 건 알고 있었지만, 아무도 복사본을 가지고 있지는 않은 듯합니다. 어쨌든 유튜브에 올라와 있어서 재빨리 다운로드를 했어요. 제 할아버지 음원이니 제가 가지고 있어야겠죠.

그때 저는 곡 하나를 쓰고 있었습니다. 또 관악대 이야기가 되는데요, 사실 그 곡은 한 관악대에서 의뢰한 것이었어요. 관악대와 신시사이저를 결합한 곡이고, 음악과 우주여행이라는 주제를 다뤘죠. 그렇게 해서 탄생한 곡이 바로 〈지나간 영혼들의 행성 The Planet of Passed Souls〉입니다. 이 곡에서는 여행을 떠난 주인공이 어느 행성에 도착하고, 그 낯선 풍경 속 전파들이 과거의 기억과 소리를 불러냅니다. 그리고 먼지구름 사이에서 들려오는 목소리가 바로 제 할아버지의 목소리입니다. 이 곡을 맨체스터에서 라이브로 처음 공연했을 때, 그 목소리를 듣자마자 저는 눈물을 멈출 수가 없었어요. 무대 위에서 눈물을 참는 게 정말 힘들었죠. 너무 벅찬 감동과 전율이 온몸으로 전해졌어요. 주위를 둘러보니 저만 그런 게 아니더군요. 아무도 그 목소리가 우리 할아버지인 줄 몰랐는데도 관객 중에 눈물을 흘리는 사람들이 있었습니다. 어떻게 단순한 소리가 아무 관련 없는 사람들에게 그런 깊은 감정을 불러일으킬 수 있는지, 그 사람들이 어떻게 음악 소리에 정서적으로 연결되고 반응하는지를 보고 그저 감탄할 뿐이었어요.

> **그러니까 작곡가님에게 음악이란 사람들이 어떻게 받아들이느냐에 따라 달라질 수 있는, 다양한 해석이 가능한 것이라는 말씀이죠?**

네, 맞습니다.

> 그런데 다른 인터뷰에서는 머릿속 생각을
> 설명하기 위한 수단으로 음악을 사용한다고
> 말씀하신 적이 있던데요. 음악이 본래부터
> 어떤 메시지를 담고 있다는 의미처럼 들립니다.
> 그렇다면 단지 해석에만 맡길 수 없다는 거네요.
> 음악을 만드는 사람과 듣는 사람 사이에
> 어떤 유연한 상호작용이 있는 걸까요?
> 아니면 음악은 창작자의 의도대로 한 방향으로
> 흘러가는 걸까요?

제 말은 '그냥 아무렇게나 느껴도 된다'는 뜻은 아닙니다. 제가 만드는 음악에는 항상 어떤 서사와 그 서사에 도달하게 된 사고의 흐름이 담겨 있습니다. 처음부터 '이 곡은 이런 효과가 있게 써야지. 사회의 이런 문제를 다뤄야지' 하고 목표를 정해놓고 작곡을 시작하는 건 아니지만, 시간이 지나면 자연스럽게 어떤 것들이 드러나기 시작해요. 그러면 저도 퍼즐 맞추듯 하나씩 맞춰나가기 시작하죠. 예를 들면 '왜 요즘 자꾸 바위 이미지에 끌리지? 왜 바위에 집착하는 거지?'라고 생각하다가 '아, 우리 존재의 뿌리를 거대한 방식으로 들여다보려 하고 있구나' 하는 생각에 이르게 되는 거예요. 그러고는 '이걸 어떻게 하나의 서사나 이야기로 풀어낼 수 있을까? 어떻게 하면 이 이야기를 나와 청자 사이의, 즉 한 사람과 다른 사람 간의 인간적인 연결로 만들 수 있을까? 그 사람에게 어떤 이야기를 들려줄 수 있을까?' 이런 과정을 거치면서 음악 안에 이야기 틀이나 서사가 생겨납니다. 저는 그런 틀이 정말 중요하다고 생각해요. 우리는 사회 전체적으로 서사를 참 좋아하잖아요.

> 작곡가님의 경우, 그런 서사가
> 가사를 통해 이루어지는 건 아니죠?

이제는 아니에요. 신기하게도 요즘 저는 가사에서 벗어나게 되었어요. 가사라는 게 참 어렵게 느껴집니다. 적어도 최근 몇 년 동안은 그랬습니다.

> 왜 그런 거죠?

어떤 생각 혹은 누군가의 생각을 하나의 곡 안에 담아내고, 그것을 서술적인 방식으로 표현하는 일은 매우 어렵습니다. 글로 적고 가사로 만드는 게 점점 힘들어져요. 그런 걸 보면 제가 저 자신과 싸우는 중인가 싶어요. 왜냐하면 저는 노래 부르는 것을 굉장히 좋아하고, 그게 제 음악의 한 축이었는데 그걸 못 하고 있으니까요. 노래 부르던 제 모습이 정말 그립습니다. 어쩌면 지금이 변화를 겪는 시기일지도 모르죠. 저는 아직도 계속 무언가를 발견하는 중이거든요. 이 시기가 지나면 다시 예전처럼 곡을 쓰고 가사를 통해 말하고 소통하게 될 수도 있겠죠. 지금 겪고 있는 이 느낌은 그냥 그런 과도기의 불안 같은 것일지도 몰라요. 익숙해진 불안감이랄까요. 그런데 이 불안감이 머릿속에서 점점 커지는 느낌이에요.

> 지금은 말이 아니라 소리를 통해 더 많은 의미를
> 전달하고 있다고 생각하시는 건가요?
> 제가 경험한 것과 너무 동떨어진 거라서,
> 정말 흥미롭고 매력적으로 들립니다.

> 생각만 해도 정말 흥미진진하네요.

아, 정말요?

> 그럼요. 아마 많은 사람이 그렇게 생각하겠지만
> 저도 말이 유일한 소통 방식이라고 생각하거든요.
> 그게 저의 기본 전제입니다.
> 그런데 지금 하신 말씀은 참 색다른 개념이네요.

노래를 기억할 때, 가사를 기억하세요, 아니면 멜로디를 기억하세요?

> 저는 가사를 기억합니다. 어렸을 때는 가사를
> 받아 적곤 했어요. 노래를 멈춰가며 한 줄 한 줄
> 받아 적은 다음, 그 가사를 이해하려고 했죠.

저는 어떤 노래를 백 번쯤 들어놓고도 소시지 같은 엉뚱한 주제의 노래라고 생각하기도 해요. 들을 때마다 매번 가사를 엉뚱하게 기억해요. 사람들은 보통 두 부류로 나뉘죠. 가사를 다 기억하는 사람과 음악에만 귀 기울이는 사람 말이에요. 뇌의 작용 방식이 두 가지 있다는 뜻이죠. 관련 글을 몇 개 본 적은 있는데, 이 부분은 좀 더 알아봐야 할 것 같아요. 저는 확실히 후자에 더 가까워요.

> 음악이 작곡가님 할머니에게 어떤 영향을 미쳤는지
> 글로 쓰셨던가 인터뷰를 하셨던 걸로 알고 있습니다.
> 아주 힘든 시기에 음악이 할머니와의 관계를 열어주고

> 유지하게 해줬다는 이야기였죠. 저에게는
> 정말 흥미로운 개념이었습니다. 그 이야기를
> 조금 더 해주실 수 있을까요?

조금 과거로 거슬러 올라가야 할 것 같아요. 이 이야기는 2016년에 발표한 제 앨범 〈깨어 있어도 늘 꿈속에 Awake But Always Dreaming〉와 관련되어 있습니다. 할머니는 그 앨범이 나오기 몇 년 전부터, 거의 10년에서 11년 동안 치매를 앓으셨어요. 그 시간 동안 할머니는 점점 우리 곁에서 멀어져가고 있었죠. 말하자면, 우리와 연결이 하나씩 끊기고 있었어요. 할머니의 기억이 너무 멀리, 아주 어린 시절로 가버려서 우리는 마치 할머니를 잃어버린 것 같은 기분이었습니다. 정말 끔찍한 경험이었죠. 많은 사람이 겪는 일이지만, 저에게는 아주 놀라운 일이었어요. 할머니는 어린 시절에 배웠던 시 구절을 여전히 기억하고 계셨거든요.

어느 크리스마스 날, 온 가족이 할머니가 계신 요양원에 방문했어요. 제가 "다 함께 크리스마스 캐럴을 불러서 분위기를 띄워볼까요?"라고 제안했고, 가족들이 함께 노래를 부르기 시작했죠. 당시 할머니는 늘 고개를 숙이고 있거나 마치 아주 멀리 가 있는 사람처럼 말이 없었고, 지금 어디에 있고 어떤 계절인지도 모르는 상태였어요. 그런데 노랫소리를 듣자마자 눈을 번쩍 뜨고 고개를 들더니 노래를 따라 부르기 시작했어요. 그야말로 가슴 벅찬 순간이었죠. 동시에 너무도 슬펐어요. 마치 꽉 닫혀 있던 문이 잠깐 열리는 것 같은 기분이었어요. 어떻게 그런 일이 벌어졌는지 그때는 이해할 수 없었죠. 음악가로서 저는 '왜 이런 일이 일어나는 걸까? 나는 왜 그 이유를 모를까?' 하는 생각이 들었고, 그때부터 뇌과학을 공부하기 시작했습니다. 그 과정에서 영국 알츠하이머 연구재단에 연락했고, 런던 웰컴 컬렉션(영국의 의학 역사를 한눈에 볼 수 있는 박물관이자 학술 도서관으로, 연구자들이 협업할 수 있는 연구 공간이 마련되어 있다—옮긴이)의 여러 연구팀과 유니버시티 칼리지 런던의 과학자들과도 협업하게 되었죠. 한 연구팀의 팀장은 반즐리에서 학교 다닐 때 저랑 같은 학년이었던 친구였어요. 그 친구가 저를 자기 연구실에 초대했는데, 다양한 사람에게서 채취한 뇌 신경세포 표본을 배양하고 분석하며 알츠하이머 치료법을 연구하는 곳이었어요. 처음 그곳에 갔을 때, 저는 보고도 믿을 수가 없었어요. 현미경을 들여다보니 뇌세포가 마치 달이나 우주처럼 보였거든요. 그 후 청각 피질이 무엇이고, 뇌의 구조가 어떻게 되어 있고, 음악과 소리가 뇌의 어느 영역에서 처리되고 또 그것이 얼마나 중요한지 하나하나 배우기 시작했습니다. '플레이리스트 포 라이프Playlist For Life' 같은 자선단체도 중요한 역할을 합니다. 그곳에서는 음악 탐정이 되는 것을 도와주죠. 누군가 알츠하이머나 치매를 앓고 있다면 그 사람이 좋아하는 음악을 찾아서 재생 목록을 만드는 거예요. 그 음악을 통해 그 사람을 현재로 불러올 수 있고 다시 소통이 가능해지죠. 제게는 정말 놀라운 경험이었습니다. 이 모든 것은 그때부터 시작되었고, 그 뒤로 음악과 과학이 만나는 지점에 계속해서 관심을 두고 있습니다.

> 그러니까 할머니와의 그 경험이 작곡가님이
> 과학을 연구하게 된 계기였고, 음악에 대해 지금
> 지니고 있는 믿음을 갖게 된 시작점이었군요.
> 그리고 그 믿음은 음악이 뇌에 미치는
> 영향뿐만 아니라 사람들을 어떻게 연결하는지에
> 관한 것 같은데요, 맞나요?

맞습니다. 그건 정말 마법 같은 경험이었어요. 그런 일이 가능하다는 걸 전혀 몰랐었거든요. 조금 더 일찍 알았더라면 어땠을까 싶어요. 그랬다면 할머니와 더 많은 시간을 보낼 수 있었을 텐데요. 노래를 통해 대화하고 더 자주 소통할 수 있었겠죠. 사실 할머니도 가수였거든요. 그게 가장 마음이 아픈 부분이에요. 할머니는 노래를 사랑했고 정말 잘하셨는데, 우리 가족 누구도 그 사실을 진지하게 생각해본 적이 없었어요. 당시에는 그런 이야기를 꺼내는 게 약간 금기처럼 여겨졌어요. 그래서 저는 제 앨범이 어떤 평가를 받든, 사람들이 어떻게 생각하든 상관없이 반드시 이 이야기를 세상에 전하자고 마음먹었죠. 사명처럼 말이에요. 만약 누군가 제게 편지를 보내 "저도 제 할머니, 할아버지께 음악을 들려드려 봤는데요, 저의 삶이 달라졌습니다"라고 한다면 저는 정말 행복할 겁니다. 그게 제가 원하는 것이니까요. 그리고 실제로 그런 일이 벌어졌어요. 정말 아름다운 일이었죠. 자아를 위한 예술 작품을 만드는 일이 중요한 게 아니었어요. 중요한 것은 정말로 누군가에게 작은 변화를 만들어주는 무언가를 한다는 것이었습니다.

조앤 베이크웰
Joan Bakewell
호기심, 그리고 세상에 관심을 갖는다는 것

2020년 9월

> 조앤 베이크웰은 저널리스트이자 방송 진행자이며, 영국 노동당 상원 의원이기도 하다. 날카로운 통찰이 담긴 인터뷰와 문화 비평으로 잘 알려져 있으며 예술과 윤리, 사회 전반에 관한 공개 담론에 60년 넘게 꾸준히 참여해왔다.

"많은 사람이 "인본주의요? 도대체 그게 뭡니까?"라고 물어봅니다. 그래서 제가 개념을 설명하면 "아, 그게 바로 나네요!"라고 말하곤 해요."

| 우리 팟캐스트 제목이 〈나는 이렇게 믿는다〉여서 조금 긴장됩니다. 의원님께서는 BBC의 〈믿음Belief〉이라는 아주 비슷한 프로그램을 오랫동안 진행하셨잖아요. 보통 어떤 식으로 대담을 시작하셨나요?

요즘 사람들의 신념은 대부분 그들의 배경에서 비롯된다는 점을 알게 되었어요. 누구도 자신의 배경을 벗어날 수 없습니다. 문화와 가족이 우리를 형성하니까요. 특히 그 경험이 행복했다면 더욱 기꺼이 거기에 기대려는 경향이 있고, 반대로 불행했다면 그에 맞서려 하죠. 하지만 행복한 기억이든 불행한 기억이든, 모두 강력한 영향을 끼친다는 점에서는 같습니다.

| 그럼, 그 이야기부터 시작해볼까요?

저는 스톡포트의 아주 전형적인 중산층 가정에서 자랐습니다. 우리 가족은 당시 사회 분위기와 가치관을 열심히 따르려 했죠. 우리 가족은 형식적으로 교회에 소속되어 있었습니다. 교회 명부에 이름이 올라가 있었죠. 하지만 부모님은 교회에 열심히 다니시진 않았어요. 주로 기념일이나 명절 같은 특별한 날에만 가곤 했죠. 물론 크리스마스에는 교회에 갔습니다. 그래도 웬만한 찬송가는 다 알았고, 기도문도

조앤 베이크웰

대부분 외우고 있었죠. 우리가 다녔던 교회는 집 근처의 세인트 토머스 교회였는데, 나중에 제가 결혼식을 올린 곳이기도 해요. 그래서 저는 영국 성공회 기독교 이야기를 받아들이고 믿으면서 자랐습니다. 그것에 의문을 가질 이유가 전혀 없었어요. 충분히 받아들일 수 있는 이야기였죠. 천사와 착한 제자들이 등장하는 이야기는 어린아이에게 참 매력적으로 느껴졌습니다. 아무도 나쁜 일을 저지르지 않는 것처럼 보였고, 아주 드물게 나타나는 사악한 사람들은 미워해도 되고, 나쁜 짓을 한 사람들에게는 하느님의 복수가 내려진다고 하니 전체적으로 꽤 만족스럽고 괜찮은 이야기처럼 보였어요.

그러다 사춘기에 접어들면서 의문이 생기기 시작했습니다. '왜 모두가 이걸 믿는 걸까?' 하는 의문이었죠. 그건 아마 제 안에 있던 호기심 때문이었을 거예요. 그래서 저는 견진 성사를 받기로 마음먹었고, 그에 앞서 먼저 견진 교리를 배우기 시작했습니다. 주교가 이끄는 문답 형식의 기도도 있었죠. 하루는 수업을 마친 후 영성에 관해 혼란스러운 부분이 있어서 수업을 지도해주시는 분께 물었습니다. "이 모든 게 진짜라는 것을 우리는 어떻게 아나요?" 그 순간 주변 아이들이 모두 숨을 죽였어요. 그건 허용되지 않는 질문이었고, 아무도 그런 질문을 한 적이 없었거든요. 그때 질문에 대한 답 중 하나는 '전통의 무게'였어요. 2,000년 넘게 이어온 신앙이라면 실제로 어떤 진실한 메시지를 담고 있지 않겠느냐는 논리였죠. 저는 그 말을 조금은 가감해서 받아들였어요. 이어서 우리가 신앙을 통해 배운 가치에 관한 이야기가 계속되었는데, 그 가치들은 제가 지금도 공감하는 것들입니다. 아주 보편적인 가치들이죠. 그때 저는 열네 살인가 열다섯 살인가 그랬습니다.

그 후 대학에 가서 정말 다양한 신앙을 지닌 사람들을 만났고, 사실상 거의 모든 사람이 품고 있는 회의주의를 마주했습니다. 저에게는 유익한 경험이었습니다. 왜냐하면 처음에는 경제학을 전공하다가 나중에 역사학으로 전공을 바꿔 저명한 마르크스주의자 에릭 홉스봄Eric Hobsbawm 교수 밑에서 공부하게 되었거든요. 뛰어난 지성을 지닌 홉스봄 교수는 마르크스주의적 관점을 수업에 직접 반영하지는 않았지만, 제가 어떤 주장을 내놓을 때마다 이렇게 말했습니다. "그 주장의 증거는 무엇인가? 그건 무엇에 기반한 말인가? 논문이나 발표에서 그 말을 뒷받침할 근거로 무엇을 제시할 건가?" 그야말로 정곡을 찌르는 말이었죠. 저는 다양한 사상과 지성을 지닌 지적 권위자들과 어울리게 되었는데, 그들이 공통으로 인정하는 것도 바로 증거의 중요성이었어요. 그때부터 다소 편협했던 저의 신념 체계에 균열이 생기기 시작했고, 저도 점차 증거를 찾아 나섰습니다. 그런데 한 번도 만족스러운 답을 찾을 수 없었습니다.

> 그러니까 대학교에 다닐 때까지도 꽤 편협한 신념을 가지고 계셨던 거네요. 그런데도 교리 수업 시간에는 질문을 던지면서 다른 아이들을 숨죽이게 하는 아이였죠. 그때는 왜 그런 질문을 던졌던 걸까요?

글쎄요. 선을 넘은 행동이었죠.

> 그게 의원님의 방식이었던 걸까요?

저는 어릴 때부터 어른을 공경하라고 배우며 자랐습니다. 주제넘게 나서지 말고, 말로 다른 사람을 불편하게 해서는 안 된다고 배웠죠. 그래서 저는 굉장히 전형적이고 순응적인 아이였습니다. 그런 가르침을 거스르는 건 저에게 언제나 쉽지 않은 일이었죠.

> 그런데도 결국 그런 질문을 하셨잖아요.
> 그때 왜 그 질문을 던졌을까요?

그건 아마 지금도 제 안에 강하게 자리 잡고 있는 호기심의 정신 때문이라고 생각해요. 저는 여전히 어떤 낯선 주제에 대해서 갑자기 알고 싶어질 때가 있습니다. 예를 들어 비행기 엔진이 어떻게 작동하는지, 어떤 화학 반응이 어떤 방식으로 작용하는지 같은 거죠. 그런 것들을 꼭 깊이 아는 건 아니더라도 "왜 그렇지? 어떻게 그렇게 되지?" 하고 질문하는 것 자체에 가치가 있다고 생각해요. 그리고 이런 호기심은 제 개인적인 생각이나 철학적 이념에만 영향을 미치는 것이 아니라, 정치적인 사고방식에도 그대로 연결됩니다.

> 의원님의 방송 경력을 보면 정말 폭넓은 주제를
> 다루셨는데요. 항상 새로운 분야를 탐색하고,
> 처음에 잘 몰랐던 주제에 과감히 접근하는 모습입니다.
> 저는 그게 방송인으로서 소중한 자세라고 생각합니다.
> 시청자나 청취자와 탐구의 여정을 함께하는 거니까요.

맞아요. 방송인에게 매우 큰 자산이죠. 단순히 PD가 준 질문지를 읽는 게 아니라, 진심으로 궁금해서 질문하는 겁니다. 저는 한 번도 질문 목록을 그대로 따라간 적이 없습니다. 항상 대화 도중에 제 관심을 끄는 주제가 생기면 그쪽으로 자연스럽게 방향을 틀곤 했죠. 사람들은 대부분 그런 방식의 대화를 좋아합니다. 자신이 진짜로 흥미를 느끼는 주제에 반응하는 법이니까요. 그런 과정을 통해 저는 참 많은 것을 배웠습니다. 많은 사람들의 생각이 제 삶에 쌓였고, 아이디어가 뛰어난 사람들을 깊이 존경하게 되었어요. 〈믿음〉을 진행하던 몇 년 동안 자신의 신념을 놀랍도록 명확하게 설명할 줄 아는 굉장히 똑똑한 사람들을 많이 만났습니다. 유대인, 이슬람교도, 힌두교도, 심지어 무신론자나 이상한 신앙을 섬기는 사람들을 포함해 온갖 유형의 사람들이 있었죠. 한번은 자칭 마녀라고 하는 사람을 인터뷰한 적이 있었습니다. 종교 부서가 운영하는 방송 프로그램에 마녀를 출연시켜도 되는지를 두고 내부에서 약간의 논쟁이 일었죠.

하지만 핵심은 그녀가 마녀라는 정체성을 통해 어떻게 살아가고 있는지를 이야기하기 위해 출연했다는 것이었습니다. 우리는 곧 그녀의 이야기에 완전히 매료됐습니다. 그녀는 자신이 결코 특별한 존재가 아니라는 점을 매우 진지하게 설명했어요. 알고 보니 그녀의 신념 체계는 생각보다 많은 사람이 공감하거나 실천하는 것과 다르지 않았습니다. 그녀는 실제로 자신의 신념 체계에 따라 살아가고 있었고, 그것이 인간관계를 맺는 데에도 도움을 주고 있었어요. 방송이 끝난 후 제작진 모두가 입을 모아 말했어요. "이런 이야기를 방송에서 다룰 가치가 없다고 생각하다니, 오히려 우리가 부끄럽네." 정말 충분히 들을 가치가 있는 이야기였습니다.

> 의원님은 1960년대 이후로 오랫동안 방송 경력을 쌓아오셨고, 종교와 윤리를 다루는 프로그램을 통해 인본주의적인 접근 방식을 대중에게 알리는 데 중요한 역할을 해오셨습니다. 특별히 계기가 된 사건이나 경험이 있었을까요? 말씀을 들어보면,

> 어린 시절에 형성된 가치 중 일부는
> 기독교적 세계관에서 비롯된 것처럼 보입니다.
> 그렇다면 종교와 무관한 가치는
> 어디에서 비롯되었을까요?

제가 한 일을 너무 대단한 것처럼 내세워서는 안 된다고 생각합니다. 단지 누군가 저에게 그 일을 제안했고, 저는 수락했을 뿐이에요. 사람들이 어떤 믿음을 갖고 사는지를 진지하게 탐색하는 프로그램에서 일할 기회였죠. 저널리스트로서 일자리를 제안받은 것이니 당연히 반가운 마음으로 수락했습니다. 물론 일을 하면 할수록 점점 더 깨달은 점이 있어요. 저는 원래 생각하는 것 자체에 관심이 많았고, 어떤 주제든 도전하고 의문을 던지고 싶어 했어요. 그런 저의 성향에 이 일이 굉장히 잘 맞았던 거죠. 그러니까 돌이켜보면 우연이었지만, 저에게 딱 맞는 일을 만나게 된 셈입니다. 당시 BBC의 종교 부서는 방송계에서 특별히 주목받는 곳은 아니었어요. 지금은 더 이상 종교 부서라고 부르지도 않고요. 그 부서에는 사제 서품을 받은 사람들이 꽤 많았고, 모두 다 남성이었죠. 신학을 공부한 여성들도 있었지만, 여성에게는 성직자 자격이 주어지지 않았어요. 그들 대부분이 신념 체계에 관심이 많았고, 대체로 개신교 중심의 기독교 신학에 깊이 빠져 있는 사람들이었습니다. 뭐, 그래도 괜찮았습니다. 저도 알 만큼은 알고 있었고, 제가 스스로 교회로부터 완전히 결별했다고 선언한 적도 없었기 때문에 그런 프로그램을 맡았다고 해서 양심에 거리낄 일도 전혀 없었습니다.

중년에 접어들어 저는 때때로 스스로를 '신앙생활을 하지 않는 비실천적 영국 성공회 교인'이라고 표현했어요. 상원에서 활동하면서 주교들과도 꽤 잘 지내왔다고 생각합니다. 얼마 전에는 유전공학에 관한 토론을 제안했는데요, 그 분야에 많은 진전이 이루어진 시기였죠. 저는 토론 일정을 확보한 후에 토론 참여자를 모으기 위해 직접 주교실을 찾아갔습니다. 평소 같았으면 하지 않았을 일이었죠. 제 이름으로 토론이 진행될 예정이라고 알리고 싶었어요. 저는 주교들에게 토론에 참여해주시면 좋겠다고 전했고, 토론에 참여할 사람들을 찾아달라고 부탁했습니다. 저는 스스로 사람들의 다양한 종교적 신념과 단절된 인본주의자라고 느끼지 않습니다. 오히려 그들의 신념을 이해할 수 있어요. 그들은 단순한 열망을 넘어 더 높은 이상을 추구하고, 인간의 삶을 개선하고자 노력하고, 가난하고 소외된 사람들을 위해 헌신하려 합니다. 그런 점에서 저는 그들과 반대편에 서 있다고 느끼지 않아요. 다만 그들이 믿는 초자연적인 존재나 사건 또는 그 가능성에 대해서는 믿지 않습니다. 그 부분만큼은 확실히 선을 긋고 싶네요. 그들의 믿음에 공감하지는 않지만, 그렇다고 해서 우리가 공유할 수 있는 가치가 없다는 뜻은 결코 아닙니다.

> 지금 말씀하신 내용은 하나의 신념처럼 들리네요. 의원님 스스로 믿고 따르는 삶의 태도 말입니다. 세상에 존재하는 여러 종교나 철학이 서로 겹치는 지점이 많다고 생각하시나요?

그건 아마 종교나 철학이 제시하는 행동 양식과 더 깊은 관련이 있는 것 같아요. 예를 들어 이슬람교를 생각해보세요. 이슬람교도들이 실천해야 할 의무들은 정말 고귀합니다. 그중 하나가 자선을 베푸는 것이죠. 이 자선은 단순히 기부를 넘어 낯선 이를 환대하는 것까지 포함합니다. 그런 실천들은 그 종교를 창시한 사람이나 신의 성격과는 별개로 인간 사회 안에서 영속적 가치를 지닙니다. 저는 종교가 재산을 축적하거나 현실과 동떨어져 운영되는 것에는 반대하지만, 인간의 바른 행동과 비도덕적 행동이 무엇인지를 오랫동안 진지하게 고민해 온 사람들에게는 본능적으로 깊은 공감을 느낍니다.

> 의원님은 대학 시절부터 노동당의 가치를 수용했고, 지금도 정치에 깊이 몸담고 계십니다.
> 방금 베번주의적인(베번주의자들은 1950년대 영국 노동당 내에서 어나이린 베번Aneurin Bevan의 정책과 사상을 지지한 강성 좌파 세력으로, 사회문화적으로 상당히 진보적이었다—옮긴이) 사회 비전에 관해 말씀하셨을 때 '진보'라는 개념에 대한 믿음이 강하다는 인상을 받았습니다. 즉, 그런 진보가 실제로 실현될 수 있다고 믿으시는 것 같습니다.

제가 케임브리지에서 공부하던 시절, 교수 중 한 분이 허버트 버터필드Herbert Butterfield 교수님이었습니다. 그분의 책이 당시 큰 반향을 일으켰는데, 역사가 자동으로 인간을 더 나은 방향으로 나아가게 한다는 자유주의적 진보 개념을 통렬히 비판하는 내용이었습니다. 그 책을 통해 저는 점점 진보라는 것이 실제로 존재하지 않는다는 점을 깨달았죠. 물론 진보는 1940~1950년대 영국에서 자라난 사람이라면 누구나 자연스럽게 체득한 신념 체계의 일부였지만요. '영국은 위대하다!'라는 식이었죠. 영국은 인류 사상의 선두 주자이고 모든 진보의 중심에 서 있다는 생각이 당연하게 여겨지던 시기였습니다. 영국은 자유주의적 가치를 자국 내에서만 받아들인 게 아니라, 다른 문화권과 아무 상관 없는 나라들에까지 강요하기도 했죠. 하지만 결국 저는 그런 믿음을 서서히 내려놓아야 했습니다. 인간 사회는 매우 다양한 방식으로 조직되어 있고 그중 상당수는 서로 모순되기도 하거든요. 우리는 말 그대로 그때그때 상황에 맞게 길을 찾아가야 합니다. "이게 좋다고 생각하세요? 아니면 저게 좋다고 생각하나요? 벨라루스를 어떻게 생각하죠? 미국에 대해서는 어떻게 생각하세요?" 이런 모든 질문에 대해 스스로 만족할 수 있는 답을 찾아야 합니다.

> 진보라는 개념을 포기하면서 상실감이 들지는 않으셨나요? 1960~1970년대에 그래도 여전히 진보가 일어나고 있고, 그것이 현실이라는 느낌이 들지 않으셨는지요?

아뇨. 제 생각에 저는 진보에 대한 믿음을 훨씬 더 일찍 잃었습니다. 아마 대학교 1학년 때쯤이었을 거예요. 가장 먼저 사라진 건 누군가 나를 지켜주고 있다는 느낌이었어요. 더는 그리스도도 없었고, 다정한 팔에 안겨 위안을 얻는 일도 없었고, 저를 보살피고 위안을 주는 존재도 없었죠. 저는 엄청난 상실감을 느꼈어요. 결국에는 위안을 기대할 곳 없이 스스로 삶을 살아가야 한다는 현실을 받아들여야 했습니다. 그때 지지해주고 위안을 주는 존재가 없다고 생각하니 저 자신이 얼마나 연약하고 취약하게 느껴졌는지 아직도 기억이 생생해요. 그렇게 저는 믿음을 잃었고, 그 대신 역사를 공부하게 되었습니다. 그러면서 진보라는 것이 우리가 바라는 대로 흘러가지 않는다는 사실을 알게 되었어요. 우리는 모두 진보가 이루어지고 있다는 믿음을 품고 있고, 저 역시 세상을 더 나은 곳으로 만들고자 노력해야 한다는 믿음을 여전히 가지고 있습니다. 하지만 제국이 흥했다가 몰락하는 건 전혀 놀랄 일이 아닙니다. 지금 우리는 서구 세계의 쇠퇴를 목격하고 있는 동시에, 동양이 부상하는 것도 보고 있잖아요. 러시아에서 무슨 일이 벌어지고 있는지는 정확히 알 수 없지만, 분명히 건강한 모습은 아닙니다. 이런 흐름이야말로 인간 사회가 작동하는 방식이죠. 하나의 방향으로 나아가다가 또 다른 방향으로 바뀌고, 다양한 집단과 권력 세력이 그 흐름에 개입합니다. 다양한 사회가 등장했다가 사라지고, 그 구성원들도 운명을 함께하죠. 어떤 구성원들은 스스로 사회를 변화시키거나 방향을 제시하려고 합니다. 그래서 역사는 결코 지루할 수가 없어요.

> 이야기를 듣다 보니 의원님은 기독교적 이야기에서 벗어나 호기심을 갖고 새로운 생각들을 찾아서 인간 전체의 더 큰 이야기 속으로 다시 들어가신 것처럼 느껴지는데요. 맞습니까?

네, 맞는 것 같습니다. 당시에는 그게 '인본주의'라고 불릴 줄 몰랐어요. 실제로 많은 사람이 "인본주의요? 도대체 그게 뭡니까?"라고 물어봅니다. 그래서 제가 개념을 설명하면 "아, 그게 바로 나네요!"라고 말하곤 해요. 그러니까 세상에는 이름은 몰라도, 실제로 인본주의적 신념에 따라 살아가는 사람들이 꽤 많다는 뜻이에요. 그 사실이 참 반갑고 기쁩니다.

이제 아름다움에 관해서 이야기해도 될까요?

> 물론입니다.

시는 우리 모두 접할 수 있고 우리 모두에게 와닿을 수 있는, 삶을 풍요롭게 하는 요소 중 하나입니다. 어쩌면 우리는 시를 학교에서 외워야 하는 것으로 생각했기 때문에 지금 시를 소홀히 여기는지도 모릅니다. 저도 암기식으로 시를 배웠어요. 당연히 그런 방식은 흥미를 잃게 만들기 쉽죠. 그런데도 신기하게도 그 시가 아직도 제 기억에 남아 있습니다. 제 아들도 같은 식으로 시를 배웠더군요. 우리는 서로 어떤 시를 외우고 있는지 이야기하고, 「오지만디아스Ozymandias」(영국 낭만주의 시인 셸리가 쓴 소네트 형식의 시—옮긴이)를 외운 적 있는지 물어보곤 했어요.

> 요즘 정치인들의 온갖 허영을 볼 때마다,
> 그 시가 가장 먼저 떠오르시겠네요.
> 시가 어떤 사건에서 의미를 깨닫게 하는
> 틀을 제공한다는 말씀인가요?

맞아요. 저는 카바피스의 시 「야만인을 기다리며」도 정말 좋아합니다. 인기 있는 시를 모아놓은 시선집도 하나 가지고 있는데요, 페이지마다 다른 시인이 나오는 형식이라서 그때그때 필요한 구절을 찾아 읽기에 아주 좋아요. 거기에서 얻는 보상은 정말 큽니다.

> 꼭 짚고 넘어가고 싶은 게 하나 있는데요,
> 의원님은 그냥 '누군가 제안해서 맡은 일'이라고
> 겸손하게 말씀하셨지만, 저는 분명 무언가
> 더 있으리라 생각합니다. 공영방송에 대한 믿음이나
> 그런 프로그램을 선택한 이유가 있지 않을까요?
> 돌아보셨을 때, 의원님의 활동 전체를
> 하나로 연결하는 핵심이 있다면 무엇일까요?

저는 프리랜서로 방송 일을 해왔습니다. 어떤 방송국에도 정식 직원으로 있어본 적이 없어요. BBC 프로그램도 많이 맡았고, 예전에 그라나다 TV에서도 여러 프로그램을 맡았죠. 지금 되돌아보면, 제가 선택했던 프로그램들을 관통하는 공통점은 바로 제가 아이디어를 좋아한다는 사실이네요. 저는 아이디어와 씨름하는 걸 좋아합니다. 아이디어를 가지고 고민하고, 다른 사람들과 토론하는 과정이 좋습니다. 이제야 알겠어요. 아마도 가볍고 시시한 프로그램은 제안을 받았어도 거절하고 잊어버렸던 것 같아요. 한두 개는 기억나는 게 있긴 한데, 유치하고 시시한 것들이었죠. 그런 프로그램은 당연히 거절했어요. 저는 지적 도전을 느낄 수 있는 일을 좋아했으니까요. 그런 프로그램으로는 〈문제의 핵심Heart of the Matter〉(종교적, 윤리적 문제를 다룬 BBC 토론 프로그램—옮긴이)이 대표적인데요. 진짜로 밖으로 나가 사람들이 스스로 도덕적 결정을 내릴 수 있도록 돕는 프로그램이었죠. 정말 의미 있는 일이었습니다.

그 시절엔 여성은 사제가 될 수 없었는데 사제가 되고 싶어 하는 여성들이 출연한 적도 있고, 사제가 되는 게 허락되지 않는 동성애자 남성들이 출연한 적도 있습니다. 사회가 큰 변화를 겪기 시작한 1990년대에 있었던 일이지요. 당연히 지금은 법이 바뀌었어요. 거기에 우리도 한몫했다고 생각합니다. 우리는 대중의 양심을 자극하는 주제들을 다뤘어요. 그런 프로그램을 만드는 것은 가치 있는 일이었죠. 우리는 계속해서 다양한 주제를 다뤘고, 한번은 유고슬라비아에 직접 가기도 했습니다. 당시에는 그곳을 그렇게 불렀죠. 유고슬라비아 전쟁 이후 어느 쪽이 잘못했고 어느 쪽이 옳은지를 어떻게 판단할 것인지, 그것이 의미하는 게 무엇인지, 유엔의 개입이 어떤 역할을 했는지를 주제로 토론을 벌였죠. 우리는 도덕적 딜레마를 제시했던 거예요. 저는 결코 어느 한쪽 편을 들지 않았습니다. 우리 프로그램에서 늘 했던 말이 "그러니까 한편으로는 이렇고, 다른 한편으로는 저렇습니다. 그게 바로 딜레마의 핵심입니다"였고, 저는 절대 입장을 밝히지 않았어요. 방송 후에 사람들이 저에게 어느 편이었냐고 물으면, '아, 내 신념을 드러내지 않았으니 내가 좋은 진행자였구나' 하고 생각하곤 했습니다. 제 생각을 드러내지 않았던 거죠. 제 역할은 사람들이 스스로 생각하게 하는 것이었으니까요.

스티븐 프라이
Steven Fry

불확실성

2024년 1월

> 스티븐 프라이는 배우 겸 코미디언, 작가이자 방송 진행자다.
> 여러 권의 베스트셀러 책을 썼고, 다양한 영화와 TV 시리즈에도 출연했다.
> 그는 특히 정신 건강의 중요성을 강조하며 사회적 목소리를 내는 활동가다.
> 〈브이 포 벤데타〉, 〈호빗〉, 〈셜록 홈스〉 등의 영화에 출연했으며,
> 『스티븐 프라이의 그리스 신화』를 썼다.

"확신에 가득 찬 사람들은 거의 예외 없이 우리를 위기에 빠뜨려왔어요. 반면에 더 섬세하고 회의적이며 의심의 여지를 남겨두는 사람들은 비록 모든 문제를 해결할 수 있는 능력이 있는 건 아니지만, 최소한 확신에 찬 사람들처럼 문제를 악화시키지는 않았습니다."

우리 팟캐스트의 이름은 E. M. 포스터의 수필에서 따왔습니다. 여기서 그 수필에 대해 따로 설명할 필요는 없겠죠. 몇 해 전 제가 선생님께 LGBT 휴머니스트 상을 수여했을 때, 수상 소감에서 바로 그 수필을 인용하며 거기에 담긴 신념과 가치, 그리고 선생님의 신념까지 함께 언급한 바 있으니까요. 그래서 오늘 대화는 좋은 출발점에서 시작할 수 있으리라 확신합니다. 질문을 딱히 정하지 않고, 대화 방식을 자유롭게 열어둬도 좋을 듯하네요. 지금까지 삶을 돌아보며 삶을 대하는 방식, 세계관, 선생님에게 영향을 주고 동기를 유발한 신념과 가치들을 생각해본다면 무엇이 있을까요?

음, E. M. 포스터는 정말 제게 엄청난 영향을 준 인물입니다. 열여섯 살쯤에 『하워즈 엔드』라는 그의 소설을 처음 읽었을 때, 심장이 터지는 줄 알았어요. 그 후로도 여러 번 다시 읽었죠. 그다음에는 수필집 『민주주의에 대한 두 번의 만세 Two Cheers for Democracy』를 접하게 되었는데, 위트가 넘치고 엄격함과 개방성이 절묘하게 뒤섞여 있는 정말 경이롭고 특별한 책이었습니다. 그러면서 포스터가 지금 우리가 '블룸즈버리 그룹'이라고 부르는 모임에서 핵심 인물이라기보다는 주변을 맴도는 위성 같은 존재였다는 사실을 알게 되었죠. 블룸즈버리 그룹에는 버지니아 울프, 버네사 벨, 던컨 그랜트 같은 예술가와 작가, 시인들이 포함되어 있었고, 저에게도 매우 큰 영향을 미친 철학자 버트런드 러셀도 있었습니다. 러셀과 포스터는 공통점이 있죠. 세상일에 대해 불만을 품고 있으면서도 불확실한 태도를 보이고, 또 그런 태도를 스스로 옳다고 믿는 확신이 있었어요.

> 불확실성이 선생님에게 중요한 지적 가치로 자리 잡은 이유는 무엇인가요? 자신이 틀렸을 수도 있으니 신중하게 생각하고, 너무 하나를 고집하지 말고 겸손해야 한다는 것은 오히려 도덕적 가치와 가깝지 않을까요?

저는 지적인 면에서는 꽤 게으른 편입니다. 그래서 뭔가를 굳이 복잡하게 따지거나 분석하려 들지 않아요. 이성주의자라기보다는 철저한 경험주의자라고 할 수 있죠. 확신이라는 것이 왜 위험한지, 그걸 굳이 형이상학적으로 설명할 필요는 없습니다. 저는 그저 이렇게 말하곤 하죠. "확신에 찬 사람들이 세상을 어떻게 망쳐왔는지 한번 보세요." 그게 바로 경험주의입니다. 경험이 우리에게 보여주는 진실인 거죠. 제가 아는 한, 확신에 가득 찬 사람들은 거의 예외 없이 우리를 위기에 빠뜨려왔어요. 반면에 더 섬세하고 회의적이며 의심의 여지를 남겨두는 사람들은 비록 모든 문제를 해결할 수 있는 능력이 있는 건 아니지만, 최소한 확신에 찬 사람들처럼 문제를 악화시키지는 않았습니다. 대부분의 사람들이 사실 이런 이야기를 직관적으로 이해한다고 생각해요. 교조주의, 이데올로기, 교리 같은 것들이 얼마나 위험하며, 지금껏 인류에게 얼마나 비극적인 결과를 가져왔는지를 우리는 역사에서 반복적으로 목격해왔어요.

물론 계몽주의와 이성의 시대를 통해 우리는 진보를 이루었다고 말할 수도 있죠. 하지만 그건 교조주의적 진보가 아니었어요. 이마누엘 칸트가 딱 하나 확신했던 것이 있습니다. 그는 그것을 "내 위에 있는 별이 빛나는 하늘과 내 안에 있는 도덕 법칙"이라고 불렀죠. 저도 그 말에 어느 정도 동의합니다. 인간은 성적 충동 같은 본능 외에도 도덕적 직관이라는 본능을 내면에 지니고 있다고 믿습니다. 우리 어깨 위에 앉아 "그건 옳지 않아"라고 말해주는, 피노키오의 귀뚜라미 같은 존재 말이죠. 그런 것은 부모에게 배우는 것이라고 주장하는 사람도 있을 수 있고, 종교에서는 교리나 경전을 통해 옳고 그름을 배운다고 말할 수도 있겠죠. 하지만 칸트는 그것을 인간에게 내재한 본성이라고 이해했어요. 사람들도 대부분 그렇게 이해하는 것 같습니다. 설령 학습된 것이라 할지라도 내면에 너무 깊이 새겨져 있어서 본능과 거의 비슷하다고 느껴지죠. 그러니까 우리가 나쁜 행동을 직감적으로 알아채는 것은 "그건 옳지 않아, 그건 나쁜 일이야"라는 부모의 목소리를 기억해서가 아닙니다. 도둑질은 나쁘고, 거짓말도 나쁘고, 살인은 절대 해서는 안 되고, 잔인함과 배신, 기만이 모두 나쁘다는 것을 본능적으로 이해하는 온 인류의 합창과도 같은 겁니다. 우리는 그런 행동들이 나쁘다는 것을 그냥 압니다. 어떤 신성한 교리 해설자나 사제가 와서 굳이 가르쳐주지 않아도요! 저는 늘 이것을 인식하고 살아왔어요. 나름대로 높은 도덕심과 윤리의식을 지니고 있었다고 믿습니다. 제 삶이 아주 도덕적이고 윤리적이었다고는 말할 수 없지만, 최소한 도덕과 윤리의 기준이 있었고 그 기준에 미치지 못하면 고통스러워했다는 건 확실합니다. 물론 제가 오해하고 있을 수도 있지만, 세상에는 자신이 남기는 도덕적, 윤리적 흔적에 크게 신경 쓰지 않는 사람들도 있는 것 같습니다. 그런 사람들은 밤에 잠들기 전 자신을 돌아보며 후회하거나 자책하지도 않겠죠. 하지만 저는 그래요. 늘 그래왔습니다. 가끔은 조금 짜증 나기도 합니다. 그런 도덕적 양심에서 정말 자유로워지고 싶기도 하거든요.

> 옳고 그름을 구별하는 감각이 모든 사람에게 내재하고 그것이 본능에 가깝다면, 혹은 적어도 인간 본성의 일부라면, 사람들의 잘못된 행동을 어떻게 설명할 수 있을까요?

네, 정말 좋은 질문입니다. 질문이 무척 마음에 듭니다. 인본주의 영역에서 어떤 식으로든 활동해온 사람들 대부분이 '종교 없이는 도덕감각이 존재할 수 없다'라는 주장에 특히 짜증을 느낍니다. 경험적으로도 이성적으로도 전혀 맞지 않는 말이거든요. 이미 알다시피 그 주장이 틀렸다는 건 아주 오래전 그리스 철학자들에 의해 입증되었습니다. 그런데도 우리 손을 이끌어줄 신이 필요하다는 믿음은 여전히 남아 있죠. 하지만 세상을 둘러보면 도덕감각은 분명히 타고나는 본성이라는 걸 알 수 있습니다. 사람들은 늘 해법을 찾고자 하잖아요. 어떤 사람은 그것을 진화심리학이나 동물행동학에서 찾습니다. 우리가 겪은 사건과 자라온 환경이 유전학적으로 또는 후생유전학적으로 우리 행동에 어떤 영향을 미치는지를 이해하려는 시도 속에서 답을 찾으려는 겁니다. 인간이라는 종으로서, 또 가족이나 집단, 씨족, 부족, 인종 등으로 확장되는 다양한 정체성 속에서 말이죠. 제가 생각하기에 정말 중요한 것은 행복입니다. 이건 그리스 철학자들이 도달한 결론이기도 하죠. 우리는 모두 행복하길 원합니다. 그건 의심의 여지가 없죠. 우리가 얼마나 불행을 피하려 애쓰는지를 보면 분명히 드러나잖아요. 할 수만 있다면 불행을 피하려고 무슨 일이든 하죠. 고대 그리스 철학자들은 '당신에게 덕이 없다면 행복할 수 있는가?'라는 질문에 사로잡혀 있었습니다. 다시 말해 친절하지도, 품위 있지도, 선하지도 않고 사려 깊지도, 인자하지도, 정직하지도 않은 사람이 과연 진정한 행복을 누릴 수 있을까 하는 질문이죠.

> '선하지 않아도 행복할 수 있는가?'라는 질문이군요.

그렇죠. 그리고 반대로 '행복하지 않아도 선할 수 있을까?'라는 질문도 가능합니다. 이 질문은 어느 순간 정치적인 문제로 바뀝니다. 오스카 와일드를 비롯한 몇몇 인물들은 빅토리아 시대의 도덕관을 조롱하며 이렇게 말했습니다. "당신이 가난하고 고통받는 상황인데도 빅토리아 시대식으로 착하게 살 수 있다는 건 터무니없는 생각이다."

> 그렇다면 이게 선생님의 믿음인가요?
> 인간은 기회가 주어진다면, 조건이 맞는다면,
> 혹은 행복하다면 본래 선하게 행동하게 되어 있고
> 잘못된 것은 상황이라는 믿음 말이에요.
> 그러니까 빈곤이나 불의 같은 다양한 외부적 요인에서
> 잘못된 행동이 비롯된다고 보시는 건가요?

맞습니다. 중동에서 목격되는 영토 분쟁에 의한 참혹한 현실도 그런 예입니다.

> 그 배경에는 충성심이나
> 소속감 같은 감정이 작용하겠죠.

그렇습니다. 여기 이렇게 부유한 서양의 호사를 누리며 편안하게 앉아서 요즘 세상이 얼마나 도덕적인가, 사람들이 얼마나 선한가를 이야기하는 건 쉬운 일입니다. 하지만 현실을 보면 여전히 고통과 잔인함, 학대, 테러, 착취가 넘쳐나고 있어요. 세상에는 정말 몸서리치게 사악한 사람들이 있습니다. 지금 이 순간에도 성매매를 알선하거나 무기를 팔고 있는 사람들이 있죠. 세상 어디에선가는 항상 끔찍한 일들이 벌어지고 있어요. 제가 걱정 많은 진보주의자라는 걸 저도 인정합니다. 많은 사람이 저 같은 입장을 못마땅하게 생각할 수 있어요. 그래서 가끔은 차라리 진정한 풍자 작가 조너선 스위프트처럼 해야겠다고 생각합니다. 아시겠지만 스위프트는 종교인이었습니다. 더블린의 세인트 패트릭 대성당의 주임 사제였죠. 성직자였는데도 진정한 풍자 작가였어요. 인류가 저지른 악행을 절대로 눈감아주는 법이 없었죠. 그는 인류를 혐오스러운 존재로 묘사했고, 언제나 가차 없는 풍자 메시지를 전달했습니다. 한 예가 「겸손한 제안 A Modest Proposal」입니다. 그 글에서 그는 아일랜드 아이들을 식품으로 활용하자고 제안했어요. 그러면 아이들이 너무 많다는 문제를 해결할 수 있다는 게 그 이유였죠. 그 글은 너무도 멋지고 논리적으로 쓰였습니다. 스위프트는 자신의 풍자를 해명하거나 "아, 지금 풍자적으로 말하는 겁니다"라고 따로 말하지 않았어요. 그냥 풍자의 틀 안에 머물렀죠. 아마도 많은 풍자 작가들이 그가 남긴 말에 공감할 수밖에 없을 거라고 생각하는데요. 약간 성차별적인 표현이긴 하지만, 그 시대의 관습이라는 점을 참작해주시면 좋겠습니다. 그가 한 말은 이렇습니다. "나는 '인간 man'이라는 종족을 혐오하고 증오합니다. 하지만 앤드루와 피터와 존은 사랑합니다."

개인과 집단의 차이는 제가 오랫동안 흥미롭게 생각해온 주제입니다. 그런데 이왕 풍자 이야기를 꺼냈으니 그 얘기를 마저 할게요. 제가 풍자 작가라면 여기서 도덕이 어쩌고 저쩌고 하지 않고, 스위프트처럼 '겸손한 제안'을 내놓을 겁니다. 이 제안이 실현된다면 세상은 훨씬 더 나은 곳, 더 행복한 곳, 덜 폭력적이고 덜 공격적인 곳이 될 겁니다. 더 많은 사람이 모든 것을 보다 평등하게 나눌 수 있는 세상, 폭력과 공격성이 훨씬 줄어든 그런 세상이 될 겁니다. 저는 이 제안의 효과를 보장할 수 있습니다. 평소에 이런 주장을 자주 하는 사람은 아니지만, 제가 제안하고 싶은 것은 바로 약물 규제입니다. 세상에서 가장 위험한 약물 하나를 법적으로 금지해야 합니다. 그 약물은 바로 테스토스테론이에요. 이 남성 호르몬이 사라지면 어떻게 될까요? 중성화 수술을 받은 수컷 고양이를 본 적 있으세요? 예전엔 골목에서 싸우며 울어대던 고양이가 중성화 수술 후엔 작은 푸딩처럼 변해버립니다. 간지럽히면 가르랑거리는 귀엽고 사랑스러운 고양이로 변하죠. 셰익스피어의 「안토니우스와 클레오파트라」에 나오는 내시처럼 유쾌하고, 사람을 기분 좋게 하고, 살도 좀 쪄서 통통해지죠. 앤드루 테이트Andrew Tate(전직 프로 킥복싱 선수이자 인플루언서—옮긴이) 같은 사람들 있잖아요. 어떻게 표현해야 할지 모르겠지만, 해로운 남성성의 전형 같은 사람들 말이에요. 그런 사람들은 테스토스테론이 사라지면 완전히 달라질 겁니다. 따뜻하고 온화하고 다정한 성격으로 변해서 영토나 지배에 대한 광적인 집착도 사라질 겁니다. 그런 집착은 테스토스테론이 인간에게 불어넣는 이상한 충동입니다. 이건 정말 효과적인 방법이에요. 완전히 통할 겁니다.

아주 겸손한 제안이네요.

그럼요. 아주 겸손한 제안이죠. 하지만 분명 여러 가지 문제도 있습니다.

어쨌든, 제가 아까 개인과 집단의 차이를 흥미롭게 생각한다고 말했잖아요. 관심을 두기 시작한 것은 연극계에 처음 들어가 웨스트엔드West End(영국의 공연 예술 중심지—옮긴이) 무대에 섰을 때였습니다. 웨스트엔드에서 잔뼈가 굵은 아주 노련한 프로듀서 한 분이 있었습니다. 당시 그 공연은 꽤 괜찮은 성적을 거두고 있었어요. 엄청난 흥행작은 아니었지만, 수익이 나는 수준은 되었죠. 매일 매진되는 정도는 아니어도 말이에요. 공연이 월요일과 화요일은 한 번씩, 수요일은 두 번, 목요일과 금요일은 한 번씩, 토요일은 두 번 있었고 일요일은 쉬었어요. 이게 그 시절 웨스트엔드 공연 방식이었죠. 그래서 일주일에 총 여덟 번 공연이 있었어요. 제가 보니까 월요일에는 객석이 40~50퍼센트 정도 차고, 나중에는 60퍼센트 정도 차더라고요. 화요일에는 60에서 65, 많게는 70퍼센트 수준이었고, 수요일 낮 공연은 40퍼센트였지만 저녁 공연은 90퍼센트까지 찼어요. 목요일부터 토요일까지는 거의 매진이었고요. 왜 이런 현상이 벌어지는 걸까요? 예를 들어 4월을 보면 첫째 주 월요일의 좌석 점유율은 52퍼센트, 둘째 주 월요일은 58퍼센트였습니다. 그런데 둘째 주 월요일에 온 관객 중 30~40퍼센트는 왜 첫째 주엔 오지 않았을까요? 왜 월요일마다 사람들이 공연장 바깥에 길게 줄을 설 정도로 몰리지는 않는 걸까요? 재밌는 점은 이런 흐름이 저절로 조절된다는 겁니다. 관객 개개인은 그런 전체적인 흐름을 전혀 의식하지 못해요. 사람들은 그냥 자기 필요에 따라, 혹은 기분에 따라 행동할 뿐이죠. "자기야, 우리 그날 연극 보러 갈까?" 이러는 거죠. 그런데도 전체적인 결과는 늘 비슷하게 나옵니다. 셜록 홈스도『네 사람의 서명』에서 왓슨에게 비슷한 얘기를 합니다. 많은 사람의 집단적 행동은 매우 정확하게 예측할 수 있지만, 한 개인이 어떻게 행동할지는 도무지 예측할 수 없다고요. 참 경이로운 일이죠.

> 그러니까 선생님이 흥미를 느끼시는 건 결국 개인의 다양성인가요? 그건 단순한 관찰에 불과한가요? 아니면 그렇게 다양한 사람들이 존재하고 저마다 다르게 행동한다는 사실이 그저 생각만 해도 미학적인 즐거움을 주는 건가요? E. M. 포스터 역시 개인의 다양성을 소중히 여겼습니다. 그는 『민주주의에 대한 두 번의 만세』에서 개인의 다양성이 획일성과 통제, 전체주의에 대한 좋은 방어 수단이라고 보았어요. 그러면서도 소설가로서 그는 다양한 인물을 창조하고 그들을 이해하는 데서 기쁨을 느끼기도 했죠. 선생님도 그런 즐거움을 비슷하게 느끼시나요?

네, 그 말이 맞는 것 같습니다. 게다가 우리 대부분은 인류가 광견병에 걸려 철창 안에 갇힌 개와 같다는 이상한 기분을 경험하곤 합니다. 철창 가까이 다가가면 개들은 요란하게 짖고, 큰 소리로 으르렁거리고 거품을 물고 있는 모습이 공포감을 자아내죠. 그런 모습이 바로 인류의 본모습처럼 다가오기도 합니다. 그러나 실제로 거리로 나가 버스를 타거나 술집에서 다른 사람 옆에 앉아 이야기를 나눠보면 전혀 다른 인상을 받습니다. 사람들 대부분이 개인적으로는 합리적이고, 유머 감각이 있고, 세상이 엉망이라는 사실을 그냥 받아들이고 살아가는 듯 보입니다. 빨간 약이나 파란 약(영화 〈매트릭스〉에 나오는 알약으로, 빨간 약을 삼키면 고통스러운 진실을 보게 되고, 파란 약을 삼키면 현실 속 진실을 느끼지 못하고 안락한 무지 속에 머물게 된다—옮긴이)을 완전히 삼켜버린 상태는 아닌 것처럼 보입니다. 오히려 개방성을 지닌 사람들입니다. 물론 모든 이가 그렇진 않지만요. 세상엔 온갖 종류의 약을 다 삼킨 사람도 있고, 음모론을 철석같이 믿는 사람도 있으며, 특정 집단에 대한 편견이나 배타적 태도로 가득한 사람도 분명 존재합니다. 그런데도 일반적으로 말해서, 인간이라는 존재를 정원에 심을 씨앗으로 비유했을 때 "이건 곰팡이가 슬었네, 버려야겠다"라고 할 정도의 나쁜 씨앗은 고작 2퍼센트밖에 되지 않는 것 같습니다. 나머지는 정말 좋은 씨앗들이고, 그 씨앗들은 아름다운 꽃으로 자라날 수 있습니다.

물론 잡초가 너무 무성하게 자랄 때도 있죠. 그리고 앤드루, 당신과 제가 이렇게 대화할 때, 우리에게 우호적이지 않은 누군가가 이 이야기를 듣고 있을 수 있다는 점도 분명히 인지하고 있어야 합니다. 그들에게는 우리가 잡초일 수 있습니다. 우리가 문제의 원인일 수도 있어요. 저보다 더 좌파 성향인 사람들과 더 우파 성향인 사람들 중에는, 제가 지닌 일종의 중도주의적이고 진보적이며 약간 관용적인 자유주의 신념을 단순히 어리석고 나약하다고만 보는 게 아니라, 정말로 위험하다고 여기는 이들도 있죠. 그 사실을 저는 잘 알고 있습니다.

> 구식 표현을 쓰자면, 선생님은 스스로
> 모호한 자유주의자라고 말씀하시는 것 같군요.

네, 맞습니다. 어쩌면 저는 그런 사람이 되어서는 안 되는지도 모르겠습니다. 어쩌면 정말로 커다란 팻말을 들고 옥스퍼드 거리로 나가 테스토스테론 금지를 외치며 싸워야 할지도 모릅니다.

> 음, 강경 자유주의자가 될 수도 있겠네요.
> 모호한 자유주의자의 대안으로 강경 자유주의자가 되어 자유주의적 가치의 필요성과 진실성에 대해 더 확고한 입장을 취하는 겁니다. 자유주의가 안고 있는 본질적인 문제가 양쪽 입장을 다 본다는 것이죠, 아닌가요?

맞습니다. 그게 제가 AI와 관련해 가장 우려하는 점입니다. 우리는 모든 인간의 삶이 동등한 가치를 지니고 있고, 여성이 남성과 동등한 가치를 지니고 있다는 사실을 깨닫기까지 수백 년이 걸렸습니다. 서로 다른 인종, 다른 관점, 다른 성장 배경을 가진 사람들이 모두 같은 가치를 지니며, 사람 간에 어떤 가치의 서열도 존재하지 않는다는 것을 이해하는 데도 오랜 시간이 필요했죠. 그러므로 우리는 그런 가치들을 AI에 내장시켜야 합니다. 챗GPT 스타일이나 다른 형태의 AI가 인터넷에서 자료를 수집할 때, 예를 들어 여성이 남성보다 열등하다고 암시하는 데이터를 접하게 된다면 그런 데이터를 본능적으로 무시하도록 하는 최우선적 지침이 있어야 한다는 말입니다. 이 점에 대해서는 누구나 동의할 겁니다. 그런데 우리는 종종 러시아와 중국 또한 자체 AI를 보유하고 있다는 사실을 잊고 지냅니다. 그들은 우리와는 전혀 다른 윤리적 틀을 가지고 있어요. 예를 들어 그들 사회에서는 시민들이 국가에 대한 의무에 예속되어 있으며, 이웃이 잘못된 행동을 하거나 최고지도자를 조롱하는 것을 보면 신고해야 합니다. AI는 다른 AI에 침투할 수 없다고 주장하는 것은 "태평양에 노란 염료를 풀어도 대서양에는 영향을 주지 않는다"라고 말하는 것과 다르지 않습니다. 하지만 실제로 지구의 모든 바다는 연결돼 있잖아요. 인터넷도 마찬가지입니다. 물론 방화벽도 있고 국가별로 인터넷을 통제하려는 시도도 있지만, 우리가 오랜 시간에 걸쳐 매우 정교하게 표현해온 가치들은 어쩌면 싸워서 지켜야 할 수도 있다는 점을 깊이 인식하고 있어야 합니다. 저 같은 겁쟁이에게는 참 암울한 진실이기도 하죠. 그런데도 우리는 본능적으로 그런 가치를 위해 싸우는 것을 회피하는 경향이 있습니다. 오스카 와일드가 말했듯이, 어떤 신념을 위해서 죽을 수 있고 그럴 의지가 있다고 해서 그 신념이 더 진실해지는 것은 아닙니다. 무언가를 위해 죽을 각오가 되어 있다고 해서 그것이 더 진실한 것이 되지는 않는다는 거예요.

> 앞에서 불확실성에 관해 이야기할 때, 지적 불확실성이 적어도 선생님에게는 일종의 관용으로 이어졌다고 말씀하셨습니다. 그렇다면 그 관용이 선생님의 도덕적 가치 중 하나라는 말씀인가요?

네, 그렇다고 생각합니다. 그것은 제가 평생 가장 많은 관심과 애정을 쏟아온 것들, 즉 흔히 문학, 시 음악이라고 말하는 예술과 연결되어 있습니다. 예술은 우리에게 전혀 다른 차원을 열어주죠. 타인의 마음과 정신, 영혼으로 들어갈 수 있게 해줍니다. 그게 바로 상상력이라는 건데요, 상상력은 공상과는 다릅니다. "와, 내가 신발 모양의 산이 있는 행성을 그렸어. 태양이 열일곱 개야" 같은 말은 상상이 아니라 공상이죠. 그런 공상도 매력적일 수 있지만, 진정한 상상력은 타인이 되어보는 게 어떤 것인지 아는 능력입니다. 강간 피해자뿐만 아니라 강간 가해자, 학대하는 사람과 학대받는 사람, 낙관적인 사람, 소외된 사람, 무시당하는 사람들까지, 타인의 입장이 되어보고 그 삶이 어떤 건지 이해하는 것입니다. 위대한 예술가란 이처럼 다른 사람의 입장이 되어볼 수 있는 사람입니다. 그래서 우리가 인간의 본성과 타인의 감정을 더 깊이 이해할 수 있도록 도와주는 사람입니다. 이런 상상력에 불확실성이 결합한다면, 세상을 살아가는 데 매우 유용한 태도가 됩니다. 그렇게 되면 사람을 즉시 판단하지 않아도 되죠. 그러니까 명백히 필요에 따라 판단을 내려야 한다는 겁니다. 어떤 사람이 사이코패스인 데다 칼을 들고 있다면, 거기다 대고 "당신을 이해합니다"라고 말할 수는 없겠죠. 하지만 이런 태도는 매우 복합적입니다. 뭐랄까요? 일종의 자기 시험이자, 다른 사람 위에 군림하지 않으려는 태도죠. 요즘처럼 혼란스러운 시대에는 입장을 분명히 밝히는 것이 때로는 최고의 선으로 여겨지기도 합니다. 어느 편에 설지 분명히 말해야 한다는 거죠. 시인 필립 라킨$^{Philip\ Larkin}$의 말을 살짝 바꾸면 '인간이 인간에게 고통을 주는' 비참한 상황이 미국 정치, 영국 정치, 브렉시트, 중동 문제 등 수많은 이슈 속에서 반복되고 있습니다. 이런 시대에 어느 한편에 서서 편 가르기를 하고 반대편을 적으로 삼는 것은 어떻게 보면 멋진 일이 될 수도 있어요. 하지만 경험과 지식, 역사를 되돌아볼 줄 아는 인류의 실증적 능력은 편 가르기식 접근이 결코 도덕적인 방식이 아니라고 말해줍니다. 우리가 될 수 있는 가장 도덕적인 존재는 바로 '효과적인 존재'입니다. 지금 우리 시대가 저지르고 있는 가장 큰 잘못 중 하나는 사람들이 효과적인 존재보다 옳은 존재가 되기를 원한다는 것입니다. 그런 관점에서 보자면, 경험에 기반해 세상을 바라보고 실질적인 해결책을 찾으려는 실증적 태도의 상실을 의미합니다.

> **선생님은 다른 무엇보다
> 정치적인 관점에서 생각하시네요.**

네, 맞습니다. 요즘처럼 시끄러운 세상에서 저처럼 예민한 사람은 세상 사람들이 자기에 대해 무슨 말을 할지를 걱정합니다. 그러다 보면 머릿속에 자신에게 제기될 수 있는 온갖 반박을 떠올리게 되죠. 그 순간 여러 사람의 목소리가 한목소리처럼 들려옵니다. 예를 들면 사람들은 저에게 이렇게 말할 거예요. "스티븐, 당신 인생을 보라고! 그러니까 당신은 옳은 것보다 효과적인 것이 더 중요하다고 생각한다는 거잖아. 그래서 당신의 해법은 도대체 뭐야?" 그러면 저는 "그래, 맞아. 아니, 알지. 아 이런!" 이런 식으로 반응하게 되죠. 결국 손가락을 꼼지락거리면서 언젠가 포스터가 느꼈던 것과 비슷한 감정을 느끼게 될 겁니다. 이 위대한 소설가 이야기가 나왔으니 말인데요. 스페인 내전이 발발했을 때, 영국과 미국의 많은 지식인과 예술가들은 파시스트 군대에 맞서 싸우고 있던 스페인 공화국 정부를 지원하기 위해 국제여단에 합류했습니다. 젊은 오든Auden과 이셔우드Isherwood도 그랬죠. 두 사람은 포스터를 알고 있었고, 그에게 깊은 영향을 받아서 스페인으로 떠나기로 마음먹었던 겁니다. 그들은 떠나기 전 포스터를 찾아갑니다. 포스터는 전기난로 앞에 앉아 있었고, 앞에 토스트와 차 한 잔이 놓여 있었어요. 포스터 하면 떠오르는 인상이 늘 실내용 슬리퍼를 신고 있는 모습인데, 그때도 아마 실내용 슬리퍼를 신고 낡은 트위드 재킷을 입고 있었을 겁니다. 두 젊은 문인이 스페인으로 떠날 거라고 말하자 포스터는 걱정스러운 얼굴로 묻습니다. "자네들, 나도 같이 가야 한다고 생각하나?" 그들은 포스터를 보며 웃으며 말했죠. "모건." 포스터의 중간 이름이 모건이라서 다들 그렇게 불렀어요. "모건, 당신이 있어야 할 자리는 케임브리지입니다. 손에 펜을 쥐고 이곳에 있으세요." 그러자 포스터는 "오, 다행이다"라며 안도했어요. 조지 오웰이나 헤밍웨이와 나란히 서서 싸우고 있는 포스터의 모습을 상상해보세요! 그런 의미에서 제가 생각하기에 영화 속 대사 중 가장 현명한 말은 〈더티 해리Dirty Harry〉 시리즈 제2편 〈이것이 법이다Magnum Force〉에서 캘러핸 경위가 상관 브릭스에게 한 말이에요. 그는 이렇게 말합니다. "사람은 자신의 한계를 알아야 합니다." 정말 중요한 말이에요.

> 그 말만큼 멋진 끝맺음도 없을 것 같네요.

클린트 이스트우드가 언제나 우리에게 답을 줄 겁니다(클린트 이스트우드는 〈더티 해리〉 시리즈에서 주인공 캘러핸 역을 맡았다—옮긴이).

2부
사랑, 존중 그리고 공감에 관하여

에디 마산
Eddie Marsan

캐릭터와 이민자 정신

2021년 2월

에디 마산은 영화와 TV를 넘나들며 수상 경력을 쌓아온 배우다. 그는 다양한 장르의 작품에서 활약했으며 특히 〈해피 고 럭키〉, 〈셜록 홈스〉, 〈레이 도노반〉 등에서의 연기로 비평가들의 찬사를 받았다.

"자신을 정의하려 들지 마세요. 절대 스스로를 규정하려 하지 마세요. 다만 자기만의 가치관을 갖고 살아가면 되는 거예요. 인간은 정해진 존재가 아니라, 순수한 잠재력으로 이루어진 존재입니다."

저는 런던의 타워 햄리츠에서 자랐습니다. 아마도 영국에서 가장 다양한 인종과 문화가 공존하는 자치구일 거예요. 겉보기엔 우리 가족이 전형적인 백인 노동자 계층처럼 보였지만, 제 증조할아버지는 20세기 초 트리니다드에서 영국으로 이주한 이민자였습니다. 그는 상선의 선원이었고, 런던 이스트엔드에 정착하셨죠. 외가 쪽으로는 외할머니가 지브롤터에서 태어나셨고, 외할머니의 어머니는 스페인 분이셨다고 들었습니다. 그래서 저는 어릴 때부터 우리 가족의 정체성이 단순히 백인 노동자 계층이라고 하기엔 훨씬 더 복잡한 배경을 지니고 있다는 사실을 알고 있었어요. 저는 이렇게 다양한 이민자들과 문화가 뒤섞인 지역에서 자랐는데요. 제 경험에 따르면 백인 노동자 계층의 약 30퍼센트는 인종차별적인 성향을 갖고 있었고, 극우정당인 영국국민당BNP이나 국민전선당National Front을 지지했어요. 또 일부는 중립적인 태도를 보였고, 어떤 사람들은 다문화주의를 수용하면서 이민자 이웃들과 조화롭게 살아가려는 포용적인 모습을 보이기도 했죠. 이런 모습은 지금도 런던 곳곳에서 볼 수 있다고 생각합니다. 또 한 가지 흥미로운 점은 혼혈 아동이 늘어나고 있는 현상입니다. 인종 간 통합이 가장 많이 이뤄진 게 백인 노동자 계층과 이민자들 사이였다고 합니다. 그런데 백인 노동자 계층은 가장 인종차별적인 집단으로도 알려져 있죠. 어떤 의미에서는 변화에 대한 솔직하고 본능적인 반응이라고 할 수도 있어요. 변화가 두렵고 불편해서 혐오하든, 혹은 기꺼이 받아들이고 환영하든 간에 말이죠. 하지만 이건 지적인 논의로 귀결되는 문제가 아닙니다. 누군가와 싸우고 싶거나, 아니면 그 사람과 친하게 지내고 싶거나, 선택은 둘 중 하나일 뿐이에요.

> 그건 아마도 어쩔 수 없이 그런 환경 속에 있기 때문이겠죠. 선택의 여지가 없는 상태에 있으니까, 변화를 받아들이든 거부하든
> 어느 하나를 선택할 수밖에 없는 거죠.

맞아요. 그건 학문적으로 따져서 결정할 수 있는 성질의 것이 아닙니다. 가난은 상황에서 벗어나 침착하게 판단할 여유를 주지 않아요. 가난은 신중하게 대응할 기회조차 허락하지 않고, 오직 본능에 따라 반응하게 만듭니다. 제가 어릴 적, 부모님의 결혼 생활은 순탄치 않았습니다. 몇 년에 걸쳐 힘든 이혼 과정을 겪으셨고, 그 과정에서 제게 가정이라는 공간은 때때로 트라우마로 남을 만큼 힘든 곳이었어요. 물론 분위기가 좋았던 시절도 있었지만, 정신적으로 완전히 무너질 것만 같은 힘든 순간들도 많았죠. 그럴 때 저는 같은 단지에 살던 세인트루시아계 이웃 가족에게서 큰 위안을 받곤 했습니다. 그 집에는 네 명의 아들과 두 명의 딸이 있었는데, 우린 모두 친구가 되었어요. 그들의 어머니를 저도 '엄마'라고 불렀죠. 그분은 지금도 살아 계시고, 저는 여전히 엄마라고 부릅니다. 제게도 친어머니가 있었지만, 그 가족은 제게 일종의 안식처 같은 존재였어요. 아마 그때 이민자 가정의 사고방식에서 위로를 받았던 것 같습니다. 그들의 삶의 태도에는 백인 노동자 계층과는 다른 뭔가가 있었거든요.

그들은 훨씬 더 장기적인 관점을 가지고 있었습니다. 교육에 대한

투자와 자기 자신에 대한 믿음을 매우 중요하게 생각했죠. 저는 제가 피하려 했던 인종차별적인 백인 노동자 계층 사람들에게서 정서적 불안감과 위협을 느꼈고, 반대로 이민자 공동체 안에서 안전감을 느꼈습니다. 그래서 저는 아홉 살인가 열 살쯤 되었을 때, 제가 태어난 환경의 정통성을 거부하기 시작했어요. 여기서 말하는 정통성은 종교적인 게 아니라 문화적인 정통성입니다. 제 기억에 아버지는 술집에 다녀온 후 즉흥 파티를 열곤 하셨습니다. 아버지와 함께 온 아저씨들이 부엌을 가득 메웠죠. 그중 일부는 인종차별주의자였고, 영국국민당과 국민전선당 같은 정당을 지지하는 말을 늘어놓았어요. 그런데 저는 그들이 비난하고 배척하는 이민자 공동체 안에 있을 때 오히려 더 안전감을 느꼈어요. 실제로 저는 자신의 삶 속에서 변화를 받아들인 그 사람들에게서 더 많은 격려를 받고 영감과 사랑을 느꼈죠. 그게 바로 제가 어린 나이에 제 주변을 둘러보면서, 당시 사회가 당연하게 여기던 문화를 거부하고 있다는 사실을 처음으로 자각한 순간이었습니다.

> 지금 말씀을 들으니 두 가지가 느껴지네요.
> 아주 어린 나이에 사람은 자신만의 길을 선택할 수 있다는 믿음이 생겼고, 실제로 배우님도 자신만의 길을 선택하셨다는 말씀이잖아요.

맞습니다. 그건 저에게 꼭 필요한 일이었어요. 저는 늘 불안하고 취약하다고 느꼈기 때문에 내 길을 선택해야겠다는 결심이 자연스럽게 생겼던 겁니다. 생존하고자 하는 열망이자 필요조건이었던 거죠. 그렇게 하지 않고는 도저히 살 수 없었으니까요. 저는 그들이 하는 말이 틀렸고, 거짓이라는 걸 알고 있었습니다. 그런 식으로는 살아갈 수 없었어요. 어린 나이였지만 이미 불안감을 느끼고 있었고, 그래서 나만의 길을 찾아야 한다는 점을 깨달았죠.

> 어른들의 사고방식에 공개적으로
> 반기를 든 적도 있었나요?

네, 있었죠. 하지만 제가 질문하려고 하면 "손님들한테 그러는 거 아니다"라면서 그냥 가서 잠이나 자라면서 저를 침대로 쫓아 보냈어요. 아이는 조용히 있어야 한다는 식이었죠. 그러다가 열여섯 살쯤에 한 6~7개월 정도 '거듭난 기독교인'이 된 적이 있어요.

> 그건 처음 듣는 이야기인데요. 정말 흥미롭네요!

굉장히 흥미롭죠. 한번 생각해보세요, 열여섯 살이면 원래 반항심이 가장 심할 나이인데, 저는 저에게 확실한 해답을 제시해주는 매우 보수적이고 권위적인 교리 체계를 찾아 나섰던 거예요. 정말 간절히 해답을 찾고 있었거든요. 방향을 잃고 내적으로 방황하던 10대 시절에 저는 한 번도 마음의 평안을 느껴본 적이 없었고, 제가 누구인지도 전혀 몰랐어요. 그러다 오순절파 기독교를 소개받았고 그 신앙을 받아들였던 겁니다. 많은 종교가 그렇듯 오순절 신앙도 저의 불안감을 많이 덜어줬습니다. 오순절 교인들은 제게 해답을 제시해줬고, 저는 그 신앙을 제 것으로 받아들였어요. 우리는 전국의 여러 교회를 다니며 함께 기도했어요. 그곳 사람들은 방언 기도를 하기도 했는데, 말하자면 성령을 통해 나오는 언어로 기도하는 거죠. 저는 그런 방언 기도를 한 번도 해보지 못했습니다. 기다리기는 했지만, 결국 그런 일은 일어나지 않았죠. 오순절 교회에 제가 존경하던 신자 한 분이 계셨는데, 그는 정말 친절하고 영적인 사람처럼 보였어요. 어느 날은 저보고 다음 주에 레스터 광장에 가서 동성애자들을 구원할 거라고 말하더군요. 그때 저는 열여섯 살도 안 되었을 거예요. 무슨 말인지 이해하지 못해 물었죠. "무엇으로부터 구원한다는 거예요?" 그러자 그가 저를 빤히 보며 말했어요. "왜? 설마 네가 그런 사람인 건 아니지, 에디?"

정말 충격이었어요. 그토록 친절하고 영적이라고 믿었던 사람인데, 갑작스럽게 그의 신념 체계 안에 깊이 뿌리 내린 편협함과 독단성을 목격하게 된 거니까요. 그 순간 저는 정말 무서웠어요. 왜냐하면 그때 처음으로 도덕성이란 개인이 어떤 신념을 갖고 있느냐가 아니라, 그 신념 체계를 얼마나 독선적으로 믿느냐에 달려 있다는 점을 깨달았거든요. 아무리 선한 신념을 가지고 있다 해도, 그것을 절대화하고 다른 신념 체계를 모두 악마화한다면 그건 도덕적인 태도가 아니에요. 그런 태도는 결국 독단성과 악의를 낳게 되고, 자신이 하고 있다고 믿는 모든 선한 행동을 스스로 무의미하게 만들어버릴 겁니다.

> 방금 말씀은 인종차별을 거부했던 경험과도 통하는 부분이 있는 것 같네요.

네, 어떤 의미에서는 그렇습니다. 저는 저 자신을 잘 모른다는 사실을 깨닫기 시작했거든요. 저를 어떻게 정의해야 할지도 몰랐고, 그래서 오랫동안 그걸 정의하고 싶어 했습니다. 제 친구 중에는 코미디언 미키 플래너건$^{Micky\ Flanagan}$과 배우 레이 윈스턴$^{Ray\ Winstone}$ 같은 꽤 성공한 친구들이 있어요. 이들은 백인 노동자 계층이라는 문화적 틀 안에서 자신을 어떻게 정의해야 하는지를 꽤 잘 아는 사람들이에요. 그런 면에서는 대니 다이어Danny Dyer도 빼놓을 수 없죠. 정말 카리스마가 있는 사람이에요. 하지만 저는 그렇지 않았습니다. 그들처럼 되고 싶었지만, 완전히 실패했어요. 저 자신을 정의할 수 없었거든요. 그런데 배우가 되고 나서야 조금씩 그게 가능해지기 시작했어요. 연기를 배우기 위해 연기 학교에 들어갔을 때, 거기서 처음 배운 게 호흡법이었습니다. 무려 3개월 동안 호흡하는 법을 배웠죠. 베스널 그린에 있는 불교수련원에서도 호흡법과 명상을 배웠어요. 그곳에서 '아나트만'이라는 불교 교리를 접했죠. 저는 불교 신자도 아니고 불교의 형이상학적 세계관을 믿는 사람도 아니지만, 아나트만 개념에는 어떤 울림이 있었어요. 그래서 한 스님께 아나트만이 무슨 뜻이냐고 물어봤습니다. 그건 '무아'를 뜻하는데 '고정된 자아가 없다'는 의미라고 하더군요. 즉, 인간은 본질적으로 정해진 존재가 아니라는 겁니다. 우리는 어떤 영원한 영혼이 아니라 그저 모든 것의 일부이고, 모든 것으로부터 영향을 받으며, 또 영향을 주는 존재라는 말이에요. 다시 말해 우리는 변화할 수 있는 존재이며, 우리의 환경은 우리를 바꾸고, 또 우리도 환경을 바꾼다는 이야기죠. 그 개념을 접하는 순간, 갑자기 마음이 자유로워졌어요. 때마침 배우로서 정체성을 형성해가던 시기이기도 했고요. 사실은 연기 학원에 들어가자마자 비슷한 걸 느끼기 시작했어요. 배우라는 직업은 '진짜 나'가 되라고 요구하지 않으니까요. 어떤 남자 배우들은 그냥 자신의 모습을 그대로 보여달라는 요구를 받습니다. 왜냐하면 그래야 여성들은 그들과 자고 싶어 하고, 남성들은 그들처럼 되고 싶어 하니까요. 하지만 저는 그런 배우가 아니었어요. 아무도 저와 자고 싶어 하거나 저처럼 되고 싶어 하지 않았죠. 저는 일찌감치 제가 폴 뉴먼 같은 배우가 될 수 없다는 걸 깨달았습니다.

고대 로마의 극작가 테렌티우스가 한 멋진 말이 있어요. "인간적인 것은 그 무엇도 내게 낯설지 않다." 그 말을 처음 들었을 때 '그래, 바로 이거야!' 하는 생각이 들었습니다. 저는 자신을 정의할 수 없었기 때문에 늘 자신감이 부족하다고 느꼈어요. 그런데 나중에서야 알았죠. 자신을 정의하지 못한다는 건 오히려 선물일 수도 있다는 것을요. 자신을 정의하려 들지 마세요. 절대 스스로를 규정하려 하지 마세요. 다만 자기만의 가치관을 갖고 살아가면 되는 거예요. 인간은 정해진 존재가 아니라, 순수한 잠재력으로 이루어진 존재입니다. 이 사실을 깨닫고 나서 저는 종교와 조금씩 거리를 두기 시작했어요. 물론 어떤 공동체에서 종교가 중요한 역할을 할 수도 있죠. 사람들은 개인적으로든, 문화적으로든, 종교적으로든 어떤 정체성이 필요하니까요. 그런데 종교에서 말하는 세계는 현실과 맞지 않는다는 걸 점점 더 자각하게 되었어요. 실제 현실은 종교가 제시하는 이분법보다 훨씬 더 복잡하고, 훨씬 더 역설적입니다.

> **자신을 정의할 수 없다는 생각이 불편하고 괴로운 것이 아니라, 오히려 힘이 되었다는 말씀인가요?**

네, 아주 큰 힘이 되었죠.

> **왜 그렇게 느끼셨을까요?**

자유로워졌거든요. 그 시기는 제가 막 연기를 배우기 시작하던 때였습니다. 저는 다른 인격, 다른 캐릭터가 되어보는 훈련을 받고 있었죠. 그러다 보니 자연스럽게 '캐릭터란 무엇인가?', '인물을 구성하는 요소는 뭘까?'라는 질문이 생기더라고요. 그리고 어느 순간, '나'라는 존재도 무대 위나 카메라 앞에서 창조해내는 캐릭터들처럼 고정된 게 아니므로 스스로를 어떤 캐릭터로 규정하지 않아도 된다는 생각에 굉장한 해방감을 느꼈습니다. 이런 깨달음은 실제로 배우로 살아가는 내내 여러 방식으로 도움이 되었어요. 더 나아가 사회적, 경제적, 도덕적으로 타인을 이해하는 데에도 영향을 미칩니다. 우리 모두가 순수한 잠재력 그 자체라면, 사람들에게 그 잠재력을 실현할 수 있는 재능과 기회를 제공해야 하니까요.

> 사람들에게 그런 기회를 제공해야 한다는 것이 배우님의 사회적 행동을 결정하는 핵심 원칙이라고 볼 수 있을까요?

네, 그리고 사람들을 격려하는 것도요. 저는 정말로 유명한 배우를 보면서 늘 이렇게 생각했어요. '저 사람이 할 수 있다면 나도 할 수 있어.' 그러다 도덕적인 관점에서는 그 반대도 참이라는 걸 깨달았죠. '내가 할 수 있다면, 그들도 할 수 있어야 한다'는 거죠. 이런 믿음이 언제나 저에게 영향을 미쳤습니다. 타워 햄리츠에서 자랄 때 다양한 문화를 자연스럽게 접하고 받아들였기 때문에, 모든 형태의 인종차별이나 편견에 대해 강한 반감을 갖게 되었어요. 저 역시 사회적 계층을 이유로 차별을 겪어본 적이 있고, 친구들이 인종과 계층을 이유로 차별받는 모습도 숱하게 봐왔습니다. 어릴 적 제 친구들이 폭력을 당한 적도 있었는데, 그건 정말 끔찍하고 무서운 경험이었어요. 저는 우리 모두 환경에 종속되어 있다고 믿습니다. 그래서 모든 인간에게 어느 정도 묵시적 편견이 있다고 생각해요. 그건 불가피한 사실이죠. 지난 천년간 영국에서 진정한 권리와 특권을 누린 사람은 백인, 이성애자, 기독교도, 비장애인 남성뿐입니다. 그 외의 모든 사람은 크든 작든 그보다 낮은 수준의 특권과 권리를 누려왔고요. 우리 사회의 제도 전반이 이러한 전제를 바탕으로 설계되었기 때문에, 우리는 여전히 그 사고의 틀 안에 살고 있습니다. 그리고 그런 사고방식은 여성 혐오, 동성애 혐오, 이슬람 혐오, 유대인 혐오, 인종차별 등 다양한 형태로 우리에게 영향을 미칠 겁니다. 그런 사고는 무의식적으로 작동합니다. 저는 사람들이 자신이 가진 편견을 자각하지 못한 채 살아간다고 생각해요. 이 문제를 해결하는 방법은 단 하나죠. 바로 우리보다 더 취약한 사람들의 이야기에 귀를 기울이는 겁니다. 그들이 "당신이 의도하지 않았더라도, 당신이 하는 말과 행동이 우리에게 고통을 주고 있다"라고 말할 때, 그 말에 귀를 기울여야 합니다. 우리는 환경의 영향을 받는 존재입니다. 환경이 불완전하면 우리도 불완전해질 수밖에 없어요. 하지만 우리가 환경을 더 나은 방향으로 바꿀 수 있다면, 우리 역시 더 나은 존재가 될 수 있습니다.

> **배우님의 세계관에는 사랑이 가득 담겨 있는 것처럼 들립니다. 지금까지 말씀하신 거의 모든 내용이 사랑에서 비롯된 것 같은데요? 어릴 때 함께 성장한 다양한 사람들에 대한 사랑, 그리고 지금은 모든 인간을 향한 사랑이요.**

맞아요. 전부 사랑입니다. 사랑이란 사람들에게서 가능성을 보는 것이라고 생각합니다. 모든 사람이 순수한 잠재력을 지닌 존재라고 보는 믿음이죠. 저 역시 온갖 장애물을 극복하기 위해 그 잠재력을 믿어야 했습니다. 다른 사람에 대해서도 그런 믿음이 있어야 한다고 생각해요. 저는 사람을 볼 때, 고정된 존재가 아니라 무한한 가능성을 지닌 존재로 보려고 노력합니다. 고정된 자아라는 게 없다고 믿기 때문에,

누군가를 악마화하고 어떤 틀에 가두려는 시도는 잘못된 일이라고 생각해요. 그건 부족주의가 하는 일이죠. 부족주의는 항상 '타자'를 만들어냅니다. 항상 어떤 존재를 배제하고, 그로부터 자신을 구분하며 '나는 이런 사람이 아니다'라는 식으로 자아를 정의하려고 하죠. 하지만 저는 그런 방식의 사고를 믿지 않습니다.

예전에 시크교도 친구와 대화를 나눈 적이 있는데, 그 친구가 정말 흥미로운 말을 해줬어요. "사람들은 우리 모두 엄청나게 빠르게 변하는 세상 속에 살고 있다는 사실을 깨닫지 못하고 있어. 지금 우리가 사는 세상은 우리가 태어난 세상과 완전히 다르기 때문에 어떤 의미에서는 우리 모두 이민자야"라고 말했죠. 지금의 문화는 너무 빠르게 변하고 있어서, 우리 모두 이민자처럼 적응하고 변화하며 살아가야 한다는 말입니다. 가난이 제 가족에게 가져다준 게 뭔지 아세요? 돈이 부족해서 기껏해야 한 주나 두 주 앞밖에 내다볼 수 없었고, 그래서 항상 단기적인 결정만 해야 했죠. 교육에 관해서도 마찬가지였고요. 그래서 저는 졸업장을 따지 못하고 열다섯 살에 학교를 그만두게 되었어요. 부모님이 무관심하셨던 건 아니에요. 신경 쓸 여유가 없었던 거죠. 제 여동생이 대학에 들어가긴 했지만, 그건 전적으로 동생 혼자 힘으로 해낸 일이었어요. 시크교도 친구가 이야기해준 '이민자의 가치관'은 장기적으로 생각하고, 가족을 위해 장기적인 계획을 세우고, 다음 세대와 교육을 염두에 두며 살아가는 것이라고 요약할 수 있습니다. 저는 그 가치관을 제 삶 속에 받아들였고 지금도 굳게 지키며 살아가고 있어요. 지금 제가 살아가는 세상은 제가 자라온 세상과는 완전히 다릅니다. 그래서 제 아이들, 그리고 아이들의 미래를 생각할 때는 언제나 장기적 관점을 가지려 노력하고 있어요. 어릴 적에는 미래를 계획할 여유조차 없었기에, 지금은 가능한 한 장기적인 관점을 가지려고 합니다.

재닛 엘리스
Janet Ellis

창의성과 회복탄력성

2020년 5월

재닛 엘리스는 배우이자 작가이며, 1980년대의 전설적인 어린이 TV 프로그램 〈블루 피터Blue Peter〉의 진행자로 잘 알려진 방송인이다. 현재는 성공한 소설가로서 활동을 이어가고 있다.

"삶은 하나의 이야기예요. 여러 면에서 우리가 직접 쓸 수 있는 이야기는 아니에요. 우리가 아는 건 이야기의 시작과 끝뿐이고, 때로는 시작조차 정확히 알 수 없어요."

> 연기, 방송 진행 그리고 최근에는 글쓰기까지
> 아주 다양한 활동을 하고 계신데요. 그 모든 것을
> 하나로 엮어주는 게 창의성인 듯합니다.
> 선생님의 삶에 대한 접근 방식에서 창의성이
> 중요한 요소일까요?

창의성이라……. 네, 맞아요. 창의성은 다른 삶들을 탐색하는 하나의 방법입니다. 일종의 연결 고리죠. 배우가 하는 일이 그런 창의적인 작업이라고 생각합니다. 다른 사람의 감정을 느끼고, 그 사람처럼 움직이고, 다른 목소리를 내고, 무엇보다도 전혀 다른 인생을 살아보는 거니까요. 글을 쓸 때는 그 탐색을 훨씬 더 깊이 할 수 있습니다. 물리적 제약을 받지 않으니까요. 사실 처음에는 이런 생각을 하지 못했어요. 제 첫 소설의 주인공은 열아홉 살 소녀입니다. 굉장히 결단력 있고, 도덕적 기준에 대해 꽤 독특한 접근 방식을 가지고 있는 인물이죠. 그녀의 도덕적 기준은 확실히 일반적인 것과는 달라요. 소설이 출간되고 나서 어떤 사람이 주인공에 관해 언급하기 전까지는 저도 이게 10대 소녀의 이야기라는 걸 별로 의식하지 못했습니다. 그 사람은 저를 의미심장하게 바라보며 "놀랍네요. 10대 소녀에 관한 이야기를 책으로 쓰셨다니요"라고 말했고, 저는 "저도 한때는 10대 소녀였는걸요!"라고 대답했죠. 그때 저는 오로지 다른 누군가가 되어 그 사람처럼 생각해

재닛 엘리스

볼 수 있다는 게 얼마나 엄청난 창작의 자유인가 하고 생각했습니다. 그런 자유는 무엇보다도 내가 느끼는 감정이나 다른 사람들이 나를 바라보는 시선에 얽매이지 않을 때 가능한 거예요. 사람들은 자기 눈에 보이는 모습으로 상대방을 규정하기 마련이니까요. 그건 정말이지 종이 위에 펼쳐지는 거대한 즉흥 연기 같은 경험이었어요.

> 그 경험이 특별히 보람 있었던 이유는 무엇이었을까요? 다른 세상으로 들어가서 다른 사람이 되어보는 과정 때문이었을까요?

네, 맞아요. 특히 다른 사고방식으로 행동한다는 게 정말 중요했습니다. 어떤 글을 쓰든 사람들은 그게 작가의 모습이라고 생각합니다. 적어도 작가의 한 부분이나 구성 요소라고 여기죠. 그런데 제 경우에는 그렇지 않았습니다. 제 소설 속 주인공은 나쁜 짓을 하고 사랑에도 빠져요. 뭐, 저도 사랑에 빠져봤으니 그건 공통점이네요. 하지만 그 주인공이 사랑하는 사람과 함께하고 싶어 하는 방식은 제 삶의 방식과는 완전히 다릅니다. 또 하나 보람 있었던 점은 '만약에'라는 상상으로 저 자신을 자극할 수 있었다는 거예요. 특히 두 번째 책에서 그 점이 더 뚜렷하게 드러납니다. 그 책도 별로 호감 가지 않는 여성이 나쁜 행동을 저지르는 이야기입니다. 동시에 인생의 길이 주변 사람들의 기대와 다른 방향으로, 심지어 자기가 예상했던 방향과도 전혀 다른 곳으로 흘러가게 된 사람의 이야기이기도 하죠. 그렇게 평행 세계 같은 또 다른 가능성의 삶 속으로 걸어 들어가 보는 일은 정말 매력적입니다.

***

제가 인생에서 가장 소중하게 여기는 힘은 사랑과 친절입니다. 그다음이 유머고요. 그런 것들이 없는 세상은 상상조차 하고 싶지 않습니다.

> **유머의 어떤 점을 중요하게 여기시나요?**

유머는 현실을 비추는 방식이기 때문에 좋아합니다. 진지하게 매달리지 않고도 세상일을 분석할 수 있게 해주죠. 유머는 우리를 옥죄기보다는 오히려 자유롭게 해줍니다. 제가 가장 좋아하는 사람들은 늘 저를 웃게 해줍니다. 어떤 주제는 다른 상황에서라면 정말 부적절하게 여겨질 수도 있어요. 하지만 다행히 대부분의 대화는 녹음되지 않죠. 또 어떤 경우는 제가 오랫동안 분석하고 고민해온 문제들이나 심지어 속물적이라고 느껴지는 주제들이 웃음으로 연결될 때도 있습니다. 그럴 때 우리는 서로 연결돼 있다는 느낌을 받죠. 그게 저에게는 엄청난 해방감을 줍니다. 그런 해방감을 느끼게 하지 못하는 사람과 인생을 함께하거나, 그런 유머의 효과가 없는 글에 매달리는 것은 상상할 수 없어요.

> **당연히 자기 성찰의 중요성도 믿으시죠?**

저는 우리 모두, 적어도 저는 확실히, 미완성된 존재라고 생각합니다. '좋아, 다 됐어. 재닛, 넌 완성됐어. 이젠 다른 사람에게만 집중해도 돼'라고 생각하는 것은 상상할 수가 없습니다. 우리는 항상 자신을 창조해나가는 존재예요. 언제나요! 제가 처음에 스스로를 인본주의자라고 생각하게 된 계기도 '지금'이라는 시간, '지금' 서로 연결되는 것, '지금' 하는 행동의 중요성 때문이었습니다. 훨씬 나중에야 받을지도 모를 벌이나 보상 때문에 정작 그 이익을 누리거나 두려움을 느끼지도 못한 채 살기보다는 지금 이 순간에서 의미를 찾는 게 중요하죠. 오랫동안 저는 이런 생각을 명확하게 표현하지 못했습니다. 여러 가지 이유가 있겠지만, 저와 같은 세대의 사람들에게는 기독교적 성장 배경의 잔재가 있기 때문이라고 생각해요. 하지만 저는 제가 느꼈던 어떤 감정에 대해 오랫동안 의문을 품고 있었어요. 포괄적 의미로 '영성'이라 부를 수 있는 그 감정은 분명 사람에 관한 것이었어요. 사람들이 이룬 업적, 사람들의 생각과 가치에 관한 것이었고, 우리가 '서로에게 전부다'라는 포괄적인 감정이었습니다. 마침내 제가 느끼는 감정이 무엇인지 깨닫고 그것에 '인본주의'라는 이름을 붙일 수 있었을 때, 정말 큰 안도감을 느꼈지요.

> 많은 스토리텔러가 그런 관심을 가지고 있으리라 생각합니다. 인본주의적 관점에서 보면,
> 우리의 삶도 어떤 의미에서는 하나의 이야기잖아요.
> 우리 머릿속에 존재하는 삶의 이야기 말이에요.

맞아요. 삶에는 분명 줄거리가 있는 것 같습니다. 그런데 또 한편으로는 가끔 이런 생각도 듭니다. '저 부분은 내가 쓰지 않았을 텐데', '저 부분은 나 자신에게 주지 않았을 텐데'라는 생각이요.

제 친구 중에는 배우도 있고 작가도 많은데요. 제 남편이 처음 암 진단을 받았을 때, 절친한 친구 한 명이 전화해서 이런 말을 하더군요. "세상에, 어쩜 그렇게 형편없는 배역이 다 있대. 나라면 존에게 그런

역할을 주지 않았을 거야." 그 말을 듣고 저는 '그래, 정말 그런 거네' 하고 생각했습니다. 결국 삶은 이야기입니다. 어떤 의미에서는 결말이 정해져 있는 이야기죠. 하지만 우리는 여전히 다음에 무슨 일이 일어날지 궁금해서 페이지를 넘기고 있는 겁니다.

살다 보면 다양한 일들이 벌어지죠. 저에게도 그런 일들이 분명히 일어났습니다. 만약 몇 년 전에, 아니 몇 달 전에라도 누가 제게 앞으로 일이 생길 거라고 말했다면 아마 저는 '그건 감당할 수 없어. 너무 버거워. 견딜 수 없어'라고 생각했을 거예요. 예전에는 어떤 일이 생기면 저 자신이 무너지고, 엄청난 변화가 일어나고, 심지어 '이런 상황에서 나는 더 이상 내가 아니다'라는 생각이 들 거라고 여겼습니다. 하지만 그래도 나는 나로 존재합니다. 그게 참 놀라운 일이죠. 지금 우리가 처한 상황을 보세요. 코로나19로 봉쇄 조치가 내려져 있죠. 우리는 이런 일이 벌어질 수도 있다는 얘기를 들어왔습니다. 그런데 중국이나 이탈리아에서 상황이 심각해지는 걸 보면서도 사람들 대부분이 '설마 여기까지 오겠어? 우리한텐 아니겠지'라고 생각했죠. 결국 그 일이 우리의 현실이 되었고, 지금 우리는 코로나를 겪고 있습니다. 그래요. 삶은 하나의 이야기예요. 하지만 여러 면에서 우리가 직접 쓸 수 있는 이야기는 아니에요. 우리가 확실히 아는 건 이야기의 시작과 끝뿐이고, 때로는 시작조차 정확히 알 수 없어요.

> **선생님은 우리가 과거를 되돌아보면, 그때는 감당할 수 없으리라 여겼던 일까지 결국엔 감당해왔다는 사실을 깨닫게 된다고 하셨어요. 그렇다면 과거를 되돌아보는 것 자체에 어떤 가치가 있다고 생각하시나요?**

저는 과거를 되돌아보는 일 자체를 하나의 가치로 삼고 있습니다. 아주 개인적인 예를 하나 들어볼게요. 한 시기에 저는 유산을 연달아 겪었습니다. 아이를 넷째까지 낳고 싶었고, 저와 남편 둘 다 간절히 원했어요. 하지만 이루어지지 않았고, 여러 번 유산을 겪었습니다. 그런 일이 반복되면서 저는 저 자신이 이 일을 어떻게 감당하는지를 시험받고 있다는 기분이 들었어요. 자랑스럽다는 건 아니지만 그 상황을 감당할 수 있었다는 사실에 놀라기도 했고, 그걸 감당해낸 경험을 통해 성장하기도 했어요. 그러니까 제 말은, 애초에 자랑스러워할 수 있는 일이 아니므로 그 일이 자랑스럽다고 말하지는 않을 거지만, 분명 제 뼛속 깊은 곳에 무언가가 있었고 그게 드러났다는 겁니다. 그때 이런 생각이 들었어요. '아, 원래 이런 힘이 내 안에 있었는데, 몰랐구나.'

아이들을 비교적 수월하게 낳았던 저는 '그냥 한 명 더 낳으면 되지'라고 생각했었어요. 처음에 두어 번 유산을 했을 땐 '이런 경험도 하는구나' 하고 넘겼습니다. 하지만 만약 미리 알고 선택할 수 있었다면 그렇게까지 제 자신을 시험하진 않았을 거예요. 물론 저는 지난 일을 자꾸 되짚는 스타일은 아닙니다. 꼭 그래야 할 이유가 없다면 떠난 장소를 다시 찾지도 않고, 옛일을 파고들지도 않고, 후회하는 일도 별로 없어요. 그런 방식이 현재 무언가를 이뤄내는 데 효과적이라고 생각하지 않기 때문에, 그렇게 살지 않으려고 애씁니다. 그저 제가 생각보다 강하다는 사실을 믿고, 그것에 의지해서 현재를 살아가고 있습니다.

우리는 모두 자신 안에 있는 어떤 핵심적인 자아를 끊임없이 찾아가고 있는 것 같아요. 그리고 그 자아가 회복탄력성을 지녔길 바라죠. 만약 회복탄력성이 없더라도, 저는 사람들에게 강인함은 과대평가된 미덕이라고 항상 말할 겁니다. "난 못하겠어. 이 상황을 감당할 수 없어"라고 말하면서 사람이나 물건에 기대는 건 전혀 잘못된 게 아니에요. 물론 저는 회복탄력성과 강인함이 다르다고 생각합니다. 회복탄력성은 쓰러졌다가 다시 일어나는 능력이고, 강인함은 급류가 세차게 휘몰아치더라도 그 자리에 꿋꿋이 서 있는 힘이죠. 하지만 중요한 건 꼭 그 급류에 들어갈 필요가 없다는 겁니다. 굳이 그곳에 있을 필요가 없습니다. 살아남기 위해 버틸 필요도 없습니다. 물론 이건 어디까지나 제 개인적인 생각이자 조언일 뿐 '반드시 이래야 한다'는 식의 보편적 원칙이 아닙니다. 매일 아침 스스로 마음을 다잡는 것에는 특별한 의미가 있어요. 그게 하루를 살아갈 준비를 가능하게 합니다.

> 제가 보기에 선생님이 가장 소중하게 여기는 믿음 중 많은 부분이 인간에 관한 것인 듯합니다. 우리가 서로 어떻게 연결되어 있고, 어떻게 만들어졌고, 어떤 존재이며, 누구인지를 계속 이야기하고 계세요. 말씀을 들어보면 인간을 하나의 결과물이자 어떻게 보면 끊임없이 발전하는 존재로 보고 계신 듯한데요. 이 관점에서 생각하다 보면 어떤 비극적인 면이 느껴지진 않으세요? 예를 들어 '여기 한 인간이 있어. 해마다 놀라운 인격을 생성하고, 점점 더 깊어지고 다채로워지고 성숙해지지. 그런데 이 모든 게 결국 어느 날 끝을 맞이하는 순간을 위한 거야'라는 생각이요. 이것을 어떻게 받아들이시나요? 인간은 모두 하나의 이야기를 형성하고, 절대 완성되지 않는 고유한 존재이지만 어느 날 갑자기 끝을 맞이하게 된다는 것이 저는 조금 비극적이라 생각합니다만.

제 삶의 커다란 즐거움 중 하나가 묘지를 거니는 일입니다. 묘지를 정말 좋아해요. 요즘도 매일 아침 꽤 넓은 묘지를 걷곤 합니다. 눈에 잘 띄는 비석은 꼭 읽어봐요. 안타깝게도 많은 비석의 글씨가 거의 지워져 있어요. 젊었을 때는 '저 사람들은 과연 자기 삶이 이렇게 끝난다는 걸 받아들였을까?' 하고 생각하곤 했어요. 종교적인 부분은 제쳐두고라도 자기 삶이 결국은 이름조차 제대로 남아 있지 않고, 날짜를 보려면 정말 자세히 들여다봐야 하는 비석 하나로 끝난다는 사실을 어떻게 받아들였을까요? 당시에 저는 배우가 되기로 마음을 굳혔고, 아마 속으로는 굉장히 유명한 배우가 되겠다고 다짐했을 겁니다. 연기하고 싶다는 열망이 강렬했죠. 가족 중에는 연기와 관련된 일을 하는 사람이 아무도 없었어요. 그러니 그 열망은 온전히 제 안에서 비롯된 것이었고, 무대 위에 선 미래의 제 모습과 이어지는 강렬하고 절대적인 연결감이 있었던 거죠. 저는 '빛바랜 비석이 아니라 오래 남는 기념비 같은 존재가 되고 싶다'라고 생각하곤 했습니다.

지금은 생각이 많이 달라졌습니다. 요즘은 같은 유대를 공유하는 사람들과 깊이 연결되어 살아가는 것이 우리가 해야 할 일이고, 우리가 남겨야 하는 유산이라고 생각하게 되었어요. 평범하다는 게 어떤 의미인지 딱 잘라 말할 수는 없지만, 저는 수년 동안 겉보기에 평범한 사람들을 많이 만났습니다. 실제로 평범한 사람은 없더군요. 모든 사람이 어느 정도 자기만의 개성을 지니고 있어요. 대부분 놀라울 정도로 특별하거나 슬프거나 인상 깊은 사실을 하나쯤 갖고 있죠. 만약 그것을 보여줄 수 있다면 사람들은 "세상에! 당신이 그런 행동을 했었다고요? 그런 말을 하고 그런 생각을 했었다고요? 전혀 몰랐어요"라고 하면서 서로 놀랄 겁니다. 그래서 우리는 저마다 다른 개인들이지만, 그런 사람들 사이에 공통된 연결 고리가 있어요. 물론 어떤 개인들은 더 높이 평가되기도 합니다. 우리는 그들에게 건물 설계를 맡기고, 음악을 만들게 하고, 벽에 설치할 그림을 그리게 합니다. 어릴 때 저는 모든 사람이 주목받는 위치에 있기를 원하는 건 아니라는 사실을 몰랐어요. 그때의 저에겐 전혀 와닿지 않았습니다. 우리는 모두 단순히 무대에 서는 것만이 아니라, 무대 앞쪽 조명받는 자리에 서려고 서로 밀치고 경쟁하고 있었으니까요. 사실, 지금 생각해보면 모두가 그런 삶을 원하는 건 아닌 것 같아요. 물론 때로는 원할 수도 있지만, 항상 원하는 건 아닙니다. 비유하자면 다른 사람들을 위해 트램펄린이 되어줄 준비가 된 사람들도 있습니다. 누군가 도약할 수 있도록 밑에서 받쳐줄 준비가 되어 있는 사람들도 있습니다.

그래서 앞서 언급하신 삶의 끝이 지닌 비극성이라는 주제로 돌아가 보자면, 제가 사랑했던 이제는 이 세상 사람이 아닌 사람들 가운데는 그들이 떠난 후에 일어난 일들을 정말 크게 즐겼을 사람도 있고, 저에게 정말 큰 도움이 되었을 사람도 있고, 제가 겪은 일에 대해 진정한 위안이 되어줬을 사람도 있어요. 하지만 가장 그리운 것은 그들이 살아 있을 때 함께 나눴던 기쁨과 그들의 세계관입니다. 저는 우리가 트램펄린 같은 존재라고 생각해요. 우리의 끝이 다음 도약을 떠받쳐주는 거죠. 이렇게 생각해야만 삶의 끝이 지닌 의미를 이해할 수 있을 것 같습니다.

> **이런 믿음에서 실질적으로 얻는 것이 있습니까?**
> **선생님의 믿음이 삶에 어떤 영향을 주나요?**

아무것도 중요하지 않다는 말은 아닙니다. 모든 것이 정말 중요하죠. 하지만 제가 늘 원했던 건 어떤 관점이에요. 저를 두렵게 하거나 혼란스럽게 하는 게 있으면, 건너편으로 가서 그것을 들여다보고 싶습니다. 모든 각도에서 그걸 보고 싶어요. 형태가 없거나 모호한 상태를 견딜 수 없어요. 이 문제를 해결하기 위해 정말 열심히 노력해야 했어요. 결말이 말줄임표로 끝나버리는 건 저와 정말 맞지 않거든요. 저는 최악의 상황이 어떨지를 생각하는 데 꽤 능숙합니다. 그 끝까지 상상해서 그것을 들여다보죠. 상황이 상당히 암담하더라도 '좋아, 이제 그게 어떤 건지 알겠어. 그건 하나의 선택지일 뿐이야'라고 생각합니다. 당연히 최악의 일이 벌어질 수도 있죠. 하지만 제가 앞에서 얘기했듯이, 그 끔찍한 일들이 실제로 일어났어도 결국 저는 다 이겨냈잖아요. 그래서 아마 같은 방식으로 똑같은 더듬이를 뻗어서, 가능하다면 같은 대처 전략을 다시 사용할 겁니다. 이걸 거창하게 세계관이라고 생각하지는 않습니다. 그냥 아주 작고 사적인, 일종의 한 걸음씩 내딛는 방식에 가깝죠. 하지만 앞으로 나아가는 길이 단단하지 않더라도 그 길에 분명 익숙한 요소와 제가 알 수 있는 무언가가 있을 것이라고 믿습니다.

이언 매큐언
Ian McEwan
소설가가 된다는 것

2021년 3월

이언 매큐언은 20편의 소설과 다수의 시나리오를 집필하고 여러 문학상을 받은 작가다. 『속죄』, 『체실 비치에서』, 『견딜 수 없는 사랑』 등 여러 작품이 영화로도 제작되었다.

"

"우리의 일상은 기적과도 같습니다. 소설이 해야 할 일은 이 진실을 우리에게 끊임없이 상기시켜주는 것이에요. 아니면 소설가 존 업다이크의 말처럼, 소설의 임무는 "평범한 것에 그 응당한 아름다운 가치를 부여하는 것"입니다."

> 모든 소설가는 어느 정도 인본주의자 성향이 있어서
> 타인에게 관심이 있고, 타인의 마음속으로
> 들어가 보고 싶어 하고, 그들과 연결되기를 원한다는
> 말을 들은 적 있습니다.

저는 한발 더 나아가, 소설가들은 본질적으로 인본주의자라고 말하고 싶습니다. 소설가들이 선택한 문학 형식 자체가 철저히 세속적이죠. 소설 줄거리에 뜬금없이 '데우스 엑스 마키나$^{\text{deus ex machina}}$'(문학 작품에서 갑작스럽게 등장시켜 모든 상황을 끝내는 인물이나 사건 같은 요소 또는 그 기법을 말한다—옮긴이)를 억지로 끼워 넣는 건 절대로 효과가 있을 수 없어요. 소설이라는 형식은 계몽주의 시대에 생겨나서 18세기에 본격적으로 자리를 잡았습니다. 새뮤얼 리처드슨, 헨리 필딩, 제인 오스틴 같은 작가들은 관례적 수준에서 종교를 언급할 뿐이지 종교에 크게 기대지는 않아요. 그들은 우리가 흔히 말하는 보편적인 인간의 기준을 중심에 두고 도덕적 가치를 따져봅니다. 신을 숭배하는 문학을 원한다면, 제 생각에는 아무래도 시가 가장 적절한 형식이라고 봅니다. 아니면 논문이나 기도문, 찬송가 같은 형식이 더 적합하겠죠. 소설은 다원성과 관용을 매우 중시하기 때문에 절대 진리를 주장하는 종교와는 맞지 않아요. 실제로 소설은 궁극적인 인본주의 형식이라 할 수 있습니다.

> **관용이란 건 일종의 공감에서 비롯되나요?**

맞습니다. 소설가는 반드시 다른 사람의 마음속에 들어가야 하죠. 그런 자유가 필요합니다. 소설이라는 형식은 사실상 개인주의를 찬미합니다. 특정 인물이나 소수의 인물에게 초점을 맞추고 그들의 삶을 따라가죠. 그들의 운명은 반드시 열려 있어야 하는데, 이 점 역시 신 앞에서 운명이 완성되어야 하는 종교적 운명관과 충돌합니다. 이런 열린 결말의 특성은 소설에서뿐만 아니라 우리가 살아가는 삶에서도 발견되죠.

> **지금 말씀은 실제 인간에게 제공되어야 할 것들을 소설 속 인물에게도 줘야 한다는 의미로 들리네요. 이를테면 공감이나 자유 같은 것 말이죠. 작가님도 인물을 만들 때, 실제로 그런 점을 의식하시나요?**

그럴 때가 종종 있어요. 어떤 인물이 생동감 있게 살아 움직이기 위해서는, 즉 제대로 '작동'하기 위해서는 글을 쓰는 과정에서도 놀라움이 수반되어야 하거든요. 소설을 쓰는 즐거움 중 하나가 바로 그 점입니다. 글이 어느 정도 탄력이 붙고, 머릿속에 그려둔 사건의 흐름이 뜻밖의 방향으로 전개되기 시작하는 순간이 있어요. 그럴 때 삶과 비슷하다는 느낌을 받죠. 모든 소설가가 자기가 창조한 인물을 다 사랑한다고 말할 수는 없지만, 등장인물이 자신의 연장선상에 있다는 건 잘 알고 있을 겁니다. 플로베르가 한 유명한 말이 있잖아요. "보바리 부인이 곧 나다." 전 이 말이 진실을 담고 있다고 봅니다.

> 이야기가 아무리 제멋대로 전개되는 것처럼 보여도, 사실 그 모든 게 작가의 창의성과 상상력에서 비롯된 것이라고 보시나요?

네, 결국은 마음의 작용에 달린 일이죠. 그 누구라도 300미터쯤 되는 거리를 걷기 시작하면서 200미터 지점에 도달했을 때 무슨 생각을 하고 있을지는 알 수 없습니다. 마음도 자기만의 마음을 가지고 있으니까요. 생각에는 우연성이라는 게 있는데, 그게 바로 생각의 즐거움 중 하나죠. 물론 산책하면서 어떤 문제에 생각을 집중할 수도 있어요. 그건 또 다른 이야기죠. 만약 그 문제에 사로잡혀 있다면 오랫동안 집중해서 생각할 수 있습니다. 하지만 일상적인 생각의 흐름에서 그런 집중된 사고는 꽤 드문 일입니다. 긴장되지 않은 상태에서 하는 생각은 대체로 이리저리 흘러가기 쉽죠. 우리가 제임스 조이스, 마르셀 프루스트, 버지니아 울프를 높이 평가하는 이유는 바로 그런 생각의 흐름을 어떻게 포착하는지 우리에게 가르쳐줬기 때문입니다. 그건 모더니즘 미학 혁명의 한 축이었고, 우리 모두가 지금 그 혜택을 누리고 있습니다.

> 작가님도 소설을 쓸 때 그런 복잡한 사고를 실제로 하시나요? 어떤 평론가는 작가님의 작품 중 몇몇은 특정 윤리적 문제를 다루기 위한 확장된 시도라고 보던데요. 전부는 아니어도, 적어도 몇 작품은 문제 제기를 위한 수단이라고 할 수 있을까요?

저는 제 소설들이 어떤 문제를 명확하게 드러내거나 질문을 던진다고 생각합니다. 하지만 소설은 답을 제시하는 데는 별로 유능하지 않아요. 대부분의 독자들은 도덕적 메시지를 접시에 담아 내놓는 걸 별로 좋아하지 않습니다. 중요한 것은 키르케고르의 명언처럼 삶은 앞으로 나아가며 살아가는 것이지만 되돌아봐야만 이해할 수 있다는 점이에요. 소설도 마찬가지죠. 소설가는 매일 300단어에서 400단어, 많게는 500단어씩 쓰며 앞으로 나아가지만, 독자와 평론가들은 텍스트를 거슬러 올라가며 의미를 읽어냅니다. 그런 식으로 '의미'가 인위적으로 만들어지는 거예요. 그렇다면 소설이 그렇게 해서 우리에게 보여주는 건 무엇일까요? 아이리스 머독Iris Murdoch이 이런 말을 한 적이 있죠. "소설은 결국 '좋은 것이란 나쁜 것보다 좋은 것'이라는 걸 말해주는 것"이라고요. 소설가인 우리는 작품 속 세상이 진짜 우리가 살아온 세상과 같고, 작품에서 다루는 문제가 진짜 우리가 직면하는 문제와 닮아 있다는 점에서 설득력이 있기를 원하죠.

한편, 독자로서 저는 삶의 복잡성이 소설 속에 드러나기를 원합니다. 서로를 이해하는 게 얼마나 어려운 일인지, 합리적인 사람들 사이에서도 갈등이 얼마나 쉽게 생길 수 있는지를 소설을 통해 보여줄 수 있었으면 좋겠어요. 그렇게 된다고 해서 문제가 곧장 해결되는 것은 아니지만, 적어도 우리의 삶의 경험은 더 넓어질 수 있을 겁니다. 이런 이야기를 할 때면 저는 종종 솔 벨로Saul Bellow의 『학생처장의 12월The Dean's December』을 언급합니다. 소설의 주인공인 학생처장은 나이 든 미국인 교수이고 루마니아 여성과 결혼했죠. 배경은 냉전이 한창이던 시기입니다. 그는 아내의 고향 부쿠레슈티에 머물고 있었죠. 어느 날 한밤중에 깨어 도시 저편 어둠 속에서 들려오는 개 짖는 소리를 들으며 그 소리가 "우주의 문을 조금만 더 열어줘"라고 말하는 거라고 상상합니다. 이게 바로 좋은 소설이 하는 일이라고 생각합니다. 좋은 소설은 우리의 우주를 조금 더 넓게 열어줍니다.

> 서로를 이해하는 것이 어렵다는 문제를
> 얘기해보죠. 조금 전에도 말씀하셨듯이,
> 소설이 하는 일 중 하나는 우리가 그런 어려움을
> 완전히 극복하진 못하더라도 어느 정도
> 서로 이해할 수 있도록 도와주는 것이죠.
> 이런 상호 이해의 어려움이 오늘날 특히 더
> 심각해졌다고 생각하시나요? 아니면
> 인간의 본성 속에 늘 존재했던 문제로 보시나요?

아, 그건 인간 존재 자체에 내재한 것입니다. 지금 이 시대에만 나타나는 독특한 문제라고는 생각하지 않아요. 문자가 발명된 이후로, 아니 그 이전의 구전으로도 문학은 인간 사이에 발생하는 갈등을 탐구해왔습니다. 그 갈등은 신체적 폭력이든 단순히 서로 오해하고 관계가 틀어지는 방식이든 다 포함합니다. "행복은 흰색으로 쓰인다"라는 프랑스 소설가 앙리 드 몽테를랑Henry de Montherlant의 명언이 있습니다. 소설가는 결코 독자에게 400쪽 분량의 행복만을 주지는 않을 겁니다. 소설은 시간의 흐름 속에서 인물들을 추적해나가는 장르입니다. 우리에게 매 순간 행복할 수 있는 기회를 주지 않아요. 만약 순간적인 행복을 포착하고 싶다면, 역시 시를 떠올려야 합니다. 특히 서정시요. 시에는 풍경에서 느끼는 기쁨이나 사랑에 빠졌을 때의 황홀감 같은 것이 매우 숭고하게 표현되어 있어요. 물론 소설에도 그런 순간이 없는 건 아니지만, 일반적으로 예술에서나 현실에서나 시간은 우리에게 키스를 건넨 다음 다시 주먹을 날리기도 합니다.

언어라는 기적을 결코 당연하게 여겨서는 안 됩니다. 언어는 정말 경이로운 것이죠. 목구멍의 세포조직 몇 가닥 사이로 바람을 불어넣는 것만으로 마음속 생각을 다른 사람에게 전달할 수 있습니다. 글도 마찬가지죠. 잉크를 적신 금속 펜촉을 종이 위에서 끌고 가기만 해도 한 사람의 매우 복잡한 생각이 다른 사람의 마음에 닿을 수 있죠. 이런 물리적 텔레파시가 가능한데도 우리는 여전히 서로 다투고, 오해하고, 이해관계가 충돌합니다. 이제 우리는 감정 상태가 이성에 어떤 영향을 주는지 더 잘 알고 있습니다. 우리는 스스로 아주 이성적으로 행동한다고 믿지만, 사실 우리는 단순한 계산 기계가 아니에요. 감정을 느끼고, 상처받기 쉽고, 무거운 기억의 짐을 끌어안고 살아가는 존재입니다.

기업이나 국가 또는 개인 간 법적 계약서만 봐도 오해가 얼마나 쉽게 발생하는지를 알 수 있죠. 거기에 사용된 언어는 무척 복잡하고 답답합니다. 왜냐하면 어떤 종류의 오해도 발생하지 않도록 철저한 방어벽을 쌓고 있기 때문이에요. 같은 나라 안에서도, 언어 간에도, 문화 간에도, 사람들 사이에도 오해는 언제든 끼어들 준비가 되어 있습니다. 문학은 그런 마찰에 끌립니다. 우리가 문학을 필요로 하는 이유도 바로 거기에 있죠. 문학을 통해 우리는 우리 자신의 결함 있는 본성을 받아들이고 이해할 수 있습니다.

> 작가님이 다른 소설가들과 조금 다른 점 중 하나가 과학에 특별히 관심이 많다는 점인데요.
> 개인 웹사이트에 '소설'이나 '이야기' 항목뿐 아니라 '과학' 항목을 따로 두고 다양한 과학 관련 인터뷰까지 모아둔 유일한 소설가이실 듯합니다.

과학은 오랜 시간에 걸쳐 제 세계관을 형성해온 중요한 축이에요. 저는 과학이 가장 독실한 신앙인을 포함해 우리가 일상에서 만나는 거의 모든 사람의 세계관에도 깊이 스며들어 있다고 생각합니다.

> **과학이란 게 과학적 사고 또는
> 과학적 사고방식을 의미하나요?**

그렇죠. 예를 들어 사람들 대부분은 지구가 태양 주위를 돈다는 사실을 알고 있습니다. 하지만 이 명백한 사실이 자리 잡기까지는 엄청난 시간이 걸렸고, 그 과정에서 많은 갈등과 고통이 뒤따랐죠. 지금 우리는 우주의 광활함도 알고 있습니다. 역시나 과학적 발견을 통해서죠. 거시 세계와 미시 세계에 대해서도 어느 정도 알고 있고, 우리 중 대부분은 양자역학의 세계가 우리가 직관적으로 이해하는 세계와 얼마나 동떨어져 있는지도 알게 되었습니다. 병균의 존재도 알고, 병이 어떻게 퍼지는지도 압니다. 자연 발생(무생물로부터 생물이 자발적으로 생겨날 수 있다는 이론—옮긴이)으로 질병이 퍼지는 게 아니라는 것도, 죄를 지었기 때문에 병에 걸리는 게 아니라는 사실도 알고 있어요. 이런 사실들이 밝혀지기 위해 발견과 검증이 필요했고, 과학자들이 그 일을 해낸 것이죠. 이제는 매우 종교적인 사람들까지 포함해 거의 모든 사람이 500년 전이었더라면 화형을 당했을지도 모를 생각들을 자연스럽게 받아들이고 있습니다.

말씀하신 과학적 사고는 확률적 사고방식을 의미하기도 합니다. 저는 삶의 우연성, 즉 삶의 궤적을 완전히 바꿔놓는 사건들의 무작위성에 큰 흥미를 느낍니다. 사실 일상에서 매일 일어나는 일이죠. 우리 부모님은 어떻게 만났을까요? 우리 대부분은 중매결혼이 아니라 순전히 우연의 결과로 태어났습니다. 만약 당신 어머니가 그날 밤 머리를 감느라 외출하지 않고 댄스파티에 가지 않았더라면 아버지를 만나지 못했을 겁니다. 만약 부모님이 2분만 늦게 사랑을 나눴더라도 지금의 당신은 존재하지 않았을 겁니다. 대신에 다른 형제나 자매가 태어났겠죠. 만약 다른 학교에 갔거나, 다른 직장을 선택했거나, 어떤 다른 사소한 결정을 했다면 우리의 삶은 완전히 달라졌을 거예요. 너무나도 당연한 이야기라 굳이 말할 필요도 없지만요. 물론 이게 확률론의 핵심 개념은 아니에요. 하지만 소설을 쓸 때 제 머릿속에선 이 '우연성'에 대한 생각이 끊임없이 맴돌고, 이 생각은 제게 기쁨을 주기도 합니다. 제 소설 『나 같은 기계들』에서는 시간을 조금 되돌려서 몇몇 정치적 사건을 약간 조작해보기도 했어요. 사건들이 얼마나 쉽게 다른 방향으로 흘러가고 변할 수 있는지를 보여주고 싶었어요. 그리고 그 변화는 종종 아주 작은 일에 달려 있죠. 예를 들어 아르헨티나군이 엑조세 미사일을 제대로 발사했더라면 영국은 포클랜드 전쟁에서 패했을 수도 있습니다. 영국 해군이 전멸했을 것이고, 마거릿 대처 총리는 정치 생명을 잃었을 겁니다. 아르헨티나에서는 파시스트 군사 정권이 살아남았겠죠. 온갖 사회적 영역뿐만 아니라 개인적인 삶도 달라졌을 겁니다. 다시 말하자면 우연성이란 게 엄밀히 말해 과학은 아니지만, 소설을 전개하기 위한 출발점을 제공해줍니다.

> **우연성이라는 개념이 작가님의 생각을 어떻게 형성하는지 알 것 같습니다. 처음에 우연성에 관해 말씀하시기 시작했을 때 저는 『견딜 수 없는 사랑』을 떠올렸어요.**

맞아요. 모든 일엔 순전히 우연이 작용하죠. 그런 점에서 보면 사회적 삶이라는 게 정말 흥미로워요.

> 그 말씀을 듣고 보니, 우연성이란 게 왠지 이상한 것처럼 느껴지는데요.

운명이나 신의 섭리에 따라 인생이 미리 정해져 있다고 믿는 관점에서 벗어나게 되면, 우리는 정말 다양한 가능성이 뒤섞여 있는 놀라운 세계로 들어가게 됩니다. 생각하면 두려울 수도 있지만, 동시에 경이롭고 아름다운 일이기도 해요. 결혼해서 자녀를 둔 사람은 거의 다 어떤 우연에 의해서 지금의 배우자를 만나고, 지금의 아이들을 자녀로 두게 된 겁니다. 당연하죠, 그게 아니면 어떻게 그런 일이 가능했겠어요? 우리의 일상은 기적과도 같습니다. 소설이 해야 할 일은 이 진실을 우리에게 끊임없이 상기시켜주는 것이에요. 아니면 소설가 존 업다이크의 말처럼, 소설의 임무는 "평범한 것에 그 응당한 아름다운 가치를 부여하는 것"입니다.

다이앤 먼데이

Diane Munday

변화를 위한 노력

2021년 3월

다이앤 먼데이는 인본주의 사회운동가로, 1967년 낙태법 통과와 1968년 영국 임신자문서비스 British Pregnancy Advisory Service 설립에 중요한 역할을 한 인물이다.

"온갖 감정이 뒤섞인 복잡한 마음이 저를 행동하게 했어요. 현실에 대한 분노, 현실의 부당함, 그게 제가 움직일 수밖에 없었던 이유입니다."

저도 살면서 간절히 믿음을 가져보고 싶었던 시기가 있었습니다. 10대 때였죠. '혹시 나만 이상한 건 아닐까?', '내가 뭔가 크게 잘못된 사람은 아닐까?' 하는 생각에 사로잡혔던 적이 있습니다. 그래서 정말 온갖 교회를 다 돌아다녔어요. 그러다 아마 열여덟인가 열아홉 살쯤 되었을 무렵, 그러니까 1940년대 후반에 정말 우연히 도서관에서 토머스 헉슬리의 책을 발견했어요. 그때 엄청난 안도감을 느꼈죠. 저는 괴짜가 아니었어요. 저 같은 사람들이 있었어요. 저처럼 생각하고, 또 그 생각을 글로 써낸 사람들이 있었던 겁니다.

> **무엇 때문에 자신이 그렇게 이상하다고 느끼셨던 거죠? 주변 사람들이 모두 종교를 가지고 있는 것처럼 보여서였나요?**

네, 맞습니다. 모두가 믿음이 있고, 교회에 다니는 것처럼 보였거든요. 같은 청소년 클럽에 다니는 친구 중에 가톨릭 신자가 두어 명 있었는데, 그 친구들이 저를 성당에 데리고 간 적도 있어요. 제 외가가 유대인 집안이어서 저는 유대교식 결혼식 같은 행사에도 자주 참석했습니다. 저를 제외한 모든 사람이 뭔가 엄청난 것을 믿고 받아들이고 있는 것처럼 느껴졌어요. 그 터무니없는 것들을 믿지 않는 사람은 세상에 저 혼자라는 생각이 들었죠.

> 어디선가 읽었는데요, 선생님이 처음으로 종교를
> 단호하게 거부하게 된 게 가족처럼 지내는
> 유대인 '삼촌'의 이상한 행동을 봤을 때부터였다고요?
> 햄을 먹긴 하는데 토요일에는 안 먹는 모습을
> 보셨다던데, 맞습니까?

맞습니다. 그때 저는 꽤 어렸습니다. 비슷한 시기에 또 하나의 기억이 있어요. 어느 날 밤, 저보다 여섯 살 어린 남동생이 밤새 토하면서 많이 아파했어요. 어머니는 동생의 침구를 빨아서 마당에 널었는데, 하필 그날이 일요일이었습니다. 그랬더니 우리 가족과 친하게 지내던 옆집 할머니가 문을 쾅쾅 두드리며 찾아와서는 주님의 날에 빨래를 널었다며 화를 내는 겁니다. 결국 어머니는 눈물을 흘렸고, 저는 두 손을 허리에 얹고 그 할머니에게 따졌어요. "우리는 유대인이고, 토요일이 우리에게는 거룩한 날이에요. 그럼 할머니는 토요일에는 빨래를 안 널 거예요?" 그런 일은 제 마음에 깊이 남았고, 저를 몹시 화나게 했습니다. 하지만 삼촌은 다른 부류였어요. 저는 유대인은 돼지고기를 먹지 않는다고 알고 자랐어요. 그런데 삼촌이 우리 집에 와서 몰래 햄 샌드위치를 먹곤 했죠. 단, 토요일만 아니면요. 저는 그게 거슬렸어요. 제 안에 있는 논리적이고 이성적이고 일관된 어떤 기준에 어긋나는 일처럼 느껴졌죠. '참 바보 같은 짓이다' 싶었습니다.

> 이미 어린 시절부터 의심하고
> 질문하는 성향이 있으셨던 거네요?

네, 본래 그런 기질이 있었던 것 같습니다.

> 선생님이 조직적인 인본주의 운동에
> 처음 참여하시게 된 계기에 관해 이야기해주세요.
> 그때가 1960년대 초였죠?

아니요, 1950년대 후반이었어요. 그땐 지금의 휴머니스트 UK를 윤리연합Ethical Union이라고 불렀죠!

> 처음에 어떻게 참여하게 되셨나요?

아마도 제가 집중할 수 있었기 때문일 겁니다. 우리 부부는 가족과 친구들이 다 있는 런던을 떠나 북요크셔로 이사했어요. 저는 첫 아이를 임신 중이었죠. 결국 요크셔 무어스의 아주 작은 마을에 정착하게 되었는데, 가장 가까운 빵집도 6킬로미터 넘게 떨어져 있었고, 대중교통은 커녕 자동차도 마을에 딱 한 대밖에 없었습니다. 윤리연합에 가입한 건 런던을 떠나기 전이었어요. 당시에 그 단체는 홍보를 상당히 활발히 했고, 저는 자료를 받아보고 싶다는 글을 보냈습니다. 저는 일곱 살인가 여덟 살쯤에 종교를 버렸고, 10대에는 그 문제로 고민했었고, 그러다 헉슬리 같은 작가들과 책을 발견했죠. 하지만 20대 초반에는 사는 게 바빠서, 특히 엄마가 되면서 종교 문제는 한쪽으로 밀어두고 있었어요. 하지만 윤리연합의 자료를 읽으면서 그제야 제 남편의 중간 이름이 왜 유명 인권운동가 브래들로Bradlaugh와 같은지 알게 되었습니다.

> 아, 정말요? 그러면 남편분의 집안이
> 브래들로를 꽤 존경했던 집안인 겁니까?

다이앤 먼데이

네, 정말 깊이 존경하는 집안이었어요. 실제로 시어머니의 아버지, 그러니까 남편의 외할아버지가 브래들로를 재정적으로 후원했다고 하더라고요. 시어머니는 애니 베전트$^{\text{Annie Besant}}$(영국의 유명한 사회 개혁가이자 여성 인권 운동가—옮긴이)의 귀걸이도 가지고 있었다고 합니다. 지금은 그게 어디 있는지 모르지만요.

> 아, 그걸 가지고 있었더라면 참 멋졌을 텐데, 아쉽네요.

그러게요. 시어머니는 늘 제가 물려받아야 한다고 말씀하셨지만, 사실 전 한 번도 본 적이 없습니다.

요크셔에 사는 동안 저는 인본주의와 세속주의를 다룬 책들을 읽기 시작했고, 이게 내가 진짜로 몸담아야 할 세계라고 확신하게 되었습니다. 그 후 우리는 다시 남쪽으로 이사했어요. 당시 뉴스에서는 탈리도마이드 참사가 크게 보도되고 있었고, 저는 셋째 아이를 임신한 상태였어요. 불면증 때문에 탈리도마이드를 처방받았지만, 처방전을 그냥 벽난로 선반 위에 올려두고 실제로 약을 받진 않았어요. 그때 만약 기형아를 임신하게 된다면 아기를 포기하고 싶을 거라는 생각이 들었어요. 그러면서 낙태 합법화 문제가 종교적 반대와 얼마나 깊게 얽혀 있는지를 알게 되었죠. 그래서 당시 거의 유명무실해져 있던 낙태법개정협회$^{\text{Abortion Law Reform Association}}$에 가입했고, 정말 열심히 활동하기 시작했습니다.

> 낙태법개정협회 활동과 인본주의 운동에서 벌인
> 낙태 관련 활동은 모두 역사적 기록에 남아 있습니다.
> 하지만 왜 그런 활동에 뛰어들게 되셨는지,
> 어떤 경험과 가치관, 신념이 선생님을 움직였는지

> 더 자세히 알고 싶습니다. 당시는 낙태가
> 범죄로 취급되던 어두운 시기였잖아요.
> 그런 현실에 대한 분노 때문이었나요?
> 아니면 더 나은 세상을 향한 비전이 있었던 건가요?
> 선생님을 움직이게 한 원동력은 무엇이었습니까?

그건 제가 종교적 관행에서 느꼈던 것과 같은 논리와 일관성의 결여였어요. 낙태를 불법화해도 분명 낙태를 멈추게 하지는 못했습니다. 오히려 지하로 숨게 해서 훨씬 더 위험하게 만들었죠. 저야 할리 스트리트 Harley Street(런던 중심부의 고급 병원 밀집 거리―옮긴이)로 가서 지갑만 내밀면 안전하게 낙태 수술을 받을 수 있었지만, 대부분의 여성에게는 그런 선택권이 없었습니다. 그건 삼촌이 토요일만 피해서 햄 샌드위치를 먹는 어리석은 모습에서 느꼈던 분노와 같은 감정이었습니다. 낙태 불법화의 어리석음과 비합리성이 저를 행동하게 했다고 생각합니다.

계획에 없던 네 번째 임신을 했을 때, 저는 아이를 낳지 말아야겠다고 생각했어요. 아주 강렬한 내적 충동이었죠. 행복한 결혼 생활을 이어가고 있었고 아이도 셋이나 있었는데, 또 임신이라니요. 임신한 그 순간 앞으로 4년 동안은 무슨 일이 있어도, 누가 뭐라 해도 절대 넷째를 갖지 않겠다고 결심했습니다. 도저히 감당할 수 없다고 느꼈어요. 그런데 저처럼 비교적 안정된 위치에 있는 사람도 그런 기분을 느낄 정도면, 형편이 더 어려운 다른 여성들은 얼마나 더 절박했을까요? 실제로 그런 여성을 알고 있었습니다. 저와 같은 문법학교에 다녔던 정말 총명한 아이였는데, 고등학교 2학년인가 3학년인가에 갑자기 학교에서 사라졌어요. 몇 년 뒤 가족이랑 웨일스로 캠핑하러 갔다가 근처 카페에서 우연히 그 친구를 다시 만났습니다. 그 아이는 그때 임신해서 외할머니가 사는 웨일스로 보내졌던 거였어요. 대학 진학도 못 하고 카페에서 일하고 있었죠.

> 그러니까 논리적 비합리성뿐만 아니라
> 사회적 부당함도 선생님을 자극한 거네요?

네, 과거에도 그랬고, 지금도 마찬가지입니다! 저는 할리 스트리트에서 낙태 수술을 받았고, 덕분에 살 수 있었어요. 하지만 예전에 알고 지내던 한 여성은 저처럼 결혼해서 아이가 셋이었는데, 불법 수술밖에 선택지가 없었고 결국에 목숨을 잃었습니다. 위선적인 낙태법이 만든 위선적인 사회의 단면이었죠. 그런 온갖 감정이 뒤섞인 복잡한 마음이 저를 행동하게 했습니다. 현실에 대한 분노, 현실의 부당함, 그게 제가 움직일 수밖에 없었던 이유입니다.

> 당시는 갖가지 진보적인 개혁이 일어나던 시기였죠.
> 낙태의 부분적 합법화뿐만 아니라
> 동성애 처벌법 폐지와 이혼 관련 법 개정도 있었고요.
> 그 모든 운동에 적극적으로 참여하신 건가요?

네, 하지만 주로 뒤에서 조용히 활동했습니다. 조력 사망 문제도 제가 매우 신경 썼던 문제입니다. 지금도 여전히 중요한 이슈죠. 나이를 먹을수록 더 절실하게 다가오는 문제이기도 해요. 하지만 여러 해 동안은 조력 사망 문제로 공개적으로 나서진 않았어요. 실제로 여러 일을 했지만, 낙태 문제로 찍힌 낙인이 다른 캠페인까지 영향을 미치는 걸 바라지 않았거든요. 사람들이 "저 여자는 아기들을 죽이더니, 이젠 다

죽이려고 하네!" 이런 식으로 말할 빌미를 주고 싶지 않았어요.

> 어느 정도 악명처럼 따라다니는 평판이 있었던 거군요.
> 그런데 최근 몇 년 동안 부분적 낙태 합법화 기념일을
> 기리면서 인식이 좀 달라지지 않았을까요?
> 아직도 부정적 인식이 남아 있다고 보시나요?

네, 확실히 일부 사람들 사이에서는 여전히 부정적인 인식이 있습니다. 그래서 저는 아직도 캠페인을 이어가고 있어요. 캠페인이 사람들의 생각을 바꾸는 일이라고 생각합니다. 이제 저는 이성적인 나이 든 여성이 되었고, 이런 이미지 속에서 오히려 더 많은 것을 이룰 수 있게 되었죠. 하지만 요즘 젊은 정치인들 사이에는 그런 낙인이 거의 없습니다. 그들은 완전히 다른 도덕적 환경에서 성장한 세대죠. 더 젊고, 여성의 수도 더 많습니다. 우리 부모 세대처럼 빅토리아 시대 이후 영국 사회의 보수적이고 억압적인 도덕 관념에 얽매여 있지도 않고요.

> 선생님이 적극적으로 참여했던 여러 운동을 하나로
> 묶는 개념 중 하나가 바로 '선택'이라고 생각되는데요.
> 그 개념이 개인적으로도 중요한 가치인가요?
> 만약 그렇다면 그 이유도 궁금합니다. 선택과
> 선택의 자유가 어떤 점에서 가치 있다고 보시나요?

제가 이걸 깊이 생각해본 적이 없다는 거 아세요? 제대로 보셨네요. 네, 저의 모든 활동을 관통하는 믿음이 있는데요, 그건 다른 사람에게 해를 끼치지 않는 범위에서 개인의 자유를 보장해야 한다는 믿음입

다이앤 먼데이

니다. 그러나 더 넓게 보면, 제가 관여했던 모든 이슈가 이른바 '도덕성'이라 불리는 영역에 속한다고 생각합니다. 남편과 어머니의 죽음을 지켜보며 저는 '죽을 권리'에 대한 신념이 더 단단해졌어요. 그런데 '하늘에 계신 위대하고 선하고 전능하신 아버지'를 믿는 다른 사람들의 신념 때문에 그 권리가 막히는 걸 보면 정말 분노가 치밀었어요. 만약 우리가 신을 믿지 않는다면 그런 고통을 사람들에게 강요할 이유도 없었을 테니까요. 전능한 그 존재에 대한 두려움과 그 존재가 우리에게 바라는 게 있다는 믿음 때문에 고통을 만들어내고 있어요. 하지만 선택과 자유를 믿는 것은 그냥 제 일부이고, 저에게는 상식 같은 겁니다.

> 그런 생각은 가족이나 성장 환경에서 비롯되었나요?

그건 아닙니다.

> 선생님이 자란 환경에 그런 요소가
> 전혀 없었다는 건가요?

어머니는 아이처럼 매우 순진한 분이셨습니다. 예배당에 나가지 않았지만, 저에게 다윗의 별을 달아주셨죠. 저는 금으로 된 다윗의 별을 조끼에 꽂고 다녔고, 잠자리에 들기 전에 기도도 했습니다. 지금 생각해보면 제 성장 환경의 어떤 요소가 제 안에 뿌리내려, 세상에 맞서 제 길을 걸어갈 수 있게 해준 것 같네요. 어릴 때 우리 가족은 동런던에 살았는데, 그때는 파시스트가 득세했고 전쟁 중이었어요. 제 이름이 독일식이고 어머니가 유대인이어서, 길에서 자전거를 타고 가다가 누군가가 밀쳐서 넘어지고 무릎이 까진 적도 있고 '더러운 독일 유대인'이라는 욕도 수도 없이 들었습니다. 뭐, 그래서 사람들 욕에 익숙해지기는 했죠. 전시 상황이 점점 암담해지고 런던 대공습이 벌어지는 동안에도 저는 내내 동런던에 살았는데, 그때도 사람들의 욕은 멈추지 않았습니다. 그런데도 어머니는 제가 어머니의 출생 때문에 놀림받는 걸 전혀 몰랐어요. 어머니는 남아프리카에서 태어나셨고, 부모님 모두 영국 분이셨어요. 남아프리카에는 친척도 많았어요. 어머니 사촌 중 한 분은 저보다 두 살 많은 쌍둥이 딸을 키우고 있었는데, 작아서 못 입는 드레스나 머리 리본을 우리 집으로 보내주곤 했습니다. 덕분에 저는 예쁜 드레스에 커다란 머리 리본을 하고 있어서 늘 눈에 띄었죠. 어머니는 그게 저를 위한 일이라고 생각하셨지만, 실제로는 전혀 도움이 되지 않았습니다.

> 그런 경험을 통해 어릴 때부터 쉽게 흔들리지 않는 법을 배우셨군요. 그게 나중에 언제든 더 대담해질 수 있는 밑바탕이 된 건가요?

맞습니다, 덕분에 제가 더 대담한 성격이 되었어요. 공격받는 일에 익숙해졌고, 그런 부당한 공격을 감수하면서 꿋꿋이 제가 해야 할 일을 계속할 수 있었어요. 어떤 사람이 제게 묻더군요. 죽이겠다는 협박을 받았을 때, '죽은 아기들의 피'라며 누군가 차에 붉은 페인트를 부었을 때, 욕설을 들었을 때, 우편함에 끔찍한 편지가 들어 있었을 때 기분이 어땠냐고요. 제 대답이 뭐였는지 아세요? "그냥 무시하고 계속 나아가야겠다고 각오하게 되던데요"라고 대답했어요. 저의 성장 환경이 저를 강인한 사람으로 만들어줬고, 부조리하다고 느끼는 일을 마주했을 때 쉽게 흔들리지 않게 해준 거예요.

20세기 중반은 '인본주의 혁명의 시기'라고도 불리죠.
다른 사람에게 해를 끼치지 않는 한,
선택의 자유가 사회적으로 인정받기 시작했으니까요.
선생님은 빅토리아 시대의 엄격한 도덕 규범에서
벗어나 있었다고 말씀하셨는데요. 선생님이 살면서
목격한 변화 중에 그것이 꽤 근본적이고
중요한 변화였나요?

저 자신이 변화의 한 부분이었기에 직접 변화를 느꼈습니다. 모든 사람이 그런 변화를 인식했으리라고는 생각하지 않아요. 요즘에 일부 비평가들이 종교가 사라졌기 때문에 도덕성도 함께 사라졌고, 그래서 사회에 끔찍한 일들이 벌어진다고 말합니다. 저는 지금 작은 마을에 살고 있는데, 제 주변에도 그런 변화를 좋게 보지 않는 사람이 아직도 많습니다. 그렇지만 분명 혁명이 일어났고, 제가 그 혁명의 일부였다고 자랑스럽게 말할 수 있습니다. 특히 1960년대에는 의회에서 활발하게 활동했어요. 피 한 방울 흘리지 않은 조용한 혁명이었죠. 사형제도 폐지, 동성애 관련 법 개정, 이혼법 개혁, 낙태 합법화, 국민 보건 서비스를 통한 피임약 보급까지 전면적인 변화였어요. 지금의 국회의원들, 특히 초선 의원들은 그 이전 세상이 어땠는지 전혀 모릅니다. 그 시대를 직접 살아보지 않았으니까요.

지금 가장 중요한 쟁점은 무엇이라고 생각하시나요?
분명 조력 사망이나 삶의 끝에서의 선택권을
보장하는 문제 같은 것들이 있을 텐데요.
만약 지금 다시 스물다섯 살로 돌아가

> 오늘의 인본주의 운동에 참여하게 된다면
> 어떤 의제들이 가장 먼저 다가올 것 같으세요?

조력 존엄사. 네, 그건 확실합니다. 의학 기술이 발달할수록 이 문제는 더욱 중요해지겠죠. 앞으로도 계속될 논쟁의 중심이 될 겁니다.

트랜스젠더의 권리도 매우 중요한 이슈입니다. 다시 과거로 돌아간다면 저는 여전히 여성의 역할과 인종차별 문제에 깊이 관여할 겁니다. 사실 저는 인종차별적인 환경에서 자랐어요. 어머니는 남아프리카에서 태어나고 자랐는데, 어머니가 어릴 땐 하인이 어머니를 안고 다니며 여기저기 데려다줬다고 해요. 그 하인이 어머니를 전적으로 돌봤고, 1년에 한 번씩 휴가를 받아 집에 가면 그 자리를 또 다른 남자 형제가 대신했다고 하더군요. 우리가 런던에 살 때 어머니는 무용 선생님에게 제가 혼혈 친구 옆에 서지 않게 해달라고 부탁까지 했어요. 제가 그 아이 손을 잡는 게 싫다는 이유였습니다.

> 정말요? 무용 선생님은 그때 어떻게 반응했나요?

그냥 저를 그 아이 옆에 세우지 않았습니다. 그 시절엔 너무나 당연한 일이었거든요. 그런데 저는 그게 정말 부당하다고 느꼈어요.

앤서니 그레일링
A. C. Grayling
좋은 삶과 좋은 사회

2022년 3월

앤서니 그레일링은 영국을 대표하는 철학자이며, 현재 런던에 있는 새로운 인문대학 New College of Humanities(정식 대학명은 노스이스턴대학교 런던이다—옮긴이)의 학장이다. 철학을 비롯한 다양한 주제로 30권이 넘는 저서와 편저를 출간했고, 그중 상당수가 베스트셀러 목록에 올랐다. 『지식의 최전선』, 『철학적 논리학』, 『인간을 위한 신』 등을 집필했다.

"세상의 많은 문제는 사실 다른 사람의 말을 진짜로 경청하지 않고 그저 듣고 있다고 착각해서 생깁니다. 좋은 대화자가 된다는 것은 세심하고 호기심이 많은 사람이 된다는 뜻이기도 합니다."

> 교수님의 삶을 돌아보셨을 때, 어떤 것이
> 삶의 동기가 되었을까요? 어떤 신념이나
> 가치관에 따라 살아오셨다고 생각하시나요?

그건 세상의 이치를 해석하고 명확히 이해하려는 욕구에서 비롯되었습니다. 저는 정말 모든 것에 호기심이 많아요. 과학, 역사, 세상, 정치, 사회, 인간, 심리, 이 모든 것이 무척 흥미롭게 느껴집니다. 그리고 모든 것은 결국 서로 연결되어 있죠. 구약성서에서 사실이라고 말할 수 있는 유일한 것이 있다면 '발목뼈는 무릎뼈와 연결되어 있다'는 것인데요. 세상일도 거의 다 그렇게 맞물려 있습니다.

저는 아주 어릴 때부터 무언가를 알아내고 이해하고 싶어 했고, 그렇게 하는 데서 큰 기쁨을 느꼈습니다. 그런 욕구가 제 삶을 이끄는 큰 원동력이 되어왔죠. 그리고 이것은 가치라는 문제와도 연결됩니다. 왜냐하면 세상을 이해하고 무언가를 알려고 하는 지식 추구의 가치, 주장과 믿음을 검토해 그것을 증거와 대조해보고, 다른 사람의 말을 경청하고 건강한 회의적 시각을 지니는 탐구의 가치, 이 모두가 단순한 인식적 가치를 넘어 삶의 가치이기도 하니까요.

예전에 제가 학생이었을 때 어떤 글을 읽은 적이 있습니다. 「일곱 현자의 만찬The Dinner of the Seven Wise Men」이라는 플루타르코스의 수필이었죠(그 시절엔 현자가 늘 남성이었어요). 수필은 두 현자가 만찬에 가는 길에 나누는 대화로 시작되는데요, 그중 한 명이 먼저 묻습니다. "우리 모두 주인의 의무를 잘 알고 있습니다. 주인이라면 음식과 여흥과 술을 대접해야죠. 그런데 손님의 의무는 뭘까요?"

이에 다른 한 명이 대답합니다. "손님의 의무는 좋은 대화자가 되는 겁니다." 이 말은 지식이 풍부하고 자신의 견해에 관해 깊이 생각하는 사람이어야 한다는 뜻입니다. 좋은 대화자가 되려면 자기 생각을 뚜렷하게 표현할 수 있어야 하고, 동시에 다른 사람의 이야기를 경청할 수 있어야 합니다. 다른 사람들이 하는 말을 정말로 귀 기울여 듣고 말의 의미로 실제로 이해해야 합니다. 그래야 대화를 더 끌어내고, 깊이 있는 대화를 나누고, 필요하다면 논쟁하거나 이의를 제기할 수도 있어요. 세상의 많은 문제는 사실 다른 사람의 말을 진짜로 경청하지 않고 그저 듣고 있다고 착각해서 생깁니다. (그게 거의 모든 가정에서 발생하는 문제의 원인이기도 해요.) 그래서 좋은 대화자가 된다는 것은 세심하고 호기심이 많은 사람이 된다는 뜻이기도 합니다. 지식에 정통해야 하는 책임과 열린 마음으로 탐구해야 하는 책임을 연결할 때, 우리는 단지 좋은 대화 상대를 넘어서 좋은 시민이 되는 길이 무엇인지 깨달을 겁니다.

그런 연결을 시도하다 보면 사람들 사이에 얼마나 많은 차이가 존재하는지, 인간 본성이 얼마나 다양한지 금방 인식하게 됩니다. 정치적 견해가 너무 달라서 본능적으로 싫어지거나, 받아들이기 힘든 행동 때문에 거부감을 느끼게 되는 사람들도 조금만 깊이 들여다보면 대부분 그들 안에 흥미로운 무언가가 숨어 있어요. 사람은 누구나 어떤 식으로든 열정이나 지적 호기심을 지니고 있죠. 그게 무엇인지는 중요하지 않아요. 사람들에게 자신이 익숙한 영역에 대해 이야기하게 하면, 인간 안에 풍부함과 깊이가 있다는 사실을 알 수 있습니다.

결국 모든 것이 어떤 의미에서는 서로 연결되어 있어요. 알고자 하는 욕구, 이해하려는 노력, 산꼭대기에 서서 시간과 공간, 인간의 지적 탐구를 조망하고 세상의 위대한 다양성에 관해 무엇을 배울 수 있는지를 보려 하는 욕구, 이 모든 것이 서로 맞물려 하나의 통합된 가치 체계를 만들어냅니다.

> 어떤 사람들은 인생의 의미를 마치 외부의 어딘가에 존재하는 절대 기준처럼 말하면서, 그 기준에 얼마나 도달했는지에 따라 인생의 성공 여부를 평가하죠. 하지만 교수님의 말씀을 들어보면, 그런 기준보다 '좋은 삶', '잘 산 삶' 같은 개념을 더 중요하게 여기시는 것 같은데요.

정말 흥미로운 말씀이네요. '살기 좋고 살아갈 만한 삶'과 '삶에서 의미를 찾는 것'은 분명히 구분되는 개념이에요. 어떤 경우에는 의미를 찾는 과정이 고통스럽거나 힘들 수도 있고, 삶이 그다지 즐겁게 느껴지지 않을 수도 있죠. 그럼에도 불구하고 우리는 매우 생산적이라고 여겨지는 어떤 일을 계속합니다. 의미를 찾는 데 성공한 삶은 설령 즐거운 삶이 아니었다고 해도 결국에 살아갈 가치가 있는 삶이었다고 느끼게 될 거예요. 이 두 개념은 서로 분리해서 생각해볼 필요가 있어요.

세상 사람들 대부분은 스스로 거창한 의미를 찾거나 만들어내고 있다고 느끼지는 않지만, '살아갈 가치가 있는 삶'을 살고 있다는 사실만으로도 만족하며 살아갑니다. 충분히 그럴 만하죠. 저의 경우는 진실하고 오래도록 가치를 지니는 무언가를 발견하는 것이 곧 의미를 추구하는 삶입니다. 세상을 이해하고 무언가를 알아가려는 과정 자체가 제 존재를 의미 있게 만들어주는 것이에요. 쇼펜하우어가 말했죠. 만약 계속 살아가기를 원한다면 존재하는 것이 존재하지 않는 것보다 나아야 한다고요. 저는 세상을 이해하고 지식을 찾아가며 '이 세계는 어떤 곳이며, 그 안에 존재하는 우리는 누구인가'에 대한 관점을 형성하는 일이 매우 의미 있는 여정이라고 생각합니다. 그게 과학자나 역사가, 철학자, 작가 또는 세상을 바라보는 시각이나 관점을 명확하게 표현하려고 애쓴 이들의 삶에서 의미를 만들어내는 방식이죠. 그들은 모두 자신이 이 거대한 그림 속에서 어떤 역할을 할 수 있을지를 찾기 위해 노력합니다.

사람들 대부분은 그런 식으로 살려는 욕구가 강하지 않아요. 그래도 정원을 가꾸고, 가족을 돌보고, 직장에서 어느 정도 성공을 이루며 사는 삶이 가치 있다고 느낄 겁니다. 삶의 슬픔, 비애, 상실, 실망의 무게가 삶의 좋은 일들보다 더 무겁지 않다면 말이죠. 그런 삶이라면 전혀 문제 되지 않습니다. 가치 있는 삶을 살기 위해 모두가 높은 곳을 향해 필사적으로 노력해야만 하는 것은 아니니까요. 그렇다 해도 저 개인적으로는 더 큰 무언가가 있다는 사실, 실제로 추구할 수 있는 무언가가, 손에 넣지 못하더라도 정말로 도전해볼 만한 무언가가 있다는 사실 자체가 삶을 특별하게 만들고, 삶에 의미를 더해준다고 믿습니다.

> 교수님도 삶에서 늘 더 나은 무언가를 향해 손을 뻗어야 한다는 강박을 느껴왔나요?

목표를 향해 손을 뻗는 것이라면, 네 그랬습니다. 성공이나 실제로 손에 쥐는 것이라면 잘 모르겠지만, 손을 뻗는 것을 의미한다면 분명 그렇습니다.

> **그게 왜 중요했나요?**

어느 정도는 기질적인 부분일 수도 있어요. 하지만 노력을 기울여 무언가를 이뤄낸 사람들의 예를 보면, 우리가 장군들보다 시인들을 훨씬 더 오래 기억한다는 놀라운 사실을 알 수 있죠. 이는 인간의 역사에서 아주 희망적인 사실이기도 합니다. 오랜 시간에 걸쳐 이뤄진 인류의 모든 탐구는 '무엇이 중요한가?' 그리고 '이 세계는 무엇인가?'에 대해 인류가 자신과 나눈 거대한 대화였어요. 그래서 퍼즐 조각 하나를 제자리에 끼워 넣듯이 무언가를 해내고, 어떤 방식으로든 대화에 무언가 보태고, 대화의 일부가 되고자 하는 바람이 있죠. 인류는 현실의 본질이 무엇인지, 우리가 그 본질을 어떻게 아는지, 우리가 알고 있다는 주장을 어떻게 정당화할 수 있는지, 인류의 역사를 이끌어온 동인과 개인의 삶을 움직이는 욕구가 무엇인지, 친밀감과 우정, 공동체 참여 같은 것들이 우리 삶에 어떤 의미가 있는지를 이해하려고 노력해왔습니다. 이 모든 것이 탐구하고 토론하고 이해할 필요가 있는 주제들이죠. 그래서 그 대화에 무언가를 보태는 것은 정말 가치 있는 일일 겁니다. 만약 퍼즐 조각 하나를 제대로 끼워 넣었다는 느낌을 받을 수 있다면, 정말 대단한 일일 거예요.

> **교수님도 노력의 가치를 믿으신다는 말로 들리는데요! 스스로도 열심히 노력하는 사람이라고 생각하시나요? 노력의 가치를 믿으시나요? 말씀을 들어보면 어떤 일을 하나의 과업이나 과제, 혹은 반드시 해야 하는 일로 여기고, 거기에 들이는 노력을 중요하게 생각하시는 듯합니다.**

앤서니 그레일링

저는 종종 사람들에게 평생 단 하루도 일한 적이 없다고 말하곤 합니다. 그건 일이 아니라 재미였으니까요. 제가 진심으로 사랑하는 일이었기 때문이죠. 사람들에게 그런 말을 할 때면, 중국 시인이 한 멋진 말을 인용합니다. "나는 일이 너무 좋아서 목마른 고양이처럼 침대에서 벌떡 일어나 일하러 간다." 저는 제 일이 노동처럼 느껴진 적이 없습니다. 수고처럼 느껴진 적도 없어요. 항상 흥미롭고 마음을 매료시키는 일이었죠. 물론 문서 준비나 위원회 회의처럼 일이 지루하게 느껴지는 순간도 있지만요.

> 위원회 회의도 좋아하시잖아요!
> 교수님이 위원인 위원회에서 제가 의장을 맡아봐서 잘 알지요. 좋은 위원회 활동은 즐기시던데요.

그야 작가님이 의장을 맡아주실 때만 그런 거죠. 그게 결정적인 차이입니다. 어쨌든 책을 쓰거나 가르치는 일은 전혀 일처럼 느껴지지 않습니다. 오히려 꼭 필요한 일이면서도 좋은 일처럼 느껴지죠. 그 두 가지가 합쳐진 걸 상상해보세요!

> 교수님이 지닌 지적 열망, 본능적인 호기심 같은 가치는 어디에서 비롯되었다고 생각하시나요?

확실히 제 호기심을 더욱 증폭시킨 사건 하나는 떠오릅니다. 제 기억으로는 일고여덟 살쯤부터 늘 본능적인 호기심과 무엇이든 알고 싶은 욕구가 있었어요. 책을 읽으면 그 안에 담긴 내용을 더 깊이 알고 싶어 했죠. 열네 살이었나, 그때 처음으로 영어 시험 대비 텍스트를 받앉는데 셰익스피어 작품들이었죠.「뜻대로 하세요」와「헨리 4세 1부」를 읽고는 정말 충격받아서 그다음 방학 동안 셰익스피어의 모든 작품을 읽었습니다. 읽지 않을 수가 없었습니다. 너무 빠져들어서 정말로 전체 맥락을 알고 싶고, 더 많이 읽고, 더 깊이 이해하고 싶다는 생각뿐이었죠.

제가 고대 그리스, 그리스 신화와 철학을 좋아하게 된 계기 같은 작은 일화도 하나 들려드릴게요. 제가 다녔던 학교는 기숙학교였고 저는 일곱 살인가 여덟 살쯤 그곳에 입학했습니다. 그런데 학교에서 몇 번의 도난 사건이 일어났고, 그 일로 교장 선생님이 전교생에게 엄중한 규칙을 발표했어요. 누구도 다른 학생의 사물함을 열어서는 안 되며, 어기면 바로 퇴학이라는 내용이었죠. 그건 정말 중대한 사안이었어요. 어느 날 제가 운동장에 있었는데, 어떤 덩치 큰 형이 저보고 학교 안으로 들어가서 자기 사물함에서 뭘 좀 가져오라고 시켰어요. 저는 못 하겠다고, 미안하지만 그건 학교 규칙을 어기는 일이라고 말했죠. 그러자 그 형은 시키는 대로 안 하면 더 무서운 규칙을 맛보게 될 거라며 저를 위협했어요. 그래서 저는 용기보다는 신중함이 낫다고 생각하며 학교 건물 안으로 들어갔습니다. 그런데 그의 사물함을 뒤지기 시작한 순간, 마침 제 친형이 신발 보관실로 성큼성큼 들어오는 거예요. (형은 저보다 다섯 살 많았는데, 학교에서는 꽤 대단한 학생이었어요. 반장에다 기숙사 학생 대표에다 크리켓 팀 주장까지 맡고 있었죠.) 형은 사물함을 뒤지고 있는 저를 향해 고함을 질렀어요.

그 바보 같았던 옛날에는 서로를 성으로 불렀답니다. "그레일링!" 하고 형이 제게 소리쳤어요. 저는 현장에서 딱 걸린 거였어요. 형은 겨드랑이에 소포 꾸러미를 하나 끼고 있었어요. 할머니가 보낸 선물이었는데 아동용 그리스 신화 책이었죠. 형은 이렇게 말했어요. "좋아. 네가 한 짓을 따고 보고하지는 않겠어. 대신 벌로 내일 아침까지 이 책의 처음 두 페이지를 완전히 외워 와야 해." 다음 날 아침, 저는 한 자도 틀리지 않고 책 전체를 줄줄 외웠어요. 그만큼 완전히 빠져들었던 거죠. 그때 그 일이 모든 것의 시작이었습니다.

결국 모든 샘물은 강으로 흘러가고, 강은 또 바다로 이어집니다. 저에게는 모든 강을 따라 흘러가면서 더 많이 알고 싶고, 그 과정에서 기쁨과 즐거움을 얻고 싶은 강박 같은 열정이 있습니다. 그것은 스스로를 끝없이 자극하고 성장하게 하죠.

그 열정을 증폭시킨 계기가 있었습니다. 우리 가족에게 닥친 고난의 전조 같은 거였죠. 저는 열아홉, 스무 살 즈음에 여동생과 어머니를 거의 동시에 잃었습니다. 정말 참혹한 일이어서 아버지는 완전히 무너져 내렸고 가족 전체에게도 엄청난 충격이었죠. 우리 가족에게 너무나 힘들고 고통스러운 시간이었기 때문에, 그 후로 저는 뭔가 일이 생기면 긍정적인 것으로 대응해야겠다고 생각했습니다. 삶에서 무언가를 잃었다면, 가능하다면 그보다 더 큰 무언가로 채워야겠다고 생각한 거죠. 정말로 가치 있는 일을 하려는 노력, 즉 그 자체로 가치 있는 일을 하려는 시도가 어떤 식으로든 작은 보탬이 될 수 있습니다. 그때부터 저는 나중에 출판사들이 당황할 정도로 완전히 일에 중독돼서 지나치게 책을 많이 쓰는 사람이 되었죠.

> 최근 들어 정치에 관한 글을 많이 쓰고 계시죠.
> 단순히 시사적인 문제뿐 아니라 교수님의
> 정치사상이나 헌법, 국가 운영에 대한 견해도 함께
> 담고 계신데요. 정치적 행위나 정치 활동에도
> 깊은 관심을 갖고 계신가요?

정확히 보셨습니다. 최근에 저는 민주주의란 무엇인가, 좋은 국가와 좋은 사회란 어떤 모습이어야 하는가, 민주주의가 결핍되었을 때 세계는 어떤 문제에 직면하는가를 주제로 연이어 책을 몇 권 썼습니다. 생각해보면 우리는 전례 없이 빠르게 발전하는 기술, 특히 전쟁이나 소통 방식에서의 기술 변화, 그리고 소셜 미디어 등이 사회에 어떤 영향을 미칠지를 제대로 깊이 있게 고민해본 적이 없습니다. 그런 기술을 어떻게 관리하고, 어떻게 적절히 대응할 것인지에 대해 사회 전체가 체계적으로 논의해본 적이 없습니다.

> **그런 문제들이 민주주의의 결핍에서 생겨난다고 보시나요?**

그렇습니다. 무엇보다도 제대로 된 논의가 이뤄지지 않았기 때문입니다. 결정은 이미 내려졌고, 기업들은 계속해서 기술을 개발해왔죠. 그런데 이 기술들이 사회에 어떤 영향을 미칠지를 고민하는 일은 뒷전이었습니다. 예를 들어 인공지능이 도입되는 방식은 분명 많은 긍정적 이점을 가져올 겁니다. 정말 좋은 일들이 많이 일어나겠지만, 동시에 부정적인 면도 있을 거예요. 그런데 우리는 그런 부정적 효과에 관해서 제대로 논의해본 적이 없어요. 바로 그게 문제입니다. 저는 정치적 참여에 늘 관심이 많았습니다. 특히 인권과 시민의 자유 같은 주제에 집중했어요. 1980년대와 1990년대에는 제네바에 있는 유엔 인권위원회에서 중국의 인권 문제와 관련된 일을 했고, 2000년대에는 생체 정보가 담긴 신분증 도입을 반대하는 운동에도 깊이 관여했습니다.

특정 이슈에 관한 캠페인을 벌이는 것도 중요하지만, 제도적 틀이 왜곡되어 있다는 사실을 지적하고 그 근거를 제시하는 것 역시 중요합니다. 브렉시트와 트럼프 현상을 보면서 이런 생각을 하게 되었어요. 현재 정치 체제에는 많은 문제가 있습니다. 특히 영국 헌법 체계에서 심각한 문제가 드러나고 있고, 사실 그건 미국 헌법도 마찬가지입니다. 저는 웨스트민스터 모델(영국에서 발전한 의회민주주의 체계를 가리키는 말―옮긴이)을 따르는 국가들을 떠올리고 있습니다. 전 세계에 50개국이 넘는데, 미국도 그중 하나입니다. 그런 방식의 정치 및 국정 운영 체계에는 뼈대부터 썩어 있는 무언가가 있습니다. 저는 도대체 그 문제가 무엇인지, 어떻게 바로잡아야 하는지를 알아내고자 열심히 노력했습니다. 우선 브렉시트와 트럼프 현상이 왜 발생했는지 파헤치는 책을 썼습니다. 그리고 나서는 '그럼 어떤 운영 방식이 바람직한지, 왜 그런 방식이어야 하는지를 조금 더 깊이 파고들어야겠다'라고 생각하게 되었죠. 그래서 좋은 국가란 어떤 모습일까를 고민하게 되었습니다.

이건 제가 지닌 인본주의 관점과도 관련 있어요. 저는 '좋은 사회', 즉 잘 통치되고 스스로 성찰할 줄 알며 그 안에서 개인이 좋은 삶을 누릴 수 있는 환경이 되어주는 사회가 매우 중요하다고 생각합니다. 아리스토텔레스 역시 오래전에 좋은 사회를 인본주의와 연결 지어 생각했습니다. 그는 좋은 사회적 환경 없이는 개인이 진정으로 좋은 삶을 누릴 수 없으므로 윤리와 정치는 본질적으로 하나라고 말했죠. 이 생각을 더 넓게 확장할 수 있습니다. 앞서 언급한 기술 발전, 기후 변화, 세계적 빈곤, 경제적 불평등, 사회 부조리까지 포함할 수 있어요. 이 문제들은 모두 서로 긴밀히 얽혀 있으며, 시민들이 충분히 목소리를 내지 못한다면 상황은 더욱 심각해질 겁니다. 오늘날의 정부는 그저 '정치를 위한 정치'를 하는 기구로 변해가고 있습니다. 특히 영국이나 미국처럼 선거 제도가 제대로 기능하지 못하는 국가에서는 특정 정당의 이익만을 대변하는 당파적 정부가 들어섭니다. 모든 국민의 이익을 위해 기능하고, 기후 변화 같은 문제를 해결하기 위해 국제적 협력이 필요하다는 인식을 갖춘 정부가 아니라요.

모든 이야기가 너무 이상주의적으로 들릴 수도 있겠지만, 사실 매우 현실적인 핵심을 담고 있습니다. 만약 G7 국가들이 자국의 경제적 경쟁력만 생각하지 않고, 인공지능 같은 기술과 군비 경쟁에만 몰두하지 않으면서, 경제적 불이익에 대한 두려움에도 불구하고 기후 위기에 적극적으로 대응할 수 있다면 변화는 실제로 가능해집니다. 세계 주요 경제국들이 자국의 사려 깊은 시민들이(사실 충분한 정보만 주어진다면 우리 모두 사려 깊게 생각하는 사람이 될 수 있을 겁니다) 원하는 방향대로 세상을 바로잡는 정책을 실행할 수 있다면, 좋은 사회는 현실이 될 수 있습니다. 가능한 일에서 현실로 바뀔 수 있다는 겁니다. 물론 경제 강대국들이 그렇게 할 가능성은 매우 낮지만, 그렇다고 해서 그런 주장을 하지 말아야 할 이유는 없죠.

나이절 워버턴
Nigel Warburton
명확성과 생각의 자유

2021년 7월

> 나이절 워버턴은 철학자이자 작가이며, 팟캐스트 〈철학 한 입 Philosophy Bites〉의 공동 진행자다. 그는 대중에게 철학을 소개하는 철학 입문서로 널리 알려져 있다. 『언론의 자유』, 『철학의 역사』, 『철학의 주요문제에 대한 논쟁』, 『그래서 예술인가요?』 등을 집필했다.

"우리는 말하자면 '사상의 생물학적 다양성'을 필요로 합니다. 그런 다양성을 확보하는 가장 좋은 방법이 바로 폭넓은 표현의 자유입니다."

> 교수님은 철학자일 뿐 아니라 대중적인 책과 신문 칼럼, 그리고 많은 사랑을 받는 팟캐스트를 통해 철학을 널리 알린 인물로도 유명하십니다. 철학을 대중에게 널리 전해야겠다고 마음먹은 계기가 있었을까요?

작정하고 철학을 대중화하겠다고 생각한 적은 없는 것 같습니다. 사실 저는 스스로 철학에 특별한 관심이 있는 작가라고 생각해요. 지금은 철학에 관심이 있는 팟캐스트 진행자라고 할 수 있겠죠. 제가 해온 모든 일에서 중요하게 생각하는 것은 접근성입니다. 정말 특별한 이유가 있어서 전문적으로 하는 경우가 아니라면 타인을 배제하는 방식의 말과 글은 아무 의미가 없다고 생각합니다. 그래서 간단히 답하자면, 명확성을 하나의 미덕으로 여기고 항상 그걸 목표로 삼고 있습니다.

> 왜 명확성이 미덕이라고 생각하시나요?

불필요하게 복잡한 언어나 난해한 표현으로 다른 사람들을 소외시키지 않고, 누구나 이해할 수 있게 말하고 글을 쓴다는 건 곧 그 사람들에 대한 존중이기 때문입니다. 이는 인본주의와도 연결된다고 볼 수 있어요. 어떤 이들은 자신의 똑똑함을 과시하기 위해 어려운 단어를 쓰거나, 라틴어나 고대 그리스어를 공부했다는 걸 드러내기 위해 복잡한 종속절이 들어간 긴 문장을 사용하곤 합니다. 하지만 조지 오웰은 불필요하게 문제를 복잡하게 만들지 말고 명확하고 간결하게 전달해야 한다고 주장했고, 저는 그런 조지 오웰의 방식에 영향을 많이 받았습니다. 저는 주로 철학을 주제로 글을 많이 썼는데요, 철학 분야에서는 전문 용어를 사용하고 싶은 유혹에 쉽게 빠집니다. 또 철학자들의 이름을 언급하면서 정확히 그 철학자들의 어떤 점을 지칭하는지는 구체적으로 말하지 않는 경우도 많아요. 철학을 일반 독자에게서 멀어지게 하는 게 하나의 학문적 전통처럼 되어버린 예도 있습니다. 반면에 독자들이 쉽게 접근할 수 있도록 책을 쓴 훌륭한 철학자들도 있죠. 대표적인 예가 데이비드 흄, 버트런드 러셀, 대니얼 데닛, 마사 누스바움, 피터 싱어입니다. 특히 피터 싱어는 작가로서도 정말 뛰어난데, 글쓰기 방식이 너무 자연스럽고 매끄러워서 오히려 그 솜씨가 눈에 띄지 않고 저평가되는 경향이 있습니다.

명확하게 글을 쓰거나 말하는 것은 타인을 존중하고 그들을 나와 동등하게 대우하는 태도입니다. 인간과 인간 사이에 큰 차이가 존재하지 않고 사람들 대부분이 상당히 많은 경험을 공유하고 있으므로, 우리는 인간으로서 자기 자신에게 던지는 가장 근본적인 질문들을 서로에게 던지며 소통할 수 있어야 한다는 기본 전제가 깔려 있습니다.

> 글쓰기 방법을 다룬 책도 쓰셨는데요,
> 좋은 글쓰기가 좋은 사고에도 도움이 된다고 하셨네요.

네, 저는 그렇게 생각합니다. 글쓰기는 그 자체가 일종의 사고 과정입니다. 처음부터 완전히 정리된 생각을 머릿속에 가지고 있다가 그것을 노트북 컴퓨터나 종이에 옮기는 사람은 아주 드물죠. 무언가를 창작하려는 과정 자체가 사고를 가능하게 하고, 글을 수정하고 편집하는 과정을 거치는 동안 사고가 더욱 명확해집니다. 글쓰기는 사고하는 하나의 방식이기도 해요. 사람들이 말을 할 때 꼭 말할 내용을 미리 다 정리하고 말하지는 않잖아요. 저도 지금 말할 내용을 미리 정리하고 연습한 후에 말하는 게 아니에요. 그냥 말하는 겁니다. 그래서 저는, 특히 전문 작가들에게는 글쓰기가 자신이 무슨 생각을 하는지를 발견하고 그 생각을 다듬는 방법에 가깝다고 생각해요. 단순히 아이디어를 종이에 옮기는 게 아닙니다. 산책을 오래 하면서 머릿속으로 충분히 정리해놓았다면 그렇게 할 수도 있겠지만, 대부분의 사람에게 글을 쓰는 과정은 그 자체가 사고하는 행위인 거죠.

> 교수님도 그렇게 글로 쓰면서 생각을 발전시키나요?

그렇다고 할 수 있죠, 제게 생각이란 게 있다면요. 저는 종종 아이디어를 간단히 메모해두고 나중에 글을 쓰는데, 글로 쓴 내용이 메모보다 나은 경우가 많습니다. 사람들과 대화를 나누는 것도 생각을 명확하게 정리하기에 아주 좋은 방법이죠. 표현의 자유에 관한 제 생각과도 연결되는 내용인데요, 대화는 여러 면에서 인간에게 유익합니다. 사회적, 발달적 측면에서뿐만 아니라 사고력 측면에서도요. 처음엔 진실이 아닌 것처럼 보이는 아이디어를 마주할 때나 좀 더 명확히 해야 하는 생각이 있을 때, 또는 누군가가 내 말에 질문을 던지면서 다시 생각해보고 더 이해하기 쉽게 전달하거나 논리적으로 더 탄탄하게 말해달라고 요구할 때, 우리는 사고를 다듬고 발전시키게 됩니다. 이런 상호작용은 글을 쓰면서 마치 자신과 대화하듯이 시도해볼 수도 있지만,

다른 사람과 실제로 나누는 대화 속에서 이뤄지는 사고는 아이디어를 발전시키는 아주 훌륭한 방법입니다.

> 방금 표현의 자유를 잠깐 언급하셨는데, 그 주제로 책도 쓰셨죠. 표현의 자유라는 가치에 대해 여러 가지 생각을 가지고 계시잖아요.

제 생각이라기보다는 주로 다른 사람들의 생각을 많이 빌려 쓰는 편입니다. 저는 전반적으로 자유주의자라고 할 수 있어요. 사상과 표현의 폭넓은 자유가 사회에서 매우 중요한 가치라고 믿거든요. 정치적으로도 중요하고, 사람들이 자신의 관점을 자유롭게 표현할 수 있다는 점에서 감정적으로도 중요하죠. 하지만 그 자유에는 법과 예의로 정해진 분명한 한계가 있습니다. '아무 말이나 해도 된다'는 건 아니라는 거죠.

기본적인 입장은 터무니없다고 여겨지는 생각이나, 심지어 잠재적으로 위험하다고 여겨지는 사람들의 생각일지라도 광범위한 사고의 자유가 보장되어야 한다는 것입니다. 물론 어느 지점에서는 선을 그어야 합니다. 그러나 막연하게 '잠재적으로 위험할 수도 있다'는 이유로 선을 그어서는 안 되죠. 실제로 위험한 결과를 초래했을 때 그어야 합니다. 그 선을 어디에 그을지는 사실 매우 어려운 문제입니다. 표현의 자유에 관해 조금이라도 고민해본 사람이라면 알겠지만, 결국 사례별로 판단할 수밖에 없죠. 각 사례의 세부적 상황, 그 안에 존재하는 미묘한 차이, 구체적인 조건에 따라 달라지니까요. 그래서 법으로 명확히 정하기 어려운 문제입니다. 하지만 저는 사람들이 미리 침묵당하기보다 서로 다른 의견이 오갈 수 있는 사회가 훨씬 더 낫다고 생각합니다.

> 왜 그런 사회가 더 낫다고 보시나요? 좋은 결과를 가져오기 때문인가요, 아니면 자유롭게 말할 수 있다는 개인적인 만족감 때문인가요?

두 가지 측면 모두 중요하다고 생각합니다. 저는 오류와 진리가 충돌하면서 결국 진리가 드러난다는 존 스튜어트 밀의 낙관론을 온전히 믿지는 않아요. 실제로는 그렇게 되지 않는 경우도 많거든요. 밀 자신도 이 점은 인정했습니다. 다만 그는 진리와 오류가 부딪치는 지속적인 토론 과정이 사람들을 덜 독단적으로 만든다는 점에 대해선 꽤 낙관적이었습니다. 저 역시 그 생각에 공감합니다. 사실 자신의 견해가 도전받지 않으면 우리는 밀의 표현대로 '죽은 독단$^{\text{dead dogma}}$'에 빠지기 쉬우니까요.

하지만 저는 침묵을 강요당하는 상황에 대해 본능적인 혐오감을 지니고 있습니다. 저뿐만 아니라 많은 사람이 비슷하리라 생각해요. 중요한 문제나 세상에 관한 자신만의 관점을 갖는 일이 허용된다는 것은 어른으로서 존중받는다는 표시이기도 하니까요. 그리고 우리는 자신의 관점을 다른 사람들과 자유롭게 나눌 수 있어야 합니다. 그러니까 표현의 자유에는 감정적인 측면도 있고, 사고를 자극하고 발전시킨다는 기능적인 측면도 있는 셈이죠. 이 점은 밀이 『자유론』에서 주목한 부분이기도 합니다. 어떤 면에서는 나와 의견이 다른 사람이 오히려 가장 대화하기 좋은 상대일 수 있습니다. 그런 사람과의 대화를 통해 자신이 실제로 어떤 생각을 하고 있으며 무엇을 중요하게 여기는지 더 분명히 깨달을 수 있으니까요. 그들의 의견에 더 공감하게 되든, 혹은 오히려 반박하게 되든, 그 과정 자체가 사고를 자극합니다. 저는 다양한 관점이 공존하는 사회, 종교적 신념을 포함해 여러 입장이 허용되는 사회가 비유하자면 '모두가 옥수수만 재배하는' 사회보다 훨씬 더 건강하다고 믿습니다. 우리는 말하자면 '사상의 생물학적 다양성'을 필요로 합니다. 그런 다양성을 확보하는 가장 좋은 방법이 바로 폭넓은 표현의 자유입니다.

저는 벨라루스와 미얀마를 비롯한 여러 나라에서 자신의 솔직한 생각을 표현했다가 억압받고 고문까지 당한 사람들을 인터뷰한 적이 있습니다. 한 예로 미얀마의 코미디언 자르가나르^{Zarganar}는 2년 넘게 독방에 갇혀 있었죠. 그런데도 그는 여전히 표현의 자유를 강하게 지지했습니다. 그런 모습은 정말 인상 깊었어요. 그토록 끔찍한 일을 겪고도 표현의 자유가 진정한 가치라고 당당히 말할 준비가 되어 있었습니다. 더 놀라운 것은 그들이 기회가 된다면 다시 그 가치를 용감하게 실천하리라는 점입니다. 비록 솔직하게 의견을 말한 대가가 혹독했지만, 그들은 자신의 견해를 세상에 전하는 게 중요하다고 굳게 믿고 있습니다. 거리낌 없이 다른 사람의 목소리를 침묵시키려는 사람들은 잘못된 길에 서 있다고 생각합니다. 요즘 우리는 반대 의견을 가진 사람들을 강연 무대에서 끌어 내리거나 아예 발언 기회를 차단하는 모습을 자주 보게 됩니다. 그런 청교도적 성향의 선제적 조치는 바람직하지 않습니다. 불쾌한 견해라 할지라도 그것이 공개적으로 제기되고 논의되는 것이 더 낫습니다. 제가 바라는 모습은 누군가를 억지로 연단에서 끌어 내리는 게 아니라 논쟁을 벌이고 반박하는 것입니다.

표현의 자유를 중시하는 이유 중 하나가 세상 곳곳에서 침묵을 강요당하는 사람들을 대신해 그 자유를 지켜야 한다는 의무감 같은 것인가요?

자신의 신념을 표현하기 위해 목숨을 거는 사람들에게 저는 깊은 존경심을 느낍니다. 우리 대부분은 다행히 자신의 견해를 표현했다는 이유로 투옥되거나 고문당하는 경험 없이 살아왔죠. 저는 작은 규제로 시작한 검열이 미끄러운 경사를 내려가듯이 극단적 제한으로 나아갈 수 있다고 말하는 게 아닙니다. 하지만 영국 내 일부 사람들이 자신이 싫어하는 의견에 지나치게 민감하게 반응하고 다른 의견을 언제든 검열하려고 드는 모습을 볼 때면, 그런 위험한 방향으로 가고 있는 것 같다는 우려가 듭니다. 정말이에요.

저는 혐오 발언이 일종의 해악이라 믿습니다. 심리적으로 해를 입힐 수 있는 특정 유형의 발언은 법으로 규제해야 한다고 생각합니다. 하지만 그와 동시에 자신이 싫어하는 견해를 말하면 곧바로 침묵시키려 드는 사람들도 매우 경계해야 한다고 생각합니다.

표현의 자유에도 제한이 필요하다고 보신다면, 어떤 경우에 그런 제한이 정당하다고 생각하시나요?

음, 제가 가장 먼저 떠올린 건 혐오 발언입니다. 혐오 발언은 누군가에게 의도적으로 정신적 상처를 주기 위해 쓰이며, 그 동기와 예상되는 결과가 상대를 깎아내리려는 것일 때가 많습니다. 다른 사람들이 반대할 만한 주제로 토론하는 것과는 차원이 다릅니다. 상대방을 화나게 할 의도로 모욕적이고 비하하는 말을 반복적으로 사용하는 경우, 말이 해악을 일으킨다고 볼 수 있어요. 물론 상황에 따라 판단이 달라질 수 있기 때문에 하나의 간단한 규칙으로 정리하긴 어렵습니다.

> **그렇다면 구체적인 예를 하나 들어주실 수 있나요?**

예를 들어 수학 문제를 반복해서 틀리는 학생에게 교사가 끊임없이 모욕적인 말을 퍼붓는 상황을 상상해보세요. "넌 멍청해. 넌 바보야. 수학을 이따위로밖에 못하냐? 지금 당장 집으로 돌아가. 넌 실패자야. 절대 수학자가 될 수 없어. 시험에서 낙제할 게 뻔해. 내 수업에 왜 있는지 모르겠네!" 이런 말을 반복적으로 한다면 그것은 분명 학대입니다. 말로 한다고 해서 단순히 기분을 상하게 하는 정도에 그치는 게 아니라 실제로 상대방에게 정신적 피해를 줄 수 있어요. 지금은 제가 이해하기 쉽도록 취약한 아동을 예로 들었지만, 똑같은 일이 어른에게 벌어지는 것도 상상할 수 있을 겁니다.

> **게다가 그런 말을 한 사람이 단순히 "너 수학 정말 못하네"라고 우연히 한마디 던진 일반인이 아니라, 학생을 가르치는 교사네요.**

권력을 가진 사람이 상대적으로 약한 사람에게 언어로 해를 끼칠 수 있다는 건 분명한 사실입니다. 존 스튜어트 밀은 불쾌감을 주는 말과 실질적인 해를 입히는 말 사이에 뚜렷한 구분선을 그은 인물로 잘 알려져 있죠. 불쾌감은 참을 수 있긴 하지만 바람직한 것은 아닙니다. 우리 모두 때때로 다른 사람에게 불쾌감을 주곤 합니다. 예컨대 인본주의자들은 존재 자체만으로도 종교인들에게 불쾌감을 줄 수 있어요. 밀은 그런 불쾌감을 주는 표현과 폭력을 부추기는 표현 사이에 선을 그었습니다. 분명 그는 폭력을 선동하는 것이 표현의 자유의 합법적 형태가 되어서는 안 된다고 생각했고, 그 점을 분명히 밝혔죠. 폭력 선동은 밀이 정한 표현의 자유의 한계를 넘는 것이었습니다. 그런데 오늘날 우리는 말이 일으킬 수 있는 심리적 해악에 관해 더 정교하게 이해하게 되었습니다. 저는 악의적이고 반복적인 혐오 발언이 누군가를 막대기로 때리는 행위보다 더 나쁜 건 아니더라도 그에 못지않게 해로울 수 있다고 생각합니다. 저 역시 저를 불쾌하게 만드는 사람들을 종종 만납니다. 하지만 그들이 신체적 폭력을 행사하거나 악의적으로 심리적 상처를 입히는 것이 아니라면, 그들이 자신의 생각을 표현할 수 있도록 내버려둘 만큼은 관용적인 사람이 되고 싶습니다.

악의의 유무가 판단 기준이라고 보시는 건가요?

그렇다고 생각합니다. 적어도 판단 기준 중 하나는 되죠. 저는 거기서부터 출발합니다.

그렇다면 단순한 결과뿐만 아니라, 말이나 행동의 의도가 중요하다는 말씀이군요?

당연히 의도가 중요합니다. 예를 들어 제가 전등 스위치를 딱 눌렀는데, 그 결과로 옆집 사람이 감전되었다고 가정해보죠. 전선이 잘못 연결되어 있다는 것을 몰랐다 해도, 그건 단순히 전등 스위치를 켜는 것과는 전혀 다른 행위입니다. 그러나 옆집 사람이 감전된 건 제 의도 때문이 아닙니다. 만약 제가 그 사람을 감전시키려고 일부러 전선을 그렇게 연결했다면 사람들은 저를 다르게 판단하겠죠. 우리는 항상 의도를 고려합니다. 그런 이유로 법에서도 범죄를 저지른 사람의 의도, 즉 '범의'는 매우 중요한 요소입니다. 고의적 살인과 과실치사, 우

나이절 워버턴 247

발적인 폭력과 계획된 폭력의 구분도 바로 그 의도에 따라 달라집니다. 어떤 행위가 범죄인지 아닌지, 그 범죄의 경중, 그에 맞는 처벌 수위 등을 판단할 때 우리는 늘 행위의 고의성을 묻습니다. 이는 매우 인간적인 접근 방식이라 할 수 있죠. 우리가 서로를 이해할 때 결과만 보는 게 아니라 그 결과가 우연이었는지, 예상치 못한 사고였는지, 아니면 명백히 의도된 것인지를 고려하는 세상에 살고 있다는 거니까요.

> 깊은 관심을 두고 있는 다른 자유가 있습니까?
> 표현의 자유는 이미 이야기했고, 그 외에 특별히
> 중요하게 여기는 자유가 있다면 무엇인가요?

조금 이상적으로 들릴 수 있는 바람인데요, 저는 사람들이 세상 어디든 자유롭게 이동할 수 있는 자유가 있었으면 좋겠어요. 분명 가능하지는 않겠지만, 어떤 식으로든 국경을 개방하는 방법이 있다면 저는 두 팔 벌려 환영할 겁니다. 현재 이민에 대한 제약은 때때로 정말 독단적으로 느껴집니다. 특히 요즘 영국에서는 그런 경향이 심해지고 있어요. 아마 제가 세계시민적인 관점을 갖고 있어서 더 민감하게 느끼는 걸 수도 있겠지만요. 우리는 모두 같은 지구에 함께 사는 존재들입니다. 문화적 차이가 있고 각자 자란 지역이 있지만, 사람들이 자기 고향을 떠나는 데는 분명 그럴 만한 이유가 있어요. 물론 이 문제에 단순한 해답은 없겠지만, 이상적인 세상이라면 지금보다 훨씬 자유롭게 국경을 넘을 수 있어야 한다고 생각합니다. 요즘처럼 국경을 굳게 닫고서는 '이러이러한 사람들은 우리 나라를 더럽히므로 절대 이 땅에 들여서는 안 된다'라며 온갖 이유로 배척하는 국수주의적 태도가 매우 걱정스럽습니다. 지금 우리는 그런 식의 우려스러운 주장을 너무 자주 목격하고 있어요.

    조금 더 지역적인 관점에서 이동의 자유를 이야기해볼까요? 저는 산책과 자전거 타기를 정말 좋아하는데요, 가끔 이동의 자유가 제한되는 상황을 만납니다. 넓은 땅을 소유한 사람들이 통행을 막아버리기 때문이죠. 저는 이게 문제가 있다고 봅니다. 시골 지역에 타인의 재산을 존중하면서 이동의 자유가 어느 정도 허용되는 공공 산책로나 승마로 같은 것이 열려 있다면 아주 멋지겠죠. 옥스퍼드 주변에서도 산책로나 승마로처럼 보이는 길에 철조망이 쳐져 있고 '사유지입니다. 외부인 출입 금지', '통행 금지', '이 진입로로 지나갈 수 없습니다' 같은 표지판이 함께 세워져 있는 걸 자주 봅니다. 그런 식의 출입 통제는 대부분 없어져야 한다고 생각합니다. 그렇게 넓은 땅을 가진 사람들이 마땅한 이유 없이 사람들의 출입을 제한하는 건 건강한 삶의 방식이 아니에요. 땅 주인에게도, 그곳을 지나가지 못하는 사람들에게도 좋지 않습니다. 사람들은 단지 시골 풍경을 즐기고 싶어서 들판을 걷는 겁니다. 농작물을 훼손하거나 야생동물을 위협하거나 특별히 무례하게 행동하는 게 아닌데도 철조망을 쳐서 아예 지나가지 못하게 막는 것은 잘못되었다고 봅니다. 땅 주인의 권리가 걷고 싶은 사람의 자유보다 언제나 우선한다는 전제는 바람직하지 않아요. 저는 가능하다면 어디서든 자유롭게 이동할 수 있는 자유가 정말 중요하다고 생각합니다. 언론의 자유처럼 이동의 자유도 기본이 되어야 합니다. 자유롭게 생각하고, 그 생각을 표현하고, 어디서든 자유롭게 이동할 수 있어야 합니다. 물론 정말 정당한 이유가 있다면 출입을 막을 수도 있겠죠. 예를 들어 그곳이 사격장이거나, 보호가 필요한 농작물이 자라고 있다거나, 희귀한 난초가 자라는 지역이라면요. 그런 예외적인 경우가 아니라면 이동의 자유는 마땅히 보장되어야 합니다.

니컬라 라이하니
Nichola Raihani
협력

2022년 5월

니컬라 라이하니는 오클랜드대학교와 런던대학교에서 진화생물학과 행동학을 가르치고 있으며, 인간을 포함한 동물들의 협력과 이타주의를 연구하고 있다. 저서로 『협력의 유전자』가 있다.

"모든 게 우리가 사회 구조를 만들기 위해 협력하는 과정에서 나온 결과예요. 협력이 너무 광범위하게 퍼져 있어서 우리가 많은 경우 그것을 당연하게 여기는 것 같습니다."

저는 박사과정 중에 협력에 관한 연구를 시작했습니다. 칼라하리 사막에 서식하는 얼룩무늬꼬리치레라는 조류 종에 관한 연구였죠. 이 새는 놀라울 정도로 협력적인 종입니다. 긴밀하게 결속된 가족 단위로 생활하며 새끼를 키울 때도 온 가족이 협력합니다. 자연에서 발견되는 이런 모습은 종종 우리를 당황하게 만들죠. 우리는 다윈주의 관점에서 세상을 바라보면서 모든 생명체는 자기 이익을 우선시하고 자기 자신만을 챙기는 존재라고 생각해왔거든요. 얼룩무늬꼬리치레뿐만 아니라 우리에게 익숙한 칼라하리 사막의 미어캣과 그 외 여러 사회적 동물에게서 개체의 이익을 제쳐두고 집단의 이익을 위해 행동하는 듯한 모습을 볼 수 있어요. 그런 이타적 행동을 우리가 세상을 이해하는 이론적 기반, 즉 다윈의 자연선택에 의한 진화론과 조화롭게 설명하는 일은 여전히 풀리지 않은 숙제입니다. 그렇다면 우리는 경쟁을 강조하는 다윈의 진화론을 받아들이면서도 인간을 포함한 다양한 생명체들이 보여주는 수많은 '협력' 사례들을 어떻게 이해할 수 있을까요? 이 질문의 답을 찾고, 진화가 어떻게 이 수수께끼를 풀어냈는지를 밝히는 일이 바로 제가 연구를 계속할 수 있게 만드는 원동력입니다. 협력을 연구하는 일이 매우 흥미로운 이유도 거기에 있고요.

'이기적 유전자'라는 개념은 사람들에게 우리가 경쟁 중심의 세계에 살고 있다는 생각을 더욱 굳혔습니다. 즉, 세상은 정글과 같고 모든 상황은 제로섬 게임이라고 보게 되었어요. 상대가 손해를 보면 내가 이익을 얻고, 내가 이익을 보면 상대는 손해를 본다는 거죠. 그 결과 우리는 자신을 철저히 경쟁적인 존재로 인식하게 되었어요. 제 책 『협력의 유전자』는 『이기적 유전자』가 멈춘 지점에서 다시 출발합니다. 협력은 사실 우리 주변 어디에나 존재한다는 전제에서 시작하죠. 우리가 거울을 볼 때 마주하는 자신은 우리를 하나의 개체로 만들어주는 수많은 세포와 유전자들의 협력으로 이루어진 놀라운 복합체입니다. 창밖을 보면 어디에나 협력의 흔적이 있습니다. 우리가 사는 거리, 거주하는 집, 출근할 때 이용하는 기차, 이 모든 게 우리가 사회 구조를 만들기 위해 협력하는 과정에서 나온 결과예요. 협력이 너무 광범위하게 퍼져 있어서 우리가 많은 경우 그것을 당연하게 여기는 것 같습니다.

> 그러니까 협력이 중요한 개념이라는 말씀인데요, 교수님은 협력을 어떻게 정의하십니까? 교수님이 말씀하시는 협력은 정확히 어떤 의미로 이해해야 할까요?

'협력'이라는 말은 비즈니스 용어로 쓰이면서 본래 의미에서 조금 벗어났어요. 구글 이미지 검색창에 '협력'을 입력해보면 솔직히 이상한 손동작 사진들이 많이 나옵니다. 악수의 변형 같은 거라든가, 손을 맞잡은 모습이나, 다소 기묘한 동작들이요. 요즘 협력은 종종 팀워크나 열정, 혹은 뻔한 비즈니스적 은유와 동의어처럼 쓰입니다. 하지만 실제로 협력은 훨씬 더 깊고 넓은 개념이에요. 진화론적 관점에서 말하는 협력은 개체들이 함께 일을 하면서 종종 어느 한쪽이 또는 양쪽이 비용을 대거나 자원을 투자해 상대를 돕고, 그 결과로 모두가 이익을 얻는 상호작용을 뜻합니다. 우리는 다양한 협력을 이야기할 수 있어요. 예를 들어 우리 몸속의 유전자들은 하나의 개체로 통합된 유기체를 만들기 위해 각자의 이익을 잠시 내려놓고 협력합니다. 세포들도 마찬가지죠. 어떤 세포는 번식을 포기하고 전체를 위해 봉사하는 삶을 택합니다. 사실 대부분의 세포가 그렇게 합니다. 오직 극소수의 세포만이 생식세포가 되어 다음 세대로 유전될 수 있어요. 개체 간의 협력도 당연히 존재합니다. 인간을 포함해 지구상의 수많은 종에게서 아름다운 협력 사례들을 찾아볼 수 있어요.

> **적어도 한 개체가 다른 개체에 이익을 주기 위해 어떤 대가를 감수한다는 개념이 교수님이 정의하는 협력의 핵심이라고 볼 수 있을까요?**

그건 매우 흥미로운 개념입니다. 어떤 개체가 대가를 치르는 모습을 볼 때마다 그런 행동이 어떻게 진화적으로 살아남을 수 있었는지 이해하려면, 그 대가가 나중에 어떤 식으로 보상받을 수 있는지도 이해해야 하니까요. 조금 더 구체적인 예로 포렐리우스 푸실루스$^{Forelius\ pusillus}$라는 개미 종을 들어보죠. 우리가 공감할 수 있는 예일 겁니다. 이 개미는 브라질의 매우 덥고 건조한 지역에 서식합니다. 다른 개미들처럼 큰 군집을 이뤄 생활하죠. 집은 땅속에 있지만 낮 동안에 지상으로 올라와 먹이를 찾고 저녁이 되면 다시 집으로 돌아갑니다. 대부분은 터널을 통해 개미집 안으로 들어가 밤새 안전하게 머물지만, 몇몇 개미는 땅 위에 남아서 다른 개미들이 모두 터널 안으로 들어갈 때까지 기다린 다음, 모래알이나 다른 잔해를 끌고 와서 집의 입구를 완전히 감추는 작업을 시작합니다. 그렇게 밖에서 그들은 운명을 다하게 됩니다. 땅 위에서 하룻밤을 넘기는 건 불가능하거든요. 그리고 그들의 희생은 거기서 끝나는 게 아닙니다. 땅 위에 남은 일개미들은 입구가 완전히 가려졌다는 것을 확인한 후, 포식자들이 집 근처로 오지 않도록 집에서 멀리 떨어진 어둠 속으로 이동해 그곳에서 죽음을 맞이합니다.

이 감동적인 사례는 집단의 일부 개체들이 매우 뚜렷한 대가를 치르는 모습을 보여줍니다. 지하 개미집에 있는 친족들을 보호하기 위해 자신을 희생하는 궁극의 대가를 치르는 것이죠. 진화론적 관점에서 이런 질문이 떠오릅니다. '도대체 왜 개체가 이런 행동을 하는 것일까? 왜 다른 개체들을 돕기 위해 그런 대가를 치르는 걸까?' 개미의 경우는 매우 명확하게 설명할 수 있습니다. 개미들이 돕는 대상은 대부분 유전적으로 밀접한 관련이 있는 친족들입니다. 이른바 '친족 선택' 이론으로 개미들의 자기희생을 설명할 수 있죠. 하지만 꼭 목숨까지는 아니더라도 음식을 나누거나 자원을 공유하는 식으로 다른 개체를 돕는 이타적 행동도 많습니다. 서로 혈연관계가 아닌 예도 많고요. 이런 이타적 행동이 어떻게 지구상에 존재하게 되었고 왜 그렇게 널리 퍼져 있는지를 이해하는 것이 제가 하는 연구의 핵심이며, 많은 진화생물학자가 주목하는 문제이기도 합니다.

> **교수님의 연구는 곤충이나 동물들뿐만 아니라 인간과도 밀접하게 연관되어 있군요.**

네, 그렇습니다. 협력은 우리 사회의 아주 큰 부분을 차지합니다. 우리는 매일 아침 출근길에 지하철을 타고, 때로는 누군가의 겨드랑이에 얼굴이 닿을 정도로 가까운 거리에 서 있죠. 단지 지하철과 승강장이라는 인프라가 존재한다는 사실뿐만 아니라, 전혀 모르는 낯선 사람들과 그렇게 좁은 공간에 함께 있으면서도 목적지까지 무사히 도착할 수 있으리라고 꽤 합리적으로 기대할 수 있다는 사실 자체가 어떤 면에서는 기적과도 같습니다. 인류학자 세라 블래퍼 허디$^{Sarah\ Blaffer\ Hrdy}$가 대서양 횡단 비행에 관해 이야기하면서 이렇게 말했습니다. "제가 그 비행기 안에 사람들이 아니라 침팬지 무리와 함께 앉아 있었다면 어떻게 되었을까요? 목적지에 도착했을 때쯤 비행기 안의 광경은 절대 아름답지 못했을 겁니다. 여기저기 팔과 다리가 흩어져 있었을 거예요." 우리는 이 말을 듣고 웃겠지만, 사실 꽤 현실적인 이야기입니다. 침팬지들은 낯선 존재를 참지 못해요. 그들은 다른 무리에서 온 낯선 개체를 보면 공격해서 다치게 하거나 죽이기까지 하죠. 반면에 우리 인간은 평소에 거의 의식하지 못하지만 매우 높은 수준의 협력을 행하는 존재입니다.

> **교수님이 인간 본성에 관해 도달하게 된 견해가
> '우리 인간이 협력적인 존재이고 이는
> 놀랍고도 긍정적인 일이다'라는 게 맞습니까?**

그 말에 약간의 조건을 붙여야 할 것 같네요. 인간이 매우 협력적인 존재라는 데 동의하지만, 제 관점은 그보다 조금 더 정교합니다. 저는 협력이 반드시 좋은 것만은 아니라고 생각해요. 몇 가지 명백한 예가 있어요. 전쟁은 막대한 협력이 요구되는 일이지만, 그 결과로 많은 사람이 엄청난 고통과 불행을 겪습니다. 조금 더 작은 규모의 예로 족벌주의, 부패, 뇌물 수수 같은 것이 있는데, 모두 지역적 협력의 형태이지만 오히려 사회 전체에 심각한 해를 끼칠 수도 있습니다. 그래서 인간이 대단히 협력적인 존재라는 말은 사실이지만 '협력은 좋은 것, 협력은 우리가 지향해야 하는 것, 진정한 미덕이고 이로운 것'이라는 단순한 사고로 이어져서는 안 됩니다. 현실에서 협력은 때때로 해로울 수도 있으며, 누군가에게 피해를 줄 수도 있습니다. 이러한 사실을 인식하는 것은 '인간은 협력적인 존재다'라는 우리가 자신을 바라보는 관점과 '협력이 때로는 해로울 수 있다'라는 모순을 조화롭게 이해하고 받아들이는 데 도움이 됩니다. 사람들이 인간은 협력적인 존재라는 말을 받아들이기 어려워하는 경우, 그 이유는 전쟁이나 폭력처럼 명백하게 해로운 사례들을 떠올리기 때문일 겁니다. 그런 나쁜 일도 협력의 산물일 수 있다는 것을 직관적으로 받아들이기가 쉽지 않죠.

> 결국 협력은 그 결과가 도덕적으로 긍정적이거나 부정적이거나 때로는 중립적일 수도 있는 그저 사실에 가까운 개념이라는 말씀인가요?

맞습니다.

> '내가 대접받고 싶은 방식으로 남을 대하라'라는 잘 알려진 도덕 원칙도 인간의 협력적 본능이나 사회적 본능에서 비롯된 것일까요?

그렇습니다. 지구상의 거의 모든 사회에서 볼 수 있는 도덕적 가치나 규칙들이 있어요. 인간 사회의 보편적 개념이라 할 수 있는 것들인데요, 대표적 예가 상호성의 원칙이죠. 어떤 곳에서는 이것을 황금률이라고도 부릅니다. '눈에는 눈, 이에는 이', '내 등을 긁어주면 네 등도 긁어줄게', '가는 말이 고우면 오는 말도 곱다' 같은 말로 표현되기도 해요. 모두 남에게 대접받고 싶은 대로 남을 대접하라는 원칙을 담고 있죠. 이는 우리가 연구한 거의 모든 인간 사회에서 소중하게 여겨지는 도덕적 가치입니다. 사람들은 이 원칙을 항상 따르지는 않더라도 대체로 옳다고 생각합니다.

저는 서구 민주주의 사회에서 자란 사람이며, 우리 모두가 속해 있는 문화적 환경의 일부인 도덕적 가치와 규범의 영향을 크게 받았다고 생각합니다. 그러니까 우리가 가지고 있는 공정성의 개념이나 모든 사람에 대해 느끼는 도덕적 의무, 이를테면 모든 사람을 공정하게 대해야 하고, 채용 같은 문제에서 가족이나 친구에게 유리하게 결정해서는 안 된다는 생각은 영국 같은 서구 민주주의 사회에 태어난 사람들이 물려받는 문화적 유산의 일부라고 할 수 있습니다.

협력을 이야기할 때 우리는 딜레마에 부딪히는 경우가 꽤 많을 겁니다. 예를 들어 단순히 '도와줘야 할까, 도와주지 말아야 할까?'의 문제가 아니라 종종 '누구를 도와야 할까?', '이 사람들을 돕는 게 내 의무일까, 아니면 저 사람들을 돕는 것이 내 의무일까?'와 같은 질문에 직면하죠. 때로는 하나를 얻기 위해 어쩔 수 없이 다른 하나를 포기해야만 합니다. 오늘날 우리 사회에서 많은 의견 차이가 나타나고 있고, 특히 가치관이나 도덕적으로 무엇이 옳은가를 두고 갈등이 생기고 있는데요. 그 근본적인 원인은 바로 이러한 딜레마를 어떻게 해결할 것인가에 대한 견해차라고 봅니다.

좀 더 구체적으로 이해하기 위해 제가 훨씬 더 집단주의적인 사회에서 태어났다고 가정하고, 당신이 제게 이렇게 질문한다고 해보죠. "위험한 운전으로 범죄를 저지른 친구를 보호하기 위해 법정에서 거짓말을 하는 게 옳은가요? 즉, 친구를 곤경에서 벗어나게 하려고 거짓말하는 게 정당한가요?" "자격을 갖춘 지원자 대신에 당신의 사촌을 채용하는 것이 옳은 걸까요?" 저는 이 두 가지 상황에서 무엇이 옳은 행동인지에 대해 나름의 확고한 관점을 가지고 있습니다. 하지만 제가 다른 사회에서 태어났고 그 안에서 다른 도덕적 가치관과 도덕적 의무를 배우며 자랐다면, 전혀 다른 관점을 가졌을 겁니다. 제가 책에서 주장했고 개인적으로도 중요하게 여기는 믿음 중 하나는 우리가 어떤 상황에서 옳고 그름을 판단하는 나름의 기준을 가지고 있더라도 그 기준이 다른 사람들과 다를 수 있다는 점을 인정해야 한다는 겁니다. 더 나아가 그런 차이를 쉽게 도덕적인 의미로 해석하려는 태도를 경계해야 합니다. 예를 들어 "우리가 옳고 당신은 틀렸어. 그리고 사촌을 채용하는 게 옳다고 생각하고, 친구를 위해 법정에서 거짓말하는 게 정당하다고 믿는 걸 보니 당신은 비도덕적인 사람이야"라는 식의 태도는 지양해야 한다는 것이죠.

> 그러니까 단순히 도덕적 가치가 상대적일 수 있다는 사실을 아는 것만으로는 충분하지 않군요.
> 정말로 중요한 것은 도덕적 가치의 상대성을 어느 정도 받아들이는 태도인가요?

도덕적 가치가 무엇이고, 어떤 도덕 규범을 지지해야 하는지에 대해 사람마다 생각이 다르다는 사실을 받아들이는 것은 매우 중요해요. 만약 도덕적 의무를 어디에 두느냐에 대해 서로 다른 입장을 가질 수 있다는 점을 받아들이지 못한다면 결코 건설적인 대화를 할 수 없을 것이고, 결국 끝없는 갈등으로 이어지게 될 겁니다. 저는 단순히 그런 차이를 인정하는 데 그치지 않고 그 차이가 왜 생기는지, 어디에서 비롯되었는지를 이해하려는 노력이 흥미롭다고 느낍니다. 정말로 중요한 일은 왜 어떤 사람들은 도덕을 상대적으로 좁은 범위 안에 한정해서 생각하는지를 이해하는 거예요. 자신의 도덕적 의무가 타인보다는 친구나 가족처럼 가까운 사람들에게 더 우선한다고 믿는 사람들이 있는 반면에, 더 보편적인 도덕 규범을 중요하게 여기는 사람들도 있어요.

이러한 차이는 크게 보면 물질적 안정에서 비롯된다고 생각합니다. 물질적 안정이란 다른 사람에게 의존하지 않고 스스로 기본적인 필요를 충족할 수 있는 능력을 말합니다. 예를 들면, 필요한 음식을 구할 수 있는가? 아플 때 돌봐줄 누군가가 있는가? 의료 서비스를 이용할 수 있는가? 머무를 집이 있는가? 공격 가능성이 있는 사람들로부터 안전한가? 이런 요소들이 모두 물질적 안정에 해당하죠. 물질적 안정성이 낮을수록 사람들은 서로에게 더 많이 의존하고, 생계유지를 위해 가까운 사회 관계망에 더욱 의지하는 경향이 있어요. 알다시피 개인이 혼자 힘으로 필요한 것을 충족하기 어려운 지역에서는 음식 나눔 같은 행위가 더 흔하게 나타납니다. '내가 음식을 가지고 있으면 너와 나누고, 네가 가지고 있으면 나와 나눈다'는 식이죠. 이러한 상황에서는 흔히 '필요 기반 교환 need-based exchange'이라고 불리는 패턴이 자주 나타납니다. '내가 어떤 것이 필요하고 네가 그것을 가지고 있다면, 너는 그것을 나에게 줘야 한다'는 식입니다. 반대로 '내가 무언가를 가지고 있고 네가 그것이 필요하다면, 대가를 기대하지 않고 너에게 줘야 한다'는 태도 역시 포함하죠. 이런 교환이 이뤄지는 사회에서는 매우 강한 사회적 유대가 형성되며, 사람들은 서로에게 많은 것을 요구합니다. 생각해보면 물질적 안정성이 낮을수록 누구에게나 공정한 협력 규범을 지지할 가능성은 작아지고, '나는 나를 돌봐주는 사람들을 돌봐야 해. 내가 그 사람들에게 의존하고 있으니까'라고 생각할 가능성은 커집니다. 한 번도 만난 적 없는 낯선 사람이나 불특정한 사람들에게까지 공평하게 협력이나 투자를 베풀 여유가 없으니까요. 이런 도덕성의 차이가 어디에서 비롯되는지를 이해하는 것이 결국에는 왜 그런 차이가 존재하는지를 이해하고 받아들이는 데 도움이 되리라 생각합니다.

프랭크 터너
Frank Turner
창의성과 연결감

2022년 3월

프랭크 터너는 상업적으로 성공한 포크 펑크 folk-punk 싱어송라이터이자 뮤지션으로, 에너지 넘치는 공연과 감동적인 가사로 유명하다. 지금까지 솔로 앨범 9장을 발표했으며, 전 세계 누적 음반 판매량은 100만 장이 넘는다.

"음악은 적어도 저에게는 독백이 아니라 대화가 될 때 흥미로운 활동입니다."

어떤 방식으로든 창조적인 일을 하고 싶다는 욕구는 제 성격에 본래부터 있던 부분인 것 같아요. 운이 좋게도 저는 평생 그 욕구를 삶의 방식 속에 녹여낼 수 있는 유용하고 어쩌면 실용적인 방법을 발견했습니다. 사실 그게 제 삶의 중심이 되었죠. 자기를 표현하고 싶은 욕구와 창의성을 통해 세상을 이해하고 의미를 찾고 싶은 욕구가 저의 내면 깊숙한 곳에 자리 잡은 듯합니다. 그래서 그냥 그게 제 방식인 것 같습니다. 너무 깊이 몸에 배어 있어서 거기에 어떤 식으로든 의문을 품는 게 어렵게 느껴집니다.

지금까지 늘 그런 욕구를 느끼셨나요?

그런 것 같아요. 아주 오래전 기억이라 또렷이 떠올리긴 어렵지만, 열 살 무렵에 넓은 의미의 로큰롤 음악을 처음 접했을 때부터였을 겁니다. 그 음악을 듣자마자 완전히 반했어요. 그런데 제일 먼저 든 생각은 '어떻게 하면 나도 이걸 할 수 있을까? 어떻게 하면 이 안에 들어갈 수 있을까?'였어요.

제가 사랑하는 모든 것에는 늘 직접 참여할 수 있는 부분이 있었어요. 물론 나이가 들면서 절대 참여할 수 없는 일도 있다는 걸 점차 깨달았습니다. 예를 들어 북극에서 물고기를 잡는다든지, 우주를 탐사한다든지 하는 일들이죠. 하지만 밴드 음악을 들었을 때는 바로 기타가 갖고 싶었어요.

> 창의적인 생각이나 무언가를 만들어내는 활동이 세상을
> 이해하는 데 도움이 된다는 말씀이군요.

무척 도움이 되죠. 제가 만드는 많은 예술 작품은 일종의 카타르시스이자, 말하자면 공적인 형태의 치료와 같습니다. 나이가 들면서 개인적인 상담 치료도 진짜로 받아야겠다는 생각이 들긴 했지만, 지금까지의 창작 활동이 해가 된 적은 없었어요. 오히려 지금은 창작이 일종의 본능적인 반응이 된 것 같습니다. 저는 삶에서 어떤 중요한 일이 생기면, 그걸 곧바로 곡으로 쓰진 않더라도 적어도 악구나 표현을 떠올려보고 이리저리 생각해봅니다. 어떤 면에서는 그게 제가 세상사를 풀어나가는 방법이고, 적어도 스스로 세상을 어떻게 생각하는지를 파악하는 방식이라고 할 수 있죠.

> 그러니까 창작한 작품을 통해 생각을
> 소리 내어 표현하신다는 거군요?

그렇습니다. 그 과정이 언제나 흥미롭다고 생각합니다. 지금도 그 과정의 한가운데에 있죠. 앨범 발매 후 열리는 기자 간담회는 하나의 협업 과정이라 할 수 있어요. 기자들과 앨범에 관해 이야기하면서 비로소 저도 다른 사람들과 마찬가지로 제가 무슨 말을 해야 하고, 어떤 생각을 하는지를 알아내고 정리하니까요.

> "내가 무슨 생각을 하는지 말해보기 전까지는
> 나도 알 수 없어." 이런 느낌인가요?

정확합니다. 그렇다고 모든 인간 활동 영역에서 그 방식이 최선의 접근법이라고는 생각하지 않아요. 예를 들어 협상가들은 사전에 더 신중히 생각하는 게 좋겠죠. 하지만 저는 언제나 억지스럽지 않은 예술을 무척 좋아했고, 그런 예술을 창조하려고 해왔습니다. 아직 자동으로 되는 수준은 아니지만, 최대한 감정과 생각이 필터 없이 자연스럽게 표현으로 이어지도록 노력하고 있습니다.

> 조금 전 창의성에 대해 이야기하실 때, 거기서
> 좀 더 나아가 창작 행위의 참여적 성격과
> 그것이 어떻게 다른 사람들과 연결되게 해주는지도
> 언급하셨어요. 공동체나 사람들과의 연결도
> 중요한 가치라고 보시나요?

네, 저에게는 굉장히 중요해요. 음악은 적어도 저에게는 독백이 아니라 대화가 될 때 흥미로운 활동입니다. 물론 모든 뮤지션이 그렇게 느끼는 건 아니죠. 이제는 저도 나이가 들 만큼 들어서 저와 생각이 다른 사람을 향해 삿대질하며 말하고 싶지는 않습니다. 하지만 일반적으로 말하자면, 무대 위에서 소리의 창조가 집단적 활동이 되는 순간이 ─ 이건 허세 섞인 표현이고요, 다시 말해 다 함께 노래를 따라 부르는 순간이 ─ 조용히 관객을 통제하며 공연하는 것보다 훨씬 더 흥미롭게 느껴집니다. 그 안에는 어떤 공통된 감정이 있어요. 우리가 이야기하던 창의적 욕구와는 조금 다르지만, 모든 인간에게는 공동체에 대한 욕구가 있는 듯합니다. 역사적으로 사람들은 종교를 통해 그 욕구를 채워왔어요. 개인적으로 그 방식도 괜찮다고 봅니다. 어떤 사람은 스포츠에서, 어떤 사람은 컴퓨터 게임에서 그런 공동체감을 느끼죠. 저는 음악을 통해 그걸 느끼는 거고요. 제 인생에서 가장 강렬했던 경험은 언제나 실제 공연이 집단 퍼포먼스로 바뀌는 순간들이었습니다. 공연자로서도, 관객으로서도 마찬가지죠. 그 순간에는 모두를 하나로 만들어주는 집단적 일체감이 생기는데, 그건 아주 이상하면서도 흥분되는 경험입니다. 아마 저는 그런 순간을 계속해서 좇고 있는 것 같아요.

조금 솔직하게 말하자면, 제가 어릴 때 음악을 시작하게 된 것은 누나와 누나 친구들 그리고 제 친구들 영향이 큽니다. 당시 저는 헤비메탈에 빠져 있었지만, 그들은 카운팅 크로스Counting Crows나 위저Weezer, 레블러스Levellers 같은 노래 중심의 밴드 음악을 좋아했어요. 그래서 저도 그런 노래들을 어쿠스틱 기타로 연주하는 법을 배웠어요. 메가데스Megadeth 같은 메탈 밴드의 곡보다 연주하기 훨씬 쉬웠으니까요. 여름방학에도, 윈체스터에서 술집에 들어가려다 실패한 밤에도, 다른 어느 곳에서도 저는 기타를 연주하곤 했어요. 여기서 중요한 것은 모두가 함께 노래를 부를 수 있도록 제가 기타를 쳤다는 겁니다. 저는 사람들 앞에서 공연을 한 게 아니라, 모두 함께하는 활동을 이끄는 역할을 했습니다. 그때의 경험과 활동에서 얻은 무언가가 지금 제가 음악과 공연을 바라보는 방식의 DNA 속에 남아 있다고 생각합니다. 가장 이상적인 상태일 때 제 공연은 모두가 함께 참여하고 연결되는 경험의 장이 됩니다.

> 왜 그런 교감이나 다른 사람들과 하나 되는 순간을 끊임없이 추구한다고 생각하시나요? 그런 순간이 어떤 절정의 경험처럼 느껴지기 때문인가요?

저는 그런 경험이 정말 중요하다고 생각합니다. 영혼의 양식 같은 거죠. 꽤 실존주의적인 이야기처럼 들릴 수도 있지만 인간의 고립된 경험들 사이에는 서로를 연결하는 무언가가 있고, 크게 보면 예술은 공감에 관한 것이에요. 많은 예술이 공감을 주제로 하고 고립된 개인들 사이의 연결감을 다루죠. 하지만 하루 24시간, 주 7일 내내 계속하고 싶은 경험은 아니라고 말하고 싶네요. 그렇게 된다면 아마 미쳐버릴지도 모릅니다. 고독과 고립의 순간도 정말 중요합니다. 고대 그리스인들 사이에는 '어느 한쪽도 지나침은 금물'이라는 말이 있습니다. 양쪽을 조금씩 가지고 균형을 맞추는 것이 건강한 삶의 태도죠. 다시 고대 그리스 이야기로 돌아가서, 고대 그리스어에서 유래한 '유포리아 euphoria'라는 말을 생각해보죠. 이 단어가 의미하는 황홀감은 실제로 존재하는 감정이고, 저는 이게 가치 있고 강력한 경험이라고 생각합니다. 그렇지만 이 단어를 사용할 때는 조금 조심할 필요가 있습니다. 20세기에 황홀감, 특히 집단적 황홀감에 기대어 움직인 위험한 정치 운동들이 꽤 많았으니까요.

> 그런 황홀감 속에서 자아를 상실할 수 있어서겠죠.

맞습니다. 그게 핵심이에요. 우리는 균형을 잡아야 하고, 저는 그 점을 매우 중요하게 생각합니다. 그럼에도 집단 속에서 나를 잃는 듯한 경험을 할 때, 그런 순간이 제게 방향과 의미, 가치를 가르쳐줍니다.

> 정치 집회나 정치 운동보다는 스포츠 경기나
> 콘서트에서 그런 경험을 하는 게 훨씬 낫겠군요.

그럼요. 만약 20세기에 독일과 러시아 사람들 대부분을 헤비메탈 팬으로 만들 수 있었더라면, 우리는 아마도 더 좋은 세상에 살고 있었을 겁니다.

> 코로나19 봉쇄 기간에 영국 교도소 라디오 방송의
> 의뢰를 받고 저희가 기획한 프로그램에
> 가수님이 출연하신 적이 있죠. 인본주의자들이
> 출연하는 프로그램이었는데, 그때 친절함에 관해
> 말씀하셨던 걸로 기억합니다. 친절은 단지
> 상호성에 기대는 게 아니라고, 즉 남에게 친절을
> 베푸는 이유가 그래야 나도 좋은 대접을 받을 수 있기
> 때문이 아니라고 하셨어요. 그보다는
> 자신의 행동을 스스로 평가했을 때 떳떳하게
> 고개를 들 수 있기를 바라기 때문이라고 하셨죠.

네, 맞습니다. 아마 많은 분이 어느 정도는 저와 비슷하게 생각할 텐데요, 저는 자기 비판적 성향이 강한 편이에요. 예전에 본 코미디 중에 이런 장면이 있었어요. 한 남자가 한밤중에 깨서 11년 전 술에 취해 무심코 내뱉은 한마디를 떠올리며 절망에 빠지는 이야기였죠. 사실 저도 그런 일을 자주 겪어요. 조금 옆으로 새는 거 같지만, 잠깐만 할게요. 저처럼 중독 문제를 겪어본 사람들이 배워야 하는 게 있습니다. 중독 문제와 관련해 잘 다뤄지지 않는 주제 중 하나가 바로 수치심입니다. 무슨 말이냐면, 많은 약물이 사람을 부주의하고 무감각하게 만든

다는 거 아시죠. 적어도 제가 사용한 약물들은 그랬어요. 그런 약물에 취한 상태에서 저지른 행동에 대해 저는 정말 말로 다 할 수 없는 수치심을 느낍니다. 그래서 저는 스스로 정당화할 수 있기를 바라며, 거울에 비친 제 모습을 보며 완전히 실망하지 않기를 바라며 많은 시간을 보냅니다. 그게 저에게는 꽤 강력한 동기부여가 되죠. 요즘은 조금씩 마음의 평화를 찾아가고 있습니다. 이게 끝이 없는 과정이고, 누구나 이런 과정을 겪으며, 순수함이나 완벽함 따위는 애초에 존재하지 않는다는 걸 이해하게 되었거든요. 저는 '최선'이 '선'의 적이 되도록 놔둬선 안 된다고 생각합니다. 이건 정말 중요해요. 매번 완벽하게 해내지 못한다고 해서 시도조차 하지 말아야 한다는 뜻은 아니니까요.

> **결국 자기 자신에게 떳떳하게 설명할 수 있는 삶을 살고 싶다는 게 중요한 동기이군요?**

네. 아마도 그때 교도소 라디오 방송에서 제가 했던 말 중 하나일 겁니다. 그런데 클라이브 제임스Clive James(호주 출신의 시사 비평가이자 저널리스트—옮긴이)가 죽음을 앞두고 이런 시를 남겼습니다. "나는 더 친절했어야 했다. 이 사실을 깨닫는 게 나의 운명이지만, 너무 늦게 깨달았다." 우리가 이 세상에 무엇을 남기고 가는지를 신경 쓰는 일이 과연 중요한지는 잘 모르겠지만, 저는 어떤 의미에서는 그게 우리의 행동에 관한 기록이라고 생각해요. 그 기록은 무엇을 했느냐보다 그 일을 어떤 태도로 했느냐를 더 잘 드러내는 것이겠죠. 저는 가끔 연락이 끊긴 친구들, 세상을 떠난 친구들, 지금은 멀리 떨어져 지내는 친구들을 떠올리곤 합니다. 그러면 그 친구들이 구체적으로 무슨 일을 했는지가 아니라 그 일을 어떤 방식과 태도로 했는지가 인상 깊게 남아 있어요. 또 그런 점을 통해 그들이 어떤 사람이었는지를 느낍니다. 지금 우리가 이야기하는 것도 결국 사람들이 우리를 어떻게 기억하고 평가하는가 하는 평판에 관한 것이므로, 이 모든 것은 상호적이라 할 수 있어요. 그리고 저는 사람을 처음 파악하는 감각이 그렇게 나쁘진 않은 것 같습니다.

> **자신을 돌아보는 성찰이 타인의 행동을 판단할 때도 좀 더 관대해지도록 만든다는 말씀처럼 들리네요.**

그러길 바라고 있습니다. 제가 최근에 정신 건강과 자기 인식을 평가할 때 매우 도움이 되었다고 느낀 사실 하나는 제가 오랫동안 다른 사람들에게 관대하려고 노력해왔다는 겁니다. 다른 사람들의 동기와 실수, 장점과 부족한 부분까지 포용하려고 노력해왔어요. 그런데 문제는 그런 관대함을 저 자신에게는 베풀지 않는다는 겁니다. 그건 다른 사람들도 마찬가지죠. 이와 관련해 제가 흥미롭게 생각하는, 해볼 만한 시도가 하나 있어요. 바로 내가 아끼고 돌보는 누군가에게 하듯이 나에 대한 평가를 해보는 것입니다.

크리스티나 패터슨
Christina Patterson
상실과 고통

2020년 11월

크리스티나 패터슨은 시사, 건강, 문화 전반에 관한 논평으로 잘 알려진 저널리스트이자 작가, 방송인이다. 『무너지지 않는 기술 The Art of Not Falling Apart』, 『바깥세상 하늘은 파랗다 Outside, the Sky is Blue』를 비롯한 그녀의 저서들은 회복탄력성과 인간의 경험을 깊이 있게 탐구한다.

"조금씩 더 지혜로워지고, 삶의 경험이 쌓이고, 몇 번의 시련을 견뎌낸 후에야 어느 정도는 행복도 일종의 선택이라는 사실을 깨닫게 되거든요."

저는 삶이 틀어졌을 때 그것을 어떻게 버텨내는가에 늘 깊은 관심을 가져왔습니다. 아마도 저에게 나쁜 일이 많이 일어났기 때문일 거예요. 물론 누구에게나 인생이 힘들어지는 순간이 있기 마련입니다. 하지만 중요한 것은 그런 일이 몇 살에 처음 닥치는가입니다. 어떤 사람들은 꽤 오랜 시간 동안 삶의 충격으로부터 보호받으며 지낼 수 있기도 하죠. 저는 20대 중반에 몸도 움직이지 못할 정도로 심한 통증 질환에 시달렸어요. 알고 봤더니 자가면역질환이 원인이었죠. 그 무렵 사람들을 만나보면 정말 아무 문제 없이 살아가는 것처럼 보였어요. '어떻게 저럴 수 있지?'라고 생각했던 기억이 납니다. 그런데 생각해보면 그런 삶도 분명 있을 수 있죠.

중년에 이르면 누구에게나 인생에서 한두 가지쯤은 잘못된 일이 생기기 마련입니다. 부모님 중 한 분을 잃었거나, 십중팔구 할아버지나 할머니가 돌아가셨을 것이고, 사랑하는 사람을 떠나보냈을 수도 있고, 어쩌면 한 번쯤은 어떤 병에 걸렸을 수도 있죠. 하지만 서구 문화권에 살며 중산층에 속하고, 직업이 있고, 건강하기까지 하다면 꽤 오랫동안 큰 문제 없는 인생을 보낼 수도 있습니다. 제 언니는 조현병 진단을 받았습니다. 하지만 우리 가족은 한동안 그게 조현병인지조차 몰랐어요. 언니는 열네 살에 증상이 나타나기 시작했고, 그때 저는 아홉 살이었어요. 그 일은 우리 가족 모두에게 큰 영향을 미쳤죠. 아마 그때부터 '인생은 괜찮게 흘러갈 거야'라는 생각을 다시는 하지 않게 되었던 것 같습니다. 실제로 괜찮지가 않았습니다. 우리 부모님은 정말 훌륭한 분들이었고, 언니도 여러 면에서 멋진 사람이었습니다. 언니는 마흔 살에 세상을 떠났어요. 저는 그때부터 고통이라는 주제에 약간 집착하게 되었습니다. 언니가 아프기도 했지만 저도 20대 초반에 저 자신이 끔찍해 보일 정도로 심한 여드름으로 고생했고, 이어서 통증을 동반하는 질환을 앓았으니까요. 여러 가지 일도 잘못되기 시작했죠. 그래서인지 저는 사람들이 고통을 어떻게 견디고 살아가는지에 늘 관심이 많았고, 어쩌면 그것에 집착했던 것도 같습니다.

> 어릴 때 고통과 고난을 경험하면 나중에 비슷한 상황을 겪었을 때 그것을 받아들이는 방식이 달라진다는 말씀인가요? 그런 경험이 회복탄력성을 키워준다고 볼 수 있을까요? 아니면 꼭 그런 건 아닌가요?

고통을 겪었던 경험이 있다고 해서 회복탄력성이 저절로 키워지는 건 아니라고 생각합니다. 예를 들어 부모의 돌봄이 부족하거나 가정 형편이 어렵거나 영양 상태가 나빴던 아이들, 즉 불안정한 가정환경에서 자란 아이들의 회복탄력성에 관한 연구 결과를 보면, 그 아이들이 성인이 되었을 때 사회에 잘 적응하는 경우가 드뭅니다. 그러니까 어린 시절의 고통이 반드시 회복탄력성을 키워준다고 할 수 없는 거죠. 이건 정말 복잡한 요소들이 얽힌 문제이고, 공식 같은 것도 없습니다. 하지만 저는 비교적 어린 나이에 고통을 겪는 경험이 공감과 연민을 키워주며 힘든 시기를 헤쳐나가는 연습을 많이 해본 사람이 일반적으로 이후 삶에서 회복탄력성이 더 강하다고 생각합니다.

> 선생님의 책 『무너지지 않는 기술』은 삶이 무너질 때
> 어떻게 견딜 것인가에 관한 이야기입니다.
> 당연히 그 질문이 담고 있는 여러 주제 중 하나가
> 회복탄력성으로 그 상황을 헤쳐나간다는 것이고요.
> 그렇다면 회복탄력성 말고 무엇이 있을까요?
> 삶의 고난을 헤쳐나갈 때 사용할 수 있는 다른 도구는
> 뭐라고 생각하시나요?

제 생각에 가장 중요하거나 적어도 아주 중요한 요소 중 하나는 관계입니다. 세상이 무너졌을 때 이 세상에 자기 혼자라고 느낀다면, 그건 정말 견디기 어려울 거예요. 때로는 정말로 견딜 수 없는 고통이 될 수도 있습니다. 하지만 가족이든 친구든 다른 사람과 관계를 맺고 있고, 내 삶에 사랑이 존재하고, 내 말을 들어줄 누군가가 있고, 내가 울 때 어깨를 빌려주거나 웃을 때 함께 웃어줄 사람이 있다면 그런 관계는 정말 엄청난 변화를 가져올 겁니다. 저는 친구가 매우 중요하다고 생각하고, 유머 감각도 중요하다고 생각해요. 제가 『무너지지 않는 기술』을 쓰면서 인터뷰한 많은 이가 사실은 제가 무척 좋아하는 친구나 지인들인데요. 그들 모두 힘든 시간을 겪었던 사람들입니다. 그들이 저와 친구가 될 수 있었던 건 용기와 회복탄력성이 있는 사람들이어서가 아니에요. 정말 재미있고 저를 웃게 해주는 사람들이기 때문이었죠. 그게 참 중요하다고 생각해요. 유머 감각을 잃는다는 건 삶의 기둥 하나가 무너지는 것과도 같죠. 코로나로 봉쇄 조치가 이어졌던 지난 몇 개월 동안, 웃음을 잃지 않는 게 얼마나 중요한지 우리 모두 절실히 느꼈을 겁니다. 지금 이 순간에도 수많은 사람이 삶의 고통을 겪고 있겠지만, 그래도 웃을 수 있는 무언가를 찾으려는 노력이 필요합니다.

크리스티나 패터슨

그렇지 않으면 정말 무너질 수도 있으니까요.

> 그러니까 타인과의 관계가 그 자체로도 소중하지만, 동시에 우리를 자기중심적 사고에서 벗어나게 해주는 역할도 한다는 말씀이죠?

정확히 보셨네요. 회복탄력성에 관한 연구들을 봐도, 좋은 인간관계를 가지고 있는 사람들이 문제가 생겼을 때 훨씬 더 잘 견뎌낼 수 있다는 걸 알 수 있습니다. 그러니까, 네, 저는 그렇다고 생각해요.

> 기분이 나아진다는 건 분명히 정해진 공식이 있는 일이 아니잖아요. 선생님 책을 읽고 받은 인상은
> 기분이 회복된다는 게 스위치를 켜듯 단번에
> 되는 게 아니라 서서히 나타나는 것이고,
> 우리가 내리는 선택들이 그 과정을 도울 수 있다는 것이었습니다. 제 해석이 비슷하게라도 맞나요?

정확하게 맞습니다. 안타깝게도 기분이 나아지는 일은 스위치 켜듯 간단히 되는 일이 아니에요. 물론 "해낼 때까지 그런 척이라도 해라"라는 말도 있죠. 저는 이 말에 어느 정도 진실이 담겨 있다고 생각합니다. 젊었을 때 저는 감정을 숨기지 않고 드러내는 사람이었어요. 사실 지금도 그런 면이 좀 남아 있죠. 예전에 일자리를 잃었을 때 사람들이 저보고 "여기저기 다니면서 인맥을 쌓아야지"라고 말하더군요. 그래서 인맥을 쌓을 수 있는 행사에 참석했는데, 그 자리에서 만난 사람들에게 막 해고되었고 정말 기분이 끔찍하다고 말했습니다. 그런 자

리에서 할 말은 아니었죠! 하지만 저는 자기답게 사는 것도 중요하다고 생각해요. 그렇지 않나요? 그건 꽤 중요한 문제입니다. 커다란 가면을 쓰고 살아가려고 하면, 결국에는 어딘가에서 금이 가기 시작할 겁니다. 느끼지 않는 감정을 억지로 느끼도록 자신을 세뇌할 수는 없어요. 불행하다고 느끼면 그냥 불행하다고 느끼는 거예요. 하지만 이걸 단순하게 말하긴 어렵습니다. 조금씩 더 지혜로워지고, 삶의 경험이 쌓이고, 몇 번의 시련을 견뎌낸 후에야 어느 정도는 행복도 일종의 선택이라는 사실을 깨닫게 되거든요. 우리는 자신을 비참하게 만드는 일에 계속 초점을 맞출 수도 있고, 반대로 그것에서 벗어날 수도 있습니다. 선택은 자신이 하는 거죠. 물론 끔찍한 고통 속에 있다면 그게 신체적 고통이든 감정적 고통이든 간에, 그 생각에서 벗어나는 건 쉽지 않아요. 하지만 그 생각의 회로를 끊도록 도와주는 무언가가 항상 있어요. 예를 들면 맑은 공기를 쐬거나 운동을 하는 것처럼요. 누구나 할 수 있는 간단한 방법들입니다. 저는 운동을 싫어한다고 늘 생각해왔습니다. 지금도 머릿속으로는 운동이 싫다고 말하지요. 그런데 막상 달리기하러 나가면 은근히 즐겁고, 운동이 끝나고 나면 기분이 훨씬 더 좋아지더라고요. 반대로 운동하지 않은 날에는 기분이 안 좋아지는 게 느껴집니다. 친구와 통화하기, 재미있는 영화 보기, 좋아하는 시 읽기처럼 기분을 전환해주는 소소한 일들이 항상 있어요. 그래서 기분을 어떻게 다루느냐도 우리의 선택에 달려 있다고 생각합니다.

> **그렇다면 우리를 붙잡아두는 건 대체 뭐라고 생각하세요? 우리에게 선택권이 있는 거라면, 우리가 원하기만 하면 저기 밖에 있는 햇살을 향해 나아갈 수 있다고 믿는다면,**

크리스티나 패터슨

> 그 햇살을 찾아 나서는 선택을 해야 하잖아요.
> 그런데 왜 사람들은 그렇게 하지 않으려는 걸까요?

정말 대답하기 어려운 질문이네요.

> 네, 맞습니다.

이 문제의 핵심은 습관이라고 봅니다. 우리는 자신도 모르는 사이에 사고방식이나 일상 속에서 수많은 습관을 형성합니다. 제 경우를 말씀드리면, 저도 인지하지 못했던 습관 하나가 있었어요. 그건 어른이 된 후로 대부분 혼자 지냈다는 겁니다. 물론 혼자 사는 것이 잘못된 건 아닙니다. 독신으로 나름대로 멋지게 보낸 시간이 많았거든요. 하지만 어떤 때는 제 상황이 조금 억울하게 느껴지기도 하고, 사귀는 사람이 있거나 가족이 있는 친구들이 부럽기도 했죠. 그러다 어느 순간, 혼자 사는 것도 하나의 습관이구나 하고 깨달았어요. 저는 진심으로 원한다면 누구든 연애를 할 수 있다고 생각합니다. 그렇다고 해서 '마음먹기에 따라 뭐든 할 수 있다'는 식으로 마법 같은 이야기를 하는 건 아닙니다. 다만 연애라는 게 에베레스트산을 오르는 일처럼 거창한 게 아니라는 말이죠. 저는 연애가 에베레스트산을 오르는 일처럼 어렵다고만 생각했었어요. 사실은 그렇지 않은데 말이죠. 중요한 것은 누군가와 함께 있고, 그 사람과 잘 지내고, 서로를 친절하게 대하는 겁니다.

그러나 제가 그랬던 것처럼 연애를 에베레스트산 등반처럼 생각한다면 그걸 선택하기가 쉽지 않습니다. 왜냐하면 절대 에베레스트에 오를 수 없으니까요. 오르려는 시도조차 하지 않을 겁니다. 우리는 '사고 습관'에 쉽게 빠집니다. 저는 예전에도 그랬고 지금도 일에 빠지기 쉬운 사람입니다. 대부분의 시간을 일에만 몰두하며 살아왔어요. 정치에 관해 생각할 때도 지나치게 몰두하고, 온갖 일에 대해 집착 수준으로 생각하고 또 생각하곤 합니다. 지금도 마찬가지예요. 2020년 미국 대통령 선거가 한창 치러지고 있어요. 저는 정말로 이 선거 말고는 아무것도 생각할 수가 없어요. 하지만 일반적으로 말해서 우리는 자신의 정신 에너지를 어디에 쏟을지 선택할 수 있는 존재입니다. 그래서 손가락만 튕기면 어떤 생각에서 재빨리 빠져나올 수 있어요. 그런데 우리는 우리 자신이 하는 거의 모든 일, 이를테면 무엇을 먹고, 어떤 일을 하고, 언제 양치질하고, 언제 잠자리에 들고, 누구와 대화하는지 등등이 다 습관이라는 걸 생각조차 못 하죠. 하지만 저는 우리 삶의 거의 모든 것이 실제로는 습관이라고 생각합니다.

우리는 자신이 견뎌낸 일에 스스로 놀랄 때가 늘 있습니다. 세상에는 정말 재앙처럼 느껴지는 일들이 많고, 실제로 꽤 파괴적인 사건들도 많습니다. 저는 가족을 모두 잃었어요. 지난여름에는 오빠가 세상을 떠났고, 그전에 이미 언니와 부모님을 잃었죠. 정말 참담한 일이었어요. 지금도 매일 밤 오빠를 그리워하며 애도합니다. 팬데믹 때문에 지금까지 미뤄져서 다음 주에야 유해를 안장할 예정이에요. 그러니 재앙이 아니었다고 말하기가 어렵습니다. 가족을 모두 잃는다는 건 분명 재앙이에요. 그런데도 저는 살아 있고, 여기에 있고, 여전히 삶을 사랑합니다. 중요한 건 삶을 얼마나 사랑하느냐인 것 같아요. 저는 가족을 모두 잃고 나서 오히려 삶을 더욱 소중히 여기게 되었어요. 암에도 두 번이나 걸렸는데, 그 경험으로 삶의 소중함이 더 커졌죠. 그래서 살아 있다는 자체가 저에게는 놀랍고도 소중한 선물입니다. 저는 되도록 오래 살고 싶어요.

> 그런 시각을 가지게 된 게 가족을 잃는 상실을
> 겪어서일까요? 아니면 다른 계기가 있었나요?

글쎄요, 대답하기 참 어렵네요. 저도 잘 모르겠습니다. 간단히 말하자면, 상실은 우리에게 정말 다양한 것을 줍니다. 앞에서도 말했듯이 상실은 공감과 연민도 키워줘요. 비슷한 상실을 겪은 사람들에게 어떻게 마음이 가지 않겠어요. 그리고 결국에는 우리 모두 상실을 겪게 되잖아요. 상실은 또 삶에 대해 사랑을 더 깊이 느끼게 합니다. 제 경우에는 확실히 그랬어요.

제가 마지막으로 암에 걸렸던 때가 기억나네요. 한 10년 전쯤이었어요. 큰 수술을 받았고, 회복하는 데도 정말 오래 걸렸죠. 그때는 정말 무서웠습니다. 확실한 건 죽고 싶지 않았다는 거였죠. 수술이 성공할지 결과가 어떨지 전혀 알 수 없었고, 게다가 저는 혼자였으니 정말 힘든 시간이었어요. 그런데 이상하게도 그때를 돌아보면 어떤 감정을 느껴요. 향수라는 말은 적절하지 않을 테고, 그때 경험의 강렬함이랄까, 그 힘든 시간을 견딜 수 있게 도와준 친구들의 사랑과 보살핌에 대해 느끼는 강렬한 감정이에요. 다시는 완전히 되살릴 수 없는 감정이죠······. 삶이 얼마나 짧고 소중한지 일깨워 주는 경험은 확실히 의미가 있다고 생각합니다.

> 한 칼럼에서 영문학을 공부하면서 성경이
> 신의 말씀이 아니라는 걸 깨달았다고 하셨던데요?
> 지금 성경이나 종교에 관해 이야기하려는 건 아닙니다.
> 이 팟캐스트의 주제도 아니고요.
> 다만 문학의 가치에 관해 잠깐 이야기하고 싶은데요.

> 인본주의자들은 과학자나 철학자로는 주목받지만 소설가나 작가, 화가로서는 주목받지 못하고 있습니다.

예술이야말로 인간 정신의 가장 숭고한 표현이라고 여깁니다. 과학자나 수학자도 비슷한 말을 할 수 있겠죠. 하지만 저는 과학자도 수학자도 아니어서 수학 공식이나 상대성 이론에서 느끼는 경이로움이나 아름다움을 말하긴 어렵습니다. 하지만 시와 문학은 잘 알고, 시각 예술과 음악도 조금은 압니다. 바흐를 듣고 셰익스피어를 읽을 때, 그리고 제가 개인적으로 정말 뛰어나다고 생각하는 미국의 현대 소설가 엘리자베스 스트라우트Elizabeth Strout의 글을 읽을 때면 '이게 바로 인간의 가장 위대한 모습이구나' 하며 감동해요. 인간은 정말 위대한 존재가 될 가능성을 지닌 존재입니다. 그래서 삶의 모든 게 본질적으로 복잡한데도 정치가 단순한 선동적 구호로 축소되어 버리는 모습을 볼 때면 정말 가슴이 아픕니다. 예술이 할 수 있는 가장 아름답고도 숭고한 일은 삶의 복잡함을 담아내고, 의심스럽거나 불확실한 것을 분명하게 포착하고, 우리가 완전히 표현하지는 못하더라도 끊임없이 표현하려 애쓰는 감정과 생각들을 그려내는 것이에요. 존 키츠가 이야기한 '소극적 수용력negative capability'을 떠올려봅니다. 키츠는 친구에게 보낸 편지에서 이 표현을 사용했는데요, 불확실함과 의심의 상태를 받아들일 수 있는 능력을 뜻합니다. 지금 우리에게 이런 자세가 필요합니다. 반면 포퓰리즘은 모든 것을 단정적으로 확신하며, 삶의 복잡한 문제들에 대해 지나치게 단순한, 그래서 틀린 답을 내놓죠.

> 소극적 수용력이라는 개념을 강조하신 점이 흥미롭네요. 그 개념이 앞서 말씀하신 자기 삶을

> 성찰하는 것과는 어떻게 연결되나요? 그때는
> 명확성과 해결을 추구하시는 듯한 인상이었는데요.

삶이란 바로 그 긴장 속을 살아가는 과정입니다. 우리는 '우리가 왜 여기에 존재하는가?', '우리는 어디에서 왔는가?'와 같은 가장 근본적인 질문의 답을 모른 채 불확실한 우주 속에서 살아가고 있어요. 그 불확실성을 어떻게 다루느냐가 삶의 핵심입니다. '우리가 어디에서 왔는가?'에 대해서는 꽤 그럴듯한 과학적 추측이 가능하겠지만, '우리가 왜 여기에 존재하는가?'라는 형이상학적 질문에 대해서는 몇 가지 접근을 시도해볼 수 있을 뿐, 평생을 살아도 명확한 답을 얻기는 어려울 거예요. 대부분의 인본주의자들은—저는 인본주의자이지만 굳이 그런 딱지를 붙이고 다니진 않아요—어쨌든 저를 비롯한 인본주의적 관점을 지닌 사람들은 죽음 이후에는 아무것도 남지 않으리라는 생각에 동의합니다. 결국 그 말은 우리가 평생에 걸쳐서도 그 질문에 대한 답을 알 수 없을 거라는 뜻이죠.

인생에서 어떤 문제든 명확한 답이 있는 경우는 거의 없다고 생각해요. 정치적인 정책도 마찬가지죠. 단지 더 나쁜 해결책이 아닌, 더 나은 해결책을 찾으려고 애쓸 뿐입니다. 제가 앞서 말했던 명확성은 자기 삶의 선택에 관한 것이었어요. 무수히 많은 불확실성 속에서 무엇이 자신에게 중요한지를 분명히 하려는 노력이죠. 그 지점에서 가치관이 개입되는 거예요. 우리는 앞으로 우리 삶에 어떤 일이 일어날지, 어떤 선택지를 마주하게 될지 알 수 없지만, 적어도 나에게 중요한 가치가 무엇인지에 대해서는 어느 정도 명확성을 가질 수 있다고 생각합니다.

세라 베이크웰
Sarah Bakewell
인간의 전기

2024년 1월

세라 베이크웰은 문학상을 수상한 작가로, 대표작으로는 『살구 칵테일을 마시는 철학자들』과 『어떻게 살 것인가』 등이 있다. 2023년 버락 오바마 전 미국 대통령은 그녀의 저서 『인간적으로 가능한 것 Humanly Possible』을 그해 가장 좋아한 책 중 하나로 선정했다.

"신성한 존재를 연구하는 신학이나 물리적 자연을 연구하는 자연과학과는 달리, 인문학은 개념 자체부터가 인간적인 것들을 탐구하는 학문입니다. 저는 이런 점이 무척 멋지다고 느꼈어요."

> 작가님이 쓰신 책은 몽테뉴의 전기라고
> 홍보하긴 했지만, 단순한 전기가 아니지 않나요?
> 『어떻게 살 것인가』라는 제목부터가 더 많은 내용을
> 담고 있다는 걸 보여주는데요. 자료 조사와 집필 과정,
> 몽테뉴의 삶을 다루기로 한 이유, 그가 작가님에게
> 끼친 영향 등을 돌이켜 생각해볼 때, 그 모든 여정
> 속에서 작가님 삶에 중요하게 자리 잡은 신념이나
> 가치가 있었을까요?

처음에는 그저 몽테뉴의 수필을 읽는 걸 즐기는 마음으로 시작했습니다. 정식 교육과정에서 읽은 건 아니었고, 그냥 읽을 만한 좋은 책을 찾다가 우연히 그의 수필을 만나게 되었죠. 그에 대한 제 반응을 보면 아마도 제가 어떤 가치들을 중요하게 여기는지가 다 드러났을 거예요. 몽테뉴가 삶에 관해 말한 것들, 그의 경험과 사색, 독서에 관한 생각, 관용과 호기심, 그 외 모든 것에 깊이 매료되었어요. 그의 책에서 제가 이미 가진 어떤 부분을 보았는지, 아니면 제가 되고 싶던 모습을 본 건지는 모르겠지만 강한 공감과 끌림이 있었어요. 그래서 처음에는 그 16세기 사람과 마음이 통하는 느낌을 받았습니다. 엄청난 시대 차이가 있음에도 말이에요. 아마 많은 사람이 몽테뉴의 글을 읽다 보면 '어? 이거 완전 내 얘긴데!' 하고 느끼는 순간이 있을 겁니다. 그런데 조금 더 깊이 읽어 들어가다 보면, 지금의 우리에게 낯설고 공감하기

어려운 부분이 많다는 걸 깨닫게 됩니다. 그런 부분들은 대개 그냥 흘려버리기 쉽죠.

> 어떤 부분이 그렇다고 느끼셨어요?

몽테뉴는 프랑스의 귀족이었습니다. 하인들을 거느리고, 큰 와인 농장을 운영했죠. 16세기의 많은 사람과 마찬가지로 그는 품위 있게 행동하는 법에 관심이 많았어요. 오늘날 우리가 신사적이라고 할 만한 행동, 명예 문제, 그 시대의 사회 구조 속에 깊이 뿌리내린 행동 양식 같은 것들 말이에요. 셰익스피어 작품 속에서도 비슷한 면을 볼 수 있죠. 예를 들어 리어 왕은 "사람들이 나를 왕으로 예우하지 않는다면, 나는 누구인가? 정말 왕이라 할 수 있는가?"라고 고민합니다. 오늘날 우리는 훨씬 더 평등한 관점을 갖게 되었어요. 이제는 타인이 나를 대하는 태도가 곧 나를 비추는 거울이라고 생각하지 않으며, 그것을 심각하게 걱정할 문제로 여기지도 않습니다. 하지만 몽테뉴의 글에는 그런 시대적 시각이 고스란히 담겨 있습니다. 완전히 다른 세계라고 할 수 있죠.

다른 많은 독자들도 공감하겠지만, 저는 공통점이 많은 듯한 다른 시대의 인간과 '통하는 점'을 발견하는 일에 매료되었고, 동시에 느껴지는 낯섦에 더욱 매료되었습니다. 다른 시대의 작가들이 쓴 글을 읽을 때마다 항상 그런 점에 매료되곤 했죠. 현대적인 감수성과 맞아떨어지는 부분만 취사선택하는 게 아니라, 낯섦을 받아들이고 이해하려 노력하는 일이 진짜 중요합니다. 그런 점에서 시대에 따라 몽테뉴의 글을 사람들이 어떻게 달리 읽어왔는지도 흥미롭죠. 그래서 그 부분을 제 책에서 중요하게 다루었습니다. 18세기 낭만주의자들이 몽테뉴를 어떻게 이해했는지, 19세기 빅토리아 시대 사람들은 그를 어떻게 받아들였는지, 그리고 20세기에는 당시의 시대적 불안감을 그에게서 찾으면서 그를 어떻게 해석했는지를 각각 장으로 나눠 짚어보았습니다.

> 개인적으로 몽테뉴와 어떤 점에서
> 연결된다고 느끼시나요? 관용과 호기심이라는
> 공통점 외에 더 있나요?

저는 몽테뉴가 인간 존재에 대해 갖고 있던 깊은 관심에 강하게 끌렸어요. 그는 인간의 복잡한 감정과 반응에 대해 진지하게 사유했죠. 우리는 어느 날 어떤 감정을 느끼다가도, 다음 날에는 또 완전히 다른 감정을 느낄 수 있는 존재입니다. 몽테뉴는 어떤 날엔 세상이 경이롭다고 생각하다가도, 다음 날에는 발가락에 티눈이 생겨 짜증 나고 모든 게 엉망이라고 말해요. 이처럼 인간은 변덕스러운 존재입니다. 단순히 영혼을 선하다 또는 악하다고 규정할 순 없어요. 오히려 우리의 영혼은 시간이 흐르면서 끊임없이 변하고 달라지죠. 나이가 들면서 우리는 다른 사람들과의 교류를 통해 변화합니다. 사람들이 우리를 변화시키는 거죠. 책을 읽는 것도 우리를 변화시켜요. 이처럼 우리는 끊임없이 변화하는 존재입니다. 몽테뉴는 그 시대에 벌써 인간이 얼마나 변화무쌍하고 예측할 수 없는 존재인지를 인식하고 있었던 거예요. 저는 이런 사실이 정말 흥미로웠고, 그런 그의 인식에 깊이 공감했어요.

> 무엇이 그렇게 매력적이라고 생각하시나요?
> 몽테뉴가 시대를 앞서간 전위적인 인물이기
> 때문인가요? 아니면 그가 고대 철학자들의
> 더 오랜 사상에서 영감을 받았던 만큼,

세라 베이크웰

> 작가님 역시 시대를 초월하는 통찰에
> 연결되고 있다고 느끼시나요?

몽테뉴는 고대 철학자들의 사상을 받아들이고 그것을 자신만의 방식으로 소화해 독자들에게 전달했습니다. 인간답게 산다는 것이 어떤 것인지를 글로 쓰는 사람을 만나는 일은 드물죠. 몽테뉴는 이렇게 말합니다. "나는 나 자신에 관해 글을 쓴다. 내가 가장 잘 아는 사람은 나 자신뿐이기 때문이다. 한 개인 안에는 어떤 식으로든 인간의 조건 전체가 담겨 있다." 그가 살던 시대에 이런 생각은 이례적이었죠. 지금 시대에도 그렇게 흔하다고는 할 수 없어요. 물론 요즘은 자기 자신과 감정을 솔직하게 드러내는 일이 훨씬 흔해졌다고 생각해요. 우리는 몽테뉴가 살던 시대보다 감정 표현에 더 익숙해졌습니다. 그렇다고 해서 꼭 인간답게 산다는 것이 어떤 것인지 깊이 성찰한다는 뜻은 아닙니다.

이 점에서 저는 제가 철학의 어떤 점을 사랑하게 되었는지 다시금 깨달았습니다. 제가 어렸을 적 처음 철학에 빠져들었을 때는 거대한 사상과 추상적이면서도 흥미로운 이론들에 매료되었습니다. 철학이 할 수 있는 일에 대한 원대한 포부를 가지고 몰두할 수 있는 사상 체계였지만, 그 안에는 특정 인물에 대한 언급은 없고 그저 우주적인 것에 대한 이야기뿐이었죠. 그런데 몽테뉴는 특별한 한 사람의 이야기를 통해 인간 보편의 조건을 이야기합니다. 저는 몽테뉴의 전기를 쓰면서 제 관심사가 무엇인지 분명히 알게 되었어요. 사람들 각자가 살아가는 삶의 개별성과 우리가 공유하는 인간적 공통점들, 우리를 개성 있고 독특하고 별난 존재로 만드는 것에 관심이 있더라고요. 그리고 저는 상아탑에 틀어박힌 채 존재에 관해 머리로만 생각하는 게 아니라 삶 속에서 그 생각을 실천하는 방식에 더 끌립니다.

그다음으로 나온 책이 『실존주의 카페에서』죠.
이 책에서는 세상에 대해 매우 현실적인 태도를 지닌
철학자들에 관해 이야기하고 있는데요.
흥미롭게도 비종교적 인본주의 실존주의자들뿐 아니라
이 범주에서 조금 벗어나는 철학자도 한두 명
다루셨네요. 두 책 모두 철학이라는 틀 안에서
'이 세상', '이 삶'에 관심을 두는 사람들에 주목하고
있다는 점에서 공통된 흐름이 느껴집니다.

네, 두 책은 '인간으로서 어떻게 살아가야 하는가, 즉 인간답게 산다는 것은 무엇인가?', '우리는 이 지구에서 어떻게 살아가야 하는가?'라는 질문을 통해 분명하게 연결되어 있습니다. 그리고 두 책 모두 신학적인 질문에 무관심한 태도를 보인다는 공통점도 있습니다. 종교적인 실존주의자들도 몇 명 등장하긴 하지만, 저는 무신론자 실존주의자들에게 더 끌렸습니다. 가장 대표적인 인물이 바로 장 폴 사르트르예요. 제 책에서도 중심적으로 다뤄지는데요, 그는 10대 때 버스 정류장에 서 있다가 신앙을 잃었다고 말합니다. 그때부터 우리가 어떤 존재가 될 것인지를 스스로 결정해야 한다는 사실을 받아들이고, 그 사실에 어떻게 대응해야 할지 탐구하기 시작했어요. 신이 미리 설계도를 내려준 것도 아니고, 어떻게 살아야 좋은 인간이 될 수 있는지에 대한 지침이 있는 것도 아니므로 인생에서 어떤 길로 갈지 스스로 선택해야 하며, 의미를 찾거나 타인과 유대를 형성하거나 자신을 이해하는 방법을 찾는 것도 우리 자신에게 달려 있다는 거죠. 이런 점이 저에게 깊이 와닿았던 것 같아요. 물론 저는 버스 정류장에서 신앙을 잃은 게 아닙니다. 애초에 신앙을 가진 적이 없었으니 잃을 신앙조차 없었어요.

> 작가님은 비종교적인 집안 분위기에서 자라셨나요?

네, 그렇습니다. 부모님 두 분 모두 종교적 신념이 전혀 없으셨어요. 하지만 두 분 다 어린 시절에는 종교 기관에서 자라셨죠. 아버지는 침례교회에 다니셨고, 어머니는 수녀원에서 지내신 적이 있어요. 두 분 모두 그 신앙을 계속 간직하지 않으셨기 때문에, 저 역시 종교적인 환경에서 자라지는 않았습니다.

제가 실존주의자들에게 끌렸던 이유는 그들이 살아 있다는 감각을 이해하려고 정말 애썼기 때문입니다. 처음 읽은 실존주의 책은 사르트르의 『구토』였는데, 소설 속 주인공이 공원에 앉아 나무들을 바라보며 그 나무들이 존재로 가득 차 있다는 느낌을 받는 장면이 있어요. 나무들이 얼마나 생생하게 느껴지는지, 마치 그 자리에 앉아 있기만 해도 존재감에 압도당할 것 같은 느낌이 들죠. 스스로 자각하는 존재로서 우리는 그런 압도적인 실재감을 어떻게 받아들여야 할까요? 사르트르의 철학책에는 이런 소설적인 장면들이 자주 나옵니다. 예를 들어 파리의 한 카페에서 웨이터가 음료를 서빙하는 모습을 지켜보며 그 웨이터가 어떻게 행동하고, 어떻게 자신을 드러내는지 관찰하는 대목도 있어요. 사람들 사이의 작은 상호작용을 묘사하는 장면들에서도 매우 관찰력이 뛰어나죠.

> 세 번째 책『인간적으로 가능한 것』에 대해 이야기해보죠. 이 책은 현대적 의미의 조직화된 인본주의자들뿐 아니라, 그런 조직이 생기기 이전부터 인본주의적인 사유와 삶의 방식을 가졌던 사람들을 다루고 있죠. 어떻게 이런 인물들에

관심을 두고 글을 쓰게 되셨나요?

그 책은 제가 오래전부터 관심을 두었던 주제들과 예전에 글로 썼던 사람들, 그리고 그들 사이에 공통점이 있다는 생각에서 시작되었습니다. 그 공통점이 인본주의라는 사실을 어느 순간 깨달은 거죠. 물론 서로 조금씩 다른 방식의 인본주의지만요. 어쨌든 저는 그들을 하나로 묶는 이것이 도대체 무엇인지 이해하고 싶었습니다. 그때 처음 제가 인본주의자라는 걸 자각한 건 아니에요. 어느 순간 문득 제가 삶을 대하는 태도나 중요하다고 느끼는 가치들이 인본주의 선언문이나 인본주의 단체들이 강조하는 것들과 매우 가깝다는 생각이 들었거든요. 그래서 어떤 면에서 이 책은 꽤 개인적인 성격을 지닌 책이기도 합니다. 인본주의라는 개념이 저에게 어떤 의미인지 더 깊이 이해하고 싶어서 쓰기 시작한 책이니까요. 다른 한편으로는 인본주의라는 말이 사용되는 여러 맥락과 그 다양한 의미를 더 넓게 탐구해보고 싶었어요. 어떤 사람은 그 의미들은 서로 아무 관련이 없는데 그저 우연히 같은 용어를 사용한 것뿐이라고 말할 수도 있을 겁니다. 인본주의자는 문학, 역사, 읽기, 글쓰기, 예술 같은 인문학을 연구하거나 실천하는 사람들을 가리키기도 하고, 도덕적 가치관을 지니고 있고 종교 경전에 관한 비판적 시각을 가지고 있는 현대의 조직화된 인본주의 안에서 활동하는 사람을 가리키기도 합니다. 이 둘은 서로 큰 관련이 없는 것처럼 보일 수도 있지만, 어떤 면에서는 밀접한 관련이 있습니다. 그 연결 고리는 바로 '인간'이라는 단어죠. 인문학적 인본주의자나 조직화된 인본주의자 모두 우리가 이 지구에서 살아가는 동안 경험하는 문화적, 도덕적, 인간관계적 삶의 양상에 초점을 맞춥니다. 언어와 예술은 우리가 서로에게 어떻게 반응하는지를 탐구하는 수단이고, 도덕은 우리가 서로에게 어떻게 행동할지를 결정하는 기준이에요. 신성한 존재를 연구하는 신학이나 물리적 자연을 연구하는 자연과학과는 달리, 인문학은 개념 자체부터가 인간적인 것들을 탐구하는 학문입니다. 저는 이런 점이 무척 멋지다고 느꼈어요. 이 모든 걸 하나의 책 안에 담을 수 있다면 정말 멋질 것 같았죠.

> 작가님이 『인간적으로 가능한 것』을 집필하기 시작하고 나서 우리가 처음 만났을 때, 저는 이 시도가 참 흥미롭다고 생각했던 기억이 납니다. 르네상스 시대의 인본주의자들과 오늘날 우리가 말하는 인본주의자들 사이에 과연 명확한 연결 고리가 있을까 하는 생각이 들었어요. 물론 저는 늘 그런 연결이 있다고 믿어왔지만, 그건 어쩌면 제 인문학적 성향 때문일 수도 있겠죠. 그런데 작가님은 책에서 매우 설득력 있게, 서로 다른 유형의 인본주의자들을 하나의 인본주의 전통 속에 엮어내셨어요. 그들을 통합할 수 있는 분석적 방법도 굉장히 명료하게 설명하셨어요. 이런 분석은 의도적으로 기획하신 건가요?

네, 처음부터 그 작업이 어떤 것일지 바로 감이 왔습니다. 하나의 단어에 담긴 서로 다른 의미들을 하나로 연결한다는 게 꽤 어려운 일이었지만, 저는 탐구 정신을 가지고 도전하고 싶었어요. E. M. 포스터가 제게는 영웅 같은 존재인데요, 진행자님에게도 그렇지 않나요?

네, 맞습니다.

포스터는 소설 『하워즈 엔드』에서 "오로지 연결하라Only connect"라는 멋진 말을 남겼죠. 저는 그 말을 제 좌우명처럼 여겼어요. '과연 다양한 인본주의 사상과 전통들 사이에 연결점이 있을까?'라는 질문을 품고 작업을 시작했어요. 당연히 연결점이 있어요. 물론 차이점도 분명히 존재합니다. 저는 그 차이점들까지도 이야기의 한 부분으로 포함하고 싶었습니다. 이 작업은 단지 모든 것을 억지로 하나의 상자에 담는 시도가 아니라, 무엇이 비슷하고 무엇이 다른지를 차분히 탐구하는 과정이었죠. 사실 모든 종류의 글쓰기에 적용할 수 있는 좋은 조언이기도 한데요, 저는 어느 시점에 이렇게 생각하게 되었어요. 만약 어떤 부분이 정말 다루기 어렵고 '걸림돌이 되겠구나' 싶을 때는 오히려 그것을 강점으로 전환하자고요. '왜 이게 내가 가는 길 한가운데에 돌덩어리처럼 박혀 있지? 왜 이게 어려운 도전처럼 느껴지는 걸까? 아마 매우 흥미로운 주제이기 때문일 거야. 그렇다면 차라리 그걸 책의 중심 주제로 삼는 게 어떨까?'라고 생각했고, 그래서 그렇게 해보기로 했습니다. 제가 말하고 싶었던 건 이겁니다. "보세요, 인본주의는 매우 다양한 전통을 품고 있습니다. 하지만 그건 단점이 아니라 오히려 강점이에요. 그 풍부함과 다양성 자체가 인본주의를 더욱 흥미롭고 가치 있게 만드는 요소입니다."

책의 후반부로 가면서는 과학이 인본주의의 핵심 요소로 자연스럽게 결합되는 흐름이 인상 깊었습니다. 사실 어느 시점까지는 현대적인 의미의 인본주의자조차도 물질적 과학보다는

> 인간의 삶과 가치에 더 관심을 두는 경우가 많았죠. 작가님은 특히 19세기를 과학과 인본주의가 본격적으로 융합되기 시작한 시기로 강조하셨는데, 저도 전적으로 동의합니다. 실제로 어느 순간부터 과학은 인본주의적 세계관 속으로 들어오기 시작했고, 이로 인해 인본주의 자체에도 엄청난 영향을 미치기 시작했어요.

저는 과학을 굳게 믿는 사람입니다. 하지만 정작 과학 교육은 제대로 받지 못했어요. 학교 다닐 때는 추가 언어 과목을 선택하는 실수를 저질렀어요. 뭐, 실수라고까지는 할 수 없지만 그래도 저는 과학 과목 대신에 문학이나 언어 과목을 더 들으려고 했고, 되도록 과학 수업은 피했어요. 지금 생각하면 정말 후회됩니다. 과학이 얼마나 흥미롭고 중요한지 나중에야 깨달았거든요. 사실 과학은 어느 정도 제 세계관의 중심에 자리하고 있다고 할 수 있습니다. 저는 과학적 방법의 가치를 높이 사는 사람이에요. 완벽하지는 않지만, 지금까지 인류가 고안해낸 현실을 탐구하는 방법 중에 가장 뛰어난 게 과학적 방법이라고 생각합니다. 이 방법은 매우 견고하고 인간이 흔히 빠지는 오류, 편견, 왜곡을 효과적으로 극복하게 해주죠.

저는 또 우주가 어떻게 생겼는지, 어떤 원리로 작동하는지, 왜 지금의 모습인지에 대해 최대한 많이 알고 싶어요. 더 많이 이해했으면 좋겠어요. 19세기 사회의 관심이 과학으로 옮겨진 흐름과 관련해 제가 특히 흥미를 느꼈던 부분은 중요한 과학 사상가이면서 동시에 윤리, 도덕성, 연구 방법과 교육 방식 같은 인본주의적 주제에도 깊이 관여했던 인물들입니다. 예를 들어 토머스 헨리 헉슬리는 교육을 포함해 다양한 인본주의적 주제에 관한 많은 글을 남겼죠. 그는 불가지론자였고, 자신의 불가지론에 대해서도 글로 썼습니다. 다윈 역시 윤리와 도덕 같은 인본주의적 사상에 깊은 관심을 두고 있었습니다. 물론 이 주제를 오래 다루진 않았어요. 당시 사람들의 반응을 다소 의식하기도 했고, 한동안 다른 주제에 집중하고 있었으니까요. 그렇지만 『인간의 유래』라는 책에서 "만약 인간이 진화한 존재라면, 도덕 체계는 어떻게 진화했을까?"라는 질문을 던졌죠. 그들은 모두 훌륭한 인본주의자이자 동시에 뛰어난 과학 사상가였고, 과학이 인간에 관해 던지는 모든 질문에 진지하게 몰입한 사람들이었어요. 그 점이 저에게는 매우 흥미로웠습니다.

> 지금까지 작가님이 쓰신 세 권의 책을 주로 사상에 관한 책으로 소개했지만, 실제로는 전기의 성격도 강하잖아요. 그런 전기적 서술 방식에 끌린 특별한 이유가 있을까요?

그건 인간의 개별성과 인간 존재 자체에 관한 관심에서 비롯했습니다. 사람들은 살아가면서 변합니다. 저도 굉장히 많이 변했어요. 몽테뉴가 말한 것처럼요. 하지만 또 사람들은 어떤 면에서는 변하지 않기도 합니다. 저도 그래요. 삶에 어떤 일이 일어나든 끝까지 유지되는 무언가가 있어요. 어떤 성향이나 성격의 핵심 같은 것들은 거의 변하지 않고 그대로 유지된다고 봅니다. 저는 그러한 인간 내면의 일관성을 사상과 연결해 글로 표현하려고 합니다. 제가 책으로 쓴 인물들이 전반적으로 작가라는 거 아시죠. 그처럼 글을 쓰는 사람에 관해 쓰다 보면, 자신의 삶과 경험을 스스로 성찰하는 사람들의 삶을 탐구할 좋은 기회를 얻을 수 있어요.

＊＊＊

아이리스 머독^{Iris Murdoch}은 소설가이자 철학자로, 두 영역 모두에 정통했고 '체화^{inhabited}'라는 개념을 자주 사용했습니다. 여기서 말하는 체화란 어떤 철학적 사상을 정립하고 그 사상을 일관되게 실천하며 살아간다는 것만을 뜻하진 않습니다. 예를 들어 공리주의를 믿는 사람이 철저히 공리주의 원칙에 따라 살려고 하는 경우처럼요. 물론 그런 삶을 시도한 사람들도 있었지만, 우리는 대체로 그렇게 일관적인 존재가 못 됩니다. '체화된 철학'은 단순히 생각을 실천하는 것을 넘어서는 개념이에요. 우리가 살아가며 겪는 사건들, 만나는 사람들, 정치적 환경, 우리가 몸담은 시대 같은 것들이 개별적인 반응을 통해 자연스럽게 스며들어 우리의 철학을 구성하고 변화시키는 과정이죠. 그 과정에서 우리의 생각은 영향을 받고, 또 그 생각은 다시 우리가 어떻게 반응하고 성장하는지에 영향을 미치죠. 그리고 살아가면서 그 생각들 자체도 변화합니다. 제가 글로 다룬 인물들 대부분은 평생 하나의 생각만 고수한 경우가 드뭅니다. 시간이 흐르면서 다양한 생각을 품기도 했어요. 결국 제가 흥미를 느낀 건 사람과 삶이었던 것 같아요. 그래서 자연스럽게 전기에 끌리는 것이겠죠. 저는 전기를 읽는 것도 무척 좋아해요. 인간 존재에 관한 무궁무진하고도 풍부한 사례 연구이니까요.

3부
자유, 평등 그리고 정의에 관하여

앨리스 로버츠
Alice Roberts
문화와 평등

2020년 5월

앨리츠 로버츠는 인류학자이자 작가이며, 다양한 과학 및 역사 TV 프로그램의 진행자로 잘 알려진 방송인이다. 고고학을 비롯한 여러 주제를 다룬 베스트셀러 도서를 15권 이상 썼고, 그중에는 앤드루 콥슨과 함께 쓴 『작은 인본주의 책 The Little Book of Humanism』도 포함되어 있다. 단독 저서로 『인류의 위대한 여행』, 『인체 완전판』, 『세상을 바꾼 길들임의 역사』 등이 있다.

"실은 그냥 운이 좋았던 거예요. 저는 우리가 인류 역사에서 우연이나 뜻밖의 발견이 차지하는 역할을 과소평가하고 있다고 생각해요."

> 과거의 변화를 생각하거나 역사를 분석하거나
> 오늘날을 이해하려 할 때, 사람들은 종종 어떤 사상이
> 사건들을 이끌었다고 생각합니다. '이 시기에 이런
> 사상이 등장했고, 그 결과로 이런 사건이 일어났다'는
> 식이죠. 하지만 교수님께서는 우리의 역사나 본성에
> 나타난 변화들이 무엇보다도 물질적 조건에 의해서
> 이루어졌다고 보시는 거죠?

인류의 역사를 아주 먼 과거까지 거슬러 올라가 보면, 분명히 여러 혁신이 있었습니다. 대표적인 사례가 신석기 시대 농경의 시작이죠. 그런데 저는 그 변화가 누군가가 번뜩이는 아이디어를 떠올려서 "앞으로 우리가 직접 자원을 관리하고 식량도 우리가 결정해서 구하자. 야생 식물을 채집하고 야생 동물을 사냥하는 대신 들판에 밀, 호밀, 보리, 귀리를 심고 들소나 야생 소, 야생 염소, 양도 길들여 키우자. 그렇게 하면 위험성을 줄일 수 있어. 수렵과 채집에 의존해 살다가 어느 해에 동물 떼가 이동하지 않거나 심각한 가뭄이 들면 우리 자신을 지킬 수 없잖아"라고 말하면서 시작되었을 거라고는 보지 않아요. 그렇게 해서 지금에 이르렀다고 생각하지 않아요. 그런 선견지명이 있었으리라 생각하지 않아요. 물론 일부 사람들은 그런 식으로 생각합니다. 그들은 이 모든 변화가 인간의 창의성 덕분이라고 말하죠. 사람들이 기발한 아이

디어를 떠올릴 수 있고, 그런 아이디어가 널리 퍼졌다고 보는 겁니다.

반면에 모든 게 환경의 영향이라고 보는 사람들도 있습니다. 모든 게 환경 변화에 대한 인간의 반응이었다는 겁니다. 다시 말해 인간의 머릿속에서 나온 기발한 생각이 아니라 그들이 처한 환경이 변화를 이끄는 자극으로 작용했다고 보는 겁니다. 우리는 농경이 기후 변화라는 극심한 환경 변화 이후에 시작되었다는 사실을 알고 있습니다. 마지막 빙하기가 끝나고 지구는 점점 따뜻해지기 시작했어요. 수천 년에 걸쳐 지구의 기온이 오르고, 대기 중 이산화탄소 농도도 상승하면서 다양한 식물이 잘 자라게 되었습니다. 이런 변화는 수렵채집민들이 점점 더 곡물에 의존하게 되는 결과를 낳았죠. 사실 사람들이 농사를 본격적으로 짓기 훨씬 전부터, 특히 중동 지역에서는 야생 곡물을 활용하는 사람이 늘어났고, 심지어 곡물을 가루로 만들기 위한 맷돌 같은 도구도 개발되기 시작했어요. 아마 곡물을 가루로 만들어 빵을 구웠을 겁니다. 그러니까 농경보다 빵 만들기가 먼저였던 셈이죠. 흥미롭게도 맥주 역시 농업보다 먼저 만들어졌을 가능성을 보여주는 아주 초기의 흔적도 있습니다. 우리는 일반적으로 농사를 짓기 시작하고 나서 그다음에 빵과 맥주가 나왔다고 생각하지만, 실제로는 그 반대일 수도 있다는 거예요. 이 역시 사람들이 환경 변화에 반응한 결과라고 할 수 있습니다. 마지막 빙하기가 정점을 찍은 뒤 지구가 점점 따뜻해지면서 몇천 년 동안 따뜻한 날씨가 이어지자 자원이 풍부해졌어요. 특히 들판에 야생 곡물이 광범위하게 자라면서 갑자기 야생 곡물을 쉽게 채집할 수 있게 되었어요. 그러고는 어느 순간, 기후가 다시 나빠집니다. 아주 혹독한 시기가 찾아왔죠. 약 천 년간 겨울이 계속되는 이 시기를 소빙기라 부릅니다. 그 시기에 사람들은 환경으로부터 엄청난 압박을 받았을 거예요. 당시 상황은 광범위한 가뭄과 인구 붕괴까지 초래할 만한 수준이었죠. 그래서 사람들은 이전에는 식단에서 별로 중요하지 않았던 음식, 비상시에나 먹는 것이라 여기던 음식에 의존하게 됩니다(곡물은 훌륭한 대체 식량이죠. 다른 식품이 다 사라져도 이런 풀들은 여전히 자랄 수 있고, 비록 먹기는 힘들지만 구할 수는 있거든요). 그래서 농경의 기원이 기후 악화라는 배경에서 비롯되었다는 꽤 설득력 있는 주장도 있습니다. 그런 환경에서는 기본적으로 사람들이 대체 식량에 전적으로 의존하게 되고, 그런 곡물들을 점점 더 많이 집으로 가져오기 시작한다는 거죠.

물론 그때로 돌아갈 수 없으니 확실한 건 알 수 없습니다. 하지만 어떻게 농사를 지을 생각을 하게 되었는지를 이성적으로 생각해본다면, 어쩌면 어떤 똑똑한 사람이 "이 씨앗 몇 개를 심어보면 자랄지도 몰라"라고 말했을 수도 있겠죠. 그러나 제 생각에 훨씬 더 그럴듯한 시나리오는 이렇습니다. 사람들이 야생 곡물을 집으로 가져와서 밀가루로 만들거나 다른 용도로 쓰기 위해 타작을 합니다. 그때 일부 알갱이가 마당 가장자리로 떨어졌겠죠. 진정한 천재성은 어떤 아이디어를 처음 생각해내는 데 있는 게 아니라, 무언가가 일어났다는 사실을 눈치채는 데 있습니다. 몇 주 혹은 몇 달 뒤에 마당 가장자리에서 풀 같은 것이 자라나는 걸 알아차리고는 이렇게 생각했을 겁니다. '어? 잠깐만. 이걸 굳이 멀리까지 가서 채집할 필요가 없잖아. 그냥 여기에서 키울 수 있겠네'라고요.

> **이 설명이 더 와닿으시나요?**

이게 '우리가 우리 조상에 대해 만들어내는 이야기 속에 깊이 자리 잡은 게으른 서사에 맞서는 해석이라고 생각되네요. 우리는 영웅 서사를 좋아하잖아요. 안 그래요? 인정할 건 인정하자고요. 우리의 조상이니까 그들이 위대했기를 바라는 마음이 있는 거예요.

    실제로 영웅적인 사람들도 있었겠죠. 그래도 그들은 사람입니다. '그래서 마침내 그들이 농사를 발명했다'라는 식으로 이야기를 만들어내는 건 너무 의기양양한 거죠. 저는 오히려 우연에서 비롯된 변화라는 설명이 더 그럴듯하다고 생각합니다. 요리랑 비슷한 면이 있어요. 저는 요리를 많이 하지도 않고 잘하는 편도 아니지만, 가끔은 조리법을 따라 하기도 하고 즉흥적으로 뭔가를 만들어보기도 합니다. 즉흥 요리라는 게 대개는 엉망이 되지만, 가끔은 정말 맛있게 완성되기도 해요. 그러면 "어? 이거 괜찮네" 하게 되고, 누가 저녁 먹으러 왔을 때 사실은 제대로 계획한 게 아닌데도 "응, 처음부터 이렇게 해보려고 했던 거야. 잘될 줄 알았지. 원래 이렇게 만들 생각이었어"라고 말할 수도 있어요. 하지만 실은 그냥 운이 좋았던 거예요. 저는 우리가 인류 역사에서 우연이나 뜻밖의 발견이 차지하는 역할을 과소평가하고 있다고 생각합니다. 진화에 대해서도 마찬가지입니다. 우리는 시간을 거슬러 올라가 진화 과정을 살펴볼 때 우연이라는 요소를 거의 무시하는 경향이 있습니다. 우리 종의 이야기를 역경 속에서 분투하는 영웅의 이야기처럼 만들고 싶어 하니까요.

> **그렇다면 그게 왜 문제인가요?**
> **교수님께서 거부하는 그 '영웅적인 개척자 조상'**
> **이야기에 어떤 해로운 점이 있다고 보시나요?**

    그런 서사는 일종의 오만함을 심어준다고 생각합니다. 건강한 겸손의 태도와는 어긋나는 것이죠. 제 정치적 신념과 관련지어 좀 더 넓은 맥락에서 봤을 때도 영향을 미칩니다. 우리는 지금 이 세상에 존재하는 생명체들을 보면서 지금까지 살아남았다는 이유로 그들을 '성공한 종'이라고 부릅니다. 진화론적 관점에서는 살아남는 것이 곧 성공의 척도죠. 그런데 공룡을 한번 보세요. 공룡은 우리가 상상할 수 있는 거의 모든 생태적 지위를 차지했던, 정말 믿을 수 없을 만큼 성공적이고 다양성이 풍부한 동물이었어요. 그러다가 거대한 운석이 떨어집니다. 그런 걸 막을 방법은 없어요. 그만큼 공룡들이 매일매일, 해마다 얼마나 잘 살아가고 있었는지는 중요하지 않다는 겁니다. 하늘에서 돌하나 떨어지면 그걸로 끝인걸요. 그리고 바로 그 순간, 포유류에게 기회가 찾아온 거죠. 그러니까 어쨌든 공룡은 무능했고 포유류는 우월했다고 말하는 건 타당하지 않습니다.

오늘날 우리 인간은 확실히 매우 성공적인 종이에요. 개체 수도 어마어마하게 많고, 지구 전체를 거의 완전히 점령했죠(그런데 이제는 우리 자신이 이뤄낸 성공 때문에 위협받고 있다는 생각도 조금씩 들기 시작합니다). 이 모든 성공의 이면에는 '운과 뜻밖의 발견'이 있었습니다. 그런데도 우리는 인류의 역사와 선사 시대, 진화의 역사를 바라볼 때 운의 역할을 과소평가합니다. 그러나 운과 뜻밖의 발견은 오늘날 사회 속에서도 여전히 작동하고 있어요.

우리는 성공한 사람들의 이야기를 자주 하려는 경향이 있습니다. 그런 모습은 수없이 자주 볼 수 있죠. 예를 들어 아주 성공한 사업가나 스포츠 선수 등 어떤 분야에서든 크게 성공한 사람들을 보면, 우리는 그들이 성공한 원인을 찾아내려 해요. '다른 사람들이 실패한 걸 성공하는 걸 보면 분명 뭔가 있어. 그것을 알아내면 우리도 똑같이 성공할 수 있을 거야'라고 생각하는 거죠. 하지만 이 생각에는 치명적인 결함이 있습니다. 첫째, 모든 사람이 비범한 존재가 될 수는 없다는 점이에요. 아무리 노력한다 해도 누구나 그런 특별한 사람이 되는 건 아니거든요. 둘째, 성공에 작용하는 '운과 뜻밖의 발견'의 힘을 완전히 무시한다는 겁니다. 어디서 태어났고 또 어떤 가정에서 태어났는지, 인생에서 어떤 기회를 만났는지는 모두 운의 영역이에요. 현대 사회에서 개인이 얼마나 성공할 수 있을지를 결정짓는 바탕에는 엄청난 양의 운이 깔려 있어요.

저는 이게 근본적으로 평등 문제와도 연결된다고 봅니다. 우리는 종종 어떤 사람을 보고 "아, 잘됐네. 열심히 노력했으니 더 많은 것을 누릴 자격이 있어"라고 말하곤 합니다. 그런데 그건 맞는 말이 아니에요. 물론 그들이 많이 가진 건 맞겠지만, 거기엔 큰 운이 작용한 겁니다. 그러므로 저는 그런 기회들이 사회 전체에 훨씬 더 고르게 분배돼야 한다고 생각해요. 좀 이상하게 들릴 수도 있지만, 이 불평등의 문제는 결국에 토지 문제로 귀결되기도 합니다. 모든 것을 다 걷어내고 "땅은 누구의 것인가?"라는 본질적인 질문을 던진다면, 저는 근본적으로는 그 누구의 소유도 될 수 없다고 생각합니다. 그러나 역사적으로 보면 땅을 두고 지속적으로 충돌해온 두 집단이 있습니다. 하나는 땅이 거기에 있고 또 비어 있으니까 사용해온 사람들이고, 다른 하나는 땅이 자신들의 수입원이고 부의 원천이므로 그 땅에 울타리를 치고 자기 소유로 만들려 했던 사람들이죠. 저는 토지 사용을 둘러싼 이런 충돌과 관점의 차이는 적어도 신석기 시대로 거슬러 올라가며, 농경민과 수렵채집민 사이에서 처음 시작되었다고 봅니다.

> 교수님은 앞서 문화와 본성에 대해 말씀하시면서 인간의 문화는 우리가 생물학적 유기체로서 하는 행위라고 설명하셨어요. 또 문화적 차이를 이해하려면 자기 틀에서 벗어나 다른 문화적 관점을 받아들여야

> 한다고도 말씀하셨죠. 죽음에 대한 태도, 도덕성,
> 사회를 조직한 방식 등 우리가 지금까지
> 이야기한 것 중에서 문화에서 비롯된 건 얼마나 되고,
> 본성에서 비롯된 건 얼마나 될까요?
> 아니면 이런 질문 자체가 잘못된 걸까요?

네, 사실 잘못된 질문이라고 생각해요. 본성과 문화는 완전히 분리할 수 있는 게 아니니까요.

이게 서양 사상과 철학 때문일 수도 있는데요, 우리는 이원론에 너무 깊이 빠져 있습니다. 특히 마음이 단순히 뇌의 작용이 아니라는 식의 심신 이원론에 얽매여 살아가고 있죠. 인본주의자로서 저는 종교가 있는 사람들 혹은 종교가 없더라도 마음이 물리적인 뇌를 넘어서는 어딘가에 존재한다고 믿는 사람들과 이런 이야기를 하는 게 흥미롭습니다. 물론 그들의 그런 믿음이 제게는 과학적 근거가 없는 초자연적 신념처럼 보이기는 하지만요. 그렇게 정신과 육체의 이원론이 있듯이, 다른 한편에는 생물학과 문화에 대한 이원론이 있어요. 저에게는 후자가 좀 더 이해하기 쉽습니다. 인간 문화는 때때로 너무나 특이해서 다른 동물들의 문화와 완전히 다른 무언가처럼 보이긴 하죠.

하지만 저는 인류학자이자 생물학자로서 다른 동물들도 문화를 가지고 있다고 말하고 싶습니다. 우리는 문화를 '집단 내에서 공유되는 특정한 행동 양식'으로 정의하거든요. 이건 생존이나 먹이를 찾는 일과 직접 연결될 수도 있고, 꼭 생존과 관련되지 않은 측면도 있을 수 있어요. 단지 '집단 정체성'을 나타내는 것일 수도 있고요. 예를 들어 침팬지 무리에서 관찰된 아주 흥미로운 행동이 있습니다. 암컷 침팬지 한 마리가 귀에 풀을 꽂고는 한참을 그러고 돌아다니는 겁니다. 그

앨리스 로버츠 309

것을 본 사람들은 '도대체 이게 무슨 행동이지?' 하고 의아해했습니다. 얼마 지나지 않아 무리의 다른 침팬지들도 하나둘 귀에 풀잎을 꽂기 시작했어요. 그게 뭘까요? 그건 사실 침팬지들의 패션이었던 거예요. 그 풀잎의 목적이 따로 있었던 게 아니라 그냥 이 풀 한 조각을 머리에 얹어볼까나 하고 생각해서 한 행동이었고, 그걸 다른 개체들이 보고 '오, 멋지네. 나도 해봐야지' 하며 따라 한 거였습니다. 이런 걸 보면 인간의 문화를 다시 보게 됩니다.

문화의 측면에서 보면 기술도 문화의 한 부분이라고 할 수 있습니다. 그러면 어떤 사람들은 "인간은 도구를 만들고 사용하지만 다른 동물들은 그렇지 않다"라고 말하죠. 하지만 침팬지가 돌을 망치와 모루처럼 사용해서 견과류를 까는 모습을 보면, 그 주장은 바로 무너지기 시작합니다. 우리가 아는 한 침팬지가 돌로 도구를 만든 사례, 그러니까 돌을 다듬어서 석기를 만든 사례는 없습니다. 바로 그것이 침팬지와 인간의 차이죠. 도구를 사용하느냐 못하느냐의 문제는 아니라는 겁니다. 도구 사용이야 새들도 다 합니다. 대표적인 예가 똑똑한 까마귀죠. 이 모든 건 결국 자신의 환경을 바꾸는 행위입니다. 그리고 때로는 생존을 돕기 위해 환경을 바꾸는 거죠. 예를 들어 의학과 농업 기술은 환경을 변화시켜 생존을 돕는 행위에 해당합니다. 미술과 음악 같은 것들은 즉각적인 생존과 직접 연결되는 건 아니지만, 역시 우리가 집단으로 살아가는 데 도움이 됩니다. 말로는 표현할 수 없는 방식을 이용해 우리 자신을 표현하도록 도와주거든요. 이런 점들을 생각해보면 인간의 문화는 우리와 다른 동물들 사이에 존재하는 '절대적인 차이'라기보다는 정도의 차이일 뿐이라는 생각이 듭니다. 현존하는 동물 중에 우리와 가장 가까운 친척인 침팬지와의 사이에 그렇게 큰 격차가 있는 게 아니니까요. 인간의 문화가 완전히 다른 무언가처럼 보일 수 있지만, 사실은 그렇지 않다고 생각합니다.

> 그렇다면, 인간의 도덕성이나
> 인간이 중요하게 여기는 가치에 대해서는
> 어떻게 생각하시나요?

인간의 도덕성과 가치의 기원을 과거로 거슬러 올라가 찾을 수도 있지만, 동물계에서 우리와 가장 가까운 친척들을 통해서도 확인할 수 있습니다. 진화심리학자이자 발달심리학자인 마이클 토마셀로Michael Tomasello는 인간 아동의 도덕성과 가치관이 어떻게 발달하는지를 연구하고 그것을 침팬지와 비교하는 실험을 많이 했죠.

예를 들어 침팬지에게도 공정함이라는 개념이 있을까요? 토마셀로는 매우 기발한 실험을 통해 어느 시점이 되면 인간 어린이들이 침팬지를 능가해 더 정교한 공정성 개념을 갖게 되지만, 침팬지들 역시 공정함의 개념을 가지고 있다는 사실을 보여줬습니다. 공정함의 개념은 생명의 나무 영장류 가지에서 우리와 조금 더 멀리 떨어져 있는 원숭이에게서도 나타나는데요. 이를 보여주는 유명한 실험이 있습니다. 원숭이 두 마리에게 보상으로 서로 다른 음식을 주는 실험인데, 한 마리는 포도를 받고 다른 한 마리는 오이를 받죠. 그런데 오이를 받은 원숭이는 격분해서 오이를 집어 던져버립니다. "이건 불공평해!"라고 하는 반응이죠. 그러니까 원숭이에게도 공정함이나 평등에 대한 개념이 있다고 볼 수 있어요. 이처럼 우리는 다른 영장류의 행동을 통해 인간의 도덕성이 어떻게 진화해왔는지를 엿볼 수 있습니다. 핵심은 우리가 굉장히 사회적인 종으로 진화해왔다는 점입니다. 우리는 집단 속에서 함께 협력해야 하고 또 협력할 수 있는 존재로 진화했습니다. 그 점이 인류가 성공적인 종이 될 수 있었던 결정적인 이유죠.

협력하려면 무엇보다도 다른 사람들이 무슨 생각을 하는지를 먼저 헤아릴 수 있어야 합니다. 즉, 일종의 마음 이론이 필요하고 공감 능력도 있어야 한다는 얘기죠. 공정함과 평등에 대한 이해도 필요합니다. 물론 인간이 가진 도덕적 가치 중에는 그다지 바람직하지 않은 것도 있어요. 그런 가치는 줄여야 한다고 생각해요. 예를 들어 '내집단 충성심in-group loyalty' 같은 가치는 저 자신도 벗어나기 위해 애쓰고 있는데요. 그런 집단 충성심보다는 공정함과 평등 같은 가치를 더 널리 퍼뜨리고 싶습니다. 좋든 나쁘든 이런 모든 도덕적 가치들은 우리의 진화 역사에서 기원한 것들이 분명합니다.

마이클 토마셀로가 정말 인상적인 말을 한 적이 있습니다. 저도 그 말을 참 좋아하는데요, 인간의 본성과 인간의 문화를 따로 떼어낼 수 없다는 내용이죠. 우리는 생물학적 유기체이지만 문화는 우리가 하는 행동의 한 부분이고, 그 행동은 다시 우리의 생물학적 기반에서 비롯되죠. 그래서 토마셀로가 이렇게 말했어요. "물고기가 물을 기대하고 태어나듯, 아기는 문화를 기대하며 태어난다." 정말 멋진 말이죠. 결국 문화와 생물학은 분리할 수 없다는 뜻이에요. "자, 이 중에 얼마나 문화에서 비롯된 것이고, 또 얼마나 생물학적이거나 타고난 것에서 비롯되었을까?"라고 말할 수 없다는 거죠. 그래서 '본성이냐, 양육이냐'라는 오래된 논쟁도 무의미해집니다.

S. I. 마틴
S. I. Martin
역사와 다양성

2022년 5월

S.I. 마틴은 흑인 영국인의 역사와 문학에 초점에 맞추는 역사학자이자 작가이다. 『비할 데 없는 세계 Incomparable World』와 영국 방송국 채널 4의 다큐멘터리 시리즈 〈윈드러시 Windrush〉와 연계한 『영국의 노예 무역 Britain's Slave Trade』을 포함해 여러 역사 소설과 논픽션을 썼다.

"역사란 우리가 자신을 어떻게 이야기하느냐의 문제예요. '우리는 어떤 존재인가? 왜 그런 존재라고 생각하고, 그렇게 믿는가?'라는 질문에 답을 찾아가는 과정이죠."

> 우리 팟캐스트에서 지금까지 아무도 열정적으로
> 다뤄보지 않았던 주제로 이야기를 시작해보려고
> 합니다. 그런데 이 주제가 작가님께서 무척 열정을
> 쏟는 것이라고 들었어요. 바로 '아카이브'입니다.
> 아카이브를 인생에서 가장 큰 열정이라 말할 수 있는
> 사람은 많지 않잖아요. 그런데 작가님은
> 분명 그런 분인 것 같은데, 그 이유가 뭘까요?

그건 제가 검증 가능한 자료를 좋아하기 때문입니다. 제 삶에 그런 자료가 있다는 게 좋더라고요. 제가 역사에 관심을 두게 된 것도 아프리카-카리브해 출신 이민자들의 역사와 관련 있어요. 그런데 제 주장을 뒷받침하고 또 심리적으로 안정을 느끼기 위해서는 문서화된 자료, 표로 정리된 정보, 사실에 기반한 근거 같은 것들이 필요해요. 뭔가 논리적으로 구성할 수 있는 틀이랄까요. 다양한 방식으로 이야기하고 인용할 수 있는 무언가가 있다는 게 저에게 심리적 안정감을 줍니다.

> 신뢰할 수 있고 인용 가능하다는 점에서
> 더욱 그렇겠네요?

꼭 신뢰할 수 있는 자료여야 한다는 건 아닙니다. 중요한 건 과거

와 연결될 수 있는 지점이 있다는 겁니다. 실제로 이야기할 수 있는 소재가 있고, 삶을 이해하기 위한 틀을 만들어낼 수 있다는 거죠. 게다가 그 자료들은 상당 부분 공공의 소유입니다. 이 나라의 방대한 아카이브 자료는 대부분 우리가 비용을 내서 보존하고 유지하는 것이고, 바로 우리에 관한 이야기이고, 우리 삶의 기록이에요. 저처럼 엄청나게 호기심이 많은 사람에게는 그런 자료들이 다른 사람들의 삶이나 다른 시대를 통찰할 수 있는 멋진 창이기도 합니다.

> 아카이브의 공동 소유 개념을 우리가 역사와 정체성을 공유하고 있다는 개념과 연결해서 보시는군요. 맞습니까?

맞아요. 정확히 그 말입니다. 그런 생각은 역사와 훨씬 더 직접적이고 개인적인 방식으로 연결될 수 있게 해줍니다. 이를테면 우리가 사는 집의 역사, 우리 동네와 거리의 역사, 학교의 역사처럼 아주 평범하고 일상적인 수준에서 말이죠. 이런 정보는 우리 자신에 관한 이야기이고, 특히 영국 섬에 조상을 둔 사람들에게는 그 조상들의 이야기이기도 하죠. 요즘은 마우스를 한 번 클릭하거나 특정 아카이브를 직접 찾아가면 그런 자료들을 얼마든지 접할 수 있어요.

> 그런 접근성이 작가님께 중요한 요소인가요?

그럼요. 가능한 한 많은 사람이 이런 자료가 존재한다는 걸 알았으면 해요. 그 자료들이 우리 세금으로 보존되고 있다는 것과 우리 자신의 기록이라는 점도 알았으면 합니다.

> 작가님이 아카이브를 좋아하는 이유가
> 단순히 자료로서 유용해서만이 아니라,
> 사회적으로 상징하는 게 있어서인 것 같네요.

맞습니다. 아카이브는 우리를 서로 연결해주고, 각자 중심을 잡을 수 있게 해주죠. 또 우리를 의미 있게 연결해줄 뿐 아니라, 그런 관계에 대해 진지한 대화를 나눌 기회를 제공해주기도 합니다.

> 그런 관점은 역사에 관한 생각과도 연결되는
> 부분인가요? 그러니까 작가님은 역사도
> 부분적이나마 우리가 자기 자신과 연결될 수 있는
> 하나의 수단이라고 보시는 건가요?

이상적으로는 그렇습니다. 그런데 솔직히 말하면 저는 역사가 훌륭한 논쟁의 틀을 제공해주는 도구라고 생각해요. 논란이 많을수록 더 좋죠. 역사란 우리가 자신을 어떻게 이야기하느냐의 문제예요. '우리는 어떤 존재인가? 왜 그런 존재라고 생각하고, 그렇게 믿는가?'라는 질문에 답을 찾아가는 과정이죠. 이런 질문들은 끝없는 논의를 낳습니다. 논쟁거리가 많을수록, 논란의 여지가 클수록 더 바람직하다고 봅니다. 저는 사람들과 이야기 나누는 걸 정말 좋아해요. 특히 저와 다른 입장을 가진 사람들과 대화하는 걸 즐깁니다. 그게 제가 역사를 중요하게 여기는 이유이기도 하죠. 역사를 통해 우리는 끊임없이 도전받고, 또 다른 이들에게 도전할 기회를 얻습니다.

> 역사를 연구하는 이유가 진실을 밝히기 위해서인가요?
> 아니면 다양한 이야기와 관점을 찾고 다른 시각으로
> 사건을 바라보며 무엇이 진실일 수도 아닐 수도
> 있는지에 대해 끝없이 논쟁하기 위해서인가요?

'끝이 있는 대화'를 통해 더 생각할 여지가 없는 고정된 의견과 생각에 도달하려는 발상은 도무지 와닿지가 않습니다. 제 취향도 아니고, 지적으로도 그런 방식에 무슨 의미가 있는지 모르겠어요. 권력에 미쳐서 사람들의 생각까지 지배하고 싶은 광기 어린 인간이라면 모를까, 그런 게 아니라면 그런 고정된 결론은 아무런 기능도 하지 않죠. 저는 논의가 계속 살아 있도록 유지하는 게 중요하다고 생각합니다. 꼭 앞으로 나아가는 게 아니더라도 어쨌든 계속 움직이게 만들어야 해요. 주전자가 계속 끓어야 흥미로운 수증기가 생기는 법이죠. 고정된 시각이나 의견을 향해서만 나아가면 그 과정에서 놓치는 게 너무 많습니다.

> 그런 확고한 태도나 관점은
> 어디에서 비롯되었다고 보세요?

확실히 제 성장 배경에서 비롯된 것 같습니다. 제 부모님은 1950년대 후반에서 1960년대 초반 사이에 서인도제도의 안티과섬에서 영국으로 이주했어요. 두 분 다 제대로 된 영국식 교육을 받으셨고, 기존의 제도나 권위를 존중하는 분들이었죠. 어머니는 정말 독실한 기독교 신자셨어요. 아마 제가 평생 만나본 사람 중에서 신앙심이 가장 강한 분일 겁니다. 반면에 아버지는 그냥 관습적으로 교회에 나가는 분이셨죠. 그런데 제가 다양한 관점을 존중하게 된 건 어느 정도는 아버지 덕분이기도 해요. 아버지는 우리 형제들이 가능한 한 폭넓은 의견과 취향을 접하도록 늘 신경 쓰셨어요. 예를 들어 음악만 봐도 우리 집에서는 다소 평판이 좋지 않던 1960~1970년대 레게 음악이 흘러나왔고, 동시에 헨델이나 차이콥스키, 짐 리브스 같은 음악도 흘러나왔어요. 일요일이면 《옵서버Observer》 같은 품격 있는 신문도 사고, 《뉴스 오브 더 월드News of the World》 같은 타블로이드 신문도 같이 샀어요. 그러니까 저는 말 그대로 다양한 관점을 자연스럽게 즐기는 법을 어릴 때부터 배운 셈이죠. 요즘 말로 뭐라고 하더라? 아, '죄책감 드는 즐거움guilty pleasure'이요. 우리 집에는 그런 개념 자체가 없었어요. 뭐든 사용할 수 있고 뭐든 즐길 수 있고, 거리낌 없이 그래야 한다는 분위기였죠.

> **그렇게 다양성에 노출되는 것의 가치를 믿으시는군요?**

그럼요. 정말 중요하다고 생각해요. 그런데 우리는 지금 그 가치를 실제로 놓치고 있죠. 문화적으로 결핍된 삶을 살고 있으니까요. 남의 식습관을 뭐라 하려는 건 아니지만 육식을 하는 사람으로서 말하자면, 가끔은 그렉스Greggs 베이커리 같은 데서 소소하게 즐길 줄도 알아야 해요. 전혀 즐기지 못한다면 그건 일종의 문화적 결핍이죠. 어떤 종류의 즐거움을 애초에 배제하거나 "아니, 그건 내 취향이 아니야"라고 단정 지으며 입장을 고정하는 것은 전부 문화적으로 손해 보는 일이라 생각해요. 도대체 왜 그래야 하죠?

> **그런 다양성에 노출되고, 폭넓은 경험을 하는 것이 왜 중요하다고 생각하시나요? 단순히 경험 그 자체를 위한 건가요, 아니면 어떤 결과를 기대하시는 건가요?**

둘 다예요. 확실히 저는 다양한 것을 온몸으로 즐깁니다. 그런 경험 자체가 저한테 중요해요. 하지만 동시에 그 경험을 통해 다른 사람들의 가치관이나 그들을 움직이게 하는 동기를 이해할 수도 있어요. 사실 저는 다양한 것에 노출되는 하나의 훈련으로서 소설 쓰는 일을 하고 있습니다. 그래서 더 흥미를 느끼고요. 예를 들어 18세기 후반에 사람을 사고파는 무역상의 머릿속에 들어가 보려 시도하는 거예요. 저는 이런 시도가 정말 중요하다고 생각합니다. 그냥 쉽게 어떤 절대적인 결론을 내려선 안 돼요. 그들의 세계를 어느 정도 느껴보거나 상상해보려는 시도 없이는 그들과 어떤 연결도 불가능하죠. 궁극적으로 우리가 서로 어느 정도 연결되어 있고, 아니면 적어도 연결될 가능성이 있는 곳이 바로 상상의 세계라고 생각합니다.

> 그건 다시 다른 사람들과 연결되고 그들을 이해하려는 욕구와 맞닿아 있는 이야기네요. 앞서 역사를 통해 그런 욕구를 추구한다고 하셨고, 지금은 상상력과 경험을 통해 추구한다고 말씀하셨어요. 다른 사람들과 연결된다는 게 작가님께 중요한 가치인가요?

그럼요. 저한테만 중요한 게 아니라, 포유류인 우리 모두에게 중요한 가치라고 생각해요. 우리는 공감을 발달시킬 수 있는 능력을 지닌 존재예요. 과장이 아니라 제 생각에 그건 인간의 고도화된 능력 중 하나입니다. 그리고 그 공감을 키우는 데 결정적인 역할을 하는 것이 바로 예술이죠. 버스 정류장에서 나누는 짧은 농담부터 훌륭한 음악을 듣거나 멋진 그림을 보거나, 혹은 제 경우처럼 소설을 즐기는 경험까지 모두 공감 능력을 발달시키고 넓히는 수단입니다. 특히 예술을 통해 가장 개인적인 통찰을 나누는 일은 공감을 깊게 만들죠. 그래서 권위주의적인 국가에서는 예술을 늘 위협으로 여깁니다. 항상 통제하고 감시해야 하는 위협인 거죠.

> 그런데 노예 상인에게 공감함으로써 얻는 건 무엇인가요? 인간에 대한 전반적 이해가 넓어지는 건가요? 아니면 특별히 노예 상인의 사고방식을 이해하고 싶은 이유가 있는 건가요?

네, 확실히 이유가 있습니다. 지금 우리가 이 대화를 나누고 있는 이유도 바로 그거예요. 제가 인간을 사고파는 노예 상인의 사고방식에 관심을 두는 건 선택받은 민족이나 구원받은 자, 저주받은 자, 영원한 고통 같은 개념을 믿는 사람들의 사고방식에 관심을 두는 것과 크게 다르지 않아요. 제게는 모두 같은 범주에 속합니다. 제가 전혀 공감되지 않는 영역이어서 오히려 그 사고방식이 더욱 궁금해지는 거죠. 저는 우리가 실제로 어떤 인간을 마주하고 있는지를 이해하고 파악하는 것이 아주 중요하다고 생각해요. 특히 중도나 중도 좌파에 속한 사람들, 즉 기본적으로 극우가 아닌 사람들조차도 신경 다양성에 대한 이해와 우리가 '타락'이라고 부르는 것에 대한 인식이 굉장히 부족하거든요. 타락이라고 여겨지는 것들이 많은 사람에게 사실상 정상처럼 받아들여지고 있어요. 그래서 제가 극단주의자들에게 관심이 많은 거예요. 특히 노예제도가 존재하던 시기에 관심이 커요. 그 시기에 사람들은 어떻게 그런 시스템 안에서 아무런 변명 없이 순응하며 살아갈 수 있었을까, 극우 성향의 기독교인들이 어떻게 그런 가장 타락하고 반인륜적인 신념 체계 안에서도 심리적 안정을 얻으며 살아갈 수 있었을까 하는 점이 궁금합니다. 저는 그들의 사고방식을 이해하는 게 매우 중요하다고 생각합니다. 그래야 그들의 허술한 논리에 대응할 수 있는 무기를 갖추게 되고, 그들의 생각이 어디에서 시작되었는지를 논리적으로 파악할 수 있으니까요.

> 그러니까 그들의 사고방식을 이해하려는 이유는 그것을 반박하기 위해서군요.

맞습니다. 그런 사고방식은 반드시 반박해야 합니다. 우리가 그에 맞설 도구를 갖고 있지 않거나 개발하지 않으면 우리는 항상 수세에 몰릴 수밖에 없어요. 현재 비극우 세력이 그런 수세에 몰려 있는 상황이라고 생각해요. 왜냐하면 우리는 '진보가 자연스럽고 좋은 것이며, 인류의 통합, 우애, 이해가 우리의 궁극적인 목표다'라는 통합된 사고 체계에 도달했거든요. 저도 그 관점에 대체로 동의합니다. 그런데 이런 관점은 타락의 역할을 상당히 과소평가하고 있어요. 자꾸 그 단어로 돌아가게 되네요. 아마도 타락이라는 개념이 우리 대부분의 삶의 방식과 너무 동떨어져 있기 때문일 겁니다.

> 그렇다면, 다른 사람들에게 나타나는 이런 타락의 성향은 어디에서 비롯된다고 보시나요? 그저 자연스러운 결과일까요, 아니면 사회가 뭔가 잘못된 걸까요? 우리가 바꿀 수 있는 조건들이 있을까요?

저는 많은 경우 확립된 전통 권위에 과도하게 동일시하고, 인간성에 대한 기존의 교리와 개념을 아무런 비판 없이 따를 때 타락이 발생

한다고 믿습니다. 물론 그런 교리 중 일부는 이제 수명을 다했다고 볼 수도 있겠지만, 제 생각에 진짜 문제는 그 무비판적인 태도에 있습니다. 사람들이 그렇게 무비판적인 이유는 어느 순간부터 그 체계 안에서 자신의 존재 가치를 느끼게 되기 때문입니다. '나는 구원받은 사람이다, 나는 선택받은 민족의 일원이다, 나는 우월한 인종이나 상류층에 속한다'라는 식의 믿음을 갖게 되는 거죠. 그런데 오늘날에는 이런 정체성을 위협하는 요소들이 매우 많습니다. 그 위협은 반사적으로 공격의 대상이 되죠. 왜냐하면 그 정체성이 자신이 고정된 자리이자 가족의 연장선이라고 보기 때문이죠. 이런 현상은 특정 계층에만 국한되지 않고 모든 계층의 사람들에게 작용합니다. 뮤지컬 〈웨스트 사이드 스토리〉에 나오는 "꼬마야, 넌 이제 남자가 되었어. 꼬마 남자야, 넌 이제 왕이야" 같은 가사에서도 잘 드러나죠. 결국 이것은 지위와 의미를 둘러싼 투쟁입니다. 많은 사람이 자신이 태어난 사회가 제공하는 가치나 신념을 마치 진열대에서 꺼내 쓰듯 아무 의심 없이 받아들입니다. 바로 그게 핵심이에요.

> 작가님이 생각하는 해결책은 공감, 상상력, 그리고 인류의 연대인가요?

맞아요. 그리고 여기에 끊임없이 질문하는 태도도 포함되어야 한다고 생각합니다.

> 그렇다면 그렇게 계속 질문을 던지려는 작가님의 태도는 어디서 비롯된 것일까요? 부모님이 의도하셨든 아니면 그냥 원래 그런 성향이셨든 다양한 의견과

> 경험, 문화와 예술에 자주 노출될 수 있게
> 해주셨다고 하셨는데요. 질문하는 습관도
> 어린 시절 부모님의 영향이라고 보시나요?

네, 맞습니다. 특히 종교 문제가 일찍부터 고민거리로 떠올랐던 것 같아요. 열세 살쯤까지는 종교를 받아들이며 지냈습니다. 아버지는 비교적 신앙심이 깊지 않으셨는데, 어느 날 저희 형제에게 "이제 교회에 꼭 가야 한다고 느끼지 않으면 안 가도 된다"라고 하셨어요. 그 말을 듣자마자 저는 망설임 없이 교회를 그만두었죠. 그 무렵 저는 책을 굉장히 많이 읽는 아이였습니다. 정말 위험할 정도로, 정신없이 읽어대는 수준이었어요. 성경도 깊이 파고들었는데요, 그 안에는 소금 기둥이 된 여자 이야기부터 시작해서 온갖 충격적인 이야기가 담겨 있었습니다. 살인, 집단 학살, 인종차별, 성차별, 동성애 혐오, 심지어 노예제도까지 말 그대로 너무 끔찍한 일들이 창조주의 이름으로 묵과되고 있었어요. 양심상 그걸 도저히 받아들일 수 없다고 느꼈어요. 아마 그때부터 질문이 시작되었을 겁니다. 그 후로 오랜 시간에 걸쳐 다양한 경전과 전통을 깊이 탐구했고, 특히 그것들이 카리브 지역의 제 조상들에게 어떻게 전해졌는지에 대해 조사했어요. 그러한 경전과 종교적 전통이 어떻게 형성되었는가는 단순히 흥미로운 차원을 넘어 제게는 정말 중요한 문제였습니다.

> 그렇다면 성경 속 이야기들을 비판하는 게
> 도덕적인 이유에서인가요?

네, 맞습니다. 예를 들어 노아의 방주 이야기를 보세요. 도덕적으로 보면 정말 충격적이잖아요. 단 여덟 명의 인간과 대략 200만 마리의 동물을 제외하고 지구상의 모든 생명체를 다 물에 빠뜨려 죽인다는 이야기인데, 이건 도덕에 관한 이야기가 아니라 믿음, 신앙 그리고 순종에 관한 이야기입니다. 그 이야기는 신에게 순종하는 사람이 신의 권위를 세상 속으로 확장할 권한을 부여받는다는 사고방식을 담고 있죠.

작가님은 불복종적인 사람인가요?

좋은 질문이네요. 저는 제가 그런 사람이라고 믿고 싶어요. 제 나름의 방식대로는 불복종적인 사람이라고 생각해요.

지금까지 말씀하시면서 전통, 관성, 복종, 이런 것들을 여러 번 비판하셨으니 그렇다고 할 수 있겠네요.

그 세 가지 개념은 확실히 반대합니다. 제 존재를 지키기 위해서라도 반대해야 합니다. 저는 전통, 관성, 복종이라는 세 가지로 이루어진 틀 안에서는 어떤 안정감도 느낄 수 없어요.

작가님은 그런 틀 밖에서 살아가는 사람이군요.

네, 스스로 그렇게 선택했죠.

내털리 헤인스
Natalie Haynes
모두를 위한 고전 그리고 여성의 시각

2020년 7월

내털리 헤인스는 서양 고전을 현대 대중에게 새롭게 전달하는 베스트셀러 소설과 논픽션으로 잘 알려진 작가이자 방송인이다. 그녀가 진행하는 BBC 라디오 4 프로그램 〈내털리 헤인스, 고전을 옹호하다 Natalie Haynes Stands Up for the Classics〉는 현재 시즌 9까지 방영되었다.
『판도라는 죄가 없다』, 『천 척의 배 A Thousand Ships』, 『현대적 삶을 위한 고대 안내서 The Ancient Guide to Modern Life』 등을 집필했다.

"세상에는 나만 있는 게 아닙니다. 그래서 세상이 항상 나를 중심으로 돌아가는 게 아니라는 것, 저는 이것을 인생의 신념으로 삼고 싶습니다."

라틴어는 사실 그렇게 어려운 언어가 아닙니다. 솔직히 말하면 영국에서 오랫동안 의무적으로 배워야 했던 프랑스어보다 훨씬 쉽고, 독일어보다도 수월하죠. 물론 스페인어보다는 조금 어렵다고 할 수 있겠지만, 말로 표현할 필요가 전혀 없다는 점에서 보면 라틴어는 오히려 수줍음이 많은 영국 사람들에게 더 잘 맞는 언어일지도 모릅니다. 그저 앉아서 천천히 공부하면 되고, 발음을 걱정하며 얼굴을 붉힐 일도 없으니까요. 그런데도 이상하게 여러 세대에 걸쳐 많은 사람이 자신은 라틴어를 배우기에 부족하다고 느껴왔습니다. 그래서 정상적인 직장 생활을 마치고 은퇴한 뒤에야 비로소 '이제야 때가 되었다'고 생각하곤 하죠. 실제로 은퇴 후 라틴어나 그리스어 A 레벨 과정에 등록하거나 대학 학위를 따는 사람들이 꽤 많습니다. 몇 년 전에는 한 여성에게서 편지를 받은 적도 있어요. 은퇴 후 라틴어를 시작했고, 일흔이 넘은 나이에 그리스어 공부를 시작하셨다고 하더군요. 그리스어는 꽤 어려운 언어인데, 그분은 여든이 넘은 나이에 박사과정을 밟고 있었습니다. 평생 기다려온 일이었기 때문이죠.

정말 대단하네요.

고전학은 언제나 우리를 기다리고 있습니다. 하지만 지금 고전학 교육의 대부분은 사립학교에만 집중되어 있는 게 현실이죠. 결국 우리

스스로 그것을 엘리트 교육의 영역으로 한정 지어버린 겁니다. 라틴어를 가르치기 위해 한계를 넘어서 노력하는 훌륭한 공립학교들도 있고, 아주 가끔은 그리스어를 가르치는 학교도 있습니다. 하지만 전체적으로 봤을 때 라틴어나 그리스어를 배울 수 있는 학생들은 사립학교에 다니는 아이들 가운데 약 7퍼센트에 불과합니다. 그렇게 소수만 배우도록 제한해놓고선 인제 와서 고전학을 엘리트주의적이라며 비판하는 건 말이 안 됩니다. 하지만 분명히 말할 수 있는 건 라틴어는 아무 잘못도 없다는 사실입니다!

저는 정말 운이 좋은 사람입니다. 학교에서 훌륭한 선생님께 고전을 배울 수 있었으니까요. 많은 사람이 그런 기회를 얻지 못하죠. 저도 잘 압니다. 그래서 지난 10년 동안 전 세계를 다니며 기회가 닿는 곳이라면 어디든지, 특히 공립학교를 중심으로 고전학을 알리고자 온 힘을 다해왔습니다. 이미 고전에 어느 정도 접근할 수 있는 청중을 대상으로 강연할 때도 있지만, 대부분의 경우는 공립학교를 찾아갑니다. 제가 해마다 꼭 방문하는 정말 멋진 학교가 하나 있어요. 그곳 교사들은 학생들에게 라틴어를 가르치기 위해 스스로 라틴어를 배우고 나중엔 그리스어까지 익혔습니다. 그런 헌신을 보면 '교사들이 저렇게까지 하는데, 내가 이 학교에 와서 아이들과 몇 시간 이야기를 나누는 일쯤이야 아무것도 아니지' 하는 생각이 듭니다. 그 학교를 방문하는 일은 저에게 늘 큰 선물처럼 느껴집니다. 이번 주에 페이스북 '과거의 오늘' 알림이 하나 떴는데, 제가 정말 좋아하는 기억이더군요. 당시엔 너무 정신없이 바빠서 잊고 있던 일들을 이런 기능 덕에 다시 떠올릴 수 있으니 참 좋네요. 그게 아마 2년 전쯤, 여름 학기 마지막 즈음이었을 거예요. 방과 후 그리스어 수업을 들은 학생들에게 주는 보상 차원에서 준비한 활동이었죠. 정확히 그해였는지 바로 전해였는지는 확실하지 않지만, 그때 교사들은 학생들과 같은 시기에 GCSE 시험(영국 교육과정에서 중등교육을 마치면서 치르는 자격시험―옮긴이)에 도전했어요. 심지어 학생들보다 딱 일주일 먼저 공부를 시작했다고 하더군요. 이 이야기를 꺼낼 때면 지금도 눈물이 날 것만 같습니다. 그렇게 열심히 그리고 멋지게 해낸 학생들에게 주어진 보상은 대영박물관 견학이었어요. 그날 저는 아이들이 듣고 싶어 하는 이야기는 뭐든 들려줬습니다. 고대 그리스의 항아리와 조각상 이야기부터 시작해서 박물관 곳곳에서 마주할 수 있는 노출, 폭력, 외설성에 관한 이야기까지, 아이들이 궁금해하는 건 뭐든 함께 나누는 시간이었죠.

> **고전을 공부하는 게 작가님에게 하나의 즐거움이고,
> 그래서 고전을 널리 알리고 싶으시다고 하셨는데요,
> 혹시 그 외에 고전을 알리는 데 힘쓰게 된
> 다른 이유가 있을까요?**

저는 고전이 우리 모두의 역사, 즉 집단의 역사라고 생각합니다. 그런데 그런 고전이 학교 제도 안에서 너무 많은 학생에게 차단되어 있다는 사실이 그저 끔찍하게만 느껴집니다.

> **그러니까 고전이 우리 역사에 속한다는 사실이
> 또 다른 이유가 되는 거군요.**

맞습니다. 고전은 분명 우리 역사의 한 부분입니다. 예를 들어 스코틀랜드만 봐도 그렇죠. 한때 라틴어로 글을 쓰는 전통이 엄청난 흐름을 이루었고, 어떤 시기에는 스코틀랜드 역사 기록의 약 4분의 1이

내털리 헤인스

라틴어로 쓰였을 정도입니다. 믿기 어려울 정도 아닌가요? 몇 년 전 저는 이 주제로 BBC 라디오 4 다큐멘터리를 제작하기도 했습니다. 당시에도 스코틀랜드의 공립학교에서는 라틴어를 배울 수 없었고, 지금도 별반 달라지지 않았을 겁니다. 바로 그 현실 때문에 그 프로그램을 기획했던 거였죠. 이건 단순히 고대 세계와 단절되는 문제가 아닙니다. 고전학자의 시각에서 보면 이건 근현대사와의 단절이기도 합니다. 정말 용납할 수 없는 일이에요. "그런 건 몰라도 돼"라는 말, 저는 도저히 받아들일 수 없습니다. 왜냐하면 사립학교에 다니는 아이들은 그런 교육을 받을 테고, 결국 그 아이들이 사회의 지배계급이 될 가능성이 크기 때문입니다. 바로 이 점이 문제의 핵심이고, 저는 이것을 절대로 가볍게 넘겨서는 안 된다고 생각합니다.

데이비드 아로노비치David Aaronovitch가 라틴어 교육에 대해 토론하던 자리에서 아주 날카로운 지적을 한 적이 있어요. 그는 "모든 학교에서 라틴어를 배울 수 있게 된다면 사립학교들은 상형문자를 가르치기 시작할 겁니다"라고 말했습니다. 왜냐하면 사립학교들은 늘 사람들이 돈을 내게 할 명분이 필요하거든요. "우리는 일반 학교에서 제공하지 않는 어떤 것을 제공해야 한다. 그렇지 않으면 누가 그 비싼 돈을 내고 오겠는가?"라는 식이죠. 저는 아로노비치의 말에 전적으로 동의해요. 다만 그 문제에 대해 그렇게까지 강하게 공감하진 않아요. 제가 상형문자를 읽을 줄 모르기 때문이기도 해요. 그건 제 손해인 셈이죠. 그 문제에 대해 똑같은 열정을 가지려면 아마 저도 상형문자를 먼저 배워야 할 겁니다. 고전은 우리 모두의 것입니다. 우리가 함께 나누는 집단의 역사이자 철학의 역사이며 정치의 역사입니다.

> 제가 경험한 게 그겁니다. 저는 우리 집에서
> 처음으로 대학에 들어간 사람이었어요.
> 학교에서 고전을 배울 수 있었는데, 그건 우리 집이
> 중산층이어서도 아니고 어머니에게 돈이 좀 있어서도
> 아니었습니다. 1980년대에 정부가 저소득층
> 아이들을 위해 운영한 지원 입학 제도 덕에 자립형
> 사립학교에 다닐 수 있었던 거죠. 그 작은 계기가
> 없었더라면 지금 제 머릿속에 들어 있는 고대 로마와
> 그리스 세계에 관한 모든 생각, 그리고 제 삶을
> 이해할 수 있게 도와준 모든 것은 애초에 존재하지
> 않았을 겁니다. 그건 제 모든 경험 속에 깊이
> 스며 있어요. 삶의 여정에 고전 사상가들이 곁에
> 있다는 것은 삶의 의미를 발견하고 인생을 이해하도록
> 돕는 풍부한 자원이 있다는 말이에요. 누구나
> 그런 기회를 누릴 수 있어야 한다고 생각합니다.

정말 공감합니다. 고전을 접하지 못한 채 살아간다는 건, 마치 감각 하나를 잃은 것 같은 느낌일 거예요. 고전이 곁에 없다면 저는 세상을 어떻게 살아가야 할지 상상이 되지 않습니다. 특별히 계획한 건 아니었지만, 어느 순간부터 누구나 고전에 접근할 수 있도록 돕는 일이 제 일상이 되어 있더군요. 저는 개인적으로 아리스토텔레스의 『시학』이 현대 연속극에 어떤 영향을 미쳤는지에 깊은 관심이 있어요. 그런 이야기를 하면 사람들은 이렇게 묻곤 하죠. "잠깐만요, 연속극에 그런 게 있다고요? 정말이세요?" 네, 정말입니다. 〈더 와이어The Wire〉 같은 드라마에도 그런 요소가 들어 있냐고요? 네, 물론이죠. 〈이스트엔더스EastEnders〉에도 들어 있는걸요. 정말이에요. 하지만 저는 고전학을 '엘

내털리 헤인스 333

리트층만의 전유물'로 여기는 분위기가 여전히 존재한다고 느낍니다. 고전이 엘리트층만의 영역이고, 그들 세계에만 의미 있는 것이라는 인식이 우리에게 주입되어온 겁니다. 하지만 그건 사실이 아닙니다. 아니, 단 한 번도 사실이었던 적이 없어요. 논쟁이 자주 벌어지는 예로 파르테논 신전의 대리석 부조 이야기를 해보죠. 그 대리석 조각들이 런던으로 옮겨졌을 때 거의 동시에 복제품이 대량으로 제작되었고, 일반 사람들도 아주 저렴한 가격에 구입할 수 있었습니다. 실제로 복제품은 전국적으로 엄청난 수량이 팔렸어요.

그런 현상과 관련해서 제가 특히 흥미롭게 생각하는 점 중 하나는 이게 최소한 로마 시대부터 이어져 내려왔다는 사실입니다. 로마인들은 '제우스와 레다' 이야기가 묘사된 램프를 대량 생산하곤 했고, 실제로 그 유물들이 폼페이에서도 발견됩니다. 다시 말해 고전 예술의 대중적 소비는 고전 예술이 생겨났을 때부터 존재했던 아주 오래된 전통이라는 겁니다. 항상 소수 엘리트의 전유물이 아니었다는 거죠. 거대한 파르테논 신전 건물과 아테네에 남아 있는 그 신전의 대리석 조각들은 원래 특정한 맥락 안에서 누구나 볼 수 있도록 설계된 것이지, 어딘가에 가둬두거나 숨겨두기 위한 것이 아니었습니다. 누구나 볼 수 있도록 공공의 공간에 전시하려고 만들어놓은 엄청난 규모의 신전인 거죠. 우리는 그들이 믿던 신을 믿지 않을 수도 있고 아예 신 자체를 믿지 않을 수도 있지만, 이 건축물과 그 안에 담긴 이야기들이 지닌 공적 의미와 가치는 부정할 수 없습니다. 이런 문화유산이 오직 돈을 낼 수 있는 사람들에게만 허용되어야 한다고 말하는 것은 끔찍한 발상이라고 생각해요. 도대체 어떻게 이런 일이 벌어지게 된 걸까요? 사실 고전 그리스 비극과 현대 연속극 사이의 가장 큰 공통점은 누구나 자유롭게, 혹은 비교적 자유롭게 접근할 수 있다는 점입니다. 고전극은 본래 시민들이 함께 참여하고 즐길 수 있는 공공 문화 활동이었어요. 디오니소스 축제 기간에 사람들은 극장에 가서 사흘에 걸쳐 세 편의 그리스 비극과 사티로스 극 한 편을 관람했죠(사티로스 극은 세 편의 비극에 이어 상연되는 익살극으로, 배우들이 반인반수인 사티로스로 분장해 춤추고 연기하는 극이다—옮긴이). 관람료는 따로 받지 않았습니다. 부유한 시민들이 세금 대신 공연에 필요한 비용을 부담했어요. 연극 관람은 시민이라면 누릴 수 있는 일종의 권리였습니다. 물론 제약은 분명히 있었습니다. 어떤 축제는 아테네 시민만 참석할 수 있었고, 이는 곧 여성은 제외되고 남성만 참석할 수 있었다는 의미이기도 하죠. 그런데 당대의 대표적 희극 작가 아리스토파네스가 외지인들 앞에서 아테네를 조롱했다는 이유로 기소된 기록을 보면, 일부 축제에는 외지인들도 참석했던 것으로 보입니다. 아테네 시민권은 매우 제한적이었지만, 적어도 연극을 보기 위해 부자가 될 필요는 없었습니다.

음, 여긴 고전학회 팟캐스트가 아니라 휴머니스트 UK 팟캐스트잖아요. 그러니까 이제 좀…….

네? 무슨 말씀인지?

이제 다른 주제로 넘어가 보자는 말입니다. 사실 '주제'라는 말로는 부족할 정도로 작가님의 작품에서 매우 큰 비중을 차지하는 부분인데요. 바로 여성의 위치와 역할 그리고 여성 고유의 경험입니다. 최근 출간하신 여러 책을 보면 여성의 내면으로 점점 더 깊이 들어가고 있다고 해도

> 과언은 아닌 듯한데요.

얘기만 들으면, 제가 뭔가 변장을 하고 몰래 잠입이라도 한 것처럼 들리잖아요.

> 이거 그리스 희극 한 편 나올 분위기인데요.

그건 아리스토파네스가 이미 썼을걸요.

> 새로운 게 아니라는 말씀이군요. 하지만 그래도 사실이지 않나요? 특히 가장 최근 작품 『천 척의 배』에는 남성 화자가 단 한 명도 없더군요.

남성이 등장하긴 합니다. 다만 모든 이야기가 여성의 시각에서 서술되죠.

> 여성을 중심으로 한 새로운 책이 곧 나올 예정이라고 들었습니다만?

『판도라는 죄가 없다』를 말씀하시는군요. 네, 맞습니다. 하지만 이번엔 논픽션입니다. 이 책은 그리스 신화 속 여성 열 명의 이야기를 다루면서 그 이야기들이 시간이 흐르면서 어떻게 왜곡되고 변형되었는지를 탐구합니다. 예를 들어 판도라는 고대 그리스인들에게 '원형적 여성'의 상징이었어요. 판도라 이전에는 여성이 존재하지 않았고, 당시의 시각 예술 작품들을 보면 그녀는 창조되는 과정이거나 막 창조된 직후의 모습으로만 등장합니다. 그런데 특이한 점은 판도라가 어떤 상자나 용기를 들고 있는 모습은 단 한 번도 고대에 묘사된 적이 없다는 거예요. 하지만 오늘날 판도라를 이야기할 때면 거의 항상 '상자'가 함께 언급되고, 그 상자를 열었더니 끔찍한 재앙들이 쏟아져 나왔다는 이야기가 따라붙습니다. 그런데 헤시오도스나 이솝, 그 밖의 고대 자료들을 살펴보면 그 '항아리'는 원래 판도라의 것이 아니었어요. 그것은 제우스가 만든 것이고, 헤르메스를 통해 판도라에게 전달된 물건입니다. 그리고 판도라를 만들라는 명령도 제우스에게서 나왔죠. 이야기에 따라 판도라가 직접 항아리를 열기도 하고, 누군가 다른 사람이 열기도 합니다. 이솝 이야기에서는 남편인 에피메테우스가 열기도 하죠. 그리고 흥미로운 점은 항아리 안에 나쁜 것들만 있지 않고 좋은 것들이 들어 있는 버전도 있다는 겁니다. 모든 버전에서 유일하게 일관된 부분은 '희망'(혹은 꼭 긍정적인 게 아닐 수도 있으므로 '기대'라고 표현할 수도 있겠죠)이 그 항아리 안에 남아 있다는 겁니다. 그런데 이마저도 해석이 분분해요. 판도라가 우리를 위해 희망을 지켜줬다는 긍정적인 의미일까요? 아니면 끔찍한 것들이 모두 세상에 나왔는데 희망만 그 빌어먹을 항아리에 남아서 우리는 희망조차 꺼내 쓸 수 없다는 절망적인 의미일까요? '정답'이라고 할 만한 버전이 없는 정말 복잡한 이야기예요. 그런데 시간이 흐르면서 더 큰 왜곡이 생겼습니다. 판도라는 결국 성경 속 이브와 동일시되었고, 재앙을 불러온 여자라는 이미지와 결합하고 말았죠. 어떤 그림에서는 판도라가 이브이자 판도라로 동시에 묘사되기도 합니다. 두 여성이 한 인물로 합쳐진 셈이죠. 결국 판도라는 '상자를 열어 인류의 몰락을 초래한 예쁜 여자'라는 이미지로 굳어버렸습니다. 나 원 참.

> 작가님 말씀의 요지는 여성들이 어떻게
> 묘사되었는지를 다시 들여다봐야 한다는 거군요?

맞아요. 여성들이 어떻게 묘사되었는지를 보세요. 때로는 고대의 여성 혐오가 고스란히 드러나기도 합니다. 예컨대 헤시오도스는 여성에 대해 별로 호의적인 인물이 아니었어요. 물론 자기 형도 만만찮게 싫어했지만요. (그가 쓴 판도라 이야기는 말하자면 나쁜 형과 나쁜 여자의 이야기예요. 잠깐만요, 프로이트 박사님. 시간을 거슬러 가서 왜 여성을 그런 식으로 그렸는지 심리 분석을 좀 해주셔야겠는데요.) 일반적으로 고대 세계의 이런 이야기들은 여성이 중심인물인 경우가 많았습니다. 에우리피데스가 트로이 전쟁을 소재로 쓴 비극 중 오늘날까지 전해지는 작품이 여덟 편 있는데요. 그중에서 『오레스테스』만 남성이 제목에 등장하고, 나머지 일곱 편은 모두 여성 중심이죠. 제가 한번 외워볼게요, 잠깐만요. 『안드로마케』, 『헤카베』, 『헬레네』, 『아울리스의 이피게네이아』, 『타우리스의 이피게네이아』, 『엘렉트라』, 『트로이의 여인들』. 트로이 전쟁을 다룬 여덟 편의 작품 중 일곱 편이 여성에 초점을 맞추고 있습니다. 그러니까 누가 "트로이 전쟁 이야기에서 여성을 중심에 두는 건 시대에 맞지 않는 발상 아닌가요?"라고 물으면, 전 이렇게 말하고 싶어요. "그럼 에우리피데스에게 직접 전화해서 그렇게 말해보시죠." 저는 『이오카스테의 자식들The Children of Jocasta』을 쓸 때, 오이디푸스 이야기를 그의 아내 이오카스테의 시선과 그들의 딸 이스메네의 시선으로도 충분히 다시 서술할 수 있다고 믿었습니다. 실은 사람들이 잘 모를 뿐이지, 고대 세계에는 그 이야기에 대한 여러 다른 버전이 존재했으니까요. 그중에서 소포클레스가 쓴 버전이 오늘날 널리 알려졌을 뿐이죠.

> 정말 여러 생각이 들게 하더군요. 제가 그 이야기들과
> 문화에 깊이 빠져 있어서 그렇게 느꼈는지,
> 아니면 남성으로서 그 이야기를 읽고 있어서였는지는
> 잘 모르겠습니다. 물론 저는 그나마 좀 섬세한
> 남자라고 믿고 싶지만요…….

아주 섬세한 분 맞으세요.

> 감사합니다. 그래도 어쨌든 저는 남성이잖아요.
> 그래서 『이오카스테의 자식들』을 이해하는 게
> 쉽지 않았습니다. 완전히 새로운 이야기 같고,
> 뭔가 낯설었어요. 책을 읽으면서 여성의 관점에서
> 정말 많은 생각을 했습니다. '내가 너무 잘 아는
> 이야기인데도 여성의 시선으로 다시 읽었을 때
> 이렇게 새롭고 다르게 느껴지다니, 내가 여성의 시각에
> 이렇게나 무지했던 걸까?'라는 생각이 들었어요.
> 정말 여러 생각을 하게 만듭니다.

이야기를 다시 들여다보고 새롭게 조명하는 것, 그게 언제나 목표이지 않을까요? 이야기가 존재하기 시작한 먼 옛날부터 그 일을 계속해왔죠. 문제는 시간이 흐르면서 우리가 한 가지 버전을 선호하게 되었고, 그 결과로 나머지 버전들은 다 잊어버렸다는 겁니다. 이오카스테 이야기가 그 대표적인 예죠. 소포클레스의 『오이디푸스 왕』에서는 이오카스테의 대사가 120줄밖에 되지 않습니다. 그래서 우리는 그녀에 대해 그다지 생각하지 않죠. 그런데 이야기 속에서 누가 누구이고, 누가 누구와 결혼했는지를 먼저 알아내는 건 오이디푸스가 아니라 이

오카스테입니다. 극이 전개되는 내내 오이디푸스가 얼마나 똑똑한 사람인지 강조되지만, 실제로는 이오카스테가 먼저 진실을 꿰뚫죠. 그냥 그렇다고요. 자, 이제 다시 말해보세요. 이 결혼 관계에서 진짜 똑똑한 사람이 누구라고요? 이 부분은 잘 언급되지 않지만, 에우리피데스가 쓴 『포이니케 여인들』에는 완전히 다른 모습의 이오카스테가 등장합니다. 자식을 잃은 고통을 이야기하는 아주 인상적인 독백 장면이 나오죠. 그걸 보면 '아니, 이렇게 중요한 부분을 왜 우리는 지금까지 놓치고 있었던 거지?' 하는 생각이 듭니다. 가장 초기의 이오카스테 이야기인 호메로스의 『오디세이아』에선 그녀가 에피카스테라는 이름으로 등장해요. 그녀의 이야기는 열 줄 정도밖에 안 되지만, 그 짧은 이야기 안에서 에피카스테와 오이디푸스의 비중은 거의 동등합니다. 그런데 소포클레스 버전이 너무도 강렬해서—물론 정말 대단한 작품이긴 하지만—그 이전의 모든 이야기를 완전히 덮어버리죠. 그래서 우리는 다른 버전의 이야기들을 놓치게 됩니다.

때로는 남성 중심의 서사를 의식적으로 더 선호하고 우선시하려는 경향이 있는 것 같고, 때로는 그냥 우연히 그렇게 되는 것 같기도 합니다. 『메데이아』도 무대에 자주 올려지는 편이지만, 그래도 『오이디푸스』가 훨씬 더 많이 상연되지 않을까요? 끔찍한 이야기이지만 오이디푸스 이야기가 더 현대적인 느낌이 있어서 그럴 겁니다. 그러니까 계속해서 공연되고, 전혀 낡은 이야기처럼 느껴지지 않는 거죠. 그래서 우리가 그리스 비극을 생각할 때 제일 먼저 떠올리는 게 『오이디푸스』인지도 모르죠. 어쩌면 프로이트가 오이디푸스를 중요하게 여겼기 때문일 수도 있고요. 그런데 프로이트는 남성의 경험에만 너무 집중한 나머지, 놀랍게도 메두사의 목이 잘리는 장면을 보고 거세 공포로 해석했습니다. 아, 그건 진짜 개인의 경험과는 무관한 이야기인데, 도대체 왜 그러는 걸까요?

> 때로는 고르곤은 그냥 고르곤일 뿐인데 말이죠(고르곤은 고대 그리스 신화에 나오는 머리카락이 살아 있는 뱀으로 된 세 자매로, 그중 한 명이 메두사다—옮긴이).

그러니까요. 저는 오래전부터 이런 주장을 해왔습니다. 세상이 훨씬 더 나아지려면 모든 사람이 하루에 한 번씩 거울을 보면서 "세상이 항상 너를 중심으로 돌아가는 건 아니야"라고 말한 다음, 그걸 잠시라도 떠올린 채 하루를 살아가면 된다고요.

> 꽤 강한 신념이군요.

저는 진심으로 그렇게 믿고 있습니다. 우리는 너무 자주, 너무 쉽게 자기 자신을 중심에 두고 싶은 유혹을 느끼죠. 누구나 자기 인생 영화의 주인공이 되고 싶고, 이야기의 중심인물이 되고 싶어 할 겁니다. 하지만 대부분의 사람들은 일부러 누군가를 괴롭히려는 생각이 없습니다. 사실은 아예 남에 대해 생각조차 하지 않는 경우가 많죠. 상대를 무시하는 게 아니에요. 무시하려면 그래도 한 번은 생각해야 하니까요. 사람들은 저마다 작은 전쟁을 치르며 하루하루를 살아가고 있습니다. 그 안에서 한 사람만을 중심에 두고 계속 신경 쓰기란 쉽지 않죠. 세상에는 나만 있는 게 아닙니다. 그래서 세상이 항상 나를 중심으로 돌아가는 게 아니라는 것, 저는 이것을 인생의 신념으로 삼고 싶습니다.

댄 스노
Dan Snow

역사와 진보 그리고 우연의 힘

2020년 10월

> 댄 스노는 역사학자이자 방송인이며 TV 진행자로도 활동한다. '역사 들려주는 남자 History Guy'라는 별명으로 알려진 그는 TV, 팟캐스트, 온라인 콘텐츠를 통해 역사를 생생하게 들려준다.

"만약 역사가 우리에게 보내는 어떤 경고가 있다면, 만약 더 잘 이해하기 위해 과거를 돌아보고 역사를 공부하라는 절실한 요청이 있다면, 바로 지금이 그 순간입니다."

> 선생님은 지금까지 역사와 역사의 대중화를 위해 힘써오셨는데, 그 이유가 무엇인가요?

저는 구술 역사학자 가정과 그런 문화 속에서 자랐습니다. 어릴 때 할머니 댁에 가면 텔레비전을 보는 일이 거의 없었어요. 할머니는 웨일스 출신이셨고 과거 이야기를 자주 들려주시곤 했죠. 특히 가족 이야기를 많이 해주셨는데요, 미리 말씀드리자면 그중 대부분은 지어낸 이야기였어요. 우리가 아서 왕의 후손이라는 이야기도 있었죠. 조상 이야기를 할 때 할머니는 자신의 할아버지(웨일스어로 '타이드') 데이비드 로이드 조지$^{David\ Lloyd\ George}$를 아주 이상적으로 묘사하시곤 했어요. 제가 정식 역사 연구를 통해 알게 된 그분의 흥미롭고도 중요한 성격적 결함이나 특징은 쏙 빼놓으시고요. 어쨌든 할머니뿐 아니라 제 어머니와 아버지 모두 역사 이야기를 자주 하셨고 방송 활동도 많이 하셨어요. 부모님 두 분 다 기자셨기 때문에 저는 자연스럽게 다양한 이야기를 들으며 자랐습니다. 우리는 역사적 사건이 벌어졌던 장소를 참 많이 다녔어요. 제 어린 시절은 온통 피비린내 나는 전쟁터와 수도원 같은 곳들을 이리저리 끌려다니던 기억으로 가득합니다. 그런 환경에 놓이면 누구라도 일종의 스톡홀름 증후군에 걸릴 수밖에 없죠. 이게 바로 세대를 넘는 트라우마가 작동하는 방식이에요. 이제 저도 그걸 제 아이들에게 물려주고 있어요.

> 그런 트라우마라면 꽤 긍정적인 편에 속하겠네요.

그랬으면 좋겠어요. 물론 그렇지 않은 날들도 분명히 있습니다. 얼마 전 아일랜드에 갔을 때 일입니다. 아마 벌써 세 번째인가 네 번째로 성을 보러 간 날이었을 거예요. 폭우가 쏟아지고 있었는데도 제가 가족들을 모두 차에서 내리게 했습니다. 그러고는 걸어가는데 언덕 너머로 또 다른 성이 하나 보이더군요. 그걸 본 네 살배기 딸아이가 외쳤어요. "아, 또 부서진 집이잖아!"

> 역사란 원래 그런 거죠. 부서진 집에 이어 또 다른 부서진 집이 나오는 것.

저는 그 성들을 한 번도 부서진 집이라고 생각해본 적이 없어요. 그런데 아이 말이 정말 맞아요. 그 일이 있고 난 뒤에, 옥스퍼드-케임브리지 보트 경주에 나갔다가 눈에 띄어서 BBC에서 여러 일을 맡아달라는 제안을 받았죠. 순전히 운이 좋았고, 제게는 큰 영광이었습니다. 아버지가 기자셨기 때문에 우리는 함께 여러 일을 하곤 했어요. 그 시기에 그런 기회를 잡은 건 정말 엄청난 행운이었죠. 저는 그 일을 진심으로 좋아한다는 걸 깨달았습니다. 과거의 놀라운 이야기들을 전하고, 그 이야기들을 오늘날과 연결 지어 흥미롭고 의미 있게 만드는 일이었거든요. 다른 하고 싶은 일은 떠오르지도 않았어요. 저는 과거의 역사와 현대 정치, 그리고 사상들이 만나는 지점을 정말 흥미롭게 여깁니다. 사람들은 왜 그런 행동을 하는 걸까? 트럼프 현상, 브렉시트, 기후 위기에 대한 반응 등은 어떻게 이해해야 할까? 이런 질문이 늘 머릿속을 떠돕니다. 역사는 우리가 경험한 일과 지금 겪고 있는 일을 이해하는 데 도움을 주죠. 저는 역사를 단지 그 자체의 맥락에서만 다루고 현재와 완전히 분리해서 연구해야 한다고 생각하는 그런 고지식한 학자가 아닙니다.

기회를 얻는다는 건 행운이에요. 일단 기회를 잡으면 그 일에 대한 엄청난 열정과 몰입이 따라오더라고요. 정말로 저는 운이 좋은 사람입니다. 지금도 제 일을 진심으로 사랑하고 있어요. 무엇보다도 진정성 있는 사람들을 만나는 걸 좋아합니다. 훌륭한 역사학자들을 만나 그들의 말과 주장, 생각을 종합해서 방송으로 전하는 일이 정말 즐겁습니다.

> **역사를 통해 우리 자신의 경험과 주변에서 벌어지는 일들을 설명한다는 뜻이죠? 그게 역사와 관련해 다른 사람들에게 전하고 싶은 가장 중요한 메시지인가요?**

네, 그런 것 같습니다. 상업적인 측면에서 보자면, 만약 제가 알렉산더 대왕의 정복 이야기나 페르시아 제국, 마리 퀴리의 노벨상 수상 같은 장대한 이야기들이 정말 전할 가치가 있다는 걸 깨닫지 못했다면 지금처럼 생계를 유지하기 힘들었을 겁니다. 어떤 이야기들은 정말 압도적이고 매혹적이어서 많은 사람이 그런 이야기를 듣고 싶어 해요. 실제로 역사를 다룬 논픽션을 읽거나 이야기 듣는 것을 좋아하는 사람이 많습니다. 예를 들면 17세기 빈 공방전이나 그 전쟁에서도 특히 톨킨이 『반지의 제왕』 속 기병 돌격 장면을 쓸 때 영감을 얻었던 대규모 기병 돌격 같은 이야기에 관심이 많죠. 그런 이야기를 즐기는 사람들이 분명히 있고, 저는 그걸 잘못되었다고 생각하지 않아요. 오히려 기분 전환도 되고 영감을 주는 훌륭한 취미라고 봅니다.

하지만 제 마음속에서 가장 큰 관심은 언제나 정치와 역사가 만나는 지점에 있어요. 특히 9·11 테러 이후나 2008년 금융 위기 이후로 역사가 다시 우리를 곤경에 빠트리기 시작했다고 봅니다. 기억하시겠지만 1990년대에는 역사의 영향력이나 중요성이 줄어들었다는 인식이 강했죠. 공산주의가 무너진 후 프랜시스 후쿠야마^{Francis Fukuyama}(그의 책 『역사의 종말』에서 냉전에서 승리한 자유민주주의가 "인류의 이데올로기 진화의 종점"이 될 수 있다고 주장했다—옮긴이)가 말한 세상, 즉 큰 질문들이 어느 정도 정리된 새로운 세상으로 들어섰다고 믿었으니까요. 중국이 문을 개방했고, 러시아는 일종의 민주주의 초기 형태를 띠고 있었죠. 사실 그때는 19세기의 열강 정치를 연구하는 게 시대에 뒤떨어진 무의미한 일처럼 여겨지기도 했어요. 그런데 역사는 결국 더 격렬한 방식으로 다시 모습을 드러내고 있습니다. 지금 우리는 미국의 민주주의 붕괴 위기와 영국의 내부 분열, 유럽연합 같은 초국가적 기구와의 갈등, 국제법 위반 같은 문제들을 마주하고 있습니다. 이런 문제들은 아주 오래되고 무겁고, 또 역사학자들에게는 아주 익숙한 주제죠. 저는 지금 우리가 이런 이야기를 하고 있다는 사실이 믿기지 않을 정도입니다. 그러니까 제 말은, 트럼프가 2020년 대선 후에 패배를 어떻게 받아들일지를 두고 이렇게까지 논의하게 될 줄은 제 평생 상상도 하지 못했다는 겁니다. 만약 역사가 우리에게 보내는 어떤 경고가 있다면, 만약 더 잘 이해하기 위해 과거를 돌아보고 역사를 공부하라는 절실한 요청이 있다면, 바로 지금이 그 순간입니다.

> 특히 1990년대에 청소년기를 보낸 우리 세대는 이렇게 생각했던 것 같아요. 어쩌면 그때 우리가 아직 어렸고 세상에 눈뜨던 시기였기 때문일지도 모르지만,

> 우리가 멋진 신세계에 들어서고 있듯이 세상도 그 방향으로 나아가고 있다고 믿었죠. 그 새로운 세상이 수많은 역사적 사건들의 종착점이라고 여겼고요. 하지만 말씀하신 것처럼 그 믿음은 사실이 아니었습니다. 역사는 절대로 끝나지 않는다는 사실, 그게 역사에서 정말 중요한 부분이라는 생각이 드는데요. 선생님은 이런 역사 인식이 대중들 사이에서 전반적으로 부족하다고 보시나요?

정말 좋은 질문입니다. 간단히 말하자면, 저와 진행자님은 1990년 당시에는 너무 어려서 세상에서 무슨 일이 벌어지고 있는지를 거의 인식하지 못했을 겁니다. 그런데 지금 돌이켜보면 제가 학교를 졸업한 해가 바로 '프렌즈 리유나이티드Friends Reunited'(2000년에 시작되어 2016년에 종료된 영국의 친구 찾기 서비스—옮긴이)가 등장한 해였어요. 인터넷을 통해 사람들이 서로 연결되기 시작한 해가 제가 학교를 졸업한 해였던 거죠. 당시에는 아무도 인터넷이라는 말을 들어본 적이 없었어요. 그런데 대학에 와서 보니까 사람들이 모두 "인터넷에 들어가면 뭔가 있을 거야. 이메일 좀 해보자"라는 식으로 말했어요. 그러니까 우연히 시기가 딱 겹친 거죠. 마치 1789년 프랑스 혁명 시기에 막 성인이 된 프랑스 청년 같은 느낌이랄까요. 정말 놀라운 일이죠. 그러니 제 세계관이 좀 특이할 수밖에요. 어쨌든, 분명히 역사가 곳곳에 스며 있어요. 예를 들면 며칠 전(이 팟캐스트 녹음은 2020년 10월에 했다) 보리스 존슨 총리가 한 연설은 프랜시스 드레이크와 월터 롤리(두 사람은 16세기 탐험가로 영국 해상력과 제국주의 확장의 상징적 인물들이다—옮긴이)에 관한 역사 이야기로 채워져 있었어요. 그는 해상 풍력 발전을 언급하면서 바람이야말로 대영제국을 위대하게 만든 원동력이며 드레이크, 넬슨 제독, 롤리만 봐도 알 수 있다는 말도 슬쩍 했습니다. 브렉시트를 '1940년 혼자 맞선 전쟁, 영국 본토 항공전'(제2차 세계대전 중 영국 공군 병력만으로 독일의 침공을 방어한 전투—옮긴이)과 연결하는 비유는 이젠 지겨울 정도로 익숙하죠. 브렉시트 국민투표에 역사적 서사가 깊이 스며들어 있었다고 생각합니다. 스코틀랜드 독립을 둘러싼 논의에도 마찬가지였죠. 스코틀랜드 자치 정부 총리인 앨릭스 샐먼드Alex Salmond는 국민투표 날짜를 일부러 배넉번 전투(스코틀랜드 독립 전쟁 중 가장 유명한 전투—옮긴이) 700주년에 맞춰 잡았습니다. 저는 이런 식의 역사적 연결을 정말 곳곳에서 발견합니다. 물론, 어쩌면 그건 제 직업적인 편향 때문일 수도 있지만요.

> 사람을 형성하는 건 역사 그 자체가 아니라, 우리가 역사에 대해 어떤 믿음을 갖고 있느냐에 달려 있다는 말씀이군요.

네, 저도 그렇게 생각합니다. 미국 사례를 한번 볼까요? 미국은 정파적 대립이 매우 심한데, 저는 그 배경에 베트남 전쟁이 큰 영향을 끼쳤다고 봅니다. 이 전쟁은 단순히 좌파 진영에만 영향을 미친 게 아닙니다. 오히려 우파 미디어 생태계가 성장하게 된 계기이자, 상대 정당을 비미국적이고 공화국의 위협이 되는 존재로 간주하는 시각이 자리 잡기 시작한 시기라고 할 수 있어요. 물론 이런 해석에 이의를 제기할 전문가들도 있겠죠. 하지만 베트남 전쟁에서 시작된 흐름이 닉슨 대통령의 강제 퇴진까지 이어졌고, 그런 일련의 사건들을 어떻게 이해하고 받아들이느냐에 따라 사람들이 정치적 정체성을 규정하기 시작했다고 봅니다. 영국에서도 마찬가지예요. 제국주의, 북아일랜드 문제, 제2차 세계대전 같은 역사적 주제를 둘러싼 논의 방식이 결국 각자의 정치적 나침반을 형성해왔다고 봅니다.

> 지금 말씀하신 내용은 결과가 어떻든 다 사실이라고 생각합니다. 그런데 그게 과연 좋은 일일까요, 아니면 나쁜 일일까요? 만약 우리가 초기화 버튼을 눌러 새로 시작할 수 있다면 더 나을까요? 우리가 태어나 성장하고 지금도 살아가고 있는 이 나라, 영국은 사실 그런 초기화를 자주 하지 않았습니다. 아니, 한 번도 그런 적이 없다고 해도 될 정도죠. 반면에 독일 같은 나라는 완전 초기화를 거쳐 새로운 헌정 공화국을 세웠잖아요. 그렇다면 이 나라에서 역사나 역사에 관한 믿음이 우리 삶 전반에 깊이 스며들어 있는 현실이 과연 바람직한 걸까요? 아니면 해로운 영향을 주는 걸까요?

마치 에드먼드 버크Edmund Burke(18세기 영국의 철학자이자 정치인으로, 근대 보수주의 정치철학의 창시자로 불린다—옮긴이)가 제 어깨 위에서 속삭이는 것 같은 느낌이에요.

> 그냥 털어내 버리세요!

영국과 영국 연합왕국에 관해 가장 흥미로운 점 중 하나는, 제가 알기로 세계에서 가장 오래 중단되지 않고 유지된 정치 체제를 가지고 있다는 점입니다. 영국 정부는 믿고 돈을 빌려줄 수 있는 상대예요. 1690년대 이후로 항상 부채를 갚아왔거든요. 한편으로 보면 이런 연속성이 있다는 건 미국이나 독일, 프랑스, 일본, 러시아, 중국 등에서 경험한 외세 침략, 폭력적 혁명과 거대한 사회적 격변, 내전(100년 전 아일랜드 독립 전쟁은 예외지만요), 그리고 대학살 같은 끔찍한 사건들이 영국에서는 일어나지 않았다는 의미죠. 하지만 그 결과, 우리는 자기만족에 빠져 자만하게 되었습니다. 때로는 19세기의 오래된 표현처럼 "신은 영국인이다"라는 생각에 사로잡히기도 하죠. 지난 300년 동안 모든 게 '꽤 잘' 풀렸기 때문에 우리는 스스로 하늘의 선택을 받은 민족으로 여기는 경향이 있어요. 그 결과 좀 더 자기비판적이어야 할 부분에서 부족했고, 제도적 개혁이나 초기화의 기회를 놓쳐버렸어요. 하지만 위기가 때로는 새로운 기회를 가져다줄 수도 있습니다.

점진적이고 부드러운 변화에도 분명 많은 장점이 있습니다. 우리는 주로 비폭력적인 방식으로 이루어낸 변화의 성과를 너무 대수롭지 않게 여길 때가 있어요. 물론 그로 인한 한계도 분명히 있죠. 상원, 선거 제도, 권력의 귀속 문제, 지방·지역·연방 정부 간 권한 분배 체계, 영국 국교회와 같은 주제를 진지하게 논의할 필요가 있습니다. 한번 제대로 시도해볼 만한 일이라고 생각해요. 문제는 날씨가 맑을 때 지붕을 고치려고 하면 다들 이상하게 본다는 겁니다. "모든 것이 순조로울 때일수록 입법 체계를 정비하자"라고 말하면 이상하고 괴짜 같은 사람으로 간주해버려요. 저는 그런 인식이 잘못되었다고 봅니다.

> 젊었을 때 그런 자기만족이나 자만심을 느끼거나, 선생님이 누리는 문화가 하늘이 내려준 특별한 것이라는 느낌을 받아본 적이 있으세요?
> 영국이 비교적 폭력 없이 평화롭게 형성되었다고 말씀하신 걸 보면, 아직 약간은 자국 예외주의적 시선이 남아 있는 듯한데요. 그런 예외주의를

> 직접 느낀 적이 있으신가요? 요즘은 그런 생각에서 점점 벗어나고 계신지도 궁금합니다.

저는 매우 전통적인 역사 서술 방식을 접하며 성장했어요. 아버지는 『우리 섬 이야기Our Island Story』를 처음부터 끝까지 읽어주셨고, 덕분에 저는 확실히 휘그 사관(역사를 자유와 진보, 의회 제도의 발전을 향해 나아가는 과정으로 해석하는 관점―옮긴이)을 자연스럽게 받아들이게 되었죠. 당시 저는 그런 영국의 전통을 참 자랑스럽게 여겼습니다. 주변의 다른 국가들이 혼란과 격변을 겪을 때, 영국은 안정적으로 진보를 이어왔다는 서사가 무척 좋았거든요. 저는 영국인이고 전통적인 엘리트 계층 출신입니다. 제 조상들 중에는 해군 제독, 의사, 외과의, 장군, 정치인 등이 있었고, 이 체제 안에서 큰 성공을 거두었죠. 저도 런던의 좋은 집에서 부유하게 자랐어요. 물론 부모님이 열심히 일하신 덕분이기도 하지만 동시에 엄청난 특권을 물려받은 결과이기도 합니다. 저로서는 이 두 가지를 분리해서 생각하는 게 솔직히 매우 어렵습니다. 그래도 그 사실을 인정하려고 노력하고, 거기서 비롯된 긍정적인 점들을 생각할 수 있었으면 좋겠습니다. 1911년 무더운 여름에 영국이 끔찍한 내전으로 빠지지 않았다는 사실은 지금 돌아봐도 정말 다행입니다. 당시 귀족 계급이 민주주의 확산을 막기 위해 최후의 저항을 할 수도 있는 상황이었거든요. 그 시점에 무언가 잘못 흘러갔다면 1917년 러시아 혁명 같은 일이 영국에서도 일어날 수 있었습니다. 그런 사태를 피할 수 있어서 정말 다행이라 생각합니다. 하지만 그런 격변이 일어나지 않았기 때문에 오히려 어정쩡하게 타협이 이루어진 측면도 있어요. 예를 들어 귀족 중심 상원의 문제는 뚜렷한 해결 없이 미완의 과제로 남아 있죠. 그래서 저도 변화의 과정에 있습니다. 브렉시트의 혼란이나 코로나19

대응에서 드러난 문제들을 겪으면서 '영국은 꽤 유능한 나라다'라는 제 안의 오래된 믿음이 확실히 흔들리기 시작했거든요.

> 앞으로도 이런 생각들을 계속 다시 고민하게 되실까요?
> 이건 끊임없이 변화하고 움직이는 과정이고,
> 선생님도 이 문제의 여러 다른 측면을 받아들이려고
> 애쓰고 있다고 이해해도 될까요?

네, 브렉시트와 코로나19 대응에서 드러난 제도적 실패들은 지난 몇 년 동안 영국의 국가 운영 체계에 대해 제가 가지고 있던 근본적인 신뢰와 기대를 분명 흔들어놓았습니다. 물론 완벽한 체계는 아니지만 오랜 시간 유지되었고 수많은 위기를 견뎌낸 체계였으니까요. 이 체계 아래서 우리는 금융 위기를 극복했고, 대외 전쟁을 치렀으며, 사회를 뒤흔들 수 있었던 새로운 사회운동들도 어떻게든 수습해왔습니다.

> 심지어 300~400년 전 과거의 영국에 관해
> 이야기할 때도 '우리'라는 단어를 쓰시네요.
> '우리가', '우리의', '우리를'이란 표현을 쓰고 계세요.

네. 맞습니다.

> 물론 선생님이나 저나 그 시대에 실제로 살았던 건
> 아니니까, 여기서 말하는 '우리'는 진짜 우리가 아니라
> 이 섬나라에 살았던 사람들을 가리키는 거잖아요.
> 그런 의미에서 선생님은 이 사회와 나라와의

> **역사적 연속성을 분명히 느끼고 계신 거죠?**

사실은, 앤드루 님, 그렇게 느껴요. 그건 꽤 이례적인 일이에요. 저는 평소에 '우리가'나 '우리를' 같은 표현을 잘 쓰지 않거든요. TV 프로그램이나 팟캐스트를 진행하면서 "그러고 나서 우리가 다리를 점령했다"라고 말하면 뭔가 좀 민망하잖아요.

> **저는 그게 좀 의미심장하다고 생각해요, 그렇지 않나요?**

이 대화에서는 그런 표현이 의미심장하다고 생각해요. 제 역사관과의 관계에 대해 이야기하고 있으니까요. 그리고 그 지적이 맞는 것 같습니다. 저는 편견에 쏠린 시선을 좀 거두려고 노력하고 있지만, 미국 역사학계의 역사 서술 방식은 정말 흥미롭더라고요. 정말로 미국에서는, 심지어 자유주의적 편향이 있어서 비난받는 학계 내에서도 역사 서술 방식에서 여전히 강한 애국심이 느껴지더군요. 론 처나우$^{Ron\ Chernow}$ 같은 사람들이 매년 내는 대통령 전기들을 보면, 미국 역사는 '더 완전한 연방'을 향해 나아가는 진보의 과정이라는 전제가 깔려 있어요. 그런 시각이 정말 인상 깊게 다가옵니다. 물론 저 역시 그런 시각에서 자유롭지는 않다는 것을 알고 있습니다.

> **지금도 진보를 믿으시나요?**
> **방금 하신 말씀 중에 젊었을 때 휘그 사관을**
> **가지고 있었다는 부분이 저한테 정말 크게**
> **와닿았습니다. 아, 물론 저는 어떤 엘리트 배경도**

댄 스노

> 없지만요. 제 조상들은 의사나 해군 제독이
> 아니었어요. 바로 한 세대 전만 해도 석탄 광부나
> 농장 노동자들이었죠. 하지만 저는 운 좋게 엘리트
> 교육을 받았고, 그래서 저 역시 자연스럽게
> 휘그적 진보 관념을 갖고 자랐습니다. 선생님과
> 제가 경험했듯이 18세기 역사를 공부하게 되면
> 그런 역사관이 몸에 더 깊이 배죠. 지금도
> 제 안에는 '진보의 서사'가 조금 남아 있는 듯합니다.
> 그건 꼭 영국 이야기만이 아니라 인류 전체에 관한
> 겁니다. 선생님은 여전히 진보를 믿으시나요?

　　네, 여전히 진보를 믿습니다. 하지만 세상이 그 믿음을 자꾸 흔들고 있네요. 스피븐 핑커의 설명에 따르면 통계상으로 우리는 과거보다 훨씬 나아진 세상에 살고 있다고 합니다. 그런데도 북반구에서는 거대하고 심각한 병폐들이 나타나고 있어요. 예를 들면 비만이나 정신 건강 문제 같은 것들이죠. 우리는 1990년대에 인도와 중국 그리고 베트남을 비롯한 여러 나라에서 개혁이 이루어지고 수많은 사람이 빈곤에서 벗어나는 모습을 목격할 수 있었습니다. 깨끗한 식수를 공급받게 되었고 산모 사망률이 현저히 줄었죠. 그 변화를 지켜보며 우리 모두 정말 흥분하고 감격했어요. 정말 대단한 일이었습니다. 하지만 이제 그 발전이 되돌릴 수 없을지도 모를 끔찍한 기후 변화를 대가로 이루어졌다는 사실을 알게 되었습니다. 악몽 같은 현실이죠. 실제로 저는 그런 악몽을 꾸기도 합니다. 그럼에도 불구하고 과학과 의학의 발전 덕분에 지금 수많은 인류가 이 지구 위에서 살아가고 있고, 스스로 생계를 유지하고, 수명이 많이 늘어난 데다가 대부분 평화롭게 생을 마감할 수 있게 되었다는 점은 분명 고무적인 이야기입니다. 저는 인류가 이뤄온 이런 발전의 서사가 여전히 흥미진진하다고 생각해요. 지금도 그 방향에 대해 낙관합니다. 궁극에는 더 진보한 세상에 도달할 수 있을 거라고 여전히 믿습니다. 예전에는 그 세상이 제가 스물다섯 살쯤 되면 올 거라고 믿었는데, 지금은 아마 아흔다섯 살쯤 되어야 가능할 것 같네요.

> **가능하기만 한 게 아니라
> 실제로 일어날 거라는 말씀인가요?**

그렇다고 생각해요. 우리 경제의 탈탄소화는 정말 고무적인 일입니다. 진행 속도가 너무 느리긴 하지만, 그래도 우리가 반드시 해낼 수 있다고 믿어야 합니다. 정신 건강 문제와 비만 그리고 실제로 소셜 미디어가 초래한 위기 역시 우리가 만든 문제인 만큼, 이를 극복할 도구도 분명 우리 손안에 있다고 믿습니다.

> **역사를 공부하면서 그런 기대가
> 타당하다고 느끼게 되셨나요?**

제 생각엔 당연히 그럴듯한 기대라고 봅니다. 그렇지 않나요? 우리는 지금 놀라운 여정 중에 있습니다. 대략 1680년부터 시작된 과학과 공학의 폭발적인 발전으로 인류는 불과 300년 만에 달 착륙에 성공했어요. 조금 더 멀리 보자면 가축화나 곡물 경작, 청동의 발명까지 거슬러 올라갈 수도 있습니다. 청동의 발명은 그야말로 놀라운 일이죠. 약 20만 년 동안 인간은 그냥 열매나 따 먹으며 떠돌아다니는 생활을 했는데, 1만 5,000년이라는 짧은 기간 안에 지금 우리가 누리고 있는 이 모든 것을 만들어냈잖아요. 그러니까 지금 우리는 폭발적인 발전 궤도에 올라와 있는 겁니다. 물론 그 발전이 지구를 파괴할지도 모르죠. 하지만 최초로 구리와 주석을 녹여 청동을 만들어낸 그 사람이 의도치 않게 우리를 이 길에 이르게 했듯이, 우리도 이 지구를 살기 좋고 지속 가능한 곳으로 바꿀 수 있는 도구를 만들어낼 수도 있어요. 저는 여전히 우리가 그렇게 할 수 있다고 믿습니다.

> 지금까지 인류가 감수해온 위험은 그만한 가치가 있습니다. 지난 1만 5,000년간은 그 모든 위험을 감수할 만큼 가치가 있었다고 생각합니다.

청동은 유용하죠. 저는 뚜렷한 정답이 있는 것도 아니고, 생각이 일관된 편도 아니에요. 맨발로 숲속을 거닐며 아이들과 함께 열매를 따 먹을 때처럼 행복한 순간도 없어서 그런 시간을 가능하면 자주 가지려고 합니다. 그런데 또, 난방이 잘된 아늑한 방에서 비욘세 노래를 들을 때처럼 행복할 때도 없어요.

> 아니면 어딘가 멋진 곳으로 여행 가는 비행기 안에 있을 때도요.

손에 든 작은 기기 하나로 인류가 만들어낸 모든 문학과 예술을 접할 수 있을 때도 정말 행복합니다. 저는 그런 문명의 편리함도, 자연 속의 삶도 모두 이해할 수 있어요.

> 음, 두 가지 모두 원한다고 해서 꼭 일관성이
> 없는 건 아니죠. 저는 선생님의 이런 생각이
> 매우 인본주의적이라는 인상을 받았습니다.
> 우리가 인간 본연의 모습을 유지하면서
> 동시에 인간의 기술과 창의성이 만들어낸 가능성을
> 제약 없이 마음껏 누릴 수 있다는 생각이잖아요.
> 양극단 중 하나를 꼭 선택해야 하는 삶이 아니라,
> 서로 다른 가치를 조화롭게 아우르는 삶인 거죠.

앤드루 님은 미국에 있는 그 사람들과 좀 비슷한 것 같아요. 왜, 트럼프가 터무니없는 말을 하면 몇 시간 안에 그럴듯하게 논리적 근거를 만들어내는 사람들 있잖아요. 제가 정말 좋아하는 팟캐스트 중에 〈지성의 잼보니 The Intellectual Zamboni〉라는 게 있거든요. 얼음 위를 달리면서 빙판을 매끄럽게 다듬어주는 그 기계 아시죠? 바로 그 잼보니처럼 제 생각을 정리해주셨어요. 정말 감사합니다.

> 저야말로 말씀 나눌 수 있어 기쁩니다. 지금까지
> 역사 연구에 대해 그리고 조금은 진보에 관해서도
> 이야기를 나눴는데요. 특별히 선생님의 신념과 사상을
> 형성하는 데 깊은 영향을 미쳤다고 생각되는
> 역사적 시기가 있는지 궁금합니다. 자주 떠올리게
> 되거나 지금 되돌아봤을 때 실제로 세계관 형성에
> 중요한 역할을 한 특정한 시기와 장소가 있을까요?

음, 다시 말하지만 제 세계관은 상당히 급진적으로 바뀌어왔습니다. 오늘 제가 하는 이야기를 보면 아시겠죠? 이 대화를 10년 전에 나

냈다면 저는 민주주의 붕괴 같은 주제는 꺼내지도 않았을 거고, 기후 위기에 대해서도 지금처럼 많이 이야기하지 않았을 겁니다. 당시엔 민족주의도 거의 잠잠해 보였으니까 관심을 크게 두진 않았을 거예요. 하지만 지난 10년간 벌어진 일들을 보세요. 거기다 나이도 들었죠. 시간이 흐르면서 저에게 감동을 주고, 충격을 주고, 때로는 혐오감을 느끼게 만든 역사적 장면들도 많이 달라졌습니다. 20대 시절엔 18세기가 정말 매력적으로 느껴졌어요. 산업혁명과 과학혁명이 일어나고, 오늘날 세계의 기초가 만들어진 거대한 용광로 같은 시대였으니까요. 메리 울스턴크래프트Mary Wollstonecraft(18세기 남녀평등과 여성의 권리를 강력히 주장한 근대 최초의 페미니스트로 『여성의 권리 옹호』를 썼다―옮긴이)와 페미니스트들이 등장했고, 미국에서는 공화주의자들이 등장했죠. 그들은 부유한 백인 남성들로 이뤄진 소수였지만, 인류 역사상 처음으로 '우리는 우리 자신을 어떻게 통치해야 하며 앞으로 무엇을 해야 할까?'라는 질문을 집단으로서 고민한 사람들이었습니다. 이성에 근거한 원칙을 가지고 그 문제들을 진지하게 파고들었어요. 물론 엄청난 실수들도 저질렀죠. 하지만 공부하면서 보니 저는 그 시대가 무척 흥미롭더라고요. 제게는 익숙한 세상 같았고, 가능성과 희망으로 가득한 시대처럼 보였거든요. 그런데 요즘은 참 이상하게도 정치인과 지도자들이 책임을 회피하거나 어리석은 결정을 내린 역사에 더 관심이 갑니다. 요즘의 저는 땅바닥에 앉아 죽은 왕들의 비극을 이야기하는 사람 같다고나 할까요.

그래서 요즘 리더십이라는 개념에 더 흥미를 느끼고 있어요. 그러면서 문득 이런 질문들을 던지게 되더라고요. '우리가 생각하는 리더라는 개념은 실은 굉장히 원시적인 게 아닐까?' '왜 우리는 반복해서 도널드 트럼프 미국 대통령, 에르도안 튀르키예 대통령, 모디 인도 총리 같은 인물들을 따르게 되는 걸까?' '왜 우리는 위원회 같은 협의체

보다 카리스마 있는 지도자 개인에게 더 끌리는 걸까? 왜 그렇게 개인의 리더십에 기대고 싶어 하는 욕망이 있는 걸까?' '왜 우리는 "나는 미국을 믿습니다"나 "나는 우리의 모든 내일을 믿습니다. 젊은이들이 미래입니다" 같은 말을 해주는 친절한 조 바이든 같은 인물을 원하는 것일까? 왜 우리는 그런 바람을 갖게 되는 걸까?' 저는 이런 주제에 정말 큰 관심을 두고 있습니다. 가짜 뉴스나 선전, 선동 같은 문제에도 관심이 많고요. 요즘은 왜 우리가 민주주의를 최선의 제도라고 여기는지, 그 이유에 대해서도 다시 살펴보고 있습니다. 민주주의를 태동시킨 개혁가들과 사상가들을 움직이게 했던 동기와 열정이 무엇이었는지도 다시 생각해보려고 해요. 그 열정을 다시 발견해서 요즘처럼 민주주의와 자유민주주의가 위협받고 있는 시기에 어떻게 그 이념들을 재정립할 수 있을지 방법을 찾고 싶어요. 네, 그래서 제가 요즘 공부하고 고민하는 역사적 주제들은 계속해서 많이 달라지고 있습니다.

> 계몽주의에서 영감을 받으셨다고 하셨는데요.
> 그렇다면 지금 하시는 말씀은
> 그 정신을 되살리자는 뜻인가요?

예를 들어 과거에 남성과 여성들이 왜 목숨을 걸면서까지 참정권 확대와 투표권 획득을 위해 싸웠는지, 그 이유와 정신을 다시 생각해보고 싶습니다. 1920년대 미국 아프리카계 시민권 운동가들을 보면, 그들은 이상주의자가 아니었어요. 오히려 지방 선거, 인구 조사, 선거인 명부 같은 아주 현실적인 문제에 집중하며 싸웠죠. 저는 우리가 '민주주의 안에서 민주주의를 개선할 수 있다'는 믿음을 다시 되새겨야 한다고 생각합니다. 어떤 일이 이루어져야 하는가, 어떤 기본적인 정리가 필요한가, 무엇을 개선할 수 있는가, 정의는 어떻게 실현할 것인가 같은 질문들을 던지면서 말입니다.

> 좀 더 개인적인 질문을 드리고 싶습니다. 앞에서 운이 좋다는 사실을 인식하고 있다고 말씀하셨죠. 제가 짐작하기로는, 어쩌면 그렇게 암시하신 건지도 모르겠지만, 그 운이라는 게 경제적 여건이나 배경 덕분이라는 뜻으로 하신 말씀 같아요. 그런 점이 선생님께 중요한가요? 그러니까 자신의 행운을 자각하는 것, 그리고 운이 인생의 한 요소임을 인식하는 것이 중요한가요?

그렇습니다. 젊은 시절의 허세가 걷히고 세상이 좀 더 또렷하게 보이기 시작하면서 운이 얼마나 중요한지 점점 더 자주 생각하게 되었어요. 조지 부시에 대해 누가 이런 말을 했잖아요. "3루에서 태어나 놓고는 자기가 3루타를 친 줄 안다." 예전에는 저도 그렇게 생각했던 것 같아요. 그땐 그런 줄 알았죠. 세상을 섬세하게 바라볼 줄 몰랐으니까요. 그런데 신기하게도 제가 아빠가 되고 아이들을 키우면서야 그 사실을 다시금 깨달았어요. 특히 코로나 봉쇄 기간에 아이들을 집에서 가르치면서 '우리 애들은 정말 운이 좋구나' 하는 생각을 날마다 했죠. 보람 있으면서도 시간적 여유가 있는 직업을 가진 부모 밑에서 함께 책을 읽고 글 쓰고 공부하며 보내는 시간이 많다는 건 정말 큰 혜택이죠. 그러니까 이 아이들은 학교에서 성적이 잘 나올 수밖에 없는 거예요. 그게 타고난 재능이 있어서가 아니에요. 세 아이 모두 카뮈 같은 천재도 아니고, 제우스의 머리에서 튀어나온 아테나처럼 완성된 모습으로 태어난 것도 아니에요. 세상에는 진짜 천재들이 있긴 하죠. 어떤 시대, 어떤 장소에 태어났어도 잘 해냈을 그런 사람들이요. 그런데 저는 그런 사람이 아니고, 제 아이들도 마찬가지입니다. 실제로 우리 애들은 처음엔 읽기를 어려워했어요. 그래서 제가 하루에 두 시간씩 매일 책을 읽어줬고, 그제야 책 읽기를 잘하게 된 겁니다.

그래서 저는 인생에서 운이 얼마나 중요한 요소인지 늘 의식하고 있습니다. 역사 속에서 운이 어떻게 작용해왔는지도 잘 알고 있고요. 요즘 우리는 '우연성'이라는 개념을 예전보다 조금 더 잘 이해하게 된 것 같습니다. 과거에는 역사학자들이 위대한 인물이라는 개념을 좋아했어요. 개인적 야망으로 역사를 바꾸고 세계의 운명을 좌우한 알렉산더 대왕이나 나폴레옹 같은 인물 이야기를 좋아했었죠. 하지만 저는 역사 속에서 운의 역할이 점점 더 많이 보입니다. 예를 들어 알렉산더 대왕이 그라니코스 전투에서 도끼에 머리가 박살 나지 않은 건 정말 운이 좋아서였어요. 페르시아를 침공하자마자 거의 죽을 뻔했는데, 말 그대로 몇 밀리미터 차이로 목숨을 건졌죠. 나폴레옹도 첫 전투에서 심하게 다쳤고, 레닌도 믿기 힘들 정도로 운이 따랐던 인물입니다. 이제 저는 그런 면이 더 눈에 들어옵니다. 우연성이 보여요. 제가 시작한 팟캐스트가 지금 스트리밍 횟수가 수백만이 넘는 것도 결국에는 운이 좋았기 때문이에요. 시기도 좋았고, 환경도 딱 맞아떨어졌죠. 운 좋게 흐름을 잘 탄 거예요. 저는 그 기회를 살리기 위해 노력하고, 운을 이어가려고 애쓰고 있습니다. 하지만 그럼에도 불구하고 우리가 걷고 있는 이 길이 언제든 무너질 수도 있다고 생각합니다.

산디 토츠비그
Sandi Toksvig
사려 깊음과 평등

2023년 8월

> 산디 토츠비그는 덴마크계 영국인 방송인이자 작가, 코미디언, 정치 운동가다. ⟨QI⟩와 ⟨그레이트 브리티시 베이크 오프 The Great British Bake Off⟩의 진행자로 널리 알려져 있으며, 라디오와 텔레비전 활동은 물론 성소수자 권리와 성평등을 위한 사회운동에도 활발히 참여하고 있다. 『불독 버턴 부인의 이야기』, 『복수의 여신』, 『도로시의 친구들 Friends of Dorothy』 등을 집필했다.

"우리가 잊지 말아야 할 핵심은 '모든 인간은 평등하며, 사랑이 밑바탕에 있어야 한다'는 거예요. 경전들이 처음 쓰였던 원래의 취지를 사람들이 되새겨볼 수 있었으면 좋겠어요. 시작은 사랑이었잖아요. 신이 우리를 사랑한다는 믿음에서 출발한 거잖아요."

> 최근에 코펜하겐에서 열린 세계 인본주의자 대회에 함께 참석했을 때, 선생님께서 아버지로부터 중요한 가치를 많이 물려받았다고 말씀하셨어요. 아버님이 덴마크의 해외 특파원이셨잖아요. 그래서 오늘은 그 이야기부터 시작해보면 좋을 것 같습니다. 아버님에 관한 이야기와 어떤 가르침을 주셨는지를 들려주시겠어요?

그때 제 아버지를 덴마크 해외 특파원이라고 말씀해주셔서 참 기뻤습니다. 제 아버지가 특별한 해외 특파원이었다는 걸 알아봐 주신 것 같았거든요. 아버지는 당시 덴마크 유일의 해외 특파원이셨어요!

> 정말요? 그게 사실인가요?

네, 사실이에요. 1960년대였잖아요. 그때가 어떤 시대였는지 감을 잡을 수 있게 힌트를 드리자면, 아버지는 덴마크 텔레비전에서 일하셨지만 방송국 이름은 여전히 '덴마크 라디오'였습니다. 영상이 나오는 매체가 제대로 자리 잡을 수 있을지 그 누구도 확신하지 못하던 때였죠. 그래서 아버지는 라디오 방송국 소속의 텔레비전 특파원이 되신 겁니다. 은근히 재밌지 않나요? 아버지는 정말 박식한 분이셨어요. 대학에 진학하시진 않았는데, 당시에는 그럴 수 있는 여건이 아니었습니다. 그런데도 제 평생 만난 사람 중 가장 똑똑했던 분이에요. 사려 깊고 놀라울 정도로 해박하셨죠. 물론 저에게 쓸데없는 것도 많이 가르쳐주셨답니다. 그중 하나가 아직도 기억에 남는데요, 저도 늘 동의하는 말입니다. "기성품 나비넥타이를 맨 남자는 믿지 마라"라는 거였죠. 나비넥타이를 직접 맬 줄 모르면 애초에 나비넥타이를 맬 생각을 하지 말라는 거죠. 정말 웃기는 말 아닌가요? 아버지는 또 마티니는 한 잔으론 부족하고 석 잔은 과하다고도 가르쳐주셨어요.

> 정말 가치 있는 신념이네요.

저도 그렇게 생각합니다. 아버지는 사실에 대해 말할 때는 특히 엄격해야 한다고 말씀하셨습니다. 무언가를 믿고 싶을 때일수록 반드시 세 가지 출처를 확인하라고 가르치셨죠. 직접 해외 특파원을 하면서 뛰어난 경력을 쌓으신 분인데도 늘 꼼꼼하게 공들여 취재를 하셨어요. 때로는 너무 놀라울 정도였죠. 가장 기억에 남는 건 찰스 왕세자와 다이애나 비의 결혼식 생중계를 맡았을 때였습니다. 아버지는 그 방송에서 덴마크와의 어떤 연결점이든 꼭 찾으려고 하셨어요. 그러다 결국 알아낸 게 축가를 부른 오페라 가수 키리 테 카나와가 착용한 귀걸이가 덴마크 보석상에서 만든 것이라는 사실이었죠. 그걸 얼마나 기뻐하며 이야기해주셨는지 아직도 기억이 생생합니다.

저는 아버지가 그렇게까지 정성을 들였다는 게 정말 좋습니다. 아버지는 늘 시청자들과 연결되고자 하셨고, 그들에게 단순한 방송 시청이 아니라 그 거대한 국제적 행사에 함께 참여하고 있다는 느낌을 전달하고 싶어 하셨습니다. 아버지가 제게 가르쳐주신 또 다른 것은 많은 사람이 어떤 말을 하는 이유가 그 말이 진실이어서가 아니라 자신에게 유리하기 때문이라는 점이었습니다. 특히 정치에서 그런 일이 많다고 하셨죠. 제가 아버지와 함께 미국에 있을 때 워터게이트 사건이 벌어졌고 아버지는 그 뉴스를 취재하셨는데요. 그 시절을 떠올려보면 '진실'이라는 것이 얼마나 모호하고 붙잡기 어려운 것이었는지 느낄 수 있어요. 슬프게도 오늘날 그때보다 진실을 훨씬 더 붙잡기 어려워졌다는 사실을 아신다면 아버지는 크게 충격받으셨을 겁니다.

> 그렇다면 선생님은 지금도
> 진실에 대한 사랑을 가지고 계신가요?

네, 그렇습니다. 하지만 시간이 흐를수록 진실을 명확히 정의하는 일이 믿기 힘들 만큼 어렵게 느껴지네요. 당신의 진실과 저의 진실은 크게 다를 수 있으니까요. 설령 우리가 같은 경험을 했다 하더라도, 예를 들면 실제로 우리 둘 다 코펜하겐에서 열린 인본주의자 대회에 참석했잖아요. 그 동일한 순간을 두고도 서로 전혀 다른 관점을 가질 수 있습니다. 이상적인 세상이라면 우리는 차이를 존중하고, 마주 앉아 대화하며 그 안에서 공통점을 찾아보려 노력하겠죠. 그게 바람직한 모습일 거예요. 그런데 요즘은 특히 미국 정치를 보면 사람들이 점점 더 양극단으로 치닫고 있다는 게 느껴집니다. '내 말이 진실이라는 데 100퍼센트 동의하지 않으면 너는 내 적이야'라는 식의 태도는 누구에게도 도움이 되지 않습니다.

> 그렇다면 그 반대되는 태도는 무엇일까요?
> 그런 충돌이나 양극화를 원하지 않는다면,

> 우리가 지향해야 할 태도는 무엇일까요?
> 다양성을 수용하는 걸까요? 관용일까요?
> 아니면 그보다 더 능동적인 어떤 자세일까요?

저는 그보다 더 능동적인 자세가 필요하다고 생각합니다. 그걸 '사려 깊음'이라고 부르고 싶습니다. 다른 사람의 처지에서 상황을 이해하려고 적극적으로 노력하는 태도죠. 그 사람이 왜 그렇게 생각하게 되었는지를 이해하려고 애쓰는 거예요. 저는 원래 참을성이 많은 편이 아니지만, 정말 견딜 수 없는 건 사람들이 거짓임을 알면서도 거짓말을 한다는 겁니다. 다시 미국 이야기로 돌아가자면, 2020년 대선 이후 도널드 트럼프가 자신이 이겼다고 주장한 게 바로 그런 경우죠. 말도 안 되는 주장이에요. 요즘엔 사람들이 무슨 말을 할 때마다 이런 생각이 들어요. '저 사람은 저걸 진심으로 믿는 걸까? 말하는 본인조차도 사실이라고 믿지 않는 것 같은데도 마치 진실인 것처럼 내세우고 있네.'

> 아까 참을성이 없는 편이라고 하셨잖아요.
> 그게 단점이기도 하겠지만 동시에 장점이 될 수도 있지 않을까요? 그 안에 어떤 미덕이 있다고 생각하세요?

네, 맞습니다. 그 덕분에 정말 많은 일을 해낼 수 있었어요.

> 그게 일종의 열정적인 성향에서 비롯된 걸까요?
> 혹시 가만히 앉아 있는 걸 못 견디시는 편인가요?

네, 정확해요. 저는 항상 뭔가를 하고 있어야 합니다. 텔레비전도 그냥 보는 법이 없지요. 뭔가를 만들면서 봐요. 늘 동시에 여러 가지를 합니다. 그래서 제가 가장 좋아하는 일 중 하나가 친구들과 수다 떠는 건데, 그마저도 가만히 앉아서 하지 않아요. 요리하면서 수다를 떠는 거죠. 저는 늘 무엇이든 하고 있어야 해요. 그냥 아무 일도 하지 않고 빈둥거리는 사람 있잖아요? 저는 절대로 그렇게 못 해요.

> 그런 성향은 어디에서 비롯된 것일까요?

사실 저도 잘 모르겠습니다. 음, 어쩌면 이제는 알 것 같기도 해요. 제가 20대 초반이었을 때, 대학교 2학년에서 3학년으로 넘어가는 사이에 몸이 굉장히 안 좋아져서 거의 죽을 뻔한 적이 있었거든요. 그때 이후로 매일매일 주어진 하루를 최대한 의미 있게 살아야겠다는 강한 욕구가 생겼어요. 죽을 고비를 넘긴다는 건 정말 정신이 번쩍 들게 하거든요. 아마 그때 그 경험으로 '인생의 멱살이라도 붙잡고 살아가야겠다' 하는 강렬한 열정이 제 안에 자리 잡은 것 같습니다.

> 아까 아버님 이야기를 하시면서
> 진실을 사랑한 분이시면서도 사람들과 연결되고
> 소통하기를 바라셨다고 하셨잖아요.
> 선생님도 그런 가치를 중요하게 여기시는 것 같다는
> 느낌이 드는데요, 맞나요?

네, 맞아요. 사실 저는 처음에 인권 변호사가 되려고 준비했었습니다. 헬레나 케네디라는 멋진 친구가 있는데요, 정말 뛰어난 인권 변호사죠. 가끔 저는 헬레나에게 이렇게 신세타령해요. "아무래도 내가 길을 잘못 든 것 같아, 헬레나. 변호사의 길을 계속 갔어야 했어." 그러면 그녀는 이렇게 말해요. "샌디, 적절한 순간에 던지는 농담 하나가 때론 잘 준비된 소송 하나보다 인권에 더 크게 기여할 수도 있어." 물론 헬레나가 농담 삼아 한 말이긴 하지만요.

> 문화의 힘이 참 크죠.

그럼요. 문화는 정말 중요합니다. 저는 지금까지 1인 쇼를 꾸준히 해오면서, 단순히 웃기려고만 하는 게 아니라 사람들이 생각하게 만들려고 노력하고 있어요.

> 연결이라는 게 참여만큼이나 중요한가요?

네, 저는 그렇게 생각해요. 저는 청중 속에서 어떤 연결점을 찾아내려고 노력합니다. 그런 걸 발견하면 '어쩌면 이게 내가 하고 싶은 말을 잘 전달할 수 있는 길일지도 모르겠다'라는 느낌이 듭니다. 그래서 무대에서 말할 때 강한 페미니즘 주장을 하긴 하지만 최대한 부드럽고 자연스럽게 말하려고 노력하죠. 모두가 웃을 수 있는 방식으로 하려고 해요. 관객 중 페미니스트에게 호소하는 건 큰 의미가 없습니다. 오히려 제가 원하는 건 억지로 따라온 남성 관객처럼 그 자리에 있고 싶어 하지 않는 사람들이에요. 그들도 내 편으로 만드는 게 진짜 목표죠.

> 어머니로부터 지금의 세계관에 영향을 준
> 도덕적 교훈이나 어떤 가르침을 받으신 적이 있나요?

네. 어머니는 재능이 많은 분이셨습니다. 그런데 그 재능을 제대로 펼칠 기회가 허락되지 않았어요. 그런데도 아주 담담하게 그 상황을 견뎌내셨죠. 아이러니하게도, 어머니의 그런 모습에서 제가 얻은 교훈은 '우리는 그렇게 살지 말자'였던 것 같아요. 어쩌면 더 화를 내고, 더 분노했어야 하지 않았을까 생각하지만 그때는 그런 게 불가능한 시대였거든요. 1960~1970년대였으니까요. 진짜로 그랬어요. 최근 여자 축구 경기를 보셨겠지만, 1971년 전까지는 여성들이 축구를 할 수조차 없었습니다. 그런 시대에 맞서 싸우라고 하는 건 어머니에게 너무 부당한 요구죠. 어머니는 정말로 하고 싶어도 할 수 없는 상황이었던 겁니다. 그런데 그런 어머니의 모습을 지켜보면서 저는 오히려 더 싸워야겠다는 의지를 갖게 되었던 것 같습니다. 제 도덕과 윤리적 신념은 사실 누구보다 아버지에게서 영향을 많이 받았어요. 어쩌면 이건 불공평한 일일지도 모릅니다. 아버지는 밖에서 활발히 활동하셨으니까요. 한번은 아버지께 이런 질문을 드린 적이 있어요. "만약 돌아가신 후 하나님 앞에 서게 되었을 때 '왜 나를 믿지 않았느냐?'라고 물으신다면 뭐라고 대답하실 거예요?" 그랬더니 아버지는 이렇게 말씀하셨죠. "나는 하나님 눈을 똑바로 바라보면서 이렇게 말할 거야. '당신은 제게 충분한 증거를 주지 않았습니다.'"

> 그렇다면 아버님도 당시에 인본주의적 삶의 방식에
> 꽤 공감하고 계셨던 거네요? 전혀 몰랐던 사실이에요.

네, 확실히 그랬어요. 제가 어릴 적 덴마크에서는 모든 사람이 국교회에 소속되는 것이 법으로 정해져 있었습니다. 지금은 바뀌었는지 모르겠지만 당시에는 그랬어요. 국교회를 탈퇴하고 싶으면, 이건 기본적으로 내가 내는 세금 일부가 교회 지원에 쓰이는 걸 원치 않는다는 뜻인데요, 그렇게 하려면 교회를 탈퇴하고 싶다는 내용의 일반 의원 법안을 국회에 따로 제출해서 통과시켜야 했습니다. 덴마크는 작은 나라라 가능한 일이긴 하지만, 정말 번거롭고 아주 골치 아픈 일이죠. 그런데 아버지는 실제로 그 절차를 밟으셨어요. 덕분에 교회에 소속되지 않은 아버지의 장례를 치를 때 정말 난감했답니다.

> 뿌린 대로 거두는 법이네요!

네, 명성이 신념을 이긴다는 게 바로 이런 거겠죠. 우리는 아버지를 어딘가에 모셔야 했기 때문에, 결국 아버지는 생전에 선택하신 교회에 묻히셨습니다.

> 선생님은 수녀님들에게 교육을 받으셨다고요.
> 그 경험이 어떤 식으로든 영향을 미쳤을 듯한데, 어땠나요?

수녀님들은 늘 사랑을 이야기하셨지만, 실제로는 제가 평생 만난 사람들 중 가장 심술궂은 부류였죠. 정말 친절하지 않았어요. 저는 어릴 때부터 그걸 알고 있었습니다. 네 살 때부터 학교에 다니기 시작했는데, 집에서 저는 뭔가를 해내고 싶어서 안달이 난 조금 성가신 아이였거든요. 어머니는 저를 자전거 뒷자리에 태워 학교까지 데려다주셨습니다. 지각하면 벌로 아주 어두운 계단에 앉아 있어야 했는데, 그 계단을 올라가면 오래된 건물에 있는 수녀님들 방으로 연결되었어요. 정말 어둡고 무서운 곳이었는데, 저는 겨우 네 살이었어요. 그때 제가 베르나데트 수녀님에게 이렇게 말했던 기억이 납니다. 아마 절대 잊지 못할 거예요. "제가 왜 이렇게 어두운 곳에 앉아 벌을 받아야 하는지 모르겠어요. 벌을 받아야 한다면 엄마가 받아야죠. 저는 그냥 자전거 뒤에 타고 있을 뿐이고, 학교에 언제 도착할지는 제가 결정할 수 없잖아요. 여기 언제 도착하는지 정하는 건 제 책임이 아니라고요."

**그런 경험이 종교적으로는
아무런 영향도 미치지 않았나요?**

아니요, 꽤 큰 영향을 미쳤습니다. 수녀님들이 우리를 예배당으로 데려가곤 했는데, 그곳은 정말 크고 천장도 엄청나게 높았어요. 저는 세일러복을 입은 어린아이였으니 잘 알 리가 없었겠지만, 그곳은 제 눈에도 웅장하게 느껴졌습니다. 우리는 종종 어린 수녀들, 그러니까 수습 수녀들이 신 앞에서 서약하는 모습을 지켜봤어요. 정확히 무슨 의식이었는지는 모르겠지만, 뭔가 신께 충성을 맹세하는 장면 같았죠. 그들은 바닥에 얼굴을 대고 두 팔을 벌린 채 십자가 모양으로 엎드려 있었고, 원장 수녀님의 옷자락에 입을 맞추기도 했던 것 같습니다. 그 모든 광경이 정말 인상 깊었어요. 성가도 울려 퍼지고, 뭔가 신성한 순간처럼 느껴졌거든요. 그래서 저는 쉬는 시간마다 혼자 예배당에 가서 똑같이 바닥에 엎드려 팔을 벌리고 있곤 했어요. 하나님이 분명 뭔가 하실 거라고 믿고 있었어요. 번개라도 치게 하실 줄 알았죠. 그때 '하나님의 어린 양'이라는 개념에도 푹 빠져 있었고, 그런 자세로 예배당에 엎드려 있는 것이 뭔가 대단한 일이라고 믿었습니다. 몇 주 동안을 그렇게 했는데도 아무런 응답의 소리도 들리지 않았어요. 결국 저는 예배당 바닥에서 일어났습니다. 제게는 정말 중요한 순간이었습니다. 왜냐하면 저는 정말 진심이었거든요. 어떤 놀라운 일이 일어나리라 굳게 믿고 있었고, 그 믿음은 진짜였어요. 바닥에서 일어나 예배당 정면의 커다란 십자가를 올려다봤어요. 그런데 그 십자가는 너무 적나라했어요. 피가 철철 흐르는 처형 장면이 너무 그대로 묘사돼 있어서 보기가 괴롭고 불쾌했죠. 그걸 쳐다보면서 이런 생각이 들었습니다. '참 바보 같은 짓이었네.' 그러고는 예배당을 나왔어요. 그때 아버지에게 십자가형에 관해 이야기했던 기억이 납니다.

> 세계 인본주의자 대회에서 선생님은 대부분의 종교와 철학이 처음 생겨났을 때, 그 중심에는 사랑이 자리 잡고 있었다고 말씀하셨어요. 즉, 종교나 철학이 처음 등장했을 때의 본래 목적이 사랑이었다는 말씀이었죠. 사랑이 정말로 그렇게 강력한 동기부여가 될 수 있다고 생각하시나요? 선생님의 삶에도 해당하나요?

제 삶에서도 분명히 그래요. 의심할 여지가 없어요. 사랑과 열정은 아마 제 삶에서 가장 큰 원동력일 거예요. 종교 경전들을 깊이 들여다보면 그 중심에는 언제나 사랑이 자리 잡고 있다고 봐요. 예수에 대한 모든 묘사를 떠올려보세요. 사람들에게 '당신은 나쁜 사람이다'라고 말하고 다닌 인물이 아니잖아요.

> **맞습니다. 예수는 수녀가 아니잖아요?**

물론 무화과나무한테 화를 내긴 했지만요. 그런데 우리도 그럴 때가 있잖아요? 저는 이슬람이든 유대교든 기독교든 그 핵심에는 사랑이 있어야 한다고 믿습니다. 하지만 안타깝게도, 사람들은 끝없이 경전을 해석하고 또 해석하면서 정작 그 중심에 있던 사랑은 놓쳐버리는 경우가 너무 많습니다. 이건 모든 텍스트에 생기는 문제 중 하나라고 생각해요. 일례로 미국 수정헌법 제2조를 보면 지금은 애초의 의도와 완전히 다르게 해석되고 있잖아요. 저는 인간이 만든 모든 텍스트에서 이런 일이 반복될 수 있다고 봅니다. 인간은 자기가 찾고 싶은 의미를 어떻게든 찾아내니까요. 그래서 예전에는 함^{Ham}의 저주 이야기(노아가 자신의 나체를 본 둘째 아들 함에게 화내며 그의 자손이 천한 종이 될 것이라고 저주했다는 창세기 이야기—옮긴이)를 근거로 노예제가 정당하다고 주장하던 때도 있었어요. 물론 그 이야기가 나름대로 흥미롭긴 해요. 하지만 우리가 잊지 말아야 할 핵심은 '모든 인간은 평등하며, 사랑이 밑바탕에 있어야 한다'는 겁니다. 경전들이 처음 쓰였던 원래의 취지를 사람들이 되새겨볼 수 있었으면 좋겠습니다. 시작은 사랑이었잖아요. 신이 우리를 사랑한다는 믿음에서 출발한 거잖아요. 그게 가장 근본적인 동력이었죠. 거기서부터 모든 종류의 사랑이 퍼져나갔어야 했는데, 현실에서 그 글들은 누군가를 비난하거나 일부 집단이 다른 집단보다 우월하다고 느끼게 만드는 도구로 쓰이고 있어요. 요즘 성소수자 공동체가 그걸 가장 잘 증언해줄 수 있을 겁니다.

> **성소수자 문제는 사랑과 평등, 타인에 대한 공감과 이해, 그리고 그 외 여러 가치를**

산디 토츠비그

> 아우른다는 점에서 이 대화의 마지막 주제로
> 참 적절한 것 같습니다. 무엇보다도 지금
> 이 시점에서 선생님에게 특히 중요하게 다가오는
> 주제인 것도 같고요.

저는 정말 속상했습니다. 최근에 열린 성공회 총회에서 가장 강하게 남은 메시지가 성소수자들을 성공회 공동체에서 완전히 동등한 구성원으로 인정할 수 없다는 기존 태도를 재확인한 것이었기 때문입니다. 그런데 문제가 뭔지 아세요? 그런 믿음을 가질 수도 있고, 그런 말을 할 수도 있고, 그런 관점을 제시할 수도 있어요. 하지만 제가 정말로 분노를 느끼는 건 그런 입장을 가진 주교가 다른 성공회 주교 25명과 함께 영국 상원에 앉아서 법을 만든다는 사실입니다. 동성 결혼이 표결에 부쳐졌을 때 그 주교들은 모두 출석해서 반대표를 던졌습니다. 그건 용납할 수 없는 일이에요. 물론 어떤 사람이 나와 다른 생각을 가졌을지라도 저는 그 사람의 말할 권리는 끝까지 지켜줄 겁니다. 하지만 그게 민주주의 안에서 내 존재를 법적으로 배제할 권리까지 허용된다는 뜻은 아니잖아요. 그게 최근 제가 다시 행동하게 된 계기였습니다. 솔직히 저는 정말 이상하다고 생각해요. 종교인이라는 사람이 "우리는 모두 신의 창조물이다. 그러나 그중 일부는 잘못 만들어졌다"라고 말하는 거잖아요. 정말 이해가 되지 않아요. 신에게도 몸 상태가 안 좋은 날이 있는 걸까요? 어떤 기준에서 그런 건지 도무지 모르겠어요. 설마 우리 중 일부는 애초에 덜 소중한 존재로 만들어졌다는 얘기인가요? 1994년에 있었던 일이 기억나네요. 그때 저는 세이브더칠드런 기금 마련을 위한 대규모 행사를 진행할 예정이었어요. 그 전부터도 그 단체에서 여러 활동을 했었고, 홍보대사로도 일한 적이 있었죠. 그런데 1994년에 제가 커밍아웃하자마자 그들은 저를 바로 홍보대사 자리에서 제외했어요. 그때 "아이들을 구하자. 하지만 전부는 말고. 모두를 구하자는 건 아니야"라고 하는 듯한 느낌을 받았습니다. 그게 바로 일부 복음주의 교회에서 보이는 태도입니다. 마치 입맛대로 고르듯이 이 사람은 괜찮고 저 사람은 안 된다고 하는 거죠.

요즘 세상의 전반적인 분위기가 걱정되시나요?

정말 많이 걱정됩니다. 미국 대선 후보들을 보면, 예를 들어 론 디샌티스Ron DeSantis는 공개적으로 반동성애 공약을 내세우고 있잖아요. 지금은 그게 마치 자신이 얼마나 공화당 색채가 강한지, 얼마나 보수적인지를 보여주는 일종의 시금석처럼 되어버렸어요. 보수성을 증명하는 방법 중 하나가 소수 집단을 표적 삼아 공격하는 거예요. 그건 역사 속에서 반복되어온 일이죠. 이민자들에게도 그랬고, 다양한 소수 민족에게도 그랬어요. 그리고 지금 이 순간 분명 성소수자 공동체가 그 공격 대상이 되고 있습니다. 영국에서도 동성애 혐오 범죄가 눈에 띄게 증가하고 있고요. 제가 할 수 있는 일은 계속 일어서고 계속 말하는 것뿐입니다. "여기에 제가 있습니다. 저는 누가 사랑받을 자격이 있는지를 고르거나 구분하지 않을 겁니다. 그건 옳지 않습니다"라고요.

케이트 피킷
Kate Pickett
사회와 평등

2022년 6월

케이트 피킷은 더 큰 평등이 사회에 가져다주는 혜택을 연구해온 역학자로, 『불평등 트라우마』, 『오늘부터의 세계』, 『평등이 답이다』의 공동 저자이기도 하다. 그녀의 연구는 전 세계 공중보건 정책과 사회정의 담론에 큰 영향을 끼쳤다.

"저는 '완전한 평등'이라는 개념, 그러니까 "그건 말도 안 되고, 불가능해"라는 반응이 절로 나오게 하는 그런 유토피아적 생각에는 솔직히 관심 없습니다. 완벽하진 않더라도 항상 더 나아질 수 있는 거니까요."

평등은 단지 제가 연구하는 학문적 연구만이 아니라, 제 삶을 지탱하는 핵심 가치입니다.

어떻게 그런 생각을 갖게 되셨나요?

모든 아이는 공평함은 정말로 중요한 가치라는 말을 들으며 자랍니다. "이건 불공평해요"라는 말은 어린아이들에게서 정말 흔히 나오는 불만이죠. 그렇게 말하면 거의 항상 부모들은 "그래도 서로 나눠야지" 하고 말하면서 공평을 굉장히 중요한 가치로 강조합니다. 그런데 조금만 더 나이를 먹으면 아이들은 또 이런 이야기를 듣기 시작하죠. "인생은 원래 불공평한 거야, 세상일에 공평을 기대하지 마." 참 모순이죠. 어릴 때 듣는 메시지가 따로 있고, 조금 지나서 듣게 되는 게 따로 있으니까요. 저는 어릴 때부터 공평을 매우 중요한 가치라고 여기는 환경에서 자랐습니다. 부모님은 노동당을 지지했고, 의식적으로 좌파적인 가치관을 갖고 계셨어요. 그래서 평등주의 원칙들이 자연스럽게 제 사고방식 안에 자리 잡고 있었던 것 같습니다. 저는 성장하면서 위계질서와 특권이 세상에서 어떻게 작용하는지 점점 인식하게 되었고, 그런 게 옳지 않다고 느끼기 시작했어요. 아마도 그런 생각이 제일 선명해진 건 대학에 들어갔을 때일 겁니다. 저는 누구나 입학할 수 있는 공립학교에 다녔고, 전형적인 중산층 가정에서 자랐습니다. 부모님은 노동자 계층 출신이었지만 일과 교육을 통해 우리 가족은 중산층이 되었어요. 그런 배경을 지닌 제가 케임브리지대학교에 들어갔고, 그곳에서 전혀 다른 특권과 계급의 세계를 접하게 되었죠. 그 경험 덕분에 평등과 공평함 같은 가치에 대해 이전보다 훨씬 더 깊이 생각하게 되었습니다.

> 그렇게 전혀 다른 계층의 사람들과 다른 방식의 삶을 보셨을 때 개인적인 감정이 먼저 드셨나요, 아니면 사회적인 문제로 느껴지셨나요?

둘 다였던 것 같아요. 학교 시스템과 입학 제도 전반에 걸쳐 불공평하다고 여겨지는 문제가 많았고, 저도 그 점을 분명하게 인식했습니다. 우리는 정말 훌륭한 교육을 제공하는 명문대에 다니고 있었지만, 그런 교육에 접근할 수 있느냐는 근면 성실이나 성적, 지능과 상관없는 다른 요인들에 따라 결정되고 있었죠. 예를 들어 어떤 학교에 다녔는지가 중요했고, 결국에 부모의 경제력과 직결되는 겁니다. 저는 그 모든 게 부당하게 느껴졌고, 그 자리에 있어야 할 사람들이 빠져 있다는 사실을 의식하게 되었습니다. 그곳에서 혜택을 받아야 할 사람들, 어떻게 보면 진짜 그곳에 있어야 할 사람들이 거기 없었던 거죠. 그건 가족의 경제력, 사회적 계급, 인종, 출신 학교 등이 관련된 문제였고, 훨씬 더 포용적이어야 할 교육 기회가 특정 집단에게만 주어지고 있었어요. 저는 그게 옳지 않다고 느꼈습니다. 그런데 또 한편으로는 상류층 출신의 학생들을 보면서 오히려 안타깝다는 생각이 들기도 했어요. 그들은 진짜 세상이 어떤 곳인지, 다른 사람들의 삶이 어떤지를 잘 알지 못했으니까요. 너무 보호받는 환경에서 살아와서 세상을 보는 시야가 상당히 좁은 듯했습니다.

> **그들을 부러워하진 않으셨군요?**

전혀 부럽지 않았습니다. 케임브리지 같은 대단한 대학에 들어온 학생들인데도 삶을 바라보는 편협한 시각을 가진 채 그 자리에 있었거든요. 물론 그들 중에 대학에 와서 시야가 넓어진 이도 있었겠죠. 하지만 저는 지금의 교육 시스템 전체가 사람들 사이를 갈라놓고 있고, 그런 분리가 사회 안에서 서로에 대한 신뢰와 이해에 해로운 영향을 끼친다고 생각합니다.

> **제가 평등에 대해 여쭤봤는데, 말씀을 듣다 보니 공평에 더 초점이 맞춰진 것 같네요. 두 개념이 같지는 않잖아요? 공평하다고 해서 반드시 평등한 건 아니라고 보는데요. 어떻게 생각하세요?**

맞습니다. 두 개념은 밀접하게 연결돼 있지만, 완전히 같은 건 아니에요. 공평은 도덕적 가치로 여겨지지만, 평등은 훨씬 더 실질적인 개념이죠. 우리가 어떤 것에 접근할 수 있는지, 즉 무엇을 가지고 있고 무엇이 없는지를 말하는 거니까요. 소득의 평등처럼 물질적인 부분일 수도 있고, 법 앞에서의 평등처럼 형체 없는 영역일 수도 있어요. 그러니까 공평과 평등은 완전히 같지는 않지만 서로 관련이 있다고 할 수 있습니다.

> **공평이 도덕적 가치라면, 평등은 우리가 지향해야 할 목표라는 말씀인가요? 일종의 사회적 이상인가요?**

네, 저는 그렇게 생각해요. 퀘이커 교도들이 평등을 이야기하는 방식을 보면 저는 늘 감동합니다. 그들은 평등을 삶의 원칙으로 삼고, 매일 그것을 실천하며 살아가죠. 저 역시 평등을 그런 시각으로 바라봅니다. 사람들은 평등에 관해 이야기할 때 종종 예민하게 반응하곤 해요. "우리는 절대 완전한 평등을 이룰 수 없어. 진정한 평등은 유토피아적인 생각일 뿐이야"라고 말하죠. 어느 정도는 맞는 말이에요. 그래도 우리는 더 평등한 사회를 만들 수 있습니다. 다양한 영역에서 격차를 줄이고 더 많은 평등을 이루기 위해 노력할 수 있어요. 예를 들어 남녀 간 임금 격차를 줄이는 일도 그렇고요. 완벽히 같은 수준에 도달하지는 못하더라도 진보하고 있는 거예요. 저는 '완전한 평등'이라는 개념, 그러니까 "그건 말도 안 되고, 불가능해"라는 반응이 절로 나오게 하는 그런 유토피아적 생각에는 솔직히 관심 없습니다. 완벽하진 않더라도 항상 더 나아질 수 있는 거니까요. 평등을 유토피아적 이상이라고 말하는 반평등주의자들의 논점을 들여다보면, 그들이 평등을 제대로 이해하지 못하고 있다는 생각이 듭니다. 그들은 "우리는 저마다 다른 능력과 재능을 가지고 있다"라고 말하지만, 이른바 재능이라고 하는 것이 실은 불평등 속에서 만들어진다는 사실을 인지하지 못하고 있어요. 또 인생과 사회를 일종의 능력주의 세상으로 여기고는 지능이 뛰어난 사람들에게 훨씬 더 큰 보상이 주어져야 한다고 주장하죠. 저는 '타고난 지능'의 측면에서도 사람들 사이에 큰 차이가 있다고 생각하지 않습니다. 우리가 말하는 '측정된 지능'도 아까 제가 언급했던 출신 학교, 사회적 기대, 가족 배경 같은 여러 요인의 영향을 받아 형성된 것이에요. 어쨌든, 특정 종류의 일을 하는 사람이 다른 일을 하는 사람들보다 훨씬 더 높이 평가받는 사회가 과연 바람직한지 잘 모르겠습니다. 건강한 사회가 제대로 기능하려면 종류에 상관없이 모든 일이 다 중요한데 말이죠.

> 교수님의 대표 저서인 『평등이 답이다』는 평등이
> 사회 전반에 어떤 영향을 미치는지를 다루고 있는데요,
> 그 영향이 덜 가진 사람들뿐만 아니라 더 많이 가진
> 사람들에게도 해당한다고 하셨어요. 그 책에 대해
> 조금 이야기해주세요. 교수님이 개인적으로
> 우선시하는 가치와 신념 그리고 평소의 생각을
> 잘 보여주는 것 같은데요.

『평등이 답이다』에서 리처드 윌킨슨Richard Wilkinson 교수님과 제가 전하고자 했던 핵심은 소득 불균형이 심한 사회일수록, 즉 부유한 사람과 가난한 사람 사이의 소득 격차가 클수록 건강을 비롯한 다양한 사회 지표에서 더 나쁜 결과가 나타난다는 점입니다. 여기서 말하는 지표는 신체적·정신적 건강과 비만 같은 문제부터 아동의 학업 성취도, 사회 이동성, 10대 임신율 같은 인적 자본 발달 요소에 이르기까지 다양합니다. 그뿐만 아니라 신뢰 수준, 폭력 수준, 수감률 같은 사회적 결속과 관련된 요소들도 포함돼 있어요. 이 지표들은 서로 연결되어 있어서 어느 하나에서 나쁜 결과를 보이는 사회는 다른 영역에서도 비슷한 양상을 보이죠. 이 모든 것이 불평등과 관련이 있고, 그 차이는 생각보다 훨씬 큽니다. 10대 임신율은 비교적 평등한 나라와 덜 평등한 나라 사이에 최대 8배 차이가 나고, 수감률은 12배, 정신질환은 3~4배 차이가 납니다. 이건 단지 가난한 사람들에게만 영향을 미치는 게 아니기 때문입니다. 전체 인구가 전반적으로 나쁜 결과를 겪게 되는 거죠. 당신이나 저처럼 교육을 잘 받았고, 중산층이고, 소득이 꽤 안정적

인 사람들도 더 평등한 사회에 산다면 평균적으로 기대수명이 더 늘어나고, 자녀가 학교를 중도에 그만둘 확률도 더 낮아져요. 이것이 우리가 연구를 통해 밝혀낸 것들이에요.

그렇다면 우리는 왜 이런 연구를 하게 되었을까요? 참 흥미로운 질문이죠. 공중보건 분야에는 오래전부터 건강의 사회적 결정 요인을 넓은 관점에서 바라보려는 학문 전통이 있었습니다. 즉, 한 개인의 건강이 사회적 맥락에서 어떻게 형성되는지를 이해하려는 시도였죠. 우리 연구도 바로 그 전통에서 출발했습니다. 지난 수십 년 동안 사회역학 분야에서 여러 중대한 연구 결과가 나왔는데요. 그중 하나가 다음 두 가지 요소가 중요하다는 겁니다. 첫째 요소는 '상대적 사회적 위치'입니다. 즉, 자신이 다른 사람들과 비교했을 때 어떤 위치에 있는가를 뜻하는 것이죠. 단순히 소득이 얼마나 되느냐가 아니라 그 소득이 사회 내에서 어떤 위치를 의미하는지, 그리고 그 사회적 위치에 대해 자신이 어떻게 느끼는지가 중요하다는 뜻입니다. 둘째 요소는 '사회적 연결성'으로, 다른 사람들과의 관계와 그 관계의 질을 의미합니다. 이런 연구 결과를 바탕으로 건강과 삶의 질에 영향을 미치는 심리사회적 요인에 관한 관심과 그 중요성이 크게 높아졌죠. 우리가 책에서 보여주고자 한 것은 더 불평등한 사회일수록 심리사회적 요인이 더욱 중요해진다는 점입니다. 불평등은 사회적 비교나 서열을 더 중요하게 여기게 하고, 서열을 정하는 요인들이 더 두드러지게 작용하게 만들죠. 모든 사회에는 사회적 계층 사다리가 있는데, 불평등이 심해지면 그 사다리는 훨씬 더 가팔라지고 단 사이도 더 벌어집니다. 결국에는 여러 사회적 결과에 영향을 미치게 되죠.

> 불평등의 피해자에 잘사는 사람들까지
> 포함된다는 사실은 교수님의 책을 읽은
> 사람들에게 꽤 놀라운 일이었을 텐데요.
> 교수님 자신도 그런 발견이 놀라웠나요?

네, 독자들에게는 그 점이 꽤 놀라운 일이었으리라고 생각해요. 저 역시 그 사실을 아주 서서히 깨달았습니다. 실은 1990년대에 이미 그런 가능성을 시사하는 연구들이 있었어요. 제가 뚜렷이 기억하는 연구 중 하나는 영국과 웨일스의 유아 사망률을 스웨덴과 비교한 것인데요. 모든 사회 계층에서 영국과 웨일스의 유아 사망률이 스웨덴보다 더 높게 나타났어요. 심지어 최상위 계층에서도 마찬가지였죠. 다시 말해 영국과 웨일스에 산다는 사실 자체가 일종의 불리함으로 작용하고 있다는 의미였어요. 그 후로도 이 사실을 뒷받침하는 강력한 연구 결과들이 더 많이 나오고 있습니다. 특히 사람들이 자신의 사회적 위치를 무엇이라 느끼고 어떻게 인식하는지, 그리고 남들이 자신을 어떻게 평가한다고 느끼는지가 건강과 삶의 질에 영향을 미친다는 심리사회학적 설명을 적용하면, 최상위층은 아니더라도 꼭대기에 가까운 위치에 있는 사람들조차도 여전히 꼭대기에 도달하지 못했다는 이유로 마음이 불편할 수도 있다는 점을 쉽게 이해할 수 있어요. 반면에 건강이나 다른 결과들을 단순히 소득 같은 물질적 요소로만 생각한다면, 꼭대기 부근에서 왜 차이가 생기는지 이해하기 어려울 겁니다. 이미 충분한 자원을 가지고 있는 사람들이잖아요? 결국 우리는 심리적, 사회적 요인을 살펴봄으로써 왜 그런 사회적 기울기가 생기는지 더 분명히 이해할 수 있었어요. 왜 꼭대기에 가까이 있더라도 완전히 꼭대기에 있을 때처럼 좋은 결과를 얻지 못하는지, 왜 더 평등한 사회에서보다 결과가 나쁜지가 설명되더군요.

『평등이 답이다』를 쓸 당시만 해도 불평등은 공적 담론의 중심 주제가 아니었어요. 정치 의제나 정책 의제에 포함되지 않았고, 사람들이 그 문제를 공개적으로 이야기하는 일이 드물었죠. 그런데 지금은 달라졌어요. 이제 어떤 주류 정당도 불평등이 중요하지 않다고 쉽게 말하지 않을 겁니다. 불평등에 대한 인식이 분명 다양한 차원에서 나타나고 있어요. 국제적 차원으로는 OECD(경제협력개발기구)가 이 문제에 주목하고 있고, 세계은행과 국제통화기금도 불평등을 주요 의제로 다루고 있습니다. 세계경제포럼에서는 불평등을 미래 경제 성장과 발전에 영향을 줄 수 있는 최우선 과제로 지목하기도 했어요. 이처럼 국제 무대에서 실질적인 인식 전환이 이루어졌고, 비록 실질적 행동은 부족하더라도 국내 정치 담론에서도 변화가 감지됩니다. 지역 차원에서도 불평등 문제를 둘러싼 논의가 활발히 진행되고 있죠. 이런 흐름을 볼 때 저는 불평등에 대한 이해가 점점 깊어지고 있다고 생각합니다. 그런 이해의 확장은 불평등을 줄이기 위한 정책적·정치적 변화가 일어나기 위해 꼭 필요한 첫걸음일 겁니다.

영국에서는 정부가 '지역 균형 발전Levelling Up' 정책을 내세우고 있어요. 지역 간 불균형과 기타 불평등을 줄이겠다는 말인데요, 방향은 옳다고 봅니다. 말로도 했고 실현 의지도 공식적으로 표현된 상황이니, 이제 실제로 그 목표를 이루기 위해 어떤 조치가 시행될지 지켜봐야 합니다.

> 정말 흥미로운 이야기죠, 그렇지 않나요?
> 왜냐하면 그 정책을 주장한 사람들은 정책의 목적이
> 엄밀히 말해 불평등 자체를 줄이기 위한 것은

> 아니라고 강조했거든요. 그들은 사회의 격차를
> 줄이려면 상위층을 끌어내리는 방식이 아니라 하위층을
> 끌어올리는 방식이어야 하며, 그러면서도 상위층은
> 계속해서 더 높은 위치로 올라갈 수 있도록 허용해야
> 한다고 말했어요.

네, 맞아요. 제 생각엔 그건 정치적 보수 진영에서 불평등 문제의 핵심을 잘못 짚고 있는, 꽤 심각한 오해라고 봐요. 그들은 오직 사회 하층의 상황에만 초점을 맞추고 있어요. 사회 하층에서 벌어지는 일들은 당연히 중요해요. 고용 안정성 증가, 소득 증가, 일자리와 급여에 관한 권리 보장, 생계비 위기, 이 모든 것이 중요하고 관심을 기울여야 합니다. 그러나 불평등은 단지 빈곤의 문제가 아니라 그 자체로 사회문제이기 때문에, 상위 계층을 어떻게 다룰지도 진지하게 고민할 필요가 있어요. 그 과정에서 고소득 문제를 생각해볼 수 있고, 더 나아가 자산과 부의 문제를 고민하는 것도 더욱 중요하다고 봅니다.

> 전 세계적인 차원에서 볼 때, 불평등이 해소될 수
> 있다는 전망에 대해 교수님은 낙관하시나요?
> 오늘 태어난 아기 두 명을 상상해보세요.
> 한 아기는 내일 죽을 수도 있고, 다른 아기는
> 엄청난 풍요 속에서 150살까지 살면서
> 인류 역사상 유례없이 안락하고 만족스러운 삶을
> 누릴 수도 있습니다. 두 아기는 같은 날
> 태어났지만 단지 운의 좋고 나쁨에 따라 이렇게
> 완전히 다른 운명을 맞는 거죠.
> 이런 세계의 상황이 불평등을 해소하겠다는

케이트 피킷

> 오늘날의 노력이 오히려 암울하게 느껴지게 하는 배경이 되지는 않을까요? 이런 현실을 마주할 때, 교수님도 변화의 가능성에 대해 비관적인 생각이 드시지는 않나요?

전혀요.

> 원래 성격이 낙천적이어서 그런가요?

네, 아무래도 원래 낙천적인 편이라 그럴지도 모르겠네요. 낙관적인 관점을 가질 때 제가 더 잘 움직이고 잘 활동하는 것 같습니다. 지금 우리가 얘기하고 있는 건 분명 엄청난 과제들이죠. 장기적인 노력과 변화가 필요한 일이고, 하루이틀 만에 바뀌지는 않을 거예요. 그래도 제가 낙관하는 이유가 네 가지 정도 있어요.

첫째 이유는 지금 우리가 겪고 있는 불평등의 수준이 고정적인 게 아니라는 겁니다. 영국은 늘 이렇게 불평등한 나라였고 그걸 바꿀 방법이 없다는 건 사실이 아니에요. 미국 같은 다른 나라도 마찬가지죠. 그들도 늘 불평등했고 그걸 고칠 수 없는 게 아니에요. 시간이 지나면서 정부 정책이나 사회의 여러 변화를 통해 불평등은 달라져왔고, 앞으로도 분명 바뀔 수 있습니다. 이건 굉장히 희망적인 이야기죠. 우리가 움직일 수 없는 상태에 갇혀 있는 게 아니라는 뜻이니까요. 실제로 과거의 영국은 지금의 스웨덴만큼 평등한 사회였던 적이 있었어요. 다시 그렇게 되지 못할 이유도 없죠. 한때는 최고세율이 90퍼센트에 달했던 적이 있는데, 다시 그렇게 되지 말라는 법도 없어요. 이것이 제가 낙관하는 이유 중 하나예요. 변화의 가능성은 언제나 있으니까요.

둘째로는, 젊은 세대가 저에게 큰 희망을 줍니다. 젊은이들의 투표 양상, 선호하는 정책, 중요하게 여기는 문제들을 보면 자연스럽게 미래에 대한 희망을 품게 됩니다. 영국에서는 브렉시트 국민투표가 있었죠. 결과는 한쪽으로 기울었지만 아주 근소한 차이였어요. 그래서 사람들 사이에서도 만약 투표가 몇 달 또는 1년 늦게 치러졌더라면 결과가 달라졌을지도 모른다는 얘기가 나왔어요. 왜냐하면 유럽연합 탈퇴를 지지했을 나이 많은 사람 중에 일부는 세상을 떠나고, 잔류를 지지할 가능성이 큰 젊은 세대가 새롭게 유권자가 되었을 테니까요. 이처럼 인구 구조의 변화가 정말 중요해요. 그래서 저는 요즘 젊은 세대가 사회문제에 대해 가지고 있는 태도에서, 그중에서도 특히 더 평등한 사회를 지향하는 그들의 마음에서 진짜 많은 희망을 봅니다.

셋째 이유는 우리가 지금 직면한 환경 문제, 특히 기후 변화 위기 같은 심각한 도전들이 우리 사회와 경제 체제에서 무엇이 바뀌어야 하는지를 사람들에게 상기시켜줄 것이고, 그 결과로 실제 우리의 행동에도 변화가 생길 수 있다는 희망입니다.

마지막 이유는 과거의 사회적 변화를 돌아보면 알 수 있듯이 변화라는 것이 꽤 빠르게 일어났다는 점입니다. 사람들이 법적 권리를 얻었을 때, 페미니즘과 동성애 권리 운동 등을 통해 사회가 더 포용적으로 바뀌기 시작했을 때를 떠올려보세요. 다 그랬잖아요. 그 변화 중 어떤 것도 권력자들이 먼저 나서서 참정권을 확대하거나, 권리를 부여하거나, 권리를 요구하는 사람들을 지지했기 때문에 생긴 게 아니었습니다. 변화는 풀뿌리 운동과 변화를 요구하는 압력에서 비롯되었고, 이후 정치 지도자들이 그 흐름에 맞춰 방향을 바꿨던 거죠. 그래서 저는 우리가 짧은 시간 안에 대규모 사회 변화를 목격할 수 있다고 생각합니다.

레오 이그웨
Leo Igwe

낙관주의 그리고 미신과의 싸움

2020년 7월

> 레오 이그웨는 나이지리아의 인권운동가이자 '나이지리아 인본주의자 연합'의 창립자다. 그는 주술 행위로 인한 아동 인권 침해를 막고, 더 나아가 인본주의 사상을 널리 알리기 위한 활동을 이어오며 수많은 공격과 소송에 휘말려왔다.

"이성적인 삶의 태도에는 언제나 타인을 향한 연민이 함께해야 한다고 믿습니다."

저는 가톨릭 가정에서 자랐습니다. 어린 시절에는 사제가 되기 위해 가톨릭 신학교에 들어가 교육을 받기도 했어요. 하지만 그 과정을 거치면서 점점 종교와 종교적 세계관에 의문을 가졌습니다. 결국 종교적 가르침에 대한 의심과 때로는 어른들뿐 아니라 아이들에게도 큰 해를 끼치는 의심스러운 종교의식들이 저를 다른 길로 가게 했죠. 제가 자라면서 늘 들은 말은 종교 말고는 대안이 없으며, 무조건 종교적인 사람이 되어야 한다는 것이었습니다. 의심이 생기더라도 더 열심히 기도해서 그 의심을 떨쳐내야 한다고 배웠죠. 그래서 종교라는 개념 자체와 끝없이 씨름하게 되었던 겁니다.

신학교에 다니던 중 문득 '왜 대안이 없다고만 하지?'라는 생각이 들었고, 그러다가 독서를 통해 인본주의라는 철학을 접했습니다. 당시 읽었던 책들에서는 인본주의를 부패한 삶의 방식이자 세상을 왜곡해서 바라보는 관점으로 묘사하고 있었어요. 종교적 세계관이야말로 완전한 진리이며, 다른 어떤 대안을 찾아도 결국에는 다시 종교로 돌아오게 되어 있다는 식이었죠. 하지만 저는 그런 종교 중심의 시각에 깊은 불만을 느꼈고, 대안을 찾아보기로 마음먹었습니다. 신을 섬기는 삶 대신 인류를 섬기는 삶을 살기로 한 거예요. 그렇게 방향을 바꾸자 비로소 인본주의라는 관점에서 모든 것이 분명하게 이해되기 시작했던 것 같습니다.

> 인본주의자의 길을 걷게 된 계기 중 하나로 사람들이
> 해를 입는 상황을 목격하셨던 일을 말씀해주셨는데요.
> 그 부분이 가장 결정적인 이유였나요?

네, 물론입니다. 그건 저에게 정말 중요한 계기였어요. 앞서 말씀 드렸듯이 저는 무고한 사람들이 마녀나 마법사로 몰리기도 하고, 오컬트 활동에 연루되었다고 의심받거나 악령에 들렸다고 낙인찍히는 경우를 많이 목격했습니다. 실제로 아프거나 건강에 문제가 있는 사람들인데도 사람들은 그들의 상태를 악령이나 악마가 몸에 들어가 활동하는 징후라고 믿곤 합니다. 그런 그릇된 믿음 때문에 고문이나 학대가 벌어지고, 돌봄과 보호가 필요한 평범한 사람들인데 오히려 고통을 받게 되는 겁니다. 그들의 건강 문제가 악령에 씐 징후라는 믿음 때문에 그들은 학대받고 있어요. 저는 이런 현실을 도저히 받아들일 수 없었습니다. 그래서 이성적인 대안과 합리적인 접근을 찾아 나서게 되었습니다. 물론 그런 이성적인 삶의 태도에는 언제나 타인을 향한 연민이 함께해야 한다고 믿습니다.

> 그러니까, 두 가지 측면이 있었던 거군요.
> 하나는 종교적 설명이 납득되지 않았고
> 그게 옳지 않다고 느껴졌다는 점이고,
> 다른 하나는 직접 목격한 고통받는 사람들에 대한
> 연민과 그들에게 가해지는 해악을 막고 싶다는
> 마음이 있었다는 말씀이죠?

맞습니다. 세상을 종교적으로 해석하거나 복잡한 문제를 종교적

관점으로 설명하려는 방식은 결코 무해하지 않거든요. 어떤 사람들은 그저 무해한 미신일 뿐이라고 말하지만, 저는 그렇게 생각하지 않습니다. 편안한 침실에 있을 때는 미신이 무해하게 느껴질 수 있겠지만, 실제로 그런 믿음이 사람들의 삶에 어떤 악영향을 미치는지를 보면 이야기가 달라집니다. 특히 노인들이나 병든 사람들처럼 취약한 사람들에게 어떤 결과를 초래하는지를 본다면, 그게 결코 가볍게 넘길 문제가 아니라는 걸 깨닫게 됩니다. 실제로 미신은 사람들에게 죄책감 없이 끔찍한 악행을 저지르게 만들 수 있어요. 더 무서운 건 그렇게 폭력을 행사하면서도 자신이 옳은 일을 하고 있다고 믿는다는 겁니다. 법도, 인간적인 도리도, 기본적인 인권도 무시되죠. 저는 일상에서 일어나는 문제에 종교적 해석이나 주술적, 초자연적인 해석을 적용해 스스로 면죄부를 부여하는 태도에 깊은 혐오감을 느꼈습니다. 그래서 더더욱 자연주의적이고 이성적인 삶의 태도에 끌리게 되었죠. 게다가 앞서 말씀드린 것처럼, 흔히 비이성적인 원인이나 초자연적인 힘에 의한 것이라고 여겨지는 문제에 이성적인 해석을 적용할 때 자연스럽게 인간에 대한 연민도 생겨납니다.

> 방금 말씀하실 때 마치 어떤 상상의 인물에게 이야기하듯이, 편안한 침실에 있을 때는 미신이 무해하게 느껴질 수 있겠지만 실은 엄청난 문제들을 일으키고 있다고 하셨는데요. 그 말은 누구를 향한 것이었나요? 이 문제를 선생님만큼 심각하게 받아들이지 않는 사람들을 염두에 두고 하신 말씀인가요? 아니면 나이지리아가 아닌 다른 나라 사람들에게 하신 말씀이었나요? 선생님은 누구와

> 논쟁하고 계신 건가요?

아주 많은 사람을 향해 그 말을 하고 있습니다. 어떤 사람들은 해롭지 않은 미신도 있다고 주장하죠. 그런 사람들은 대부분 서구에 살고 있고, 이곳에서 우리가 겪고 있는 가혹한 현실과는 거리가 멉니다. 이곳에서는 미신이 실제로 사람들을 학대하고, 불구로 만들고, 심지어 목숨과 재산을 앗아가는 데까지 이용되고 있습니다. 때로는 아프리카 내부에도 그렇게 주장하는 사람들이 있습니다. 그들은 종교나 미신에 기반한 폭력에 맞서 싸우는 이들을 향해 극단주의자니 근본주의자니 하며 낙인을 찍으려고 하죠. 그것은 종교적 극단주의와 미신적 신념이 빚어내는 악, 파괴, 야만성에 맞서 싸우는 중요하고 근본적인 운동을 저해하려는 시도입니다. 그래서 그들은 미신 가운데 일부는 해롭지 않다는 인상을 퍼뜨리려고 하고 있습니다.

어떤 사람들은 비이성적인 믿음이라 해도 심리적 위안을 줄 수 있다고 말할 겁니다. 흔히 '위안을 주는 미신'이라고들 하죠. 하지만 그런 미신이 병을 치료하거나 불행을 설명하려는 방식으로 작동할 때, 위안은커녕 실제로는 더 큰 해를 끼친다는 사실을 알게 됩니다. 그런 미신은 일종의 독과 같아요. 파괴적이고, 사람의 마음에서 연민을 앗아가 버립니다. 인간은 본래 아주 따뜻하고 친절한 존재입니다. 동시에 매우 잔인해질 수도 있죠. 그런데 종교와 미신이 개입하면 사람들 안에 있던 연민이 사라지고, 평소 같으면 다정했을 사람에게서 상상도 하지 못할 잔혹함이 터져 나올 수 있습니다.

> 몇 년 전 하신 TED 강연이 참 인상 깊었습니다. 그 강연에서 인간이 변화를 일으킬 수 있는

> 잠재력에 대해 매우 강한 믿음을 표현하셨죠.
> 그 믿음이 부분적으로는 부모님에게서
> 비롯된 것이라고도 말씀하셨어요.
> 선생님이 가톨릭 환경에서 자라셨다고 하니,
> 부모님도 가톨릭 신자이셨으리라 짐작되는데요.
> 그렇다면 부모님으로부터 어떤 영향을 받아
> 인간이 스스로 세상을 변화시킬 능력이 있다는
> 믿음을 갖게 되신 건가요? 아니면 그런 믿음을
> 갖게 된 보다 일반적인 계기가 있었을까요?

사실 저는 부모님의 삶에서 많은 영감을 받았습니다. 자식들에게 교육의 기회를 주고, 더 넓은 세상을 경험할 수 있도록 도와주려는 부모님의 모습이 제게 큰 영향을 주었죠. 물론 그렇다고 해서 제가 부모님의 세계관을 그대로 따르며 살아가는 것은 아닙니다. 그 점은 분명히 하고 싶어요. 부모님은 원래 전통 아프리카 종교를 믿으셨지만 배움의 과정 중에 기독교로 개종하셨고, 결국에는 가톨릭 신앙을 가지게 되셨습니다. 저는 그런 가톨릭 가정에 태어났고, 부모님은 저를 가톨릭 방식으로 키우려 하셨죠. 하지만 저는 부모님에게나 다른 사람들에게 늘 이렇게 말하곤 했습니다. 부모님은 부모님 시대의 상황과 여러 문제에 대한 이해를 바탕으로 방향을 바꾸신 거고, 저 역시 저만의 이해와 당면한 문제, 그리고 세상을 바라보는 시각에 따라 저만의 방향을 정해야 한다고요. 부모님은 변화를 선택했고 실제로 변화를 이뤄냈어요. 그건 정말 중요한 일이었습니다. 그 변화는 온전히 그분들 스스로 옳다고, 진실하다고, 혹은 도덕적이라고 생각한 바에 따라 이루어진 것이니까요. 무엇보다 중요한 건 이런 변화의 흐름이 앞으로도 계속 이어져야 한다는 겁니다. 하지만 오늘날 나이지리아의 일부 지역에서는 그런 선택이 불가능합니다. 이슬람 가정에서 태어난 사람이 신앙을 바꾸려고 하면 그것을 종교적 배신으로 간주하고 범죄처럼 취급하기 때문입니다. 법적으로 처벌하지 않더라도 사회적 제재와 억압이 따르죠. 실제로 우리 인본주의자 동료인 무바라크의 사례가 대표적입니다[무신론자임을 밝힌 그는 나중에 징역 24년 형을 선고받았다].

어떤 종교를 믿었든, 부모님은 열심히 일하셨어요. 근면함의 가치를 믿으셨던 거죠. 제가 부모님께 배운 중요한 태도 중 하나도 바로 그겁니다. 두 분은 기도를 하시면서도 노력과 성실함에 대한 신념이 분명히 있었어요. 그저 세상을 있는 그대로 받아들이는 것이 아니라, 원하는 모습으로 바꾸기 위해 애쓰고 시도하며 노력해야 한다는 믿음이 있었죠. 그래서 부모님은 당신들이 받지 못한 교육을 우리에게는 받을 수 있게 해주셨고, 당신들이 누리지 못한 기회를 우리에게는 열어주셨습니다. 우리가 지금 이 자리에 설 수 있는 것도 부모님의 그런 모험 정신과 탐구적인 태도, 종교적 신념과 문화적 이해, 개인적인 포부와 진로 등을 두루두루 넓게 바라보려 했던 마음 덕분이에요. 우리는 그분들의 어깨 위에 서 있었기에 더 멀리, 더 높이 세상을 볼 수 있게 된 겁니다. 이것이 제가 부모님께 받은 큰 영감입니다. 그래서 우리는 다음 세대가 시대적 현실에 따라 자신의 신념을 바꿀 수 있는 세상을 계속 장려해야 할 필요가 있습니다. 그들은 오늘날처럼 자유롭게 자기 생각을 표현했다는 이유로 박해받거나 투옥되어서는 안 됩니다. 저는 부모님께 "제가 사는 세상은 두 분이 살아오신 세상과는 달라요"라고 말하곤 했어요. 그런데 우리가 미래 세대에게 새로운 생각과 새로운 이해, 새로운 가능성을 탐색할 자유를 주지 않는다면, 과연 그들도 저처럼 말할 수 있을까요? 결론적으로 저는 자라면서 부모님의 열심히 일하는 자세, 세상을 보는 열린 시야, 자신이 바라는 모습이 되도록 삶과 세상을 바꾸려고 노력하는 태도에서 많은 영감을 받았습니다.

> 오늘의 나이지리아에서 지평이 계속해서 넓어지고
> 우리보다 먼저 살았던 세대의 어깨 위에 서서
> 진보를 이뤄낼 수 있다는 큰 희망을 품고 계시는가요?

희망과 나이지리아, 이런 것에 관해 말하라면 저는 언제나 매우 조심스럽습니다. 왜냐하면 저의 조국 나이지리아는 종종 두 걸음 앞으로 나아가다가 세 걸음 뒤로 물러나는 일을 반복하곤 하거든요. 진보와 후퇴를 오가며 제자리걸음을 하는 듯한 모습을 자주 보입니다. 그럼에도 불구하고 저는 여전히 확고하게 낙관하고 있습니다. 어떤 일이 벌어지든, 그 어떤 암울하고 고통스러운 현실 속에서도 저는 나이지리아가 결국에는 진보할 것이라고 굳게 믿고 있습니다. 물론 그 과정에는 대가가 따르겠죠. 지금 우리가 목격하고 있는 것처럼 변화에는 치러야 할 대가가 뒤따릅니다. 역사적으로도 늘 그래왔죠. 예전에 제가 독일에서 공부할 때 사람들이 저에게 30년 전쟁에 관해 이야기해주곤 했습니다. 장장 30년이라는 시간의 길이를 상상해보세요. 제 나이에서 30년을 빼면 20년 정도밖에 남지 않아요. 그 긴 세월 동안 사람들은 도대체 무엇을 위해 싸웠을까요? 그 파괴는 얼마나 심각했을까요? 두 차례의 세계대전을 한번 보세요. 르완다 집단 학살을 비롯해 인류가 겪어온 모든 비극적인 상황들을 보세요. 제가 말하고 싶은 핵심은 살인이나 싸움, 페이스북에 글을 남겼다는 이유만으로 부당하게 투옥되는 일, 혹은 신앙을 비판하는 말을 했다고 사람을 죽이는 말도 안 되는 일과 같은 암울하고 파괴적인 현실이 반복된다 해도, 인류의 역사는 정의를 향해 그리고 진보를 향해 움직이고 있다는 겁니다. 시계의 초침이 떨리면서도 앞으로 나아가듯이 말이죠. 저는 역사를 그렇게 바라봅니다.

상황이 매우 나빠 보이고, 많은 사람이 절망하며 "이 혼란 속에서 나이지리아가 과연 나아질 수 있을까요?", "아프리카 사람들은 이 모든 문제를 어떻게 극복할 수 있을까요?"라고 물을 수도 있습니다. 하지만 저는 시계 초침이 흔들리면서도 계속 앞으로 나아가듯 우리도 궁극적으로는 진보와 향상, 발전을 향해 나아가고 있다고 믿습니다. 이것이 제가 짧은 삶을 살아오며 직접 목격해온 사실입니다.

처음에 말씀하신 실천적 인본주의에서 사례를 하나 들어보겠습니다. 제가 1990년대에 나이지리아에서 인본주의 운동을 시작했을 때는 편지를 한 통을 보내면 답장을 받기까지 보통 석 달은 족히 걸렸습니다. 그래서 편지를 보내놓고는 그냥 휴가 갔다고 생각하고 느긋하게 기다리는 게 상책이었죠. 기다리는 시간이 워낙 길다 보니 그냥 잊어버리는 거예요. 그런데 요즘은 어떤가요? 요즘은 단 몇 초면 됩니다. 가끔은 제가 이메일을 보내고 받은편지함을 다시 열어보기도 전에 이미 답장이 와 있더라고요. 그걸 보면 정말 달라졌다는 걸 느낄 수 있죠. 석 달이 걸리던 게 이제는 몇 초면 된다고 생각해보세요. 이게 진보가 아니고 뭐겠어요? 이런 변화야말로 제가 낙관하고 희망을 품는 이유입니다.

그 희망은 단순히 먼 훗날 언젠가 실현될지도 모르는 희망이 아니라 지금 이곳에서 실현될 수 있는 희망입니다. 그런 희망이 있다는 믿음이 저에게 행동할 용기를 주죠. 물론 기술과 과학적 발견의 혜택이 세상에 고르게 분배되어 있지는 않습니다. 좋아요, 그게 사실이니까요. 하지만 우리가 가진 의학을 비롯한 모든 것은 오랜 시간에 걸쳐 인간의 창의성이 만들어낸 결과입니다. 그래서 이렇게 계속해서 희망을 품고, 계속 노력하고 시도하고, 창조하고 재창조하려는 열망이 있는 거죠. 결국 핵심은 혁신입니다. 그것이 바로 제가 부모님에게 배운 태도입니다. 세상을 바라보면서 "그래, 지금 세상은 완벽하지 않아. 그렇다면 어떻게 더 나아지게 만들 수 있을까? 이 상황을 어떻게 바꿀 수 있을까? 지금의 이 필요를 어떻게 채울 수 있을까?" 하고 스스로 묻는 태도죠. 누군가는 그런 고민의 과정에서 보람을 느낄 겁니다. 창의적이고 혁신적인 태도를 지님으로써 소수만 누릴 수 있었던 것을 더 많은 사람에게 열어줄 수 있습니다. 그래서 저는 분열을 조장하는 사람들이 있는가 하면, 자신의 창의성을 바탕으로 장벽을 허무는 사람들도 분명 있다고 생각해요. 독일의 사례처럼요. 동독과 서독, 결핍 속에 살던 사람들과 풍요를 누리는 사람들로 나뉘어 있던 그들이 서로 만나고, 연결되고, 포용하게 되었잖아요. 바로 이런 모습을 보면, 불평등과 분열과 절망이 가득한 세상 속에서도 희망을 느낍니다.

시안 베리
Siân Berry

녹색당의 인간을 바라보는 시선

2021년 2월

> 시안 베리는 영국 정치인이자 환경운동가로 녹색당을 대표하는 인물이다. 과거 녹색당의 공동 대표를 지냈고, 현재는 브라이턴 파빌리언 지역구 국회의원이다. 그녀는 독자들이 더욱 친환경적인 삶을 실천할 수 있도록 돕는 여러 권의 논픽션 책을 썼다.

"기대가 어긋날 수도 있습니다. 그렇더라도 그 결과는 개인들의 책임입니다. 저는 실수를 할 수 있는 권리와 그에 대해 책임질 수 있는 능력도 중요하다고 생각해요. 그 또한 인간에게 매우 중요한 자유입니다."

> 제가 의원님을 마지막으로 뵌 게, 기후 위기를 주제로 아이슬란드에서 열린 인본주의자 회의에서였죠. 그때 의원님이 하신 강연이 참 인상 깊었습니다. 환경주의의 핵심은 인간이 계속해서 풍요를 누리며 살 기회를 가지는 것이라고 말씀하셨는데, 그게 굉장히 흥미로웠습니다. 왜냐하면 많은 사람의 머릿속에는 녹색운동 하면 인간을 부정적인 존재로 보면서 소비를 줄이고 활동을 자제하라고 강조하는 것으로 인식되어 있거든요. 그런데 의원님의 접근 방식은 좀 다른 것이죠?

네, 맞습니다. 저는 모두가 함께 누릴 수 있는 풍요를 이룰 수 있다고 믿기 때문에 의도적으로 그 주제를 선택한 겁니다. 평등에 관해 이야기하면 사람들은 그것을 하향 평준화로 오해하곤 하죠. 지금 사회적으로나 경제적으로 성공한 일부 사람들은 그런 논의를 자신들을 노리거나 자신이 가진 물건을 빼앗으려는 시도로 받아들이기도 하고요. 그러나 우리는 모두가 만족할 수 있는 사회, 모두가 각자에게 진정으로 의미 있는 방식으로 만족을 느낄 수 있는 사회를 만들자는 이야기를 하는 겁니다.

저는 물건 자체를 삶의 최우선 과제로 생각하지 않습니다. 런던 시의원 선거 당시에도 저는 '물건 소비의 순환 속도'를 줄이는 정책을 공약으로 내세웠습니다. 그래서 기업들에도 "자원의 관점에서 소비 순환의 속도를 늦춰야 한다"라고 말하고 있죠. 그래야만 불필요한 물건의 양을 줄일 수 있으니까요. 하지만 우리가 그런 변화를 추구하는 진짜 이유는 모두가 함께 번영할 수 있는 사회를 만들기 위해서입니다. 자원의 소비 순환 속도가 느려지면 지역에 물건을 수리하는 소규모 사업체들이 생겨날 수 있고, 그러면 사람들은 그런 가게를 찾아가서 물건을 수리해 더 오래 쓸 수 있습니다. 그 과정에서 더 많은 일자리가 생기는 것은 물론이고, 사람들이 서로 교류하고, 연대와 공동체 그리고 다양한 가치가 존재하는 사회도 만들어갈 수 있죠. 저에게 풍요란 물질적 풍요만이 아니라 자유와 기회 그리고 사람들이 삶에서 진정으로 바라는 것을 이룰 수 있는 비물질적인 풍요까지 포함하는 개념이에요. 사람들이 원하는 건 단순히 더 많은 물건이 아닙니다. 이미 가진 것을 잃지 않을 거라는 안심, 기본적인 삶을 자유롭게 꾸려나갈 기회, 그리고 사회로부터의 신뢰를 바라고 있는 거죠.

그건 제가 청소년 복지 분야에서 일하면서 깊이 느낀 중요한 점이기도 해요. 좋은 청소년 지도자나 의미 있는 활동을 제공하는 청소년 센터를 만났을 때 많은 청소년에게서 변화가 일어나는 이유는 단순히 프로그램 때문이 아니라, 사회가 자신을 성장 가능성 있는 존재로 보고 지원해줄 가치가 있다고 여기며 투자하고 있다는 느낌 때문입니다. 누군가가 나를 믿고 있다는 느낌은 누구에게나 큰 힘이 되죠. 특히 사회 전체가 자신을 신뢰하고 있다는 느낌이 들면 그 기쁨은 더 커집니다. 하지만 오늘날의 세상은 청소년들에게서 그런 믿음과 지지를 점점 앗아가고 있어요. 저는 이게 정말 중요한 문제라고 생각합니다. 그래서 녹색당원으로서 제 철학과 가치관을 이 문제에 적용하려고 합니다. 녹색운동에 '덜 가지고 덜 누리는 삶'이라는 프레임을 씌우도록 그냥 내버려두고 싶지 않습니다. 그런 식의 접근은 정말 원하지 않거든요. 그렇다면 우리는 무엇을 '가질' 수 있을까요? 어떻게 하면 더 잘할 수 있을까요? 어떻게 해야 모든 것이 조화롭게 돌아가게 만들 수 있을까요?

그게 어떤 점에서 녹색당 고유의 특징인가요?

녹색당에 대해서 어떤 특징을 말하자면, 우리가 미래를 어떻게 바라보는지가 핵심이라고 생각해요. 우리는 시간이 지날수록 모든 것의 가치가 더 나아지길 바랍니다. 미래 세대가 사람이 살 수 있는 행성을 가질 수 있느냐는 많은 녹색당 지지자들에게 매우 강력한 동기이지만, 우리는 그 너머도 바라봅니다. 미래 세대가 좋은 삶을 살 수 있을지, 지금의 우리보다 더 좋은 것을 누릴 수 있을지에 대해서도 깊이 고민하죠. 이런 모든 질문이 우리를 움직이게 합니다. 결국 녹색당이 지향하는 바는 미래를 조금 더 멀리 내다보고 더 나은 것을 함께 만들어가는 것입니다.

지속 가능성은 의원님에게 어떤 가치입니까?

지속 가능성은 사실 아주 단순한 개념이에요. 무언가가 미래에도 유지될 수 있다는 뜻이죠. 즉, 자원이 점점 줄어들어 바닥나게 하는 게 아니라 계속 유지될 수 있게 한다는 말입니다. 많은 사람이 자원이 고갈되는 것을 걱정하고 있지만, 순환 경제를 실현하거나 자원이 순환할 때마다 더 나은 방향으로 발전하는 사회를 만들 수 있다면, 그것이 바로 지속 가능성이라는 개념입니다. 지속 가능성의 핵심은 미래까지 이어진다는 것이죠. 당연히 위험 요소도 있지만, 동시에 기회와 발전적 가능성도 함께 품고 있어요.

> ### 그건 낙관적인 관점인가요?

네, 저는 그렇게 생각합니다. 우리가 무엇을 더 가질 수 있는지를 생각해보세요. 예를 들어 제 경우만 보더라도 제 조부님이나 그 이전 세대 사람들보다 훨씬 더 많은 기회가 주어졌어요. 그건 분명히 좋은 일이고 정말 낙관적인 변화죠. 그런데 정작 우리는 그런 혜택과 진보를 다음 세대에게 물려주지 못한다면, 그건 분명 잘못된 일입니다. 그러므로 더 나은 미래를 만들려고 노력하는 것은 분명히 낙관적인 태도라고 생각합니다.

> ### 그게 왜 잘못된 일일까요? 많은 사람이 미래를 염두에 두고 살거나, 더 나은 세상을 다음 세대에 물려줘야 한다는 관점을 갖고 살아가는 건 아닌데요.

제가 강조하고 싶은 핵심은 우리 세대가 지나치게 이기적이어선 안 된다는 점입니다. 방금도 말씀드렸듯이 저는 제 조부모 세대보다 훨씬 더 많은 기회를 누리고 있습니다. 그런데 저도 그렇고 우리 세대 전체도 우리가 가장 완벽한 사람들이라고 생각하며 이전 세대가 이뤄놓은 것의 혜택만 누리면서 모든 것을 다 써버리고, 다음 세대에게는 아무것도 남겨주지 않으려는 유혹에 빠질 수 있습니다. 그건 굉장히 이기적인 행동입니다. 저는 세상을 원래대로 유지해야 할 책임, 미래 세대에게 상처나 부담을 남기지 않도록 세상과 사회, 더 나아가 지구에 우리의 흔적을 남기지 말아야 할 책임에 대해 곰곰이 생각해보고 있습니다. 이건 도덕적인 문제라고 생각하는데요, 그렇지 않나요?

> 그러고 보면 미래 세대에 투자하고 계신 셈이네요.
> 하지만 모든 사람이 자연스럽게 그런 생각을 하는 건
> 아니잖아요. 대부분은 현재 살아 있는 사람들,
> 그들과 맺고 있는 관계, 서로에 대한 책임에 더
> 집중하죠. 그런데 의원님은 조금 다른 이야기를
> 하고 계세요. 아직 존재하지 않는 미래 세대와
> 그들에 대한 우리의 도덕적 책임을 말씀하시네요.
> 처음에 그런 생각을 하시게 된 계기가 무엇이었는지
> 궁금합니다. 아직 태어나지도 않은 사람들을 처음으로
> 신경 쓰게 된 때는 언제였나요?

20대 초반에 저는 꽤 깊이 고민한 끝에 제 가치관과 철학을 진지하게 성찰해보겠다고 결심했습니다. 그중 일부는 과학에 기반한 것이었죠. 예를 들어 기후 변화가 위협이라는 사실을 인식하고 있었고, 어릴 때부터 열대우림과 오존층 파괴 같은 문제들도 알고 있었어요. 인간이 지구에 가하는 피해가 점점 더 분명하게 느껴졌습니다. 그때부터 우리가 지구에 어떤 해를 입히고 있으며 그로 인해 어떤 문제가 발생할 수 있는지를 자연스럽게 고민하게 되었죠. 철학을 읽기 시작하면서 버트런드 러셀 같은 철학자를 접하게 되었는데요. 그런 책들을 읽다 보면 자연히 아주 긴 시간의 흐름을 보는 관점을 갖게 됩니다. 인류의 역사와 인류가 지구에 끼칠 수 있는 잠재적 피해를 사유의 출발점으로 삼는다면, 자연스럽게 먼 미래까지 내다보는 거시적 관점을 갖게 될 수밖에 없습니다. 제가 읽었던 책 중에 실제로 미래 세대를 생각해야 한다고 말한 철학자가 있었는지 당장은 기억이 잘 안 나지만, 미래 세대를 생각하는 것은 분명 녹색 철학에서 핵심적인 부분입니다. 제가 읽은 책들과 결국에 녹색당원이 되기로 마음먹게 해준 핵심 가치와 철

학적 기반 역시 이 점을 분명히 말합니다. 예를 들어 미래 세대를 포함한 모든 사람이 기본적인 물질적 안정을 누릴 권리가 있다고 하죠. 그것이 바로 녹색당의 정책입니다.

> 정책을 만들 때 탐구 정신이 바탕이 되어야 한다는 주장은 꽤 급진적으로 들리기도 하는데요.
> 만약 그 말씀이 옳다면 그런 접근 방식을 가로막는 주된 장벽은 정치 내의 파벌주의인가요?
> 아니면 반대를 위한 반대 정치일까요?

정확히 보셨네요. 예를 들어 누군가 정부의 코로나19 대응에서 무엇이 잘못되었는지 조사하고 그 과정에서 배울 점을 찾아야 한다고 제안한다면, 우리 같은 양당 정치 체제에서는 그 제안을 정치적으로 받아들이는 경우가 많습니다. 상대 진영은 대개 "그건 내 판단을 의심한다는 것이다"라든가 "당신은 이 사태가 내 탓이라고 비난하고 있다"라는 식의 반응을 보이곤 하죠. 그러면 사람들은 그 반응을 불필요한 정치적 방어라고 여깁니다. 처음에는 모두가 무얼 해야 할지 몰랐고 그런 혼란은 당연한 일이었지만, 정작 그 사실을 인정하는 사람은 없는 거죠. 지금 누구도 "우리 모두 배우는 중이고, 실수하는 건 당연한 일이며, 그래서 그 실수를 솔직하게 돌아보고 거기서 배워야 한다"라고 말하고 있지 않아요. 그런 메시지가 전혀 나오지 않을뿐더러 이 문제는 전적으로 정치적 쟁점이 되어버릴 겁니다. 우리가 어떻게 이런 일에서 배울 점을 찾을 것인지 묻는 질문은 부적절할 겁니다. 그건 과학적인 접근 방식이 아니죠.

> 대립 정치에 대해 비판하셨지만,
> 과학의 길만 따른다고 해서 그 끝에 모두가 명백히
> 이해할 수 있는 답이 있는 것은 아닙니다.
> 우리의 접근 방식을 형성하는 여러 가치가 있고,
> 선택할 수 있는 다양한 가치들이 존재해요.
> 우리는 그중에서 일부를 선택해 사회 전체가
> 함께 따를 접근 방식의 기반으로 삼아야 합니다.
> 만약 그런 가치를 결정하는 방식이
> 정치적 대립이 아니라면, 정치에서 그것을
> 대신할 수 있는 방식은 무엇일까요?

저는 정치적 토론이 정말 중요하다고 생각합니다. 그런 가치를 토론하는 것이 정치의 본질이니까요. 권력이 한쪽에만 집중되었다가 다른 쪽으로 완전히 넘어가는 방식은 건강하지 못합니다. 우리는 더 협력적인 정치를 필요로 해요. 그래야 토론이 선거 때만 일어나거나 선거에서 이긴 사람들이 그다음 4년 동안 모든 것에 대해 자신이 옳다고 여기는 일이 줄어들 겁니다. 한쪽이 권력을 독점하지 않고, 선거에서 승리한 사람들끼리 지속적으로 협력하며, 새로운 사안이 생길 때마다 논의가 이루어지는 협력적 정치 체계가 필요해요. 저는 분명 잔류파였고 영국이 유럽연합에 남기를 원했습니다. 그러나 국민투표에서 패했죠. 그 후로 지난 4년 동안 매 단계에서 일이 잘못되는 모습을 지켜보는 건 정말 괴로운 일이었어요. 설령 질서 있게 유럽연합을 탈퇴하고 가능한 한 많은 이점을 유지하는 것이 목표라고 받아들인다 해도, 문제가 있다고 말하는 것조차 허용되지 않았거든요. 말을 꺼내면 늘 돌아오는 반응은 "당신네가 졌잖아, 그러니 이제 조용히 있어"였어요. 그런 식의 정치는 정말 도움이 되지 않습니다. 사실 영국의 현행 선거 제도는 이런 정치가 가능하도록 설계돼 있죠. 한 정당이 다수 의석을 확보하면 다른 정당에게 4년 동안 조용히 있으라고 할 수 있는 구조니까요. 이건 결코 건강한 시스템이 아닙니다. 모든 사안이 제대로 논의될 수 있어야 하는데, 지금 현실은 그렇지 않습니다.

> 지금까지 하신 말씀에는 두 가지 핵심 주제가 흐르고 있는 것 같습니다. 하나는 인간의 개별적 발전, 즉 개인의 성장을 강하게 지지하신다는 점입니다. 권한을 부여받고 풍요롭게 살아가며 그 밖의 혜택도 누릴 주체가 바로 개인이기 때문이라는 말씀이었죠. 동시에 사회 전체의 발전에 대해서도 강한 신념을 갖고 계신 듯합니다. 의원님은 개인과 공동체 사이의 균형점을 어디에 두시나요?

제가 깊이 관여하고 있는 여러 사회운동에서 특히 중요한 대의는 자유, 인권, 표현의 자유, 반권위주의입니다. 아마 평생 놓지 않을 가치들이라고 생각해요. 녹색당 내부에도 제가 지지하지 않는 논쟁점이 몇 가지가 있습니다. 당의 공식 정책이 아닌 사안들인데요. 예를 들어 어떤 당원들은 민주적 결정을 거부할 수 있는 위원회가 있어야 한다고 말하기도 해요. 그러면 저는 '잠깐만. 그건 좀 권위주의적인 방향으로 가는 것 같은데. 그 위원회에 들어갈 전문가들은 도대체 누가 선택하지?'라는 생각이 들어요. 그런 점에 대해서 저는 분명히 선을 긋습니다.

또 안면 인식 기술처럼 개인의 자유와 권리를 위협할 수 있는 새로운 기술에 대해서도 저는 늘 개인의 권리 편에 섭니다. 경찰은 공공 안전을 이유로 이 기술을 도입하려 하지만, 저는 도저히 납득할 수 없습니다. 안면 인식 기술은 이동의 자유, 결사의 자유, 표현의 자유 같은 핵심 권리들에 심각한 영향을 미칠 수 있는 잠재력을 가지고 있거든요. 우리가 어디에 있었고 무엇을 했는지에 대한 이미지 데이터가 저장될 경우 그 자체로 많은 권리가 침해될 수 있습니다. 그 기술을 사용해도 괜찮다고 저를 설득하려면 아주 강력한 증거가 필요할 겁니다. 저는 안면 인식 기술을 원천적으로 금지해야 한다고 생각해요. 너무나 많은 것을 위협할 수 있는 진짜 위험 요소니까요. 정말 깊이 우려하고 있습니다.

> 어떤 상황이 실제로 닥쳐 판단을 내려야 하거나 두 가지 가치가 충돌할 때면 늘 개인의 권리 쪽에 무게를 두신다는 말씀이네요.

네, 개인의 편에 좀 더 기웁니다. 결국에 우리가 왜 인간인가, 인간이란 자유로운 개인이 아니면 무엇인가 하는 질문으로 돌아가기 때문입니다. 우리는 항상 공동의 선에 자신을 완전히 종속시킬 수는 없어요. 그렇다 하더라도 핵심은 개인에게 공동의 선을 지키는 민주적인 책임을 부여하는 데 있습니다. 그래서 모든 문제에 대해 투표할 권리를 지닌 자유로운 개인들이 토론과 논쟁 그리고 건전한 민주적 구조를 통해 올바른 결정을 내리기를 기대하는 것이죠. 물론 그 기대가 어긋날 수도 있습니다. 그렇더라도 그 결과는 개인들의 책임입니다. 저는 실수를 할 수 있는 권리와 그에 대해 책임질 수 있는 능력도 중요하다고 생각해요. 그 또한 인간에게 매우 중요한 자유입니다.

마이크 리틀
Mike Little
오픈소스의 세계

2021년 9월

마이크 리틀은 전 세계적으로 널리 사용되는 웹사이트 제작 도구인 워드프레스의 공동 창립자다. 오픈소스 프로젝트로 시작된 워드프레스는 이후 방대한 글로벌 커뮤니티의 지속적인 기여를 통해 발전해왔으며, 현재는 전 세계 웹사이트의 40퍼센트 이상을 구동하고 있다.

"저는 수익을 내면서도 그 가치를 세상과 나눈다는 개념이 멋지다고 생각합니다. 두 가지가 함께 공존할 수 있다는 게 정말 좋습니다."

> 대표님은 워드프레스 개발자로 가장 잘 알려져
> 있는데요. 인터넷 기술의 모든 면에 대해
> 익숙하지 않은 분들을 위해 우선 워드프레스가
> 무엇인지 간단하게 설명해주실 수 있을까요?

워드프레스는 오픈소스 소프트웨어로, 누구나 비교적 쉽게 웹사이트를 만들 수 있게 해줍니다. 인터넷이 등장한 시점을 기준으로 보면 워드프레스는 꽤 오랜 기간 사용되어왔죠. 올해로 벌써 18년이나 되었습니다. 워드프레스를 처음 만들 때 우리가 내세운 핵심 목표 중 하나는 '발행의 민주화'였습니다. 기술에 익숙하지 않은 사람들도 웹상에서 자신의 목소리를 자유롭게 낼 수 있도록 돕고 싶었어요(초기에는 약간의 기술적 지식이 필요했지만 그렇게 어렵지는 않았어요). 누구나 쉽게 웹사이트나 블로그를 만들고, 자기 생각을 세상과 공유하거나 사업용 사이트를 제작할 수 있게 하고 싶었죠. 그 후 워드프레스는 믿기지 않을 정도로 성장했습니다. 통계에 따르면, 전 세계 주요 웹사이트 1,000만 개 중 40퍼센트 이상이 어떤 형태로든 워드프레스를 사용하고 있습니다.

> 웹사이트를 만들어본 사람이라면 대부분 한 번쯤은
> 워드프레스를 사용해봤을 것이고, 이 방송을 듣는 분들
> 역시 누구나 워드프레스로 만든 웹사이트에

> 접속해본 적이 있을 거예요.
> 거의 확실한 사실이라고 해도 과언이
> 아니지 않을까요?

네, 거의 확실한 사실입니다.

> 그만큼 워드프레스는 정말 널리 쓰이고 있죠.
> 그런데 이 팟캐스트에서 우리가 정말 주목하는 건
> 그 기술 뒤에 담긴 가치들입니다.
> 방금 하신 말씀만 봐도 흥미로운 주제가 많잖아요.
> 사람들에게 목소리를 낼 수 있게 한다는 것이나
> 민주주의에 관한 이야기요. 이런 가치들이
> 워드프레스를 개발할 때 중요한 요소였나요?

네, 정말 중요했어요. 2000년대 초반에 사람들이 블로그를 하나둘 시작할 때, 저도 블로그라는 걸 한번 알아봐야겠다고 생각했어요. 당시에 블로그 소프트웨어가 몇 가지 있었는데, 저는 이것저것 살펴보다가 b2라는 프로그램을 선택했습니다. 워드프레스 이전에 b2라는 게 있었다는 말이죠. 그걸 선택한 가장 큰 이유 중 하나는 오픈소스였기 때문이에요. 사실 저는 1980년대 후반부터, 그러니까 '오픈소스'라는 말이 생기기 전부터 이 개념에 관심이 많았어요. 소스 코드를 직접 들여다보고, 그게 어떻게 작동하는지 이해하고, 필요하면 직접 고쳐 쓸 수 있는 자유롭고 개방된 소프트웨어라는 개념이요. 그런 점이 b2를 고르게 된 결정적인 이유였죠. b2를 쓰기 시작한 지 한 1년쯤 지났을 때였나, 그 소프트웨어를 책임지던 개발자가 어느 날 인터넷에서 사라져버렸어요. 당시 그걸 쓰는 사람이 많지는 않았는데, 아마 1,000명 정도였을 거예요. 그중 한 명이 저와 b2 지원 포럼에서 소통하던 사람이었는데, 그 사람이 b2를 이용해 블로그를 만들고 글을 하나 썼더라고요. 제목이 '블로그 소프트웨어의 딜레마'였는데, 내용은 이랬죠. 여러 블로그 프로그램을 비교한 끝에 b2를 선택했는데 개발자가 갑자기 사라졌다, 하지만 이게 오픈소스니까 우리가 직접 버그를 고치면서 계속 발전시켜나갈 수도 있다는 것이었어요. 또 만약 자신이 버스에 치여도 다른 누군가가 이어서 개발을 계속할 수 있다는 말도 덧붙였죠. 저는 거기에 짧은 댓글을 남겼어요. "매트 씨, 당신이 b2를 포크[fork]할 생각이 있다면 저도 함께할게요." 여기서 '포크'란 오픈소스 소프트웨어를 기반으로 새 프로젝트를 시작하는 것을 뜻합니다. 그 댓글 하나가 나중에 워드프레스가 된 프로젝트의 시작이었습니다. 그리고 그 시작의 핵심에는 오픈소스라는 개념이 있었고요. 즉, 기존의 코드를 가져와서 수정하고 그것을 다른 사람들과 나눌 수 있는 '개방성'이 있었던 거죠.

> **소프트웨어에 누구나 쉽게 접근할 수 있어야 한다고 생각하게 된 계기는 무엇이었을까요?**

오픈소스 소프트웨어나 자유 소프트웨어에 대한 저의 진짜 열정은 1980년대에 처음으로 GNU 소프트웨어라는 개념을 접하면서 생긴 것 같습니다. 그 소프트웨어는 리처드 스톨먼[Richard Stallman]이라는 사람이 시작한 것인데요. 그가 대학에서 코딩을 배우던 당시, 대학에 있는 컴퓨터들은 대부분 연구용이거나 학생들의 학습이나 과제 수행 방식을 향상하는 데 목적이 있었습니다. 당시만 해도 컴퓨터 분야는 아직 초기 단계였고, 산업 전반에서는 하드웨어에 자금이 집중되어 있었죠.

소프트웨어는 단지 하드웨어를 작동시키기 위한 보조 도구 정도로 여겨졌습니다. 그래서 대학에서 하드웨어를 업그레이드할 경우, 그것에 맞게 소프트웨어를 수정하는 일은 내부 인력이 직접 맡는 게 일반적이었습니다. 그런 방식이 당시에는 꽤 표준적인 관행이었죠. 하지만 어느 순간 컴퓨터 회사들이 소프트웨어 자체로도 돈을 벌 수 있다는 사실을 깨닫더니 소프트웨어 사용에 점점 더 많은 제약을 걸기 시작했습니다. 리처드 스톨먼과 몇몇 사람들은 이에 큰 분노를 느꼈어요. 그동안은 소프트웨어를 자유롭게 수정해서 하드웨어를 더 잘 작동하게 하거나 원하는 방식으로 제어하는 것이 당연한 일이었는데, 갑자기 금지되었으니 반발이 일어날 수밖에 없었죠.

그 일은 스톨먼에게 전환점이 되었고, 그는 마침내 '일반 공중 사용 허가서General Public Licence'를 만들어냅니다. 이 허가서는 흔히 저작권 해킹이라고도 불리는데요. 제네바 협약에서 정한 표준 저작권법을 전략적으로 활용해 자신이 만든 소프트웨어를 세상 사람들에게 허가하는 방식의 합법적 꼼수죠. 그다음에는 기존 저작권법을 그대로 사용하는데, 핵심은 세상 사람들에게 소프트웨어를 원하는 방식대로 사용할 수 있는 권한을 부여하고, 수정할 수 있도록 소스 코드도 제공하는 것입니다. 그래서 사람들은 그 소프트웨어나 자신이 수정한 버전을 이웃이나 다른 사람들과 자유롭게 공유할 수 있게 되는 거죠. 거의 유일한 조건은 이 소프트웨어를 다른 사람에게 제공하더라도 절대 그 사람의 권리를 제한해서는 안 된다는 겁니다. 그게 핵심이죠. 즉, 자신이 이 소프트웨어로 혜택을 얻었고 그것을 기반으로 더 나은 무언가를 만들었을 때, 그 결과물을 다른 사람에게 넘길 수는 있어도 그 사람이 똑같이 수정하고 공유할 권리를 제한할 수는 없다는 겁니다. 그리고 이 모든 권리와 제한 사항에 돈에 대한 언급이 전혀 없다는 점도 매우 중요합니다. 무료로 얻은 소프트웨어를 개량해서 유료로 판매하는 것도 전혀 문제가 되지 않아요. 하지만 그 경우에도 다른 사람이 똑같은 방식으로 사용하거나 무료로 배포할 권리를 막을 수는 없습니다.

> 그러니까 그 방식은 협업을 통해 제품이 진화하는 과정이라고 볼 수 있겠네요?

그렇습니다. 그런데 그게 우리가 사는 이 기술 중심의 세상에서는 정말 특이한 일이라고 생각합니다.

> 오픈소스 철학이 대표님께 정말 중요한 가치로 자리 잡은 듯하군요. 혹시 소프트웨어 외에 다른 분야에도 적용한 사례가 있을까요?

작년에 인상적인 사례가 하나 있었어요. 한 개발자가 인공호흡기 설계를 오픈소스로 공개했고, 그 덕분에 원래는 2만 달러나 하는 인공호흡기를 약 400달러를 들여 시중에서 구할 수 있는 부품들로 제작할 수 있게 되었죠. 물론 매우 정교하지는 않았지만 당시에 생명을 구하는 데 분명 도움이 될 수 있었습니다. 또 의족 설계를 오픈소스로 공개해 저소득 국가의 사람들이 의족을 더 쉽게 구할 수 있도록 하는 등 다양한 사례가 있습니다. 오픈소스의 개념은 정말 놀라운 힘을 가지고 있어요. 또 흥미로운 점은 오픈소스 라이선스의 정의 중 '무료free'라는 말은 '공짜 맥주' 할 때의 '공짜free'가 아니라 행동의 '자유freedom'를 의미한다는 겁니다. 실제로 소규모 양조장들은 맥주 레시피를 오픈소스로 공개해왔고, 브루독BrewDog이라는 맥주 회사도 사실상 모든 맥주 레시피를 오픈소스로 공개했습니다. 저는 이게 오픈소스의 개념을 영리하게 활용한 사례라고 생각해요.

> 그들은 오픈소스 공개가 자신의 상업적 이익과
> 충돌한다고는 전혀 생각하지 않나요?

현실적으로 대부분의 사람들은 집에서 직접 맥주를 만들어 마시지 않을 겁니다. 그냥 누군가가 만들어준 맥주를 즐기죠. 물론 직접 만드는 사람도 있긴 하지만요. 제 생각에는 그 회사들도 긍정적으로 여기는 것 같습니다. 솔직히 말해 소프트웨어도 비슷합니다. 어떤 이들은 프로그래밍을 배우거나 오픈소스 소프트웨어를 직접 설치해서 운영하는 데 관심이 없어요. 그냥 시중에 있는 걸 사서 다운로드하고 바로 사용하는 걸 선호하죠. 원리는 똑같습니다. 저는 수익을 내면서도 그 가치를 세상과 나눈다는 개념이 멋지다고 생각합니다. 두 가지가 함께 공존할 수 있다는 게 정말 좋습니다.

> 이 일에 참여하게 된 동기를 되돌아보면
> 대표님 본인의 인터넷에서의 자유를 지키고자 하는
> 개인적인 이유였나요, 아니면 좀 더
> 이타적인 목적에서 비롯된 것이었나요?

제 생각엔 좀 더 이타적인 동기에서 출발했던 것 같습니다. 그 방식이 옳다고 느껴졌고, 저와도 잘 맞았어요. 소프트웨어는 한번 개발되면 복사하고 재배포하는 데 거의 비용이 들지 않기 때문에 기술적으로는 누구도 손해 보는 사람이 없습니다. 설령 소프트웨어가 복제되어 무료로 배포된다 해도 잃는 것은 없죠. 물론 일부 개발자들은 소프트웨어 개발로 수익을 내고 싶어 하기도 합니다. 그럴 수 있기에 오픈소스 라이선스에는 금전과 관련된 제한이 없고, 자신이 만든 소프트웨어를 판매하는 것도 허용합니다. 하지만 경제적 여유가 부족한 사람들도 그 소프트웨어를 쓸 수 있다는 점에서 저는 그 일이 언제나 옳은 일처럼 느껴졌습니다. 사회를 이롭게 한다는 생각이 매우 좋았어요. 당시에는 그런 개념이 오픈소스 소프트웨어에 적용되는 게 비교적 새로운 일이었어요.

지식 공유 개념 자체는 오래전부터 존재했었죠. 많은 사람이 떠올리는 예가 과학일 텐데요. 과학계에서는 연구 결과와 내용을 공유해 후속 과학자들이 그것을 바탕으로 과학을 한층 발전시킵니다. 일상에서 쉽게 볼 수 있는 고전적인 예는 요리 레시피입니다. 누군가에게 요리법을 알려주면 지식을 공짜로 나누는 셈이고, 받은 사람은 레시피를 개선하거나 변형할 수도 있죠. 예를 들어 소금 대신 다른 재료를 넣는가든가 하는 것 말이에요. 그리고 그 방법을 가족에게 알려주며 공유합니다. 이런 식으로 레시피는 계속 퍼지고 다양한 버전이 생겨납니다. 요리책도 있고 유명 셰프들이 TV에 나오지만, 아무도 레시피를 공유하거나 변형하는 것을 이상하게 여기지 않습니다. 좋은 결과를 만들기 위해 조리법과 재료를 나누는 기본 개념을 모두 자연스럽게 받아들이죠. 결국에 소프트웨어도 기계에 특정 작업을 수행하라고 지시하는 명령어 집합이므로 기계를 움직이게 하는 일종의 레시피라고 할 수 있어요. 공유하고 개선해나간다는 개념이 매우 유사하죠.

> **대표님 말씀을 듣다 보니,
> 타인의 이익을 위해 협력적으로 공유하고**

> 개발하며 전파하는 접근 방식과 개인의 이익과 수익을
> 추구하며 마케팅하고 독점하려는 방식 사이에
> 근본적 차이가 있다고 생각하시는 것처럼 느껴집니다.
> 그런데 동시에 이 두 방식이 공존할 수 있다고도
> 보시는 것 같은데요. 제 해석이 맞을까요?

네, 바로 그 점이 핵심이라고 생각합니다. 이 두 가지 방식은 충분히 공존할 수 있어요. 우리는 자본주의 사회에 살고 있고, 지금으로서는 전 세계 대부분이 그런 체제 안에 있죠. 당장은 이 현실에서 벗어날 수 없어요. 언젠가 먼 미래에는 다른 형태의 사회가 가능할지도 모르지만, 적어도 지금 현실에서는 자본주의가 세상의 작동 방식입니다. 그러므로 우리는 생계를 유지하고, 집을 구하고, 먹고살기 위해 어쩔 수 없이 돈을 벌어야 하죠. 하지만 '인위적인 희소성'을 만들어내는 건 도덕적으로 문제가 있다고 생각합니다. 특히 그 목적이 오로지 돈을 벌기 위한 것이라면 더욱 그렇습니다. 예를 들어 예술가가 그림을 그리는 경우를 생각해보세요. 그건 자연스럽게 희소성을 지닙니다. 단 하나뿐인 작품이니까요. 심지어 같은 사람이 같은 그림을 다시 그린다고 해도 완전히 똑같을 수는 없죠. 그런데 공산품을 만들면서 인위적인 희소성을 조장하는 건 전혀 다른 이야기입니다. 예컨대 생산량을 일부러 줄이거나, 가격을 올려 사람들이 쉽게 접근하지 못하게 하거나, 아니면 흔히 그렇듯 '지적 재산권'이라는 이름으로 다른 사람이 같은 걸 만들지 못하게 막는 방식이죠. 저는 그런 방식이 도덕적으로 정당하게 느껴지지 않습니다.

> 즉, 겉으로는 두 방식의 공존 가능성을 인정하시지만, 실제로는 이익 추구를 목적으로 하는 접근 방식이 본질적으로 정당하지 않다고 느끼시는 건가요?

네, 맞습니다. 저작권법의 역사는 꽤 흥미롭습니다. 제가 알기로는 저작권법이 처음 생겼을 때는 서적에 대해서 7년간만 저작권을 인정했습니다. 그 취지는 저자가 7년 동안 자신의 저작물로 수익을 올릴 수 있게 하되, 이후에는 사회 전체가 그 혜택을 누릴 수 있게 하자는 것이었어요. 누구나 그 책을 복제할 수 있고, 누구라도 그 책의 가치를 누릴 수 있어야 한다는 생각이 그 바탕에 있었죠. 당시 출간된 책들은 대부분 비문학 서적이었고, 사람들은 그런 책을 통해 지식을 얻고 삶의 질을 높일 수 있었어요. 그런데 세월이 흐르면서 상황이 완전히 바뀌었습니다. 이제는 저작권이 저자 사망 후 75년까지 유지되는 말도 안 되는 형태가 되어버렸어요. 디즈니 같은 기업들이 이런 변화를 주도했죠. 이해가 안 됩니다. 단지 금전적인 이유로 창작물의 가치가 세상과 공유되는 것을 제한하다니요. 정말 문제입니다. 저는 창작자들이 제작 비용을 회수하는 것에 반대하지 않습니다. 사람들이 자신의 창의력, 능력, 기술을 통해 이익을 얻고 싶어 하는 것도 당연한 일이라고 생각합니다. 하지만 그게 극단으로 치달아 일부 기업들이 하듯이 사람들의 접근을 사실상 영구적으로 제한하려고 한다면, 그건 부당하다고 느낍니다. 그건 마치 세상을 희생시켜가며 개인의 이익만을 챙기려는 것처럼 보입니다. 저는 그런 방식을 결코 받아들일 수 없습니다.

앨프 더브스
Alf Dubs

인권

2024년 2월

> 앨프 더브스는 노동당 소속의 상원 의원이자 전 하원 의원으로, 아동 난민의 권리를 옹호하는 활동으로 널리 알려져 있다. 특히 아동 난민 보호를 위한 법률 수정안인 '더브스 수정안'을 제안해 주목받았다. 그는 1932년 프라하에서 태어났으며, 나치를 피해 1939년 '킨더트랜스포트Kindertransport'(나치 독일 점령 지역에서 유대인 아이들을 대피시키기 위해 운행된 이른바 유대인 아동 운송 열차로, 그 구조 작전을 가리키기도 한다—옮긴이)를 통해 영국에 도착했다.

"결국 우리가 해야 할 일은 사람들과 대화하고, 협상 과정에서 끝까지 인내하는 겁니다. 인내심을 가지고 그들이 어떤 사람들인지 이해하려는 자세가 필요해요."

> **지금까지의 삶을 돌아보셨을 때,**
> **특히 가장 널리 알려진 아동 난민을 위한 활동과**
> **같은 일에서 어떤 가치관이 의원님의 행동을**
> **이끌었다고 생각하시나요?**

저는 약자들을 돕고 싶다는 마음, 사회 정의에 대한 신념, 인권을 중시하는 태도가 늘 제 행동의 바탕이 되었다고 생각합니다. 거기에 더해 저 역시 아주 어린 나이에 보호자 없이 난민으로 영국에 왔기 때문에 난민 문제, 특히 아동 난민 문제에 감정적으로 더 깊이 관여하게 되는데요. 이는 자연스러운 일이라고 생각합니다. 물론 그런 배경이 있어야만 난민 인권을 옹호할 수 있는 것은 아니지만, 제게는 그런 감정적 몰입이 도움이 됩니다.

> **어린 시절 영국에 오셨던 때를**
> **얼마나 기억하고 계시는지 궁금합니다.**
> **그 기억이 아직도 선명하게 남아 있나요?**

예, 일부 기억은 여전히 또렷합니다. 특히 1939년 독일군이 프라하를 점령했던 날이 기억에 남아 있어요. 학교에서 체코 대통령 사진을 교과서에서 떼어내야 했던 일도 기억납니다. 어머니는 유대인이 아니셨지만 아버지가 유대인이셨기 때문은 우리 가족은 그곳을 떠날 수밖에 없었죠. 어머니가 출국 허가를 신청했지만 거절당했고, 결국 저 혼자 킨더트랜스포트에 태우기로 하신 겁니다. 지금도 그날 밤 프라하역의 장면이 눈에 선합니다. 늦은 밤 수많은 부모가 역에 나와 불안한 얼굴로 아이들과 작별 인사를 나누고 있었어요. 어쩌면 마지막이 될지도 모를 인사였죠. 저를 태운 기차는 그렇게 출발했고, 저는 이틀 동안 딱딱한 의자에 앉아 있었어요. 하지만 여섯 살 아이였던 저는 그다지 불편하다는 생각은 하지 않았어요. 기차는 네덜란드 국경에 도착했고, 저보다 나이가 좀 더 많은 아이들은 이제 나치의 손아귀에서 벗어났다며 환호했어요. 저는 뭔가 중대한 일이 벌어졌다는 느낌은 받았지만, 그때는 정확히 어떤 상황인지 잘 몰랐습니다.

> 난민이었던 경험이 없어도 난민들에게 공감할 수 있다는 의원님의 말씀이 옳다고 생각합니다. 하지만 어린 시절의 그 경험이 현재 같은 처지에 놓인 사람들과 감정적으로 연결되고 공감하는 데 매우 중요한 토대 중 하나가 되지 않았을까 하는 생각도 듭니다.

네, 저도 그렇게 생각합니다. 다만 그 일이 제 삶의 일부가 된 것이 워낙 어릴 적인 여섯 살 때부터라서 그 경험이 저에게 어떤 영향을 미쳤는지를 깊이 분석해본 적은 없습니다. 그래도 감정적으로 몰입되어 있다는 사실을 부정할 순 없죠. 제 사고방식과 태도에도 분명 영향을 미쳤다고 봐야 할 겁니다. 그래서 늘 제 정체성을 형성하는 데 약간의 혼란이 있었고 힘들었습니다. 지금은 제 나름의 방식으로 잘 정리했습니다. 저는 제 배경을 먼저 말하지 않았지만 언론에서 그 사실을 알아내 보도했죠. 그걸 자랑하지도 않았고 숨기지도 않았습니다. 그저 제 삶의 일부일 뿐입니다. 다만 최근 들어 난민 문제를 둘러싼 정치적 논의에서는 제 경험이 분명 도움이 된 측면이 있었습니다.

> 정치적인 측면은 잠시 제쳐두고 여쭙고 싶습니다. 그런 경험들이 의원님의 가치관 형성에 어떤 영향을 미쳤다고 느끼시나요? 어린 시절에 그런 일은 굉장히 큰 단절이잖아요.

네, 그렇습니다. 하지만 저희 가족은 프라하에 있을 때도 종교를 믿는 사람들이 아니었기 때문에, 영국으로 와서 삶이 급격하게 달라졌다고 보긴 어렵습니다. 저는 그냥 학교를 다니고 다양한 일을 겪으며 살아갔죠. "여기서 이걸 하기 싫다"라는 말을 할 용기도 없었고, 그저 일어나는 일들을 있는 그대로 받아들였습니다. 그러다 학교를 졸업하고 대학에 들어가서야 비로소 종교에 대해 의문을 갖기 시작했습니다. 학교에서 종교가 지나치게 강조되고 있다는 생각이 들었거든요. 꼭 필요한 것도 아니었고, 도움이 된다고 느껴지지도 않았습니다. 종교적 경험에서 제가 뭘 얻었는지 솔직히 잘 모르겠습니다.

> 제가 보기엔 의원님은 종교를 강하게 반대하는 인본주의자라기보다는 다른 사람의 신념에 대해 꽤 관대한 태도를 지닌 분 같습니다.

네, 저도 그렇게 생각합니다. 저는 공격적인 무신론자가 아닙니다.

그저 인본주의자일 뿐이에요. 다른 사람들의 신념에서 긍정적인 요소가 보이면 그것을 취해서 제 삶에 활용하려고 합니다. 꽤 효과적인 방식이라고 생각해요. 물론 어떤 때는 마음속으로, 또 어떤 경우엔 공개적으로 종교와 그것이 낳는 부정적 영향, 예컨대 여성 혐오 같은 문제에 대해 신랄하게 비판하기도 합니다. 종교가 도움이 되는 경우가 많다고는 느끼지 않아요. 하지만 종종 괜찮다고 느껴질 때도 있긴 합니다. 특히 타인과의 관계에서 연민과 인간적인 태도를 지향해야 한다는 점에서는 종교와 저의 생각이 일치하곤 하죠. 그런 지점에서 우리는 당연히 눈을 맞출 수 있습니다. 저와 비슷한 생각을 하는 사람이라면 누구와도 공감대를 형성할 수 있어요.

> **학교에 다니시던 시절이나 그 이후 교육을 받는 과정, 또는 정치 활동을 하시는 동안 인권이라는 개념이 특별히 중요하게 다가온 순간이 있었을까요?**

인권은 제가 그 개념을 자각한 순간부터 늘 중요한 문제였습니다. 다시 말하면 거의 자동적으로 그렇게 느꼈죠. 어머니가 영국에 오신 뒤 어떤 일자리에 지원하신 적이 있었어요. 아버지는 오래전에 돌아가셨고, 어머니는 영어도 거의 못하시는 상황에서 그야말로 홀로 분투하고 계셨습니다. 그런데 그때 면접관 중 한 사람이 "저 빌어먹을 외국인한테는 일자리를 줄 수 없다"라고 말하는 걸 들으셨다고 해요. 그런 일을 겪으며 저는 아주 어릴 때부터 세상에 차별이 많고, 또 세상이 반드시 공정한 곳은 아니라는 사실을 배웠습니다. 그 일을 곰곰이 생각해 보면서 저는 결국 인본주의자가 되는 게 제게 맞는 길이라고 느꼈어요. 인권은 그 길에서 큰 부분을 차지하게 되었고요. 사실 저는 어릴 때부터 정치에도 굉장히 관심이 많았습니다. 그래서 제가 겪은 일이 왜 일어났는지 알아보고 싶다는 생각을 일찍부터 했죠. 정치권력을 악용해 끔찍한 일을 저지른 사례들을 많이 보았지만, 동시에 정치가 무너진 균형을 바로잡고 인간다운 가치를 실현하는 데 쓰일 수 있다는 가능성도 보았어요. 그게 제가 인간다운 가치를 실현할 수 있는 수단으로서 정치에 관심을 두게 된 중요한 이유 중 하나였습니다.

> 하원 의원으로 활동하셨을 때 특별히
> 관심을 기울이셨던 분야는 어떤 것이었나요?

난민과 이민 문제, 그리고 인권 전반에 깊은 관심이 있었습니다. 형벌 제도의 개혁 문제, 특히 교도소 안에서 벌어지는 끔찍한 일들에 우리 사회가 어떻게 대응하고 있는지에도 관심이 많았습니다.

> 형벌 개혁은 지금까지 본격적으로 다뤄진 적이
> 없는 주제입니다. 많은 인본주의자가 관련 경험이나
> 경력을 갖고 있음에도 불구하고, 실제로 아무도
> 이 문제에 특별한 관심을 기울이지 않았다는 점이
> 흥미롭네요. 의원님은 어떻게 수감자들의 처우에
> 특별히 주목하게 되셨나요?

제 첫 지역구에 원즈워스 교도소가 있었어요. 그곳을 직접 둘러볼 기회가 있었고, 그 과정에서 자연스럽게 형벌 제도에 대해 배우기 시작했습니다. 이후 저는 내무부 특별위원회에 소속되었는데, 위원회 활동 중 하나가 교도소 실태를 점검하는 일이었어요. 그러다 보니 여러 교도소를 방문했고, 점점 더 많은 경험이 쌓이면서 우리 교도소 체제가 얼마나 엉망인지 절실히 깨달았습니다. 한번은 미국 시카고에 있는 쿡 카운티 교도소도 방문한 적이 있어요. 그렇게 국내외 교도소를 직접 찾아가 수감자들과 대화를 나누면서 영국 교도소에 대해 깊이 이해하게 되었죠. 요즘은 난민 문제가 더 시급한 현안으로 떠올랐지만, 교도소 문제 역시 여전히 매우 중요한 과제라고 생각합니다. 그런데 영국에서 이 문제를 여전히 제대로 다루지 않고 있는 게 현실이에요.

> 만약 내일부터 교정본부장을 맡게 되신다면
> 어떤 개혁을 가장 먼저 추진하고 싶으신가요?

해야 할 일이 정말 많습니다. 우선, 우리가 애초에 너무 많은 사람을 감옥에 보내고 있다는 문제부터 다룰 겁니다. 거의 모든 유럽 국가와 비교해도 수감 인구 비율이 훨씬 높아요. 예컨대 네덜란드는 충분히 개혁한 덕분에 수용 공간이 남아돌 정도라고 들었습니다. 문제는 단순히 교도소 제도에만 있는 게 아닙니다. 사람들을 감옥에 보내는 형사 사법 시스템 전반에 구조적 문제가 있어요. 저는 전체 체계를 근본적으로 재검토할 필요가 있다고 생각합니다. 교도소 운영 방식도 훨씬 더 건설적이고 긍정적인 방향으로 바뀌어야 해요. 예를 들어 노동 중심의 체계를 도입하는 겁니다. 한번은 제가 웜우드 스크럽스 교도소를 방문했는데, 그곳에서 젊은 남성 세 명이 하루 종일 침대에 누워 있는 모습을 봤어요. 하루에 딱 한 시간만 밖에 나갈 수 있고 나머지 시간은 그냥 누워서 보내고 있었죠. 그 장면을 보고 저는 '이래선 더 나빠질 수밖에 없겠구나' 싶었습니다. 영국에서 감옥에 가는 거의 모든 사람은 언젠가 사회로 돌아옵니다. 그런데 그들이 출소하기 전에 더 나은 사람이 될 수 있도록 돕는 역할을 교정 시설이 제대로 해내지 못하고 있어요. 수감자들을 다른 방식으로 대해야 합니다. 관대하게 대하자는 게 아니라, 나중에 지역사회로 돌아갔을 때 더 나은 시민으로 살아갈 수 있도록 준비시키자는 겁니다. 다시 강조하지만, 감옥에 보내는 사람 수 자체도 줄여야 합니다. 지금은 너무 많은 사람을 너무 쉽게 교도소에 보내고 있어요. 특히 짧은 형기의 수감은 전혀 의미가 없습니다. 저는 사회에 심각한 위협이 되는 사람만 교도소에 보내야 한다고 생각합니다.

> 그러니까, 교도소는 두 가지 기능을 해야 한다고 보시는 거군요. 하나는 사회에 위협이 되는 사람들을 격리하는 것이고, 또 하나는 그들이 출소 후 더 나은 삶을 살 수 있도록, 자신의 상황을 개선할 수 있게 돕는 것이라는 말씀이죠?

네, 맞습니다. 물론 교도소에는 어느 정도 처벌의 요소가 필요하다고 생각합니다. 사회가 그것을 요구하니까요. 실제로 벌어지는 범죄 가운데는 신체적 폭력이나 살인처럼 정말 끔찍한 일들이 존재합니다. 그런 일을 저지른 사람들은 응당 처벌을 받아야 한다고 봅니다. 다만 저는 이 문제를 '우리가 앞으로 어떻게 나아가야 할까?', '그 사람들이 출소한 이후에도 우리 사회가 어떻게 가장 안전한 상태를 유지할 수 있을까?'라는 시각에서 바라봐야 한다고 생각합니다.

> 말씀을 들어보면, 처벌 자체를 아주 중요하게 여기시는 것 같지는 않네요.

글쎄요, 저는 처벌이 필요 없다고 말하는 건 아닙니다. 처벌이라는 요소는 분명히 필요하고, 사회가 그것을 요구하기도 합니다. 만약 처벌이라는 측면이 완전히 사라진다면 다른 어떤 개혁도 이루기 어려울 겁니다. 사람들이 흉기에 찔리거나 살해당하고, 심지어 얼굴에 염산 테러를 당했는데도 정부가 신경조차 쓰지 않는다고 언론에서 비난할 겁니다. 그런 상황이 벌어진다면 우리가 추진하려는 어떤 개혁도 이루기가 어렵겠죠. 그래서 저는 중대한 범죄를 저지른 사람들에게 반드시 책임을 묻고 처벌하는 사회적 요소가 있어야 한다고 생각합니다.

> 정치 활동을 하거나 어떤 주장을 펼칠 때 현실적인 접근의 필요성을 얼마나 인식하고 계십니까? 방금도 사회는 범죄자에 대한 처벌을 원한다고 말씀하셨는데요. 정치인으로 살아오시면서 이상적으로 바라는 것과 현실적으로 가능한 것 사이에서 타협해야 했던 순간들이 자주 있었는지도 궁금합니다. 그런 타협은 어려운 일인가요?

저는 제가 원칙을 전부 내던질 정도로 타협적인 사람은 아니었으면 합니다. 그건 분명 위험한 일이죠. 예를 들어 난민 문제를 생각해보면, 이 사안은 대중의 지지를 얻는 것이 무엇보다 중요합니다. 그러니까 제 말은 사람들이 난민들이 겪은 현실을 더 깊이 이해할 수 있도록 우리가 노력해야 한다는 겁니다. 난민들이 왜 우리 나라에 오게 되었는지, 아프가니스탄이나 시리아 혹은 아프리카의 뿔 지역에서 그들이 어떤 삶을 살고 어떤 상황을 겪었는지를 이해할 수 있어야 합니다. 그들은 말로 표현하기 힘든 끔찍한 일을 겪고 난민이 된 사람들입니다. 예를 하나 들자면, 시리아에서 온 한 소년은 자기 아버지가 다마스쿠스에서 폭탄에 맞아 바로 눈앞에서 산산조각이 나는 걸 봤다고 했습니다. 이처럼 난민들은 끔찍한 고통을 겪고 살아남은 사람들이에요. 그들이 왜 이 나라로 와야 했는지를 더 잘 이해할 수 있다면, 이곳에서 피난처를 찾고자 하는 그들의 마음에 더 공감하고 그들을 지지하게 되리라 믿습니다.

> 타인에게 공감하려는 태도 자체를
> 아예 거부하는 사람들도 있을까요?
> 의원님께서 활동하시면서
> 그런 사람들을 직접 만나신 적이 있나요?

물론 있습니다. 어느 정도는 늘 있죠. 저 역시 가끔 이메일이나 트위터 같은 곳에서 심한 욕설을 듣습니다. 설득이 전혀 통하지 않는 사람들이 있어요. 협박을 받은 적도 있고, 어떤 사람은 "당신이 홀로코스트에서 살아남은 게 안타깝다"라는 말까지 했습니다. 그보다 더 끔찍한 말도 많이 들었고요! 같은 공직에 있더라도 여성이 남성보다 훨씬 더 심한 공격을 받고, 그중에서도 특히 흑인 여성들이 가장 심각한 수준의 대우를 받습니다. 그런 점에서 보면 저는 최악의 공격을 받은 편은 아니라고 생각합니다. 전에 지하철에서 폭탄이 터지는 사건이 발생했을 때, 어떤 사람은 그게 다 제 책임이라고 비난했어요. 폭탄을 설치한 사람이 다른 나라에서 온 난민이었기 때문이었죠. 어떻게 보면 그렇게 타인을 철저히 거부하는 사람 중 일부는 정신적으로 아픈 사람이라는 생각이 듭니다. 마음이 불행한 영혼들인 거죠. 문제는 전자 매체 덕분에 그런 사람들이 자기 생각을 전보다 더 쉽게, 더 넓게 퍼뜨릴 수 있는 시대가 되었다는 겁니다. 예전에는 그런 생각을 품고 있어도 밖으로 드러내는 게 쉽지 않았는데 말이죠. 저는 제가 그런 모든 사람을 설득할 수 있다고 믿지 않습니다. 제가 그렇게 설득력 있는 사람이라고 생각하지도 않고요. 하지만 노력은 해야 한다고 생각합니다.

그런데 중요한 건 논리에 귀 기울일 줄 알고 사실이나 다양한 의견에 마음을 열 줄 아는 중간층도 존재한다는 사실입니다. 복잡한 문제에 대한 공적인 논의에서 우리가 초점을 맞춰야 할 대상이 바로 이 사람들이에요. 예를 들면 조력사망에 대한 논의가 그렇습니다. 조력자살을 열렬히 반대하는 사람들이 당연히 있습니다. 하지만 저는 모든 안전장치가 갖춰진 상황이라면 조력사망은 인도적이고 합리적인 선택이라고 굳게 믿습니다. 실제로 우리는 조력사망에 대해 논의할 때 안전장치를 충분히 고민해왔고요. 당연히 절대 설득되지 않는 사람들이 항상 있습니다. 제가 아무리 이야기하고 설득해도 꿈쩍도 하지 않는 사람들이 있어요.

> 앞서 북아일랜드에서 지내셨던 이야기를 잠깐 하셨는데, 그때 이야기를 꼭 여쭤보고 싶었습니다. 의원님이 하신 최고의 농담 중 몇 가지가 그 시절에서 비롯된 걸로 알고 있거든요. 물론 이 팟캐스트에서 그런 농담을 소개하려는 건 아니고요. 그 경험이 단순한 농담의 원천이 아니라, 협상과 대화의 어려움과 오랜 종교 갈등이 남긴 여파를 직접 목격한 경험이라는 생각이 들어서요. 북아일랜드에서의 시간이 의원님의 신념이나 가치관에 또 어떤 영향을 주었는지 궁금합니다.

네, 그 경험은 제게 정말 깊은 영향을 주었습니다. 그 시기에 북아일랜드에 있었던 것은 제게 큰 영광이었어요. 특히 평화 프로세스가 진행 중이던 시기였기 때문에 더욱 그랬습니다. 만약 단지 폭력을 억제하는 역할만 맡은 정무차관으로 그곳에 있었더라면 꽤 힘들고 우울한 시간이었을지도 몰라요. 하지만 당시에는 평화 프로세스가 진행될 거라는 긍정적인 기대감이 있었고, 그 분위기 속에서 일할 수 있었습니다. 무엇보다도 우리의 기본 방침은 가능한 한 모든 사람과 잘 지내는 것이었습니다. 영국에서는 악당은 그냥 악당이지만, 북아일랜드에서는 악당조차 매력적이에요. 우리는 모든 이들과 원만한 관계를 맺기 위해 적극적으로 노력했어요. 사람들은 늘 저에게 "북아일랜드 사람들에 대해 어떻게 생각하십니까?"라고 묻곤 했는데, 그건 일종의 민족적 자존감의 문제예요. 조금 더 정확히는 자존감 결핍에 가까운 것이죠. 그래서 저는 조금 진부하게 들릴 수 있더라도 이렇게 대답하곤 했습니다. "여러분이 저한테 하듯 서로에게도 늘 친절하게 대하신다면 아무 문제가 없을 겁니다." 그런데 제가 정말 충격받았던 건 서로 다른 배경을 가진 사람들끼리는 거의 어울리지 않는다는 사실이었어요. 차 한잔을 같이 마시는 일조차 드물더군요.

확실히 그 시절은 매우 중요한 변화들이 일어나던 시기였습니다. 제가 그때 경험을 통해 배운 것이 하나 있다면, 서로 다른 집단과 공동체 간에 심각한 적대감이 있더라도 사람들을 하나로 모으는 것이 가능하다는 점입니다. 분명 가능한 일이고 해볼 만한 가치가 있는 일이에요. 왜냐하면 그 보상은 엄청나거든요. 평화를 통해 북아일랜드 사람들에게 인간다운 삶을 선사할 수 있는 일이니까요. 북아일랜드 분쟁이 한창이던 시기에는 그런 삶이 존재하지 않았습니다. 그래서 더욱 중요한 일인 거죠. 결국 우리가 해야 할 일은 사람들과 대화하고, 협상 과정에서 끝까지 인내하는 겁니다. 인내심을 가지고 그들이 어떤 사람들인지 이해하려는 자세가 필요해요. 우리가 공동체라는 관점에서 연대의 손길을 내민다면 그것이 실질적으로 도움이 될 수 있다는 사실을 깨닫는 것도 중요합니다. 저는 우리 모두가 서로 잘 지내려고 노력하는 것이 최선의 길이라고 말할 수 있기를 바랍니다. 그렇게 직접적인 표현을 쓰진 않더라도, 사람들 간의 협력과 공동의 목표를 위한 협업이 가능한 환경을 조성하자는 의미에서요. 그렇게 된다면 매우 긍정적인 방향으로 나아갈 수 있다고 생각합니다. 그래서 북아일랜드에서의 시간은 제 인생과 경력에서 매우 강렬한 경험으로 남아 있습니다. 오늘 스토몬트 의회(북아일랜드 자치의회)가 다시 복원되고 합의가 이루어졌다는 뉴스를 봤는데요. 정말 고무적인 일이라고 생각합니다. 그동안 쌓아온 노력이 물거품이 되는 건 정말 보고 싶지 않으니까요. 북아일랜드에 제대로 기능하는 정부가 없는 상태가 계속된다면 폭력 세력은(대개는 남성들이죠) 그런 혼란에서 일종의 안도감을 느낄 수도 있습니다. 우리는 절대로 그런 상황을 허용해선 안 됩니다.

> '대화와 협력을 통한 평화와 정의'라는 개념이 의원님 삶의 거의 모든 영역과 정치적 신념 전반에 영향을 끼친 것처럼 보입니다.

그렇게 말씀하시니 정말 그런 것 같네요. 지금까지 누구도 제게 그렇게 말한 적이 없었어요. 감사합니다. 마치 정신과 상담소 소파에 누워 있는 기분이네요! 그렇다면 앞으로 우리가 나아갈 수 있는 다른 길은 무엇일까요? 저는 이스라엘과 가자 지구에서 벌어지는 일을 보면 충격을 받습니다. 그리고 이렇게 생각하죠. '우리가 어떻게든 길을 찾아야 해. 이 상황을 그냥 두고 볼 수는 없어. 수천 명이 살해되고 죽어 가고 있는데 이 끔찍한 비극을 그냥 내버려둘 수는 없잖아. 분명 더 나은 해결책이 있을 거야'라고요. 그런데 저는 전 세계가 중동 문제를 너무 오랫동안 '너무 어려운 문제'라는 분류함에 넣어둔 채 꺼내려 하지 않았다고 생각해요. 그래서 결국 모두가 실패한 거죠. 그 실패는 우리 모두의 책임입니다.

> 이 가치관들은 어디서 비롯된 건가요? 의원님은 매우 일관되고 탄탄한 신념을 가지고 계신데요. 그 신념들은 어머니로부터 비롯된 건가요, 아니면 의원님이 속한 공동체나 정치적인 성장 배경에서 온 건가요? 오랜 세월 동안 노동당에 몸담아 오셨으니 그 영향도 있으리라고 보는데요. 젊은 시절부터 노동당 정치가 의원님의 생각이나 태도에 영향을 준 걸까요?

네, 그렇다고 봅니다. 노동당 정치가 제게 영향을 준 건 분명하죠. 더 나은 세상을 만들 수 있다고 믿는 정당 속에서 느낀 동지애가 제게 중요한 역할을 했다고 생각합니다. 우리 사회에 존재하는 극심한 불평등을 그냥 두고 보지 않을 거라는 믿음, 조금 더 평등해지고 큰 격차를 줄인다면 훨씬 더 나은 사회가 되리라는 믿음에서 동지애는 비롯됩니다. 심각한 고통 속에 살아가고, 정말 가난해서 아이들에게 제대로 된 끼니를 주지 못하고, 집에 난방을 제대로 할 수 없는 사람들이 있다는 현실이 있기에 그렇습니다. 그래서 저는 정치가 선한 변화를 만들어내는 힘이며, 정치의 힘으로 실제로 세상을 바꿀 수 있다고 믿어요. 물론 노동당의 모든 것이 좋다고 말할 수는 없어요. 저도 일부에 대해선 비판적인 입장입니다. 아마 그런 비판적인 시선이 없었다면 당 안에 오래 머물 수 없었을 거예요. 그럼에도 불구하고 노동당은 분명히 저에게 많은 것을 줬습니다. 세상 사람들을 더 깊이 이해하게 되었고, 어떤 사회를 만들고 싶은지에 대한 분명한 생각을 다지는 데 큰 도움이 되었죠.

> 정치에 처음 발을 들이셨던 젊은 시절에
> 특별히 존경했던 정치인이 있었나요?

저는 어렸을 때부터 정치에 정말 깊은 관심이 있었습니다. 1945년 총선이 있었을 당시 맨체스터에 살고 있었는데, 선거 관련 소식을 하나도 빠짐없이 지켜봤어요. 짧은 일화를 하나 말씀드릴까요? 어머니가 저를 블랙풀 근처에 있는 기숙학교에 데려갔는데, 마침 그때가 1945년 총선 결과가 발표되던 날이었습니다. 당시에 동아시아에 주둔하던 군인들이 투표용지를 우편으로 보내야 했기 때문에 개표는 아침에야 시작되었고, 첫 결과는 정오가 되어서야 나왔습니다. 그 시절엔 대부분 텔레비전이 없었는데요, 기숙학교에 있던 사람들이 BBC가 시내 광장에서 초기 개표 결과가 들어오는 대로 중계할 예정이라고 말하더군요. 그래서 저는 그곳으로 가서 결과를 직접 들은 후 다시 돌아왔어요. 사람들이 개표 결과를 물었고, 저는 자랑스럽게 "노동당 140석, 보수당 30석" 이런 식으로 말했죠. 그때 어디선가 "아이고, 이제 영국은 끝장이야" 하는 목소리가 들렸습니다. 저는 속으로 '음, 사람들이 저렇게 생각할 수 있겠지만 나는 전혀 그렇게 생각하지 않아'라고 생각했어요. 저는 애틀리^{Attlee}와 베번^{Bevan}(두 사람은 1945년 총선 이후 각각 영국의 총리와 보건부 장관이 되어 영국 무료 의료 서비스인 국민보건서비스 창설에 중추적인 역할을 했다―옮긴이)을 존경했습니다.

국민보건서비스가 시작된 그날, 저는 병원에 입원해 있었습니다. 스톡포트 병원이었는데요. 그 시절엔 진료과장이 마치 신과 같은 존재여서 회진을 돌 때 먼저 말을 걸지 않으면 환자는 감히 아무 말도 못 했죠. 진료과장, 수간호사, 의사들을 포함해 의료진 전원이 병실을 돌다가 저를 힐끗 보기만 하고 그냥 지나가려 하기에 제가 말을 걸었습니다. "저기요, 질문 하나 해도 될까요?" 그들이 돌아보며 "무슨 질문이죠?"라고 하기에 저는 이렇게 말했어요. "우리 파티 하는 거예요?" 그들은 "왜요?"라고 되물었고, 그래서 저는 "오늘부터 이 병원이 우리 거잖아요"라고 답했어요. 그때 몇몇 의료진의 표정이 살짝 굳더니 그대로 가버렸습니다. 병동 반대편 병실에 있던 어른들이 "야, 앨프, 무슨 일이야?"라고 물었어요.

그래서 저는 오늘은 정말 특별한 날이라고, 이 병원이 이제 우리를 위한 병원이라고 설명했죠. 저는 국민보건서비스가 시작된 그날, 그 시스템 안에서 환자로 있었다는 사실이 참 자랑스럽습니다.

무엇이 우리를
인간답게 하는가
시야를 열어주는 휴머니즘의 대답들

초판 1쇄 발행 2025년 11월 20일

엮은이   앤드루 콥슨
옮긴이   허성심
펴낸이   조미현

책임편집 김솔지
교정교열 박나래
디자인   엄윤영
마케팅   이예원·공태희
제작   이 현

펴낸곳   (주)현암사
등록   1951년 12월 24일 (제 10-126호)
주소   04029 서울시 마포구 동교로12안길 35
전화   02-365-5051
팩스   02-313-2729
전자우편 editor@hyeonamsa.com
홈페이지 www.hyeonamsa.com

ISBN 978-89-323-2457-9 (03100)

책값은 뒤표지에 있습니다. 잘못된 책은 바꾸어 드립니다.